建筑文化论丛 王其亨 主编

风水理论研究

（第2版）

王其亨等 著

天津大学出版社
TIANJIN UNIVERSITY PRESS

内 容 提 要

风水是中国古代选择处理建筑环境的独特方术，曾对传统建筑文化产生深刻影响，其中迷信与科学混杂，糟粕与精华共存，历来评价毁誉交加。近年来，随着国内外建筑理论界学术氛围的变化，风水被“重新发现”，引起关注。本书汇集了有关风水研究及评价的学术论文 23 篇，涉及风水的渊源沿革，流派宗旨，哲学、美学和科学内涵，以及在建筑领域如城镇、宫宅、陵墓等选址、规划设计及营建实践中的具体应用，可裨益有关人员深入理解传统建筑文化和风水的关联及其存在原因与价值，予以批判研究和扬弃。

图书在版编目（CIP）数据

风水理论研究 / 王其亨等著—天津：天津大学出版社
2005.8（2025.10 重印）
（建筑文化论丛）
ISBN 978-7-5618-1008-8

Ⅰ. 风… Ⅱ. 王… Ⅲ. 风水 – 理论 – 研究 – 文集 Ⅳ. B992.4.53

中国版本图书馆 CIP 数据核字（1999）第 70624 号

出版发行　天津大学出版社
地　　址　天津市卫津路 92 号天津大学内（邮编：300072）
电　　话　发行部：022-27403647
印　　刷　廊坊市海涛印刷有限公司
经　　销　全国各地新华书店
开　　本　169mm × 239mm
印　　张　24
字　　数　510 千
版　　次　1992 年 8 月第 1 版　2005 年 8 月第 2 版
印　　次　2025 年 10 月第 28 次
定　　价　80.00 元

目 录

关于风水理论的探索与研究*
（代前言）

冯建逵 王其亨

我国传统建筑文化历经数千年赓续不辍的发展，形成了内涵丰富、成就辉煌、风格独具的体系。从世界建筑文化背景来比较，其中一个极其显著的特点是，各种建筑活动，无论都邑、村镇、宫宅、园囿、寺观、陵墓，以至道路、桥梁等，从选址、规划、设计及营造，几乎无不受到所谓风水的深刻影响。不过，在近代以来，尤其是“五四”运动以来，中国学术大都借助西学方法来整理研究，很长一个时期，凡与当时西方科学技术抵牾的传统学术，往往被轻蔑，甚至被嗤之为封建迷信。典型如中医，因为阴阳五行、脏象温病、气脉经络诸学说与西医迥异，就曾被崇尚西学者斥为巫医，从北洋政府到国民党政府，竟然都一再明令取缔中医。而传统的风水术，尤其是在民间传承流行的，颇重五行生克、吉凶祸福之说，无稽拘忌既多，迷信色彩尤著，因此在学术界，几乎一直被视为十足的传统文化糟粕，被人们鄙薄和摒弃。在有关中国古代建筑历史的研究中，直至最近，始终很少有这方面的深入探索，以致风水的渊源、沿革、宗旨、内涵及其对我国古代建筑实践与理论的影响、价值，都成了未曾揭示的学术空白。

另一方面，近几十年来，我国古代建筑史的研究，虽然在很多方面都有长足的进展，成就瞩目，但也明显存在着空白或缺环。在营造学与造园学之外，有关古代建筑美学，设计思想、理论与方法等方面，就一直缺乏深层次的系统理论揭示。例如，中国古代建筑在空间环境的整体处理方面，其中包括人文景观同自然景观的有机结合、大规模建筑群的空间布局组织，有着与西方古代及近代建筑完全异趣的极高艺术造诣和成就，但这种实践成就有无理论指导？就一向颇多疑问。不少学者认为，由于中国古代建筑营造标准化方法的早熟，设计同营造有了明确分工，单体建筑设计大大简化，因而更专注于群体空间的总体组织处理，加上薪火相传，世代因承，匠师们积累了丰富的实践经验，能够以敏锐而准确的尺度感和娴熟的空间处理技巧，灵活而妥善地运用各种建筑体形，结合环境包括自然景观，进行各种规模的建筑组群和空间组织，达到极高造诣。也有一些研究者不满于这种纯经

* 国家自然科学基金资助项目

验的解释，认为中国古代哲匠精于此道，是经过潜心研究的，包括哲学、美学的理论思维；但相关研究，却只能在引鉴西方建筑理论的同时，借用中国古代画论、文论及造园理论等来分析和阐释。这种种努力，自然不能说没有意义，但归根结底，终究未能消除这样一个不近情理的矛盾印象：在自然与人文景观有机结合以及建筑组群的空间组织艺术处理方面，中国古代建筑实践确有极高成就，但理论上却呈空白状态。人们不能不怀疑，这种理论思维的缺失，会不会同传统风水理论研究的学术空白有关？

20世纪50年代以来，西方工业发达国家经历了“人口爆炸”（Population）、“环境污染”（Pollution）、“资源枯竭”（Poverty）的所谓“三P危机”；同时，由于自然科学与社会科学的巨大进展，从“信息论”、“控制论”、“系统论”到“环境工程”、“生态工程”等，学术思潮较之以往发生了重大转折，盖佥重视整体思维，重视人与自然的有机关系。当代建筑思潮也随之发生了显著变革，规划设计思想、理论、方法及实践，由以往注重单体的艺术处理，注重形式美，趋向注重群体及整体环境的处理，包括生态及自然景观；注重人与自然的和谐而不是对立；注重建筑作为文化载体及传播媒介的精神功能，包括符号机制、历史文脉等等。

在这种学术思潮的影响下，不少西方学者注目于中国传统文化，用来比较西方文化，进行反思，探索未来发展趋势。如当代耗散结构理论创始人普里高津（I.Prigogine）指出：“西方的科学家和艺术家习惯于从分析的角度和个体的关系角度来研究现实，而当代演化发展的一个难题恰恰是如何从整体的角度来理解世界多样性的发展。中国传统的学术思想是着重研究整体性和自发性，研究协调与协同。现代科学的发展……更符合中国的哲学思想。”他甚至预言：西方科学和中国文化对整体性、协同性理解的很好结合，将导致新的自然哲学和自然观 。

在建筑历史与理论研究中，不少西方学者也更为注重中国传统建筑文化，从早期对于风格独异、情趣别具的古代中国建筑艺术的研究，转向其传统理论的探索。人们看到，“欧洲艺术界在艺术中背弃大自然的根本概念，已有千百年之久了。西方人想像他们自己与自然是对立的，实际上，他那非常夸张的个人人格只是一种幻想。东方显示给他的真理是，他自己本身，并非同自然及其伙伴分离，而是与之同为一体。”“在西方，人与环境间的交互感应是抽象的；在东方，人与环境间的关系是具体的、直接的，是以彼此之间的关系作基础的。西方人对自然作战，东方以自身适应自然，并以自然适应自身。”人们注意到，“在东方，经过四千年连绵不断的传统，土地规划与组合的艺术与科学，业已发展到有力而微妙的程度，而这种程度，在欧美实验开拓计划中，均属罕见。”杰出的科学史家、英国学者李约瑟（Joseph Needham）更直言不讳地指出，风水理论对于中国人民是有益的。他强调说：风水理论包含着显著的美学成分和深刻哲理，中国传统建筑同自然环境完美和谐地有机结合而美不胜收，皆可据以得到说明。论及“中国建筑的精神”，他特别对风水在中国传统建筑文化中引起的显著现象做了概括：“再没有其他地方表现得像中国人那样热心体现他们伟大的设想‘人不能离开自然’的原则……皇宫、庙宇等重大建筑自然不在话下，城乡中无论集中的或是散布在田园中的房舍，也都经常地呈现一种对‘宇宙图案’的感觉，以及作为方向、节令、风向和星宿的象征主义。”风水的“重新发现”，在英、美、法、德、日等很多国家，引起了学者们浓厚的研究兴趣，深入探索，取得了不少成果。比较一致的看法是，风水理论虽然不乏迷信内容，但同时“风水理论实际是地理学、气象学、景观学、生态学、城市建筑学等等一种综合的自然科学。重新考虑它的本质思想和它研究具体问题的技术，对我们今天来说，是很有意义的”。

除了国外的进展，在国内，自20世纪50年代以来，在考古界，以宿白先生等为代表，首先闯入了风水研究的禁区，结合古代墓葬考古而探析风水理论，对揭示古代墓葬制度，取得了可喜突破。嗣后，我国古代地理学史、物理学史等研究领域，也有学者相继涉猎尘封的风水术书，发现了若干具有重要价值的科学史料，取得了新的进展。与此同时，中国古代科学技术史诸多领域的研究，不断从古代占星、占候、炼丹、卜筮等所谓术数中，引出许多令人耳目一新的重要发现，取得丰硕成果，揭示了中国古代科学技术与文化发展的本来面目。而这些传统术数，很长时间以来，也曾和风水术一样，是被很多人所轻蔑，被视之为古代文化糟粕，或纯粹的“伪科学”的。

国内外学术界形成的新氛围及其成就，也不能不有力促发我国传统建筑文化研究的反省和深思，对曾对中国古代数千年的建筑文化有过深刻影响的风水理论，不应该再一味采取盲目的排斥态度，不应该毫无分析研究即简单武断地视之为迷信或伪科学，而应当正视它的历史存在原因、价值和意义，以历史唯物主义的眼光批判地研究，大胆探索，去伪存真，填补长期以来由于思想禁锢而造成的学术空白，这显然是必要的，也应当是可以有所作为的。事实上，近年来国内建筑史界也确已在这方面展开了一些开拓性的探索工作，并且取得了不少可喜的成果，也正可有力说明这一点。

本书收录了一些有关风水研究的学术论文，汇为专辑。虽然不少成果在深度和广度方面都有待进一步发展，但是这些初步成果，已能裨益正确认识和评价风水理论的丰富内涵及其价值，涉及了风水渊源、沿革、流派、宗旨、方法及其成就，涉及中国古代城市、村镇、住宅、陵墓等建筑及其环境的选址、规划设计、营造理论与方法，包括地理、地质、生态、小气候、景观、建筑群及外部空间设计、心理学、伦理学、哲学和美学等等方面。而这些研究成果，也业已不同程度地填补了以往有关中国古代建筑历史与理论研究的若干重要缺环或空白，丰富和深化了对于我国古代建筑文化的认识。与此同时，这些批判研究工作表明，种种虚无主义、形而上学的非历史唯物主义的观念，实际是一种不折不扣的现代迷信，破除这种现代迷信，对中国古代建筑历史研究的发展，也是相当重要的。

风水又曾称为堪舆、卜宅、相宅、图宅、青乌、青囊、形法、地理、阴阳、山水之术等等。探析其渊源沿革，也正如古代许多学者及风水家考证的那样，最早的“卜宅之文”在商周之际或更早即已出现，已出土的甲骨文、金文即青铜器铭文，以及《尚书》、《诗经》等最早的中国古代经典中，就有古代先民选址和规划经营城邑宫宅活动的大量真实记述（图1）。分析这些被历代风水家奉为“经旨”的史实，对照风水理论及其实践，后者虽因历经长期发展变革而趋于繁复纷杂，但其宗旨即基本追求却仍与前者一致，就是审慎周密地考察自然环境，顺应自然，有节制地利用和改造自然，创造良好的居住环境，以臻向天时、地利、人和诸吉咸备，达到天人合一的至善境界（图2）。

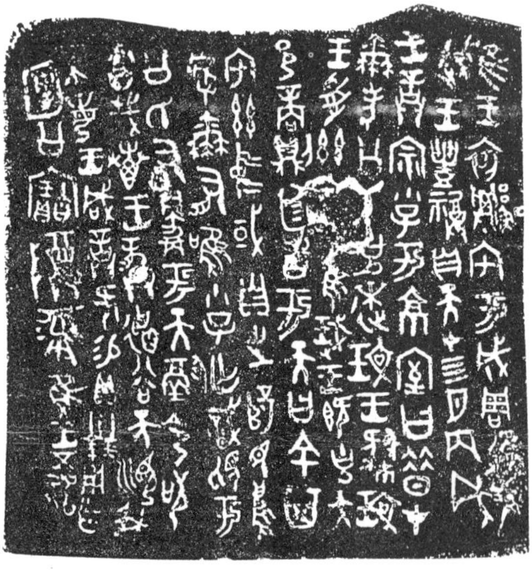

图1　古人所谓“逮乎殷周之际，乃有卜宅之文，故《诗》称‘相其阴阳’，《书》云‘卜惟洛食’”的考古依据：周初记载“唯王初相宅于成周”的《何尊》铭文

正是基于这一基本追求，在风水理论及其实践的长期发展过程中，既积累了丰富的实际经验，也通过理论思维，并吸收融会了古代科学、哲学、美学、伦理学，以及宗教、民俗等方面的众多智慧，最终形成内涵丰富、综合性和系统性很强的独特理论体系，集中而典型地代表和反映了中国传统建筑环境科学与艺术的历史真知，非其他学术可以取代。这一理论

图2　清代《书经图说》对《尚书》载周初建都洛阳有关选址规划及经营史实的图解

体系，更以其世俗化，深深植根于古代社会的各个层面，因此实际上能对传统建筑的选址、规划布局和经营建设起到指导作用，以至于上至京都、皇家宫苑、陵寝，下至山村、民舍、坟茔，都曾统一在风水观念下，一气呵出，与传统的营造学、造园学互为表里，相辅为用，对中国传统建筑文化产生了普遍而深刻的影响，形成了迥别于各国建筑文化的鲜明特色，并取得很高成就。

风水理论及其实践与中国传统建筑文化结下不解之缘，首先在于风水理论具有一定的科学性。后面不少论文都对此做出揭示，这里略做一些补充。比如微地形对小气候及生态环境的影响，就极为风水所重，概括成有利的选址模式，比喻为“穴”，如针灸中人体的穴，一般是三面或四周山峦环护，呈北高南低、背阴向阳的内敛型盆地或台地；甚至人工经营的地形，也准此模式。这种“穴”的典型模式，被认为是“藏风聚气”，具有良好生态和景观的最佳风水格局，所谓“内气萌生，外气成形，内外相乘，风水自成”；“内气萌生，言穴暖而生万物也；外气成形，言山川融结而成形象也。生气萌于内，形象成于外，实相乘也”。实际阐明了微地形、小气候、生态和自然景观的依从关系。这种认识，实际是相当科学的。例如我国近几十年来探索亚热带的橡胶种植，在海南、云南西双版纳等地发现适宜橡胶树生长的微地形、小气候特征，就正与风水所谓“穴”的典型格局，在性质上完全一致。而值得指出的是，这种发现，还是在经历了不少失败与成功的比较，经过系统分析研究，才得以认知的。如果风水理论不被摒弃在现代科学研究大门之外，或许这种探索过程原会大大缩短。

类似的实例，如地方病与水土、地形及地质构成的关系。在我国东北、西北、西南曾发现克山病、大骨节病等地方病，长期未能找到其病因；专家们转而研究地理环境后，却发现，虽在同一地区，因地形及水土物理化学性质上的差别，竟会有重病区、轻病区和非病区的明显不同。而把大量的调查结果同传统风水理论比较，则可发现，如果按照风水关于相土尝水、地形地貌、水文地质各方面选择标准来权衡，其吉利者，恰恰在非病区；而病区，尤其是重病区居住基地的水土环境条件，却也正是风水视为诸多不吉之处。由此一斑，也可看出，风水长期为古人倚重，是有道理的。这方面的丰富经验和理知，无疑也应如对待传统医学即中医和中药学一样，是应当加以认真发掘整理和研究运用的。

值得重视的是，由于风水注重人与自然的有机联系及交互感应，注重人与自然种种关系的整体把握，尽管往往有失粗略，却不乏天才

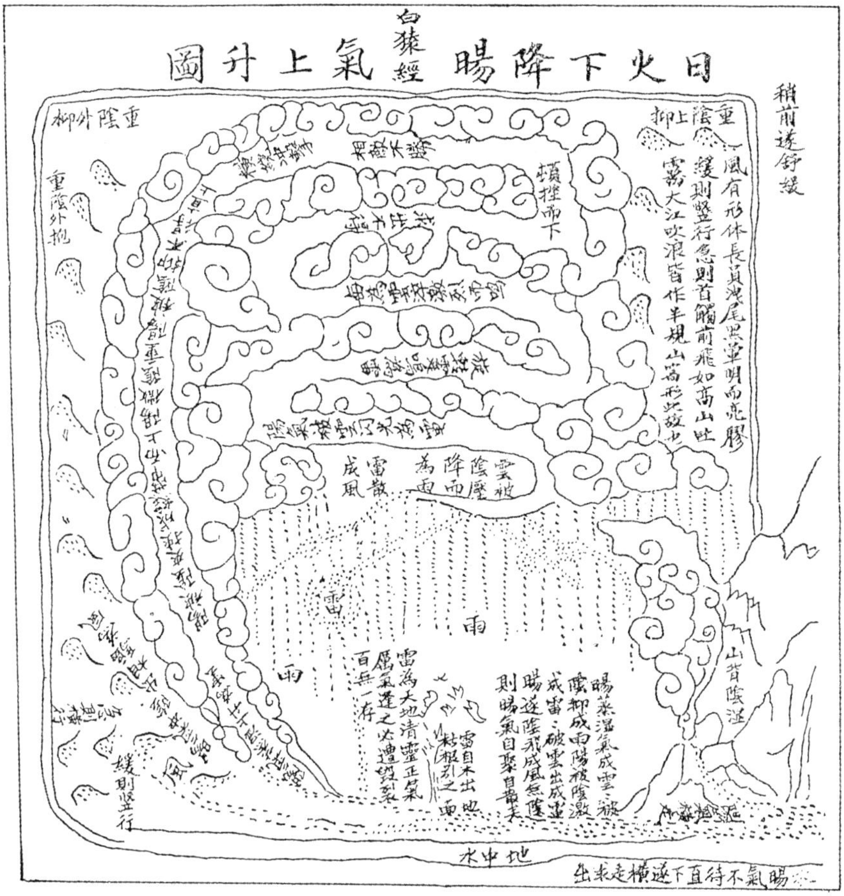

图 3 《日火下降暘气上升图》：中国古代有关气、水、能量等生态循环的图式

直觉，很早就能引出契符当代诸如生物圈或生态学等相关科学理论的许多真知灼见。例如，风水之注重“水”、“风”、“土”、“气”，种种有关论述，以至其模式化的表达形式，同当代科学注重地球生物圈中水循环、大气循环、土壤岩石圈及动物植被等生态关系，以及一些重要概念或理论的模式表达相比较，往往表现出惊人的一致。典型的如明末清初的《日火下降暘气上升图》（图3），就是一个相当精彩的例子，其所概括的大气循环、水循环及“能量流”的图式，在科学认识水准上，显然并不逊色于当代生物圈或生态循环理论中的任何同类图式。

风水在科学上的价值，不仅涉及古代中国，而且惠及整个人类文明进程的，无疑要属指南针的发明和磁偏角的发现。已有的研究业已清晰揭示，这一伟大的历史贡献，就正是中国古代风水家在他们体国经野、辨方正位，即在建筑选址规划及经营的职业活动中，为了选择最佳时空方位，以臻天时地利人和的完美统一，通过不懈地追求和探索而完成的。风水功不可没，应当发掘研究，仅此一斑，也是有价值的。事实上，已有的研究成果，正需要进一步深入和完善，尤其需要对大量载录了指南针发明应用史料的传世风水著述，即英国学者李约瑟所谓“探索中国对科学最伟大贡献的史料之门”，进行严肃审慎的考证研究（图 4 ）。

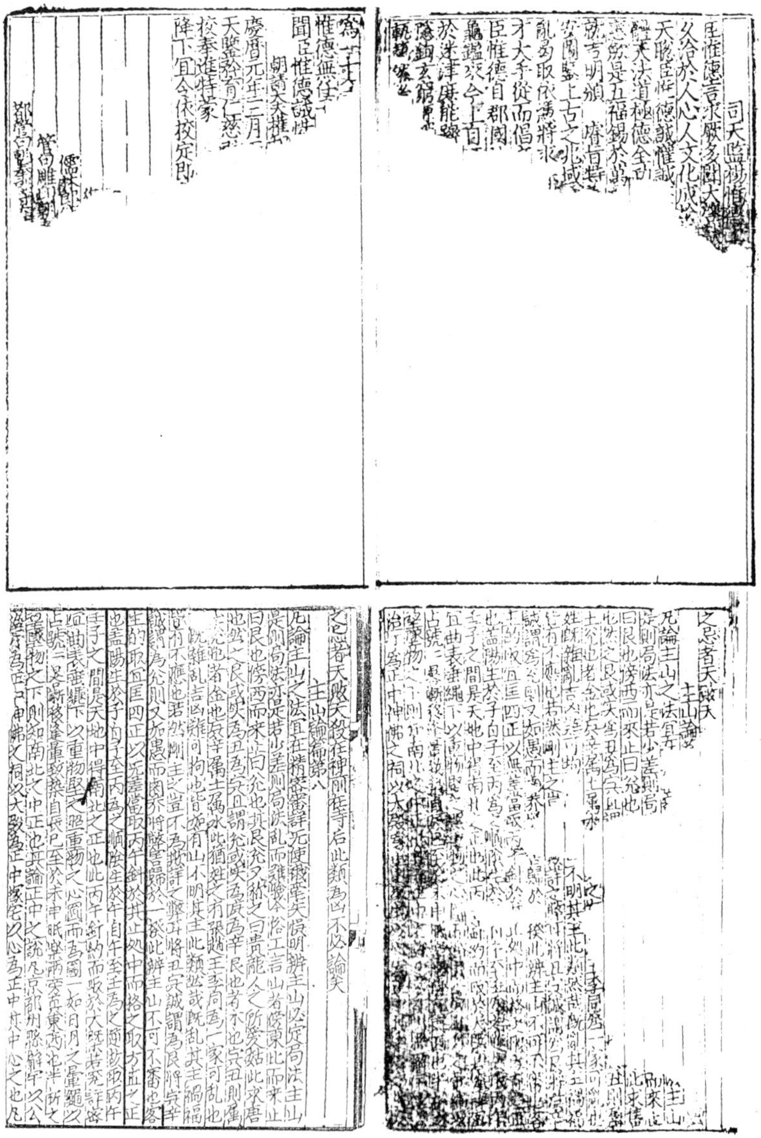

图4　杨惟德《茔原总录》记载指南针和磁偏角，早出沈括《梦溪笔谈》半个世纪

上：庆历元年（1041 年）三月杨惟德向宋仁宗赵祯进献《茔原总录》的表文（中国国家图书馆藏元刊本卷首），中国国家图书馆藏本,残

下：明确提到指南针和磁偏角的《茔原总录·主山论篇第八》，左为台北国立图书馆藏本，全页；右为中国国家图书馆藏本,残

风水深深植根于中国传统文化，在对建筑环境的选址规划中，还极为重视自然景观的审美，追求建筑人文美与环境自然美达到和谐有机的统一，在理论和实践方面，表现出很强的美学性质，显示出中国传统文化的鲜明特色。实际上，和西方文化比较，发现自然美，研究自然美，在西方是迟至文艺复兴之后的事，迄今仍未形成相应的审美理论体系；但在中国，由于农业文明的早熟，自然美很早就被发现并被重视，在古代文人那里，对山川自然的审美观照，远在春秋战国就发展成为“仁者乐山，智者乐水”等寄情山水的审美理想和艺术哲学。而风水家自诩为“山水之士”，秉承这种文化传统，并作为传统美学与建筑实践的中介，既提倡“而乃怡情山水，发其所蕴，以广仁孝于天下后世”，还主张以“人心巧契于天心”地观照山川自然，细心审辨与选择，更注重“工不曰人而曰天，务全其自然之势，期无违于环护之妙耳”地巧加裁成，最终赋予中国传统建筑及其整体环境以隽永的美学气质。正因风水的这一追求与古代士人“山水之乐”的审美情趣相为表里，而风水更能以其娴熟细腻的实际处理技巧，使对自然的审美观照得到细致入微的表现，因此不少文人青睐风水，虽则大儒也推崇“世有选择之法，不能不用之”，也就并非什么奇怪之事了。

风水的明显美学成分，最易为人注目，在有关风水理论的研究中，也往往揭示较多，后面不少论文，在这方面就有很多具体论述，这里不妨补引几阙古代文人的卜居诗，既可见风水意向，更可明了风水为很多士人倚重的原因。

例如谢灵运《山居赋》：“抗北顶以葺馆，瞰南峰以启轩。罗曾崖于户里，列镜澜于窗前。因丹霞以赤眉，附碧云以翠椽。视奔星之俯驰，顾飞埃之未牵。”

又如谢灵运《田南树园激流植援》：“中园屏氛杂，清旷招远风。卜室比北阜，启扉面南江。激涧代汲井，插槿当列墉。群木既罗户，众山亦对窗。靡迤趋下田，迢递瞰远峰。……赏心不可忘，妙善异能同。”

再如杨万里《东园醉望暮山》：“我居北山下，南山横我前。北山似怀抱，南山如髻鬟。怀抱冬独暖，髻鬟春最先。松鬓沐初净，山葩插更妍。……近翠成远淡，缥缈天外仙。谁知奇绝处，正在有无间。顷刻万姿态，可玩不可传。”

这些,实际都是很典型的风水宅居模式及景观模式，其中对所谓“地理四科”,即风水论述环境选择模式的“龙”、“砂”、“穴”、“水”等种种意向，都有相当明晰的反映，后面的论文对此已有详细诠释，这里不再赘述。应当强调指出的是，风水理论注重实践，以其理论指导山水选择，盖以“山川之情性不一，龙穴之位置各陈”，故“因形立名，顾名思义，不在标奇，贵乎近理”，俾能“相江山而择吉，晓人有法”。所谓龙、穴、砂、水等术语，实际都是引类譬喻，赋形以象，寓象以情，原其本始，洞其化分，巧其配合，致用于千态万状的山川自然环境及景观构成的实用分析方法。而这种审辨山水的人文化、模式化的方法，对古代山水美学的发展，也曾做出了有益贡献，并产生了深刻影响。

例如现存较早的风水名著《管氏地理指蒙》指出，风水之审辨山水，靡不“以人之意逆山水之意，以人之情逆山水之情”。这与现代美学家经常援引的诸如宋代邵雍“山水之情亦由人之情也”；清代李渔“才情者，人心之山水；山水者，天地之才情”等名言比较，前后一脉，是相当清楚的。过去，由于缺乏对风水理论的研究，有关传统风景园林理论的研究常常不得不转而借用古代画论、文论。殊不知，传统画论、文论恰恰从风水理论汲取了不少营养。典型如宋代郭熙《林泉高致·山水训》，其山水审美理论最受今人重视，但事实上，郭熙“少从道家之学”，曾明显汲取了传统风水理论的有关成果。如《山水训》所谓“真山水之川谷，远望之以取其势，近看之以取其质”；“大山堂堂，为众山之主……为远近大小之宗主也”，“如君臣上下也”；“山以水为血脉，以草木为毛发”等审辨山水之法及其譬喻性的术语，实际都显然来自风水理论。

另一方面，当然也不能排除风水理论从传统画论、文论中汲取智慧的事实。略如风水名著《青囊海角经》论及“结穴”：“如画工丹青妙手，须是几处浓，几处淡，彼此掩映，方成佳景。”它就生动显示了风水从画艺寻取借鉴的意向。其实，从古代传统看，著名建筑哲匠往往既精绘画，也通风水，而很多文人则诗文、绘画、建筑、风水，皆有雅志，因而画论、文论与风水理论互为表里，也是情理中事。例如清代乾隆朝曾在圆明园作画的法国传教士韩国英（P. Pierre Martial Cibot）曾强调指出，设计营造皇家宫苑的中国建筑师或园艺师，往往富于艺术家、哲学家的极高修养；他引徵当时一位中国哲匠刘舟关于皇家园林选址意向的叙述，就清晰展现了风水的美学情趣：“他们首先追求的是空气新鲜，朝向良好，土地肥沃；浅冈长阜，平坂深壑，澄湖急湍，都要搭配得好；他们希望北面有一座山可以挡风，夏季招来凉意，有泉脉下注，天际远景有个悦目的收束，一年四季都可以返照第一道和末一道光线。”而参照清代杰出建筑世家“样式雷”的事迹及其上万件传世图档，则可看到，韩国英的记述，是相当真实的。相关图档表明，世代供役皇家建筑规划设计事务的样式雷，既能以精美的各类画样即图纸和烫样即模型来充分表达其创作藻思，也谙熟风水，每遇宫苑、陵寝等建筑选址规划，实际都要与钦派风水官员同赴实地相度风水，还要绘制专门的风水地势画样，并据以进行规划设计；其抄录或自编的风水著作也至今遗存（图5）。

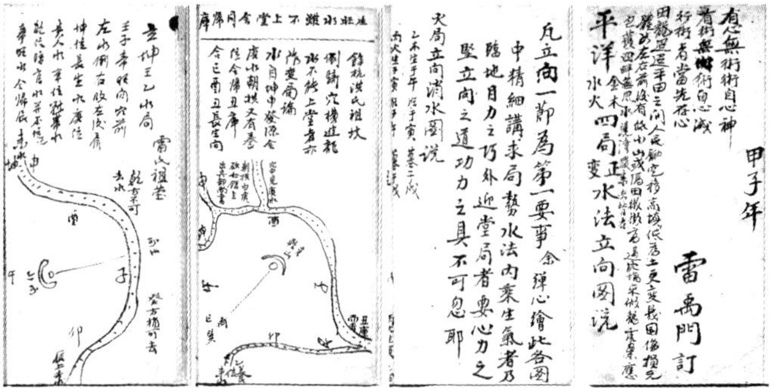

图5　清代样式雷第六代传人雷思起（号禹门）自辑的《平洋四局水法立向图说》（中国国家图书馆藏）

从上述种种事实看，研究中国古代建筑，包括风景园林在内，探讨其美学思想、设计理论及方法，是不能不深入研究风水理论的。山水自然景观的评价与选择，是风水理论的重要内容。毫无疑义，在这些领域进行系统深入的发掘，对丰富、深化和完善中国古代建筑史的有关研究，是可以取得丰硕成果的，也可以澄清建筑史界长期存在的不少疑难问题。

例如人们注意到，北京明十三陵神道在山峦环抱的盆地中蜿蜒，略偏向体量小的山峦而距大者稍远，使左右远山的体量在视觉上感到大致均衡。学者们认为，这种细腻处理，显然是从现场潜心观察琢磨出来的；重视直观效果，是古代建筑艺术的宝贵经验。这种判断，当然合理，但却无视了古代实践曾有缜密理论指导的历史事实。在风水理论中，对空间形体远近、大小、高低、离合、主从，及至方、圆、曲、直、锐等不同形象及视觉感受效果和布局处理，实际都有相应的系统理论阐析。明十三陵神道与山水相称的意向，也是如此，毋庸赘引，只是“左崇而右实，右胜而左殷”这样言简意赅的一句，问题即可了然。

又如陈从周先生曾撰文比较南京明孝陵与中山陵的环境设计，包括生态小气候及自然景观（见《园林谈丛》），种种分析推测，也全可由风水的有关理论得到明确阐释。北障陵寝为底景的所谓主山或后龙能挡风，迎纳阳光，夏季招来凉意，使天际远景有个悦目的收束，等等，自不必言；左右阜丘环护，称为青龙、白虎二砂山，有论谓：“以其护卫区穴，不使风吹，环抱有情，不逼不压，不折不窜，故云青龙蜿蜒，白虎驯俯。”而居于陵寝南面为对景的岗峦，近称案，远称朝，论云：“穴前无山，则一望无际为前空”；“易野一望无际，有近案则易野之气为之一收。”这些论说，具有精审的理论价值和意义，当是不言而喻的。

在古代，风水又被称为“理义之术”，实际是因为风水理论妥善观照了古代社会的伦理道德观念，并在建筑实践活动中贯彻始终，能够很好契合并满足世俗观念及现实生活的种种需要。这也是风水理论及其实践能长期生存发展的基本原因。

在诸如《孟子》“居移气，养移体，大哉居乎”等儒家观念的深刻影响下，风水理论注重宅居，视宅为“阴阳之枢纽，人伦之轨模”。从当代居住现象学理论来观照，前句即“阴阳之枢纽”，概括了居住的自然属性，即自然居住的定向与认同，表现为风水审辨自然环境的科学性与艺术性，已如前述；而后句即“人伦之轨模”，则涵容了社会居住定向与认同的意义。所谓定向，就是在自然或社会存在中确定自身的存在、自身的位置，获得“存在的立足点”，亦即“住所”；所谓认同，即人赋予环境以意义，人与环境相同一，人对环境有“归所感”。汉代刘熙《释名》指出：“宅，择也，择吉处而营之也。”其“择”、“吉”，就有自然居住与社会居住的定向与认同意义。风水理论于此，论说更多也更明晰，如谓：“人因宅而立，宅因人得存；人宅相扶，感通天地，故不可独信命也。”等等，不必一一赘引。

重要的是，风水理论有关社会居住定向，观照“修身、齐家、治国、平天下”的传统社会定向观念，强调“宅者，人之本。人以宅为家，居若安，则家代昌吉”。由“正家，而天下定矣”的取向，于是有宅居模式的普适性：“坟墓川岗并同兹说，上之军国，次及州郡县邑乃至山居，但人所处，皆其例焉。”中国传统建筑文化最大特色之一，即各类建筑多与宅居模式同构的现象，固然可从家国同构的古代社会形态中揭示其原因所在，但在传统建筑理论中得到反映，即如风水理论这样明晰的阐释，对直接揭示这一建筑文化现象的底蕴，也是十分难能可贵的。

此外，传统的社会定向观念曾强调：“礼，序也”，“礼别异，卑尊有分，上下有等，谓之礼”，并视宅居宫室为“礼之具也”。而风水理论对此不无观照，以其论门庭、比屋、截路分房、穿宅之法、三要六事及造屋次第诸说，具体而微地将社会居住秩序的礼制伦常观念同建筑实践结合起来，因此形成了中国传统民居以至宫苑建筑浓郁的礼制伦理色彩。

有关社会居住的认同，风水理论观照“非宅是卜，惟邻是卜”的传统观念，在宅居邻里关系的处理上，也有缜密细腻的考虑，既兼及宅居的私密性、识别性，也以“忌背众”，以及“阳宅外形”所论座向、门户、墙垣、屋角、放水等等细致讲究，有效调节了居住聚落建筑空间环境的和谐性。这种社会认同，也表现为“约定俗成谓之宜”的社会性审美。风水强调“治宅极宜壮实”，“位次重叠，深远浓厚”，又讲究“适形”、“充实”、“清净”为美，还大量采用了世俗观念认可和喜闻乐见的各种象征、隐喻乃至图腾禁忌的艺术形式，很多工匠民俗也融汇其中。这种社会认同，实际乃使风水理论及其实践，在公众参与的背景下，得以创造出遍及中国城乡，饱浸乡风民俗，新鲜活泼、丰富多彩的民居艺术，并以各种形式跻身于上层社会以至宫廷建筑之列，成为中国传统建筑文化中的重要内容。

至于陵墓建筑，即风水所谓阴宅，号称“理义之术”的风水理论，出于“养生送死”，“慎终追远”，“事死如生”等传统观念，也备极重视。除观照阳宅即生人宅居的种种意向外，作为传统文化中的礼制性纪念建筑，即刘熙《释名》所谓“墓，慕也，孝子思慕之处也”，也有其独特的讲究与处理，对此，后面另有专文阐述，不再赘说。但需要强调的是，中国古代陵寝素有筑陵以象山，因山为陵或依山为陵的传统，概称山陵；而山陵艺术的创作，实际是“总以地臻全美为重，不在宫殿壮丽以侈观瞻”，“遵照典礼之规制，配合山川之胜势”，“陵制与山水相称，盖难同”等等，质言之，建筑是居于从属地位的，而以自然山水为创作主体。对此理念，固然可从观照历代陵寝遗存的实际体验中获得理解，并据以推测分析，引出合理结论。略如唐高宗李治及武则天的乾陵，至今建筑荡然无存，而身临其境的中外建筑师、建筑史家，仍莫不为其犹存艺术意境的极大魅力强烈感染，以至抚膺叹绝。而这种意境及其创作思想、理论和方法，不是出自今人臆测，而是出于本谊，则不难从风水理论得到明确揭示。

原来，在风水理论看来，人的生死，不过是自然生态链上的一环，有谓“万物不能越土而生，人亦万物中一物”；“人由五土而生，气之用也；气息而死，必归葬五土，返本还原之道也”。故“葬者，乃五行之反本还原，归根复命，而教化之达变也”。至于孝亲法祖，敬祀先贤，以其立德、立功、立言于后人，风水理论观照“比德山水”的传统艺术哲学，则刻意追求“葬者，反本而归藏也，奉先以配五土，而一体于青山”；“附享必致其归依，虽形骸之已化，配江山之莫违”。简言之，就是青山埋忠骨，青山长在，英灵不灭，以锦绣山川的永恒崇宏，生生不息，寄托后人对先贤的缅怀和景仰。这种追求，与荫福后人的迷信当然不可同日而语，无疑是一种高尚的审美境界，也正因此，才产生了中国古代陵寝艺术永具魅力的成就。

在有关传统建筑设计思想、理论和方法的揭示方面，这本专辑里还有论文对古代城市规划、外部空间设计、建筑心理场等问题，从风水理论的研究中，引出了可以很好地弥补以往学术空白的重要成果，说明了风水理论研究的价值。例如，具有外部空间设计理论性质的风水“形势”说，以其观照我国古代大规模建筑群，比如北京城，其中即使具有城市天际轮廓线性质的城楼，抑或位居九五之尊的太和殿，尺度往往为何未逾百尺？大型广场尺度一般又为何少逾千尺？还有单体、群体的组合关系，建筑景观近、中、远的视觉感受效果及其艺术处理，等等，这些以往研究多属惑然或推测的问题，现在却已可获得明晰阐释。观照当代建筑理论与相关科学的成果进行比较，可以确信，风水形势说的理论，既具有严密精审的科学性，更具有表述精练、富于辩证观的特质，并不稍逊于当代相关理论。这些成果，各有关论文阐发既详，这里就不一一重复了。

总之，已有的研究成果，是令人欣慰的，也是引人入胜的。风水理论应当研究，也值得研究，是不言而喻的。当然，应该着重指出的是，风水理论不乏迷信色彩，和一切传统文化一样，更不乏糟粕，尤其是风水的一大流派即所谓堪舆或理气宗，民间流行的风水术，更其如此。但在历史上，风水从来就有流派之分，如形势宗和理气宗；也有雅俗之分，正同中国古代历来有士文化与民俗传承，有无神论和宗教迷信一样。素有“子不语怪力乱神”、“敬鬼神而远之”优良传统的中国古代士人，事实上也每每涉足风水，一面无情批判其迷信无稽之说，一面也弘扬其合理内涵，促进了它的发展。自汉以来，如张衡、王景、郭璞、萧吉、李淳风、吕才、一行、王洙、朱熹、蔡元定、刘基，及至晚清的魏源、翁同龢等大学者、大文人致力于风水，就是典型。

由于社会发展水平和科学水平的限制，风水理论也同一切传统学术一样，没有也不可能摆脱迷信的桎梏和羁绊，没有也不可能发展成为完全科学的理论体系。此外，在专制的封建时代，为维护职业生存及尊严，也不得不披上神秘外衣。同时，风水所观照的人与自然环境交互感应的很多事象，也未尝没有如中医之经络或气功一类的天才直觉或潜科学成分，以至于以今天的科学水准也未必全能揭示其真谛。这些，当然都是今天研究风水理论应当正视的问题。重要的是，我们应当尊重古人而不苛求古人，以今天的科学认识论为武器，去发掘和揭示传统建筑文化的奥秘，去粗取精，去伪存真，以发展具有中国特色的现代建筑理论及实际创作，为崭新的当代中国建筑文化走向世界做出贡献。

惟此，我们谨将本书奉献给读者，其中还包括几篇介绍国外学术界研究成果的评价和译文。尽管本书还不完备，收录在书中的各有关论文在观点和方法上都有值得商榷之处，而且由于相互独立成文，其间还有不少重复或者矛盾，但作为引玉之砖，祈望能够引起同行的关注、思考、研究，其中当然也包括争鸣和批判。

参考文献

1 俞慎初. 中国医学简史. 福州：福建科学技术出版社，1983

2 魏宏森. 系统科学方法论导论. 北京：科学出版社，1983

3 J.O.西蒙德著. 景园建筑学. 第3版. 王济昌译. 台北：台湾台隆书店，1982

4 Josheph Needham. Science & Civilisation in China. Cambridge University Press, Vol Ⅳ：3

5 郭中端，堀迪宪二. 中国人の街づくり. 相模书房，昭和五十五年

6 古今图书集成・艺术典，卷651~680. 中华书局影印铜活字体，1934

7 中国科学院自然科学史研究所地学史主编. 中国古代地理学史. 北京：科学出版社，1984

8 陈志华. 中国造园艺术在欧洲的影响. 见：建筑史论文集第三辑. 北京：清华大学出版社

9 刘敦桢主编. 中国古代建筑史. 北京：中国建筑工业出版社，1980

10 陈从周. 园林谈丛. 上海：上海文化出版社，1980

11 Cristan Norberg — Schulz.GENIUS LOCI — Towards a Phenomenology of Architecture

12 凯文・林奇（Kevin Lynch）著. 都市意象. 宋伯钦译. 台北：台湾台隆书店，1982

风水典故考略*

史箴

风水术源远流长，历代沿革，因此有不少别称，除谓风水之外，如谓之堪舆、卜宅、相宅、图宅、青乌、青囊、形法、阴阳、地理、山水之术，等等。澄明这诸多称谓的由来及其含义，对了解风水术及其历史，甚为必要，兹不揣浅陋，对一些主要称谓略做考释，俾资同好参考。

1 风水

今人称风水，一般认为语出晋人郭璞传古本《葬经》:“夫阴阳之气，噫而为风，升而为云，降而为雨，行乎地中为生气；生气行乎地中，发而生乎万物。”……《经》曰：气乘风则散，界水则止，古人聚之使不散，行之使有止，故谓之风水。风水之法，得水为上，藏风次之。”又云：“深浅得乘，风水自成。”此外，《葬经》还简明概括了风水的基本评价标准：“来积止聚，冲阳和阴，土厚水深，郁草茂林。”

较早的《青乌先生葬经》，论及“风水”，有称：“内气萌生，外气成形；内外相乘，风水自成。”题金丞相兀钦仄注谓：“内气萌生，言穴暖而生万物也；外气成形，言山川融结而成形象也。生气萌于内，形象成于外，实相乘也。”

明代乔项《风水辨》解释“风水”云：“所谓风者，取其山势之藏纳，土色之坚厚，不冲冒四面之风与无所谓地风者也。所谓水者，取其地势之高燥，无使水近夫亲肤而已；若水势曲屈而环向之，又其第二义也。”

明代徐善继、徐善述在《地理人子须知》中综述前人论说，有谓：“地理家以风水二字喝其名者，即郭璞 氏所谓葬者乘生气也。而生气何以察之？曰：气之来，有水以导之；气之止，有水以界之；气之聚，无风以散之。故曰要得水，要藏风。又曰气乃水之母，有气斯有水；又曰噫气惟能散生气；又曰外气横形，内气止生；又曰得水为上，藏风次之；皆言风与水，所以察生气之来与止聚云尔。总而言之，无风则气聚，得水则气融，此所以有风水之名。循名思义，风水之法无余蕴矣。”

* 国家自然科学基金资助项目

"风水"之义，由其典出及上述释义，可大略窥知，盖为考察山川地理环境，包括地质水文、生态、小气候及环境景观等，然后择吉而营筑城郭室舍及陵墓等，实为古代的一门实用的学术，故国家机关中，也有钦天监专设官员职守风水事宜，如《大清会典》载："凡相度风水，遇大工营建，钦天监委官，相阴阳，定方向，诹吉兴工，典至重也。"

风水术在其漫长的历史沿革中，曾产生诸多流派，至少《周礼》的记述，已明显反映出这种分化的端倪。其时，围绕建筑选址营造活动，大略有两类事务，一是"地官司徒"辖属官员职掌，"夏官司马"也有所兼及，主要是考察自然地理诸条件，包括可利用的土地、水源及物产，甚至环境容量等，进行评价，从而作出选址规划，其中涉及"土会之法"、"土宜之法"、"土圭之法"、"土化之法"、"土均之法"、"任土之法"及"形体之法"等等。另一系统则是"掌建邦之天神人鬼地祇之礼"的"春官宗伯"辖官负责，主要以占星、卜筮、占栻等抉择城市、宫宅、陵墓、宗庙等建筑方位吉凶及兴造时辰。

这两类事务传承后世，形成了风水的两大流派。如班固《汉书》载，汉代有所谓"形法家"与"堪舆家"之分野，说详后文；传承至唐宋以后，则演变为"形势宗"与"理气宗"两大派。如清代丁芮朴《风水祛惑》谓："风水之术，大抵不出形势、方位两家。言形势者，今谓之峦体；言方位者，今谓之理气。唐宋时人各有宗派授受，自立门户，不相通同。"明初王祎《青岩丛录》阐析更为明白："后世言地理之术者分为二宗。一曰宗庙之法，始于闽中，其源甚远，及宋王伋乃大行。其为说，主于星卦，阳山阳向，阴山阴向，不相乖错，纯取五星(按即五行)八卦，以定生克之理。其学浙闽传之，而今用之者甚鲜。一曰江西之法，肇于赣人杨筠松、曾文遄；及赖大有、谢之逸之辈，尤精其学。其为说，主于形势，原其所起，即其所止，以定位向，专注龙、穴、砂、水之相配，其他拘忌，在所不论。其学盛行于今，大江南北，无不遵之。"

2 堪舆

堪舆，是风水术最主要的流派之一。

就目前所知，"堪舆"语出，最早在汉初淮南王刘安主持门客所著《淮南子》卷三《天文训》中，有"堪舆徐行，雄以音知雌"云云。其上下文之义，是谓天地运行之道，致月令及日辰均有阴阳变化；有相冲克之时，也有和合之时，前者凶，后者吉，凡举事，当准此避凶趋吉。盖"堪舆"之义，略如后文所引东汉许慎注，实为

“天地之道”。

稍后，司马迁《史记·日者列传》曾言及其时卜筮者流有“堪舆家”：“孝武帝（按：即汉武帝）时，聚会占家问之：某日可娶妇乎？五行家曰可，堪舆家曰不可，建除家曰不吉，丛辰家曰大凶，历家曰小凶，天人家曰小吉，太乙家曰大吉。辩论不休，以状闻。制曰：避诸死忌，以五行为主，人取于五行者也。”司马迁还指出，自古有卜筮者，而“今夫卜者，必法天地，象四时，顺于仁义，分策定卦，旋式（按：式即栻盘）正棊，然后言天地之利害，事之成败”。盖其时堪舆家，不外以天地之道，占卜日辰吉凶。

西汉末年杨雄作《甘泉赋》，有云“属堪舆以壁垒兮”，其上下文之意，是谓汉成帝将祭泰畤（按:古天子祭天神处，谓之泰畤。汉武帝时，居甘泉宫，即于云阳立泰畤祭于宫南，汉成帝因之），命群僚历吉日，协灵辰，卜吉凶，冀神拥佑之。则此“堪舆”之义，当类同《淮南子》及《史记》。

及东汉初，班固《汉书·艺文志》始载录堪舆专著，如“《堪舆金匮》十四卷”，与言阴阳五行、时令日辰、灾应诸书同列“五行家”类，为当时六种“数术”之一。班固评论五行家之流：“其法亦起五德终始，推其极则无不至，而小数家因此以为吉凶，而行于世，寖以相乱。”他还在《数术略》中综述道：“数术者，皆明堂羲和史卜之职也。”窥其意，《堪舆金匮》作为其时堪舆家专著之一，奥旨不外与《史记》所述占卜日辰吉凶者同。

据《后汉书·王景传》，与班固同时代的水利专家王景，“以六经所载皆有卜筮，作事举止质于蓍龟，而众书杂糅，吉凶相反，乃参纪众家数术文书，冢宅禁忌、堪舆日相之属，适于事用者，集为《大衍玄基》”。由此可见，堪舆之术确如司马迁和班固评述，乃由汉以前占卜之术传承分化而来。

至于堪舆一词的释义，东汉许慎曾谓“堪，天道；舆，地道”，则堪舆即天地之道。许慎此语出自唐初颜师古引注《汉书·艺文志》之“《堪舆金匮》十四卷”条下。稍后，李善注《文选》中杨雄《甘泉赋》“堪舆”之句，也曾援引许慎此语。而许慎的《说文解字》则说“堪，地突也”，“舆，车舆也”，并没有“堪舆”一词的联緜解释。颜师古与李善所引许慎语，很可能是出自唐初尚传世未佚的许慎注《淮南子》所涉“堪舆”句（见《隋书·经籍志》）。而综观《淮南子》、《史记》、《甘泉赋》、《汉书·艺文志》等所涉“堪舆”，解释为天地之道，是说得通的。

许慎之后，郑玄注《周礼》提及堪舆为术书名。对《周礼》“保章氏，掌天星，以志星辰、日月之变动，以观天下之迁，辨其吉凶。以星土辨九州之地所封，封域皆有分星，以观妖祥”，郑注云：“星土，星所主封也；封，犹界也。大界则曰九州，州中诸国中之封域，于星亦有分焉，其书亡矣。《堪舆》虽有郡国所入度，非古数也。今其存可言者，十二次之分也。星纪，吴越也；玄枵，齐也；娵訾，卫也；降娄，鲁也；大梁，赵也；实沈，晋也；鹑首，秦也；鹑火，周也；鹑尾，楚也；寿星，郑也；大火，宋也；析木，燕也。此分野之妖祥，主用客星、慧孛之气为象。”按郑注，汉以前即有《堪舆》佚书，后代作《堪舆》以十二次论分野，尚存可言古者。郑说后出《堪舆》书，或即班固所谓《堪舆金匮》，尚宗奉古代占星之法，即将木星或谓岁星十二年运行一周天的轨道，等分为十二，称之十二次，又对应于地上之郡国，即所谓分野，视各天区星象变异，而预兆对应地域的世道吉凶。

从史实看，堪舆术在汉代甚为流行，占卜日辰吉凶是其主要内容，多属无稽迷信，当时的有识之士，也曾对此予以非议或批判。如东汉王充《论衡·讥日篇》曾痛斥其时世俗流行的“《堪舆历》，历上诸神非一，圣人不言，诸子不传，殆无其实”。汉末应劭《风俗通》也提到其时“《堪舆》书云：上朔会客，必有斗争”；应劭还以事实批驳其谬：“按，刘君阳为南阳牧，尝上朔盛馔，了无斗者。”

后至三国时，魏人张晏曾有释义云：“堪舆，天地总名。”语出颜师古引注《汉书·杨雄传》之《甘泉赋》，以及李善引注《文选》中杨雄《甘泉赋》“堪舆”句。此说与许慎解释堪舆为天地之道稍有出入。综观《淮南子》、《甘泉赋》、《日者传》、《堪舆金匮》、《后汉书·王景传》等所涉堪舆语，及郑玄、王充、应劭等提及的《堪舆》，这一解释也是说得通的。

堪舆一词释义与相度风水直接联系，就目前所知，最早为三国时魏人孟康：“堪舆，神名，造《图宅书》者。”语出颜师古注《汉书·杨雄传》中《甘泉赋》“堪舆”引述者。颜师古曾比较张晏与孟康之说，评述道：“张说是也。”孟康之说引自何处未详，但考证汉时风水术书，确有《图宅术》或《图宅书》之类，见载王充《论衡·诘术篇》，参诸唐代吕才、贾公彦等考据详下，可见此说实出自汉时堪舆家及相关术书，殊非孟康凭空杜撰。

据《旧唐书·吕才传》载，唐初吕才曾遵奉唐太宗旨意，刊正世传风水术书，“削其浅俗，存其可用者”；对其讹伪、穿凿处“多以典故质正”，对其无稽拘忌更每每痛加批判。如吕才叙《宅经》云：“近代巫师，更加五姓之说。言五姓者，谓宫、商、角、徵、羽，天下万物，悉配属之，行事吉凶，依此为法。”然而“验于经籍，本无斯说；诸阴阳书亦无此语；直是野俗口传，竟无所出之处；唯按《堪舆经》黄帝对于天老，乃有五姓之说”，还引例论证此五姓之说“事不稽古，义理乘僻”。

吕才所谓出自《堪舆经》的“五姓之说”，实即汉代流行的“五音姓利”，最早曾见载王充《论衡·诘术篇》予以猛烈批判的《图宅术》。依王充引，“《图宅术》曰：宅有八术，以六甲之名，数而第之。第定名立，宫商殊别。宅有五音，姓有五声。宅不宜其姓，姓与宅相贼（按：贼即克），则疾病死亡，犯罪遇祸。”又引“《图宅术》曰：商家门不宜南向，徵家门不宜北向。则商金，南方火也；徵火，北方水也；水胜火，火贼金，五行之气不相得。故五姓之宅，门有宜向，向得其宜，富贵吉昌；向失其宜，贫贱衰耗。”稍后，王符《潜夫论·卜列篇》也曾提到，“今俗有妄傅姓于五音，设五宅之府第”，“宅有宫、商之第”,以及“俗工曰：商家之宅，宜出西门云云”。凡此可见，唐代《堪舆经》与汉时《图宅术》之类术书一脉传承，十分明显。

与此相关，对郑玄《周礼》注谓古《堪舆》书亡、后人又作《堪舆》书一事，唐代贾公彦疏云：“古黄帝时，堪舆亡，故其书亡矣。”对《周礼·占梦》郑注“天地之会，建厌所处之日辰”，贾疏曰：“建谓（北）斗柄所建，谓之阳建，故左还于天；厌谓日前一次，谓之阴建，故右还于天。故《堪舆》天老曰：假令正月阳建于寅，阴建在戌。日辰者，日据干，辰据支。”贾公彦还引述郑玄诸弟子辑其问答语的《郑志》云：“按《堪舆》黄帝问天老事云：‘四月阳建于巳，破于亥；阴建于未，破于癸。’”就郑注“其术则今八会是其遗象也”，贾疏又称：“按《堪舆》，大会有八也，小会亦有八也。”凡此疏引表明，堪舆或如孟康解说，是谓神名，造《图宅书》者，黄帝时已亡，而黄帝之重臣天老尚知其术，故每有“黄帝问天老事”；后人宗奉此术，撰书辄以其名“堪舆”冠称。兹说吕才稽不见经籍，故其为堪舆家托古杜撰的神人，明显可见。此外，由贾疏可知，堪舆术尚宗占家“建除十二辰”之说。所谓十二辰，即将周天配位子、丑、寅、卯、辰、巳、午、未、申、酉、戌、亥等十二地支等分为十二份，方向则与十二次相反，虚拟“太岁”循行，同岁星依十二次运行相逆；又以北斗星的斗柄旋指十二辰，序称建、除、满、平、定、执、破、危、成、收、开、闭，附会日辰吉凶之说，即建除十二辰，简称建除，或所谓建厌。

事实上，包括建除或建厌等，堪舆家以天干地支相配而论日辰吉凶，早见于前引《淮南子·天文训》所涉“堪舆”，以及王充《论衡》的《讕时篇》、《讥日篇》、《难岁篇》和《诘术篇》所引《图宅术》之类。其既按所谓六甲即甲子、甲寅、甲辰、甲午、甲申、甲戌“数而第之”以宅，主论其吉凶；又拘忌于建除之法，谓移徙、起宅、嫁娶等，皆不得抵太岁、负太岁，即要回避太岁所行至地支方位及日辰，否则凶，名曰“岁下”、“岁破”。对于如是诸说，王充均予以无情批判，一如其批判堪舆家的五音姓利之说。而由王充所引，则知术家自谓其说皆“自天地神也，”且俱稽“五行之象”，以“决吉凶而已”。

综观汉唐以来各说，当时堪舆家所为，确有看风水之内容，即图宅，有论宅之方位、起宅时辰吉凶诸说。而其作为占家，“法天地、象四时”，“起五德终始，推其极而无不至”，“然后言天地之利害，事之成败”，所以娶妇择时，竟然也有堪舆家之流参与其事。这中间，如王充、王符、吕才所尖锐批判的五音姓利诸说，实属无稽拘忌，纯系迷信。但另一方面，也可看到，堪舆家注重天、地、人诸多神秘契合关系的考究，也未尝没有合理成分。司马迁《史记·太史公自序》说：“尝窃观阴阳之术大祥而众忌讳，使人拘而多所畏；然其序四时之大顺，不可失也。”又说：“夫春生夏长，秋收冬藏，此天道之大经也，弗顺，则无以为天下纲纪。故四时之大顺，不可失也。”这对堪舆家的拘忌，也是客观评价。在强调宇宙自然与人类存在应为一和谐整体，人不能违背自然规律办事这一观念上，以当代科学宇宙观来看，也应说其中有合理之处。而作为堪舆家的伟大科学贡献，还应指出，也正是在他们探究宇宙万物内在机理的长期职业活动中，由原始的占卜用堪舆栻盘，即司马迁所谓“旋式正綦”者，经由后世堪舆家的不懈探索、完善，最终引出了人类文明史上划时代的发现和发明，即指南针的发明和磁偏角的发现。关于此，另有论文详述，故不烦缕于兹。

在汉唐之际，堪舆术书内容相若，多属日辰之书，拘忌阴阳五行生克而言吉凶祸福。同时，又讲究以五音姓利而相宅，分野、建除之说也传承不辍。但在唐初，魏征等奉敕撰《隋书·经籍志》，列南朝至隋代堪舆术书，称“堪舆”为“堪余”，凡十三种二十七卷，如《二仪历头堪余》、《四序堪余》、《八会堪余》、《地节堪余》等等。孰谓“堪余”？以吕才、贾公彦等人仍称堪舆，以及堪余诸书见载《旧唐书·经籍志》、《新唐书·艺文志》者，皆又复称堪舆，推论之，当为一时音变，或如吕才等引《堪舆经》可能适为汉时《堪舆金匮》，书同音近。唐以后直至明清，堪舆之名再无改异，但其内容却有了变化，有存有废。

堪舆家之五音姓利说，虽屡遭批判，但因世俗迷信，吕才之后，又有僧一行撰《五音地理新书》三十卷，依南宋晁公武《读书后志》云，仍主五音姓利，在宋仁宗敕王洙编纂《地理新书》为官书前，极为流行，北宋皇室陵寝还曾一再依据一行之说择地。考为晚唐之作的敦煌残卷《相阴阳宅书》，宋初钦天监杨惟德撰进宋仁宗的《茔原总录》，以及《宋史·艺文志》见载的诸多风水书，略如《五音地理诗》、《五音地理经诀》、《五音三元宅经》、《五姓合诸家风水地理》，等等，皆涉及五音姓利说。嗣后，在风水衍为"形势宗"与"理气宗"两大宗的分野之中，理气宗之术书，仍多言阴阳五行生克及吉凶祸福之拘忌，五音姓利说亦在其中。理气宗为汉时堪舆家流的苗裔，也由此明显反映出来。

3 形 法

班固《汉书·艺文志·数术略》列数术六种，除了属于"五行家"的堪舆术书外，涉及汉时风水流派，还有"形法家"的著述，如《国朝》七卷、《宫宅地形》二十卷等。班固曾就此评论道："形法者，大举九州之势以立城郭室舍形……以求其声气贵贱吉凶。犹律有长短，而各征其声，非有鬼神，数自然也。"后世风水术常称为"形法"，风水家自称"形家"，即以班固所载为最早出处。但更早的起源，或与《周礼》中的"形体之法"有关，限于篇幅，这里不再讨论。

比较"形法"与"堪舆"，就《汉书·艺文志》分类及评述，两者义理殊别，为汉时风水两大流派，盖为明显之事。传承至唐初，两者区别仍然泾渭分明。如魏征等撰《隋书·经籍志》，堪余即堪舆类术书和言相度宫宅陵墓地形的形法类术书，虽同归"五行者"，却前后分列，顺序俨若《汉书·艺文志》，且云："观于来物，观形法以辨其贵贱。"实指形法家所倡义理。所列形法术书诸如《地形志》八十卷、《宅吉凶论》三卷、《相宅图》一卷，等等。

《汉书》所载形法术书多佚，但按班固所论，其术"数自然也"，"大举九州之势以立城郭室舍形"，又同后世公认的地理学古籍《山海经》并列，或可见其渊源及宗旨，不外考察山川地理形势，选择形胜之地，因势随形而营邑立城，割宅筑室。在汉代以及先秦，实际也是许多经籍强调的经国大事。除《周礼》较系统的载述而外，如《管子·度地篇》"圣人之处国者，必于不倾之地，而择地形之肥饶者，乡山左右（按：乡即相度、趋向之意），经水若泽，内为落渠之写，因大川而注焉"；《管子·乘马篇》"凡立国都，非于大山之下，必于广川之上，高毋近旱而水用足，下毋近水而沟防省，因天材，就地利，故城郭不必中规矩，道路不必中准绳”；《尉缭子》“量土地肥硗而立邑建城，以城称地，以地称人，以人称粟”；《汉书·沟洫志》：“古者立国居民，疆理土地，必遗川泽之分，度其水势所不及”；《汉书·晁错传》“相其阴阳之和，尝其水泉之味，审其土地之宜，观其草木之饶，然后营邑立城，制里割宅，正阡陌之界”；等等。

此外，东汉时被世人尊为“阴阳之宗”的张衡，写有事涉相度陵墓风水的《冢赋》，后人评为汉代风水之作，赋云：“载舆载步，地势是观。降此平土，陟彼景山。一升一降，乃以斯安。尔乃隳巍山，平险陆，刊蘩林，凿盘石，超峻垄，构大椁。高岗冠其南，平原承其北。列石系以修隧，洽以沟渎，曲折相连，迤靡相属。”又云：“宅兆之形，规矩之制，晞而望之方以丽，践而行之巧以广。”等等。其专注于山川形势的细致考察与选择，包括地形地貌，生态小气候及景观等，然后因势随形而营构陵墓建筑，其中独无阴阳五行生克、吉凶祸福诸多拘忌，可知其迥别于堪舆之术，而为当时形法家之所为。关于此，元代赵汸《葬书问对》曾评论道：“予尝读张平子《冢赋》，见其自述上下冈陇之状，大略知今葬书寻龙捉脉为之者，岂东汉之末，其说已行于士大夫之间。”赵汸所谓“寻龙捉脉”，就是唐宋以后形势宗风水家为之者。汉时形法家与后世形势宗的传承关系，也在此清晰反映出来。

寻龙捉脉，特指考察山川形势，素有龙、穴、砂、水之相配等讲究，实际都是将地形地貌特征形象化，引类譬喻，因形立名，以便“相江山而择吉，晓人有法”的产物；如龙指山脉峰峦，砂指阜丘，穴指环山缠水之地，等等。因其注重山形，言形势者又谓之峦体，或曰峦头。南宋大儒朱熹《山陵状议》就有云：“看山第一是峦头，有了峦头穴可求。”

形法家即形势宗与堪舆家即理气宗相比较，可谓前者为风水主流，其实践理性的成分也更丰富，在科学、美学方面，也有更大的价值，所以能“行于士大夫中间”，并因此得到发展应用。如自东汉以降，除北宋皇陵拘忌五音姓利说而外，各代帝王陵寝多讲究形势，唐代诸陵尤其典型，如《大唐新语》载“玄宗尝谒桥陵，至金粟山，睹岗峦有龙盘凤翔之势，谓左右曰：吾千秋后，宜葬此地。宝应初，追述先旨而置山陵焉”。

与此同时，堪舆家或理气宗诸多拘忌，却屡遭批判。即使在北宋皇陵大行五音姓利说之时，也曾引发诸多非议。南宋时，朱熹向皇帝上呈《山陵状议》，直言批判北宋诸陵拘忌五音姓利说的大谬，甚为激昂。另一方面，朱熹并非全盘否定风水术，如《大学衍义补·家乡之礼》载其主张："世有选择之法存焉，不能不用之以代卜筮。但其所谓希福禄不可信，其趋吉避凶之说亦不可。"朱熹倡言的风水，盖为峦头派即形势宗。事实上，北宋择陵地所据僧一行《五音地理新书》之说，到此时也早已式微。如晁公武《读书后志》评论一行《五音地理新书》："以人姓五音，验八山三十八将吉凶之方，其学今世不行。"南宋帝陵也颇重形势，如《绍兴府志》载宋宁宗崩御后，选择陵地者杨华归奏："泰宁寺之西，山岗伟峙，五峰在前，直以上皇，青山之雄，翼以紫金，白鹿之秀，层峦朝拱，气象尊崇，有端门、旌旗簇仗之势，加以左右环抱，顾视有情，吉气丰盈，林木荣盛。"后遂于此形胜之地建陵。

及于明清，如前引王祎《青岩丛录》所述，形势宗更大行于世。其中，被明代开国皇帝朱元璋尊为"江南二儒"的宋濂、王祎，以及他们的挚友刘基，就都推崇并精谙形势宗的风水，还曾为朱元璋卜地建都、选定孝陵基址。而出自唐宋以降形势宗渊薮之地江西的风水家廖均卿、游朝宗等，为明成祖朱棣卜建天寿山长陵之后，形势宗更倚皇家器重而势盛，以致明清两代皇家陵寝，洵如谙于风水的清代同治、光绪两朝帝师翁同龢的《翁文恭公日记》所言，乃俱"以形势为宗"。

4 地 理

风水别名地理，或谓地学，故风水家又多称地理家，地师等。

地理一词，最早约在春秋战国时出现。如《周易·系辞上》："易与天地准，故能弥纶天地之道，仰以观于天文，俯以察于地理，是故知幽明之故。"唐代孔颖达疏云："地有山川原隰，各有条理，故称地理。"联系《周易·系辞下》所谓："古者庖牺之王天下也，仰则观象于天，俯则观法于地，观鸟兽之文与地之宜，近取诸身，远取诸物，于是始作八卦，以通神明之德，以类万物之情。"则俯察地理之义，重在相度土地之宜，正为风水家所专，故后世风水家称其术为地理之术，尚有宗庖牺即伏羲为风水始祖者，盖肇原于此。

先秦经籍有关地理之义，多涵天时地利或天道地道之谊。如《管子·形势解》："上逆天道，下绝地理，故天不予时，地不生财。"《礼记·礼器》："天时有生也，地理有宜也，人官有能也，物曲有利也。"《礼记·月令》："毋变天之道，毋绝地之理，毋乱人之纪。"等等。至汉代，以山川大地及其形态特点为地理，才较为明确。如《淮南子·泰族训》："俯视地理，以制度量，察陆陵、水泽、肥墩、高下之宜。"陆贾《新语·道基》："知天者，仰观天文，知地者，俯察地理。”《汉书·郊祀志》：“三光，天文也；山川，地理也。”王充《论衡·自纪篇》：“天有日月星辰谓之文，地有山川陵谷谓之理。”等等。在《汉书·地理志》中，地理更有疆域政区建置沿革之义，首开后世大量地志著作先河。此后，凡擅长山川地形专门知识、或精于编修地志之专长者，辄言“精于地理”。如东晋常璩《华阳国志·蜀志》云：“秦孝文王以冰为蜀守，冰能知天文地理。”唐初欧阳洵《艺文类聚》引《尚书·刑德放》云：“禹长于地理，水泉九州，得括象图，故尧以为司空。”

地理与风水术相关联，除《周易·系辞》所云伏羲仰观俯察传说外，比较明确的，出自晋代葛洪《抱朴子内篇·极言》：“昔黄帝……相地理，则书青乌之说”。迄唐代，冠称“地理”的风水术书大行成风，如贞观《大唐地理经》十卷，见载《新唐书·艺文志》；又如前文所述僧一行撰《五音地理新书》三十卷。往后，如《宋史·艺文志》载录者，则多达20余种100余卷。到明清以后，称风水为地理乃或地学，也是很平常的了。

应当指出的是，冠称“地理”的风水，往往具有很强的古代景观地理或景观建筑学的特色，典型如不晚于唐代就已传世的风水名著《管氏地理指蒙》曾云：“寻龙之术者，称之曰山水之士。”又强调：“相江山而择吉；晓人有法，因形势而命名。指山之磅礴兮，则有山龙之号；指水之罗绕兮，则有水城之称；来历则曰祖曰宗，原其本始……是皆以意逆意，以情度情。”注云：“以人之意逆山水之意，以人之情逆山水之情。”这种审美型的山水观照，实际成为风水地理的基本取向。如清代汪志伊《地学简明》申言：“察地者有三会：理会、意会、神会。”即审辨“山川向背来止聚散之情性”，推重“精神妙于意表，而契于理先”，要“究二气中和之妙，察五行制化之微”，等等。正由此，形成了龙、砂、穴、水、主山、客山、水口等诸多意韵独特的风水术语，还直接影响到同称“山水之术”的中国古代山水画论。

5 青囊

世人称风水术为青囊之术，称其书为青囊书，传承已久。如唐代陈子昂《陈伯玉集》中的《酬田逸人见寻不遇题居隐里壁》诗：“传道寻仙友，青囊卖卜来。”清代雍正朝显官，曾被钦派相视清室关外列祖山陵、盛京城郭，并因择定泰陵吉地等而蒙受雍正皇帝覃恩的高其倬，在其《宫保大司农高文良公三世墓图记》中自述研习风水原始，也有“自是取青囊诸书，日夜读之”云云。

一般认为，风水之别称青囊，典出《晋书·郭璞传》，谓郭璞“好古文奇字，妙于阴阳历算。有郭公者，客居河东，精于卜筮，璞从之受业。公以青囊中书九卷与之，由是遂洞五行、天文、卜筮之术，攘灾转祸，通致无方，虽京房、管辂不能过也。璞门人尝窃青囊书，未及读，而为火所焚”。

旧题“郭璞修序”的世传风水术书《九天玄女青囊海角经》，其序云：“青囊内传，海角秘文，浮黎天统，镇世鳌极，八卦八门，六甲天书。始青之下，囊括万象。”对“青囊”一语做了哲理演绎。盖汉晋之际，以八卦及阴阳五行说为基础而建构的宇宙图式，曾认为：青为木之徵，乃五行之始；为春主生；东向，属震卦，而万物始出乎震；为岁首即四时之始；为仁而仁之美在于天，等等。“始青之下”意即万物之本始，推衍其理而致“囊括万象”，通致无方（图1）。后世相风水地理称之青囊，即本此。

在风水术书中，晚唐时，有杨筠松及其门生曾文迪作《青囊经》，见载宋郑樵《通志·艺文略》；《宋史·艺文志》则载：“曾、杨一《青囊经歌》二卷。”清代《四库全书提要》及《四库全书简明目录》据此指出，《通志》及《宋史》所载杨、曾之书即《青囊奥语》；尝谓：“相墓家理气一派，从此发源。”该书刊录在《古今图书集成·艺术典》中，则名为《青囊奥旨》。

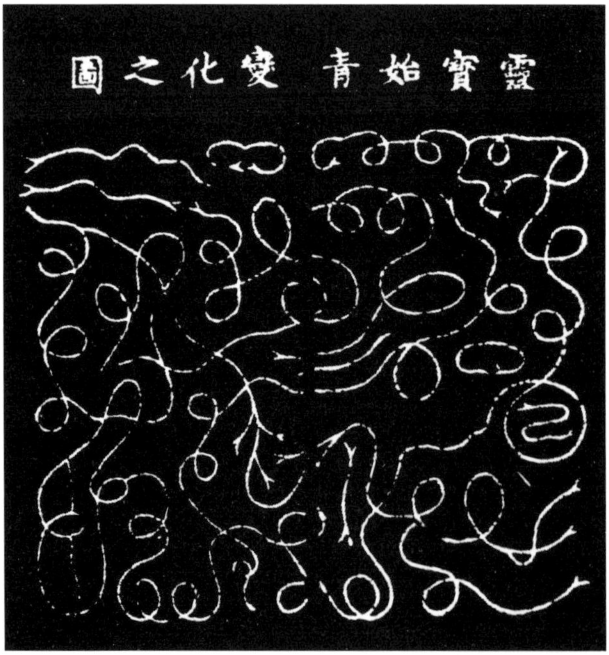

图1　见载宋初《云笈七签》的《灵宝始青变化之图》

6　青　乌

风水别称青乌，流源甚远，事涉古代传说的一位著名风水家青乌子。汉晋以降，既有其术书传世，也有青乌子的传奇故事，众说纷纭，莫衷一是。总其要，一说青乌子为黄帝时地理家，二谓其商周时人，三言为秦人，四称其为汉时人。

说青乌子为黄帝时人，如晋代葛洪《抱朴子内篇·极言》云：“昔黄帝……相地理，则书青乌之说。”宋代张君房《云笈七签》引《轩辕本纪》谓：“黄帝始画野分州，有青乌子能相地理，帝问之以制经。”

称青乌子为汉时相地术士，见于东汉应劭《风俗通》，如宋初陈彭年根据隋代陆法言所著《切韵》增订《广韵》，引《风俗通》云：“汉有青乌子，善葬术。”宋代邵思《姓解》亦引《风俗通》谓：青乌子，汉相地术士。后世传题金代丞相兀钦仄注《青乌先生葬经》，序称：“（青乌）先生，汉时人”。及明代，徐柱国《地理正宗》言“青乌先生作《葬经》”，亦列为汉时地理家。

谓青乌子为秦人，如元代马端临《文献通考》云：“秦有青乌子，著《青乌经》”。明代李思聪《堪舆杂著》亦执此说，并谓：“秦樗里子……即青乌仙。”

言青乌子为商周时人，多为神仙传说。如宋人谈钥《嘉泰吴兴志》引述真诰《甄命授》云：“昔青乌公者，身授明师之教，审仙命之理，至于入华阴山中学道，积四百七十一岁……后服汋而升太极。”注谓：“青乌公似是彭祖弟子也。”按晋代葛洪《神仙传》，彭祖乃颛顼帝玄孙终氏第三子，先封于彭城，姓钱名铿，在商为守藏史，在周为柱下史云。依此，青乌子当为商周时人。此说虽与葛洪《抱朴子》言青乌子为黄帝时人相抵牾，但后世流传甚广，如明代王圻、王思义父子《三才图会·人物》载：“青乌公，彭祖弟子也。”清代蒲松龄《聊斋志异·堪舆》亦有注云：“青乌子，彭祖弟子也。”

综观诸说，稽以史籍，较大可能是，青乌子乃东汉末，班固之后、应劭之前托名黄帝时人撰葬书者，因此其未见载《汉书》，而在《风俗通》中出现。《淮南子·修务训》曾指出汉时托古作伪之风：“世俗人多尊古而贱今，故为道者，必托之于神农、黄帝而后能入说。”事实上，典型如医书《黄帝内经》、《神农本草》等，就靡莫如此。风气所浸，风水书托古如《黄帝宅经》等，以及青乌子的由来、尤其黄帝时地理家等传说，亦难避此嫌。到六朝前后，相传其为神仙，方技之书托之青乌子者更伙，已非但相冢书，医家论伤寒书也每托其名，如《宋史·艺文志》所载《青乌子风经》、《青乌子论》等等。

青乌子之书未见载《汉书》，实际却在汉晋之际流传，而且影响甚大。除前述应劭、葛洪之说外，晋代张玄之撰《吴兴山墟名》云：“昔有青乌子瞻望此山（按：即前引《嘉泰吴兴志》提到的乌瞻山），曰：‘此山可以避难养道，隐者所居’，故名。”《晋书·郭璞传》及南朝宋人刘义庆《世说新语》并载晋明帝微服往看郭璞为人择葬，曾质问“何以葬龙角？此法当灭族”云云；稍后刘孝标注《世说新语》，就此引“青乌子《相冢书》曰：葬之龙角，暴富贵，后当灭门。”可见晋时择葬之术有宗奉青乌子《相冢书》者。又如谢灵运《庐陵王墓下诗》:“洒泪眺连岗”,唐初李善注引“青乌子《相冢书》曰:天子葬高山,诸侯葬连岗。”可见庐陵王墓亦依青乌子《相冢书》卜葬。另如北周庚信《周柱国大将军纥于弘神道碑》云:“青乌甲乙之占,白马星辰之变”,也可见青乌子之术大行其时之一斑。

至唐代,青乌子也颇有名声。如柳宗元《伯祖妣赵郡李夫人墓志铭》曰:“艮之山,兑之水,灵之车,当返此。子孙万代承灵址,谁之言者青乌子。”刘禹锡《湖南观察使故相国袁公挽歌之三》诗:“地得青乌相,宾惊白鹤飞。”唐初欧阳询《艺文类聚》、虞世南《北堂书抄》,以及李善注梁萧统编《文选》,还屡有传世古本青乌子《相冢书》或《葬书》引句,尝有“青乌子称”云云。而据《旧唐书·经籍志》,时有“《青乌子》三卷”传世。

宋代初,李昉等奉敕编纂《太平御览》,书中亦如唐代《艺文类聚》等,引有青乌子《相冢书》言。据宋史《艺文志》,时有《青乌子歌诀》二卷为风水术书。

传世至今的青乌子葬书,是清康熙朝《古今图书集成》及乾隆朝《四库全书》辑录的《青乌先生葬经》,题称大金丞相兀钦仄注。关于该《葬经》,近人余嘉锡《四库提要辨证》考证甚详。余嘉锡曾比较六朝至唐、宋间刘孝标、虞世南、欧阳询、李善及李昉等所引古本青乌子《相冢书》或《葬书》各句,认为:凡此所言诸侯、二千石等,皆汉人语,自是六朝以前古书;而今传《青乌先生葬经》皆无其文,且文体也与诸书所引者不类。他又引徵今传《葬经》中“九曲委蛇,准拟沙隄”,“外台之地,捍门高峙……笔大横椽,足判生死”,考“沙隄”、“外台”等典故,皆出自唐代,指出:“盖古之《青乌子相墓书》已亡,是书乃唐以后人所伪作,而托之青乌子耳。”

可徵今传《青乌先生葬经》羼入唐人手笔乃或全为唐以后伪作,尚如其“官贵之地,文章插耳,鱼袋双连”中“鱼袋”典故,也是唐代所出。按《唐会要》、《宋史·舆服志》,唐制,五品以上官员给随身鱼符,皆盛以袋,谓之鱼袋;三品以上饰金,五品以上饰银。开元中,许致仕者佩鱼终身,自是百官赏绯、紫必兼鱼袋,谓之章服。其实,隋开皇十五年已有京官五品以上佩铜鱼符之制。唐代承袭之,“盖以鲤、李一音,为国氏也”(宋·吴仁杰《两汉刊误补遗》),既禁捕鲤鱼(《旧唐书·玄宗纪》),又“以鲤鱼为符瑞,为铜鱼佩之”(唐·张鷟《耳目记》),盛在饰以金银的佩袋中,以“鱼袋”衍为高官显宦特有的褒饰;唐人语“金紫”,金即金鱼袋,紫则指紫袍。这一制度也被宋代因承,以金银饰为鱼形,公服则系于带而垂于后,以明贵贱。

今传《青乌先生葬经》殊非唐初以前所传古本原貌，旧题兀钦仄《序》称："岂经年代久远，脱落遗佚与？亦未可得而知也"。情况如此，实际与唐初吕才钦尊唐太宗旨意，奉请停废唐初传世风水书中伪滥者有关。元代李治《敬斋古今注·拾遗二》论此："案《地理新书》(按：唐开元中，僧一行撰《五音地理新书》，宋仁宗时王洙等奉敕撰《地理新书》三十卷为当时地理官书。李治此谓，或为后书）云：孙季邕撰《葬范》，引吕才《葬书》所论伪滥者一百二十家，奏请停废，自耳无传。且具列伪书名件，而青乌子《葬经》亦在其间。"孙季邕《葬范》为唐开元以后所撰，《新唐书·艺文志》、《崇文总目》及《宋史·艺文志》均见载，其云古本青乌子书在唐初吕才停废之后渐至失传于民间，是可信的。

7 卜 宅

唐初吕才《五行禄命葬书论》叙《宅经》曰："《易》称上古穴居而野处，后代圣人易之以宫室，盖取诸大壮。逮乎殷周之际，乃有卜宅之文。故《诗》称相其阴阳，《书》云卜惟洛食。此则卜宅吉凶其来尚矣。"这种风水术渊源的考证，也屡见相关风水著述，概称上古卜宅之文，为风水术之滥觞，亦为其经旨。风水之称为卜宅，盖源于此。

事实上，殷墟出土甲骨文就确有卜宅之文，如商王武丁相土作大邑卜辞："贞：作大邑于唐土"；"己卯卜，争贞：王作邑，帝若，我从之唐"；"庚午卜，丙贞：王易作邑，在兹，帝若"等等。在此，卜有其原始本谊，即占卜、卜筮。但这种借占卜反映天意或神鬼意志以抉择商人迁都和作邑，其根本原因，如史学家公认，实际乃由战争、气候、水草及其他资源等因素所决定。如《尚书·盘庚》为商代史籍，载录商王盘庚迁都于殷的训辞，所谓"天其永我命于兹新邑"，就充分说明"卜"乃征服民心的手段而已，并非全为迷信。

至于"卜宅"的联緜语，最早典出《尚书·召诰》，述及周克商后选址洛河之阳营建洛邑事：周成王七年三月戊申，"太保朝至于洛，卜宅。厥既得卜，则经营"。以周民族"敬鬼神而远之"的理性精神，此文之卜，当为考察、选择，并非单指占卜。如《召诰》同文："成王在丰，欲宅洛邑，使召公先相宅"；《尚书·洛诰》记载此事："召公既相宅，周公往营，"是卜宅之谊乃同相宅。

事实上，后人所谓卜宅，不惟风水家用指择地定居，也为文人习用。如杜甫《杜工部草堂诗笺》中《为农》诗云："卜宅从兹老，为农去国赊。"

在《尚书》之外，卜宅一语也屡见其他经籍，如《礼记·杂记》"大夫卜宅与葬日"；《礼记·表记》"卜宅寝室"；《孝经·丧亲章》"卜其宅兆而安措之"等等。其中卜宅已不特指卜地定居，盖择地营葬，也泛称卜宅。

卜宅为择地而居，当如汉刘熙《释名》："宅，择也，择吉处而营之"之意。后世衍义，又有卜邻、卜居、卜筑、卜宇、卜室、卜第、卜地、卜鼎以至卜葬等语。

卜邻一语，出自《左传·昭公三年》："谚云：'非宅是卜，惟邻是卜。'二三子，先卜邻矣。"意为选择良邻而居，典型如"孟母三迁"，即为此故。杜甫《寄赞上人》诗云："一昨陪锡杖，卜邻南山幽。"卜邻则为卜宅之同义语。

卜居，如《史记·周本记》载"成王使召公卜居，居九鼎焉"；《说苑·至公》"昔周成王之卜居成周也"，"周公卜居曲阜"；均与卜宅同义。《后汉书·仲长统传》："优游偃仰可以自娱，欲卜居清旷以乐其志。"《艺文类聚》载南齐萧子良《行宅》诗："访宇北山阿，卜居西野外。"杜甫《寄题江外草堂》诗："嗜酒爱风竹，卜居必林泉。"概为择吉而居。

卜筑亦同卜宅。如《梁书·刘訏传》："（刘訏）曾与族兄刘歊听讲于钟山诸寺，因共卜筑宋熙寺东涧，有终焉之志。"唐代孟浩然诗："卜筑依自然，檀溪不更穿。"李商隐诗："伊人卜筑自幽深，桂巷杉篱不可寻。"等等，皆本此意。

有卜宇之说，如《艺文类聚》载南朝梁任昉《齐司空曲江公行状》："爰乃卜宇金陵，萦带林壑。"其意同卜宅，不言而喻。

与卜宅一语同出而义近的典故，尚有卜食。《尚书·洛诰》载周公卜宅洛邑后向成王呈奏："我乃卜涧水东，瀍水西，惟洛食。又卜瀍水东，亦惟洛食。伻来以图及献卜。"清代王先谦《孔传参证》载："郑(玄)云：观召公所卜之处，皆可长久居民，使服田相食。"清代经学家孙星衍认为，郑玄之说"此解经惟洛食之义"；他引据《尚书·洪范》"惟辟作福，惟辟作威，惟辟玉食"中历家注"玉食"为珍美之食释义，说谓："则知食为玉食此土。"

这些典故，包括玉食，王莽托古改制时也曾袭用。如《汉书·王莽传》载新朝地皇元年七月，王莽拟建九庙于长安城南，下诏曰："予乃卜波水之北，郎池之南，惟玉食；予又卜金水之南，明堂之西，亦惟玉食。予将亲筑焉。"其仿《尚书》卜食之文，十分明显，不过以《洪范》中的玉食替代了《洛诰》中的洛食；而以玉食与洛食之义的通融，由此仿文也更可明了，卜食实当为选择土厚水深的吉美之地以营宅。

卜食或谓洛食，典故如此。但在后人注说中，曾出现魏晋时作伪的所谓汉孔安国《尚书传》的另一释解：“卜，必先墨画龟，然后灼之，兆顺，食墨。”即卜食乃用墨画龟壳，灼烤后裂纹食去墨迹，乃为吉利，纯系占卜之术。由于伪孔传在隋唐之际无人辨伪，孔颖达注本更抛弃了郑玄等《尚书》注，使之失传，伪孔“卜食”用墨占兆之说得以流行，直到清代考据学大兴，才纠正过来，如前引王先谦、孙星衍等考证。王先谦撰《孔传参证》还就此辨析道：“伪孔以为龟兆食墨，不知食墨不必尽吉；且古人云：凡卜，君占体，史占墨，卜人占坼。此卜作洛，是王之事，宜占体，不宜占墨也。”

事实上，综观《尚书》及其他经籍所载古人择地营国事，卜食洛邑当如郑玄等说，盖民以食为天，选择土肥水美、宜于农耕之地，以长久居民，服田相食，乃国家长盛之本。古籍中一向注重的“可食之地”，如儒家经典、中国最早的语言学和训诂学专著《尔雅·释地》所谓“可食者曰原”；《周礼·遂师》“经牧其田野，辨其可食者”；《管子·八观》“凡田野万象之众，可食之地方五十里，可以为足也”等等，即本此。引申之，则略如《墨子·七患》强调“食者，国之宝也；兵者，国之爪也；城者，所以自守也。此三者，国之具也”；《淮南子·主术训》申言“食者，民之本也；民者，国之本也；国者，君之本也”；类似此说殊多，不必赘引。惟向以务实重农、敬天保民著称的周民族，“知小民之依”(《尚书·无逸》)，“以小民不受天永命”(《尚书·召诰》)，认为“民之所欲，天必从之”(《左传·襄公三十一年》)的周王朝，焉有不重此民之天、国之宝，惟以仰祈神示以择地建都之理？稽之公刘迁豳、太王迁岐、文王作丰、武王宅镐等史诗，即《诗经》之《公刘》、《緜》、《皇矣》、《文王有声》诸章的生动记述，以及已出土西周金文，如周厉王时“散盘”中勘察“眉”地“原隰”即土地资源的铭文等，卜食之义亦可昭然。

卜食作为典故，后来成为择地建都的代名词，也正是相其地宜，视其是否利于农，利于服田相食。略如《隋书·高祖纪》载隋文帝择建隋都大兴城云：“龙首山川原秀丽，卉物滋阜，卜食相土，宜建都邑。”其卜食之意，毋庸置疑，是谈不上占龟食墨之说的。

8 相 宅

相宅一语，典出前述《尚书·召诰》：“成王在丰，欲宅洛邑，使召公先相宅。”又云：“惟太保先周公相宅。”《尚书·洛诰》载述同一事件：“召公既相宅，周公往营。”又述及嗣后周公与成王奏对：“予以胤保大相东土。”王曰：“公不敢敬天之休，来相宅，其宅周匹休。”周公对曰：“孺子来相宅，其大惇典殷献民。”

这里，相宅语义略同卜宅。关乎此，《周礼·夏官司马》云：“土方氏，掌土圭之法，以致日景；以土地相宅，而建国都鄙；以辨土宜之化之法，而受任地者。”所谓土地相宅，即度地相宅，土作度。如《礼记·王制》：“凡居民，量地以制宜，度地以居民，地宜民居，必参相得也。”《周礼》及《礼记》之说，更具体地说明了相宅或卜宅以及卜食的本义。

相宅典故，乃察勘规度宅地之义，衍为后世风水经旨，故看风水亦概称相宅，或谓相地，亦衍有相墓之说。地有形，宅亦有形，其形也名为相，如同相面，后世有专门看宅相而预言吉凶祸福的方术，也称相宅。略如《晋书·魏舒传》载晋时相宅如相面：“舒少孤，为外家宁氏所养。宁氏起宅，相宅者云：当出贵甥。”魏舒闻此，少年立志，曰：“当为外氏成此宅相。”其后发愤有为，果居高官，为宁氏争光。宅相一语又自始演为外甥之美称典故。魏舒事传为佳话，但相宅者说仍多属无稽，宅相吉凶贵贱不啻妄说。晋时嵇康《难宅无吉凶摄生论》就曾对此作有尖锐批判，有谓“相宅不问居者之贤愚”云云。

与相宅之义相近，尚有相土一语，沿袭为风水代称。其典出在《吴越春秋》，谓周敬王六年，伍子胥为吴王阖闾谋建国都，始“相土尝水”，尔后象法天地、以筑大城，是为阖闾城，即今之苏州。《淮南子·务修训》更有神农“相土”、“尝水”之说：“神农乃始教民播种五谷，相土地宜、燥湿、肥墝、高下，尝百草之滋味，水泉之甘苦，令民所辟。”后世史籍及风水术书常援引此典，意指选择土肥水美之处而营宅。前引《隋书·高祖纪》载隋初择建帝都大兴城，相得龙首山为形胜之地建都，其“卜食相土”，盖本此。

9 图宅

图宅之说，汉已有之，或称为图宅术、数宅之术，见前引王充《论衡·诘术篇》中《图宅术》诸说，以及孟康所谓堪舆之神造《图宅书》一说，为当时堪舆家所宗。此后，图宅流传为看风水、相宅相墓的别称之一。如《南史·柳世隆传》：“世隆晓数术，于倪塘创墓，与宾客践履，十往五往，常坐一处。及率墓工图墓，正取其坐处焉。”《艺文类聚》还曾引述唐代以前的《图墓书》：“冢前左右有小岗如投算，相连数里，各为导引岗，葬之出富贵”云云。

图宅缘起，明显与汉时“图谶”、“图纬”迷信泛滥有关。所谓图，原指河图；谶，即预言；纬，乃汉时方士化的儒家附会儒学经典而衍出诸多解经的著述，与谶一样，皆作变相隐语。谶、纬皆有图、有书，故又名为图谶、图纬，或总名图书。西汉初，此种宣扬符命占验之术已流行于世，贾宜《鹏鸟赋》云：“发书占之，谶言其度”，是其例证；陆贾《新语·道基》抨击世风为之所染的流弊：“论不验之语，学不然之事，图天地之形，说灾变之异，动人以邪变，惊人以奇怪。”由西汉至东汉，由于已神学化的经学长期统治，谶纬之学愈演愈炽，不独世人，即使上层士大夫也深陷其中，天地人世万物，全都要在阴阳五行模式中推演比附一番，成为一种思维习惯。正是在这种背景下，才有论宅须“法天地，象四时”，“起五德终始，推其极而无不至”，“然后言天地之利害、事之成败”的图宅术。

最能说明图宅术与图谶明显联系的，莫过五音姓利之说。如前文所述，此乃图宅术主要观念，流传弥久，影响殊深，而唐代吕才以典故质正，发现经籍本无斯说，遂谓其为野俗口传。但实际上，这种学说，在汉时不独野俗口传，受谶纬与神学化的经学思想影响至深的不少大学者，也宗奉此说。如齐集东汉初诸多大学者的著名白虎观会议后，班固受命整理会议结果而撰成《白虎通德论》即《白虎通》，其中即有谓：“姓者，生也，人所禀天气所以生者也”；“人含五常而生，声有五音，宫、商、角、徵、羽，转而相杂……故百而异也”。五行相生相克，即有吉凶祸福之异，诸多拘忌也由此而生。图宅术五音姓利说本乎此，是相当明显的。至于班固评堪舆家乃“小数家因此以为吉凶，而行于世，寖以相乱”，但其所谓小数家与当时深陷谶纬迷信而不能自拔的诸多学者相比，也不过小巫见大巫罢了。

10 阴 阳

称风水为阴阳，早见于唐宋，如《旧唐书·吕才传》提到：“太宗以阴阳书近代以来渐致讹伪……遂命(吕)才与学者十余人共加刊正。”又如南宋程棨《三柳轩杂记》：“阴阳家为磁石引针定南北，每有子午丙壬之理。”但在更多场合，阴阳概类堪舆，特指择时辨方的占卜吉凶之术。事涉风水也称阴阳，在元代以后才较为流行，见《元史·选举志》载，元世祖至元二十八年依儒学、医学为例，于诸路置阴阳学，于路、府、州设教授，凡阴阳人皆管辖之，其中也包括风水家。至明代因之，凡天文、占候、星卜、相宅、择日之流悉归管理。清承明制而袭此。自是，风水家一如天文、占候诸流，俗称阴阳生。

不过，除此而外，风水与阴阳紧密相关，渊薮非同一般，一是卜宅之文的滥觞，即典出阴阳一语，被后世风水家奉为经旨；二是风水理论，无论堪舆家、形法家抑或形势宗、理气宗，都大量吸收了哲学意义的阴阳范畴而论说其相度风水机理。

阴阳一语，最早典出《诗经》之《公刘》章，说夏末时公刘率周民族由邰迁豳，相度山川形势与水土之宜，进而规划经营，使周民安居生息之事。这一美丽的史诗，历历如绘地描述了公刘勤勉勘察并规划部落聚居地的种种活动细节，如其“于胥斯原”，“陟则在巘，复降在原”，“逝彼百泉，瞻彼溥原，乃陟南岗，乃觏于京”，“观其流泉”，“度其隰原”，“度其夕阳”等等。其中更有“既景乃岗，相其阴阳”之句，不惟为历代风水家所重，引为经旨，在我国古代天文学史、地理学史、建筑史及哲学史等研究中，也备受重视。在前者，风水称为阴阳，则典出此句；在后者，此句既是古代用木杆即圭表测“景”，即日影以定方向及时令之方法的最早记载，也是涉及古代阴阳这一哲学概念的最早出处。

就“相其阴阳”本义，是说公刘立表于山岗上，测日影以定向纪时，并考察山川阴阳向背及寒暖等。立表测日影以定向，即后世《定之方中》诗中“揆之以日”，《考工记》、《淮南子·天文训》、《周髀算经》及至宋《营造法式》中各种“端朝夕”、“取正之制”。这一辨方正位的职业活动为历代风水家传承，衍出风水术中所谓“倒杖”之法，也直接引出了指南针的伟大发明及磁偏角的发现。这一史实，有另文详述，此不烦述。而山川阴阳向背之理，也为后世风水家在其职业活动中不断探究，形成了丰富理论。在这阴阳典出之处，尚无玄学色彩，正如东汉许慎《说文解字》云：“阴，暗也，水之南，山之北也。”“阳，高明也。”清代段玉裁注谓“山南曰阳”。刘熙《释名》又谓：“阴，荫也，气在内，奥荫也；阳，扬也，气在外，发扬也。”释明了阴阳向背的小气候。

“相其阴阳”被风水家所宗，观其全诗，也可见风水的理性要素，不外详细审视和勘测山川地形及地质水文、小气候、植被、生态、景观等，然后择其佳处，确定建筑方位等规划事宜。后世沿用阴阳一语，实际也常出于这一典故本义。如《周礼·地官司徒》谓“大司徒之职，掌建邦之土地之图”，“辨其山林川泽丘陵坟衍原隰之名物”，“以土会之法辨五地之物生”；“以土地之法，辨十有二之名物，以相民宅而知其利害，以阜人民，以蕃鸟兽，以毓草木，以任土事”；“以土圭之法，测土深，正日景，以求地中”；“日至之景，尺有五寸，谓之地中，天地之所合也，四时之所交也，风雨之所会也，阴阳之所合也。然后百物阜安，乃建王国焉”。又如《汉书·晁错传》云：“相其阴阳之和，尝其水泉之味，审其土地之宜，观其草木之饶，然后营邑立城，制里割宅，正阡陌之界。”而如风水经典之一，郭璞传《古本葬经》，更言简意赅地论说风水选择标准：“来积止聚，冲阳和阴，土厚水深，郁草茂林，贵若千乘，富如万金。”等等。

先民考察天地与人世万物，终至发现，事物皆有相反相成即对立统一的两面，恰如阴阳之理，于是，阴阳衍为中国古代理论思维最重要的范畴之一，被哲人们用以探究并申说世界本原及其变化机理，阴阳学说由是而生。典型如《周易·系辞》：“一阴一阳之谓道，阴阳不测谓之神。”“阴阳合德，而刚柔有体，以体天地之撰，以通神明之德。”《周易·说卦》：“参天两地而倚数，观变阴阳而立卦。”“是以立天之道，曰阴与阳，立地之道，曰刚与柔。”《国语·周语》：“阴阳分布，震雷出滞。”“气不沉滞，而亦不散越。是以民生有材用，而死有所葬。……故天无伏阴，地无散阳，水无沉气，火无灾燀……”“气无滞阴，亦无散阳，阴阳序次，风雨时至，嘉生繁祉，人民龢利，备物而乐成。”《管子·四时篇》：“是故阴阳者，天地之大理也，四时者，阴阳之大经也。”等等。进而由“观变阴阳而立卦”，八卦理论发展起来；由“一阴一阳之谓道”、“气无滞阴，亦无散阳”，元气说也发展起来；到老子那里，更有谓：“道生一，一生二，二生三，三生万物。万物负阴而抱阳，冲气以为和。”已衍为宇宙生成的本体论，为后世哲人的理论思维，奠定了基本框架，最终形成了独具特色的中国古代哲学理论体系（图2）。

这种哲学上的理论思维，归复于“相其阴阳”的风水家，风水理

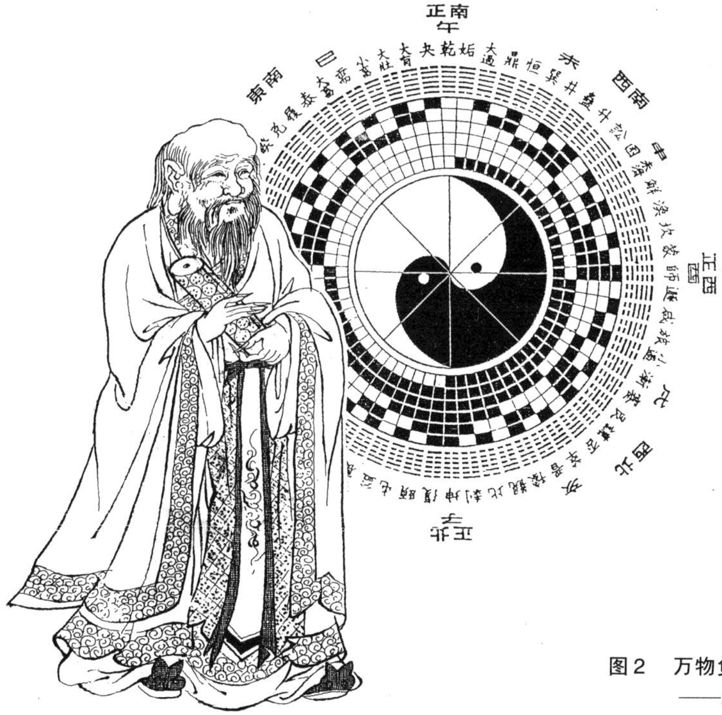

图2　万物负阴而抱阳，冲气以为和
——老子的宇宙生成本体论

论也因此充满了哲学思辨的成分，虽伴有玄学乃至迷信色彩，却也富涵辩证法的中肯哲理，而且，其理论思维又直接导致以山川自然为审美对象的山水美学日趋发展，臻于成熟。如风水家论山水，认为山主静而属阴，水本动而属阳，讲究山水交汇，动静相乘，阴阳相济，乃有情之所钟处。故论山有“指山为龙兮，像形势之腾伏”的种种“寻龙”之法，务求其动；而理水则以静为美，即所谓“左水为美，要详四喜，一喜环弯，二喜归聚，三喜明净，四喜平和。”至于植被、阳光、气候以至建筑式样和组群布局，也莫不讲究“动静阴阳，移步换形，相生为用”，“如画工丹青妙手，须是几处浓，几处淡，彼此掩映，方成佳景”，等等。这方面内容，有另文详论，此不赘述。可以指出的是，正是基于这种艺术哲学的日臻完善及其丰富实践，才促成中国传统建筑以其独特风格达到极高艺术境界。英国学者李约瑟在其《中国的科学与文明》中曾评述道：“风水对于中国人民是有益的。……虽然在其他一些方面，当然十分迷信，但它总是包含着一种美学成分，遍及中国的田园、住宅、村镇之美，不可胜收，都可由此得到说明。”这对于传承数千年的风水术，无疑是一个十分中肯的评价。

参考文献

1 古今图书集成·艺术典堪舆部，卷651～680. 中华书局影印本，1934
2 四库全书·子部术数类
3 （清）永瑢等. 四库全书总目. 中华书局，1965
4 余嘉锡. 四库提要辨证. 中华书局，1980
5 二十二子. 上海: 上海古籍出版社，1985
6 二十五史. 上海古籍出版社，上海: 上海书店，1986
7 （清）阮元校刊. 十三经注疏. 中华书局，1979
8 十通. 杭州：浙江古籍出版社，1988
9 （南朝·梁）萧统编. 文选. 中华书局，1977
10 （唐）欧阳询. 艺文类聚. 上海: 上海古籍出版社，1982
11 王明. 抱朴子内篇校评. 中华书局，1985
12 徐震. 世说新语校笺. 中华书局，1984
13 （汉）许慎著，（清）段玉裁注. 说文解字注. 上海: 上海古籍出版社，1981
14 张震泽. 张衡诗文集校注. 上海: 上海古籍出版社，1986
15 宿白. 白沙宋墓. 北京: 文物出版社，1957
16 康熙字典. 中华书局，1958
17 辞源（修订本）. 商务印书馆，1983
18 叶叔华主编. 简明天文学词典. 上海：上海辞书出版社，1986
19 高亨. 周易大传今注. 济南：齐鲁书社，1979
20 朱伯昆. 易学哲学史（上）. 北京：北京大学出版社，1986
21 程俊英. 诗经评注. 上海: 上海古籍出版社，1985
22 王世舜. 尚书译注. 成都：四川人民出版社，1982
23 任继愈主编. 中国哲学史. 北京：人民出版社，1979

中国风水格局的构成、生态环境与景观

尚 廓

根据长期对自然的细致观察及实际生活的体验，在中国古代就已产生了一种有关住宅、村镇及城市等居住环境的基址选择及规划设计的学说，叫做“风水术”或“堪舆学”。其中虽掺杂了许多玄学的成分和迷信的色彩，但它的实质不外是在选址方面作为准绳对地质、地文、水文、日照、风向、气候、气象、景观等一系列自然地理环境因素，做出或优或劣的评价和选择，以及所需要采取的相应的规划设计的措施，从而达到趋吉避凶纳福的目的，创造适于长期居住的良好环境。一个居住地点的形成发展及兴衰，是由地理、经济、政治、文化、历史等多种因素所影响、所决定的，自有其客观规律，并不是都能纳入或符合“风水”的理想模式，即使符合了风水的理想模式，也不见得就都能产生风水所谓的吉凶祸福的效果。但若剔除风水的玄虚迷信的糟粕，毕竟还可以发现其中合理的成分。此外，它还是中国传统宇宙观、自然观、环境观、审美观的一种反映。所有这些，对传统住宅、村镇、城市的选址及规划设计都产生了一定的影响并起到正面的作用。它将自然生态环境、人为环境以及景观的视觉环境等做了统一的考虑。可以认为，“风水”是中国古代即已产生的一种环境设计理论和初级的环境科学。

1 风水格局与生态环境

负阴抱阳，背山面水，这是风水观念中宅、村、城镇基址选择的基本原则和基本格局。

所谓负阴抱阳，即基址后面有主峰来龙山，左右有次峰或岗阜的左辅右弼山，或称为青龙、白虎砂山，山上要保持丰茂植被；前面有月牙形的池塘（住宅、村落的情况下）或弯曲的水流（村镇、城市）；水的对面还有一座对景山案山；轴线方向最好是坐北朝南，但只要符合这套格局，轴线是其他方向有时也是可以的。基址正好处于这个山水环抱的中央，地势平坦而具有一定的坡度。这样，就形成了一个背山面水基址的基本格局。具体来说，理想的风水格局应具备以下的形势，名称及相应位置如下（图 1）：

不难想象，具备这样条件的一种自然环境和这种较为封闭的空

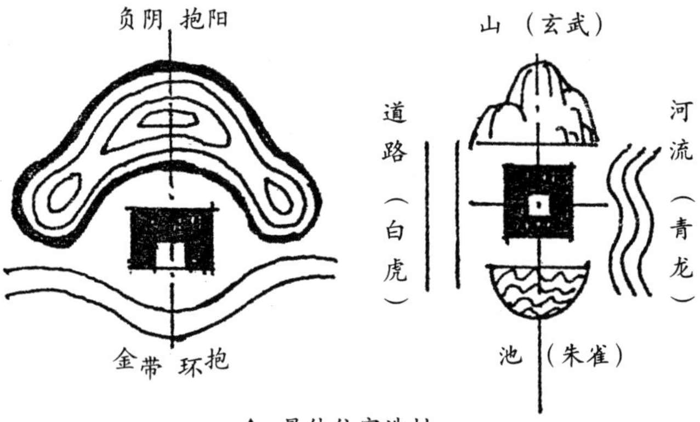

▲ 最佳住宅选址

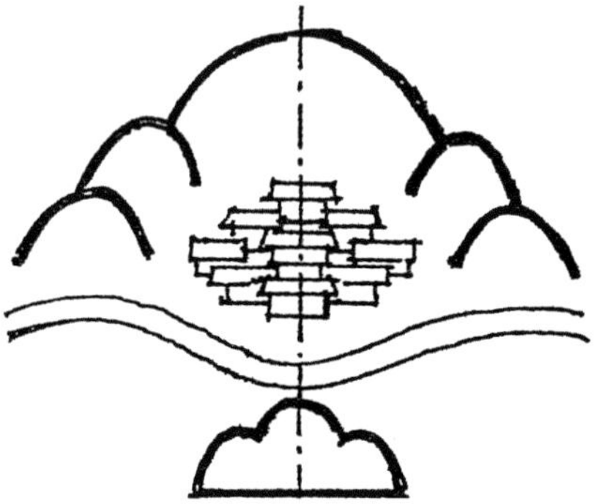

▲ 最佳村址选择

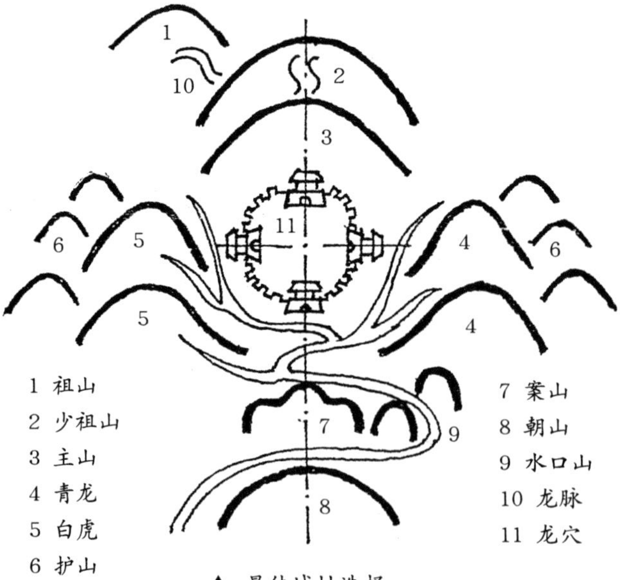

▲ 最佳城址选择

1.祖山：基址背后山脉的起始山

2.少祖山：祖山之前的山

3.主山：少祖山之前、基址之后的主峰，又称来龙山

4.青龙：基址之左的次峰或岗阜，亦称左辅、左肩或左臂

5.白虎：基址之右的次峰或岗阜，亦称右弼、右肩或右臂

6.护山：青龙及白虎外侧的山

7.案山：基址之前隔水的近山

8.朝山：基址之前隔水及案山的远山

9.水口山：水流去处的左右两山，隔水成对峙状，往往处于村镇的入口，一般成对地称为狮山、象山或龟山、蛇山；

10.龙脉：连接祖山、少祖山及主山的山脉

11.龙穴：即基址最佳选点，在主山之前，山水环抱之中央，被认是万物精华的“气”的凝结点，故为最适于居住的福地

图1 风水观念中宅、村、城的最佳选址

间，是很有利于形成良好的生态和良好的局部小气候的。我们都知道，背山可以屏挡冬日北来寒流；面水可以迎接夏日南来凉风；朝阳可以争取良好日照；近水可以获得方便的水运交通及生活、灌溉用水，而且适于水中养殖；缓坡可以避免淹涝之灾；植被可以保持水土，调整小气候，果林或经济林还可取得经济效益和部分的燃料能源。总之，好的基址容易在农、林、牧、副、渔的多种经营中形成良性的生态循环，自然也就变成一块吉祥福地了（图2）。

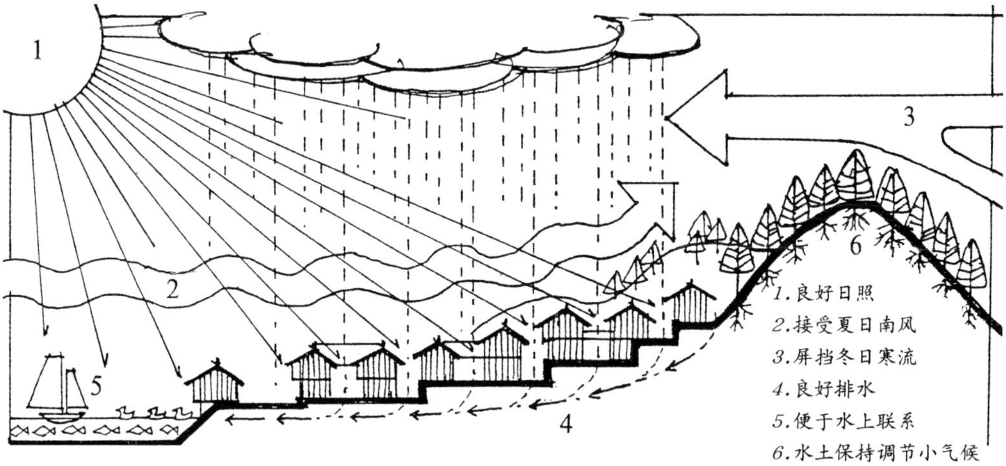

图2　村镇选址与生态关系

2　风水格局的空间构成

中国人自古以来在选择及组织居住环境方面就有采用封闭空间的传统，为了加强封闭性，还往往采取多重封闭的办法。如四合院式住宅就是一个围合的封闭空间；多进庭院住宅又加强了封闭的层次。里坊又用围墙把许多庭院住宅封闭起来。作为城市也是一样，从城市中央的衙署院（或都城的宫城）到内城再到廓城，也是环环相套的多重封闭空间。而村镇或城市的外围，按照风水格局，基址后方是以主山为屏障，山势向左右延伸到青龙、白虎山，成左右肩臂环抱之势，遂将后方及左右方围合；基址前方有案山遮挡，连同左右余脉，亦将前方封闭，剩下水流的缺口，又有水口山把守，这就形成了第一道封闭圈。如果在这道圈外还有主山后的少祖山及祖山，青龙、白虎山之侧的护山，案山之外的朝山，就形成了第二道封闭圈。可以说，风水格局是在封闭的人为建筑环境之外的又一层天然的封闭环境。它的空间构成的基本模式见图3、图4。

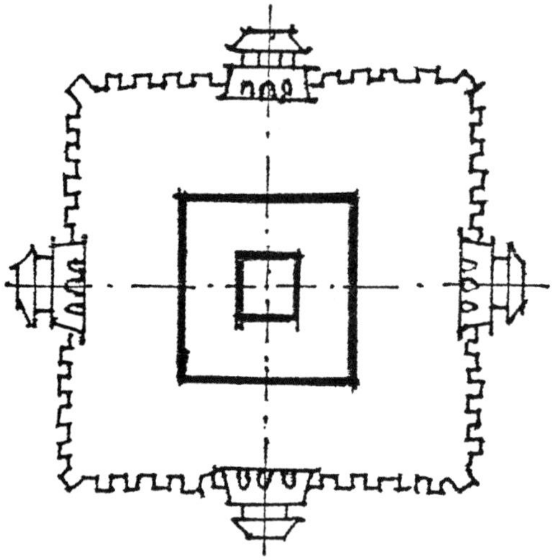

三环相套的城市空间构成

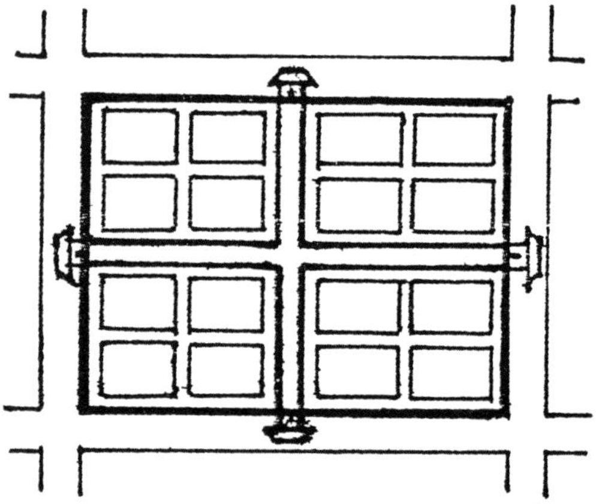

重重围墙的里坊宅院的空间层次

图3　多层次的空间封闭结构是中国传统的规划设计思想

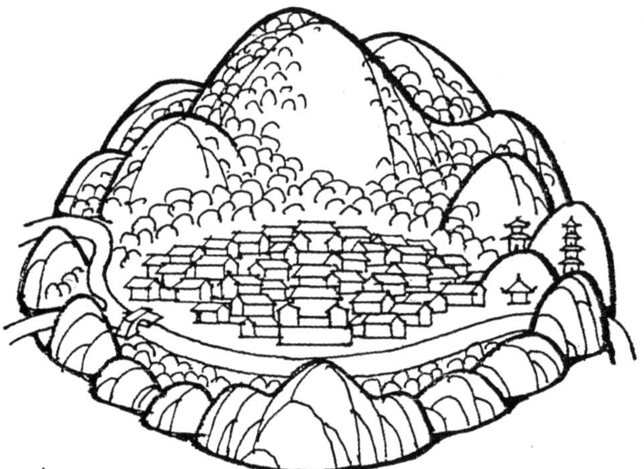

A

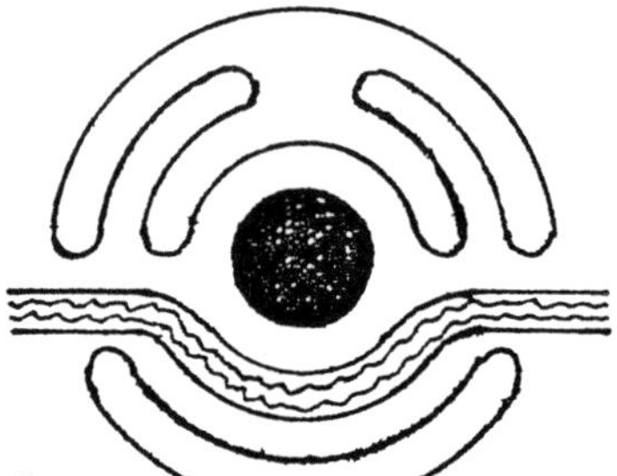

B

图4　村镇风水格局的封闭式空间构成(A)及其基本模式图(B)

3 风水与景观

风水学说虽然是按照“气”、“阴阳”、“四灵”、“五行”、“八卦”等风水学说来考虑的，但出于“天人合一”、“天人感应”的中国古代哲学思想，认为人与自然应取得一种和谐的关系。所以，追求一种优美的、赏心悦目的自然和人为环境的思想始终包含在风水的观念之中。居住环境不仅要有良好的自然生态，也要有良好的自然景观和人为景观。按照上述思想的风水选址，常包含以下的景观因素：

1.以主山、少祖山、祖山为基址的背景和衬托，使山外有山，重峦叠嶂，形成多层次的立体轮廓线，增加了风景的深度感和距离感（图 5 ）。

2.以河流、水池为基址前景，形成开阔平远的视野。而隔水回望，有生动的波光水影，构成绚丽的画面（图 5 ）。

3.以案山、朝山为基址的对景、借景，形成基址前方远景的构图中心，使视线有所归宿。两重山峦，亦起到丰富风景层次感和深度感的作用（图 6 ）。

4.以水口山为障景、为屏挡，使基址内外有所隔离，形成空间对比，使入基址后有豁然开朗、别有洞天的景观效果（图 7 ）。

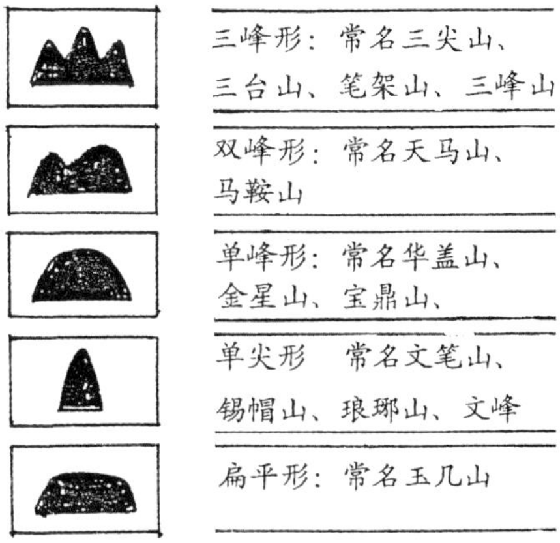

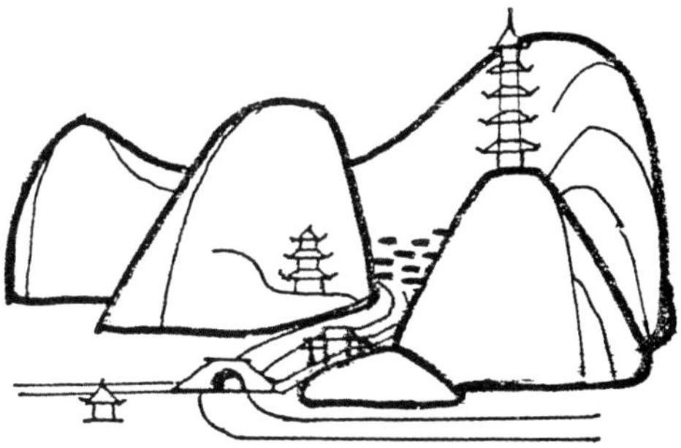

图 5　（上图）风水山与风水池的背景及前景效果
图 6　（上右）对景山——朝山或案山的常见选形
图 7　（右图）水口山及附带建筑的景观

5.作为风水地形之补充的人工风水建筑物如宝塔、楼阁、牌坊、桥梁等，常以环境的标志物、控制点、视线焦点、构图中心、观赏对象或观赏点的姿态出现，均具有易识别性和观赏性。如南昌的滕王阁选点在“襟三江而带五湖”的临江要害之地，武汉的黄鹤楼、杭州的六合塔等，也都是选点在“指点江山”的造景与赏景的最佳位置，均说明风水物的设置与景观设计是统一考虑的（图 8 ）。

6.多植林木，多植花果树，保护山上及平地上的风水林，保护村头古树大树，形成郁郁葱葱的绿化地带和植被，不仅可以保持水土，调节温湿度，造就良好的小气候，而且可以形成鸟语花香、优美动人、风景如画的自然环境。

7.当山形水势有缺陷时，为了“化凶为吉”，通过修景、造景、添景等办法达到风景画面的完整谐调。有时用调整建筑出入口的朝向、街道平面的轴线方向等办法来避开不愉快的景观或前景，以期获得视觉及心理上的平衡，这是消极的办法。而改变溪水河流的局部走向、改造地形、山上建风水塔、水上建风水桥、水中建风水墩等措施，则为积极的办法，名为镇妖压邪，实际上都与修补风景缺陷及造景有关，结果大多成为当地的八景、十景的一部分，形成了风景点。

通过上述分析，可以看到，依照风水观念所构成的景观，常具有以下特点：

1.围合封闭的景观：群山环绕，自有洞天，形成远离人寰的世

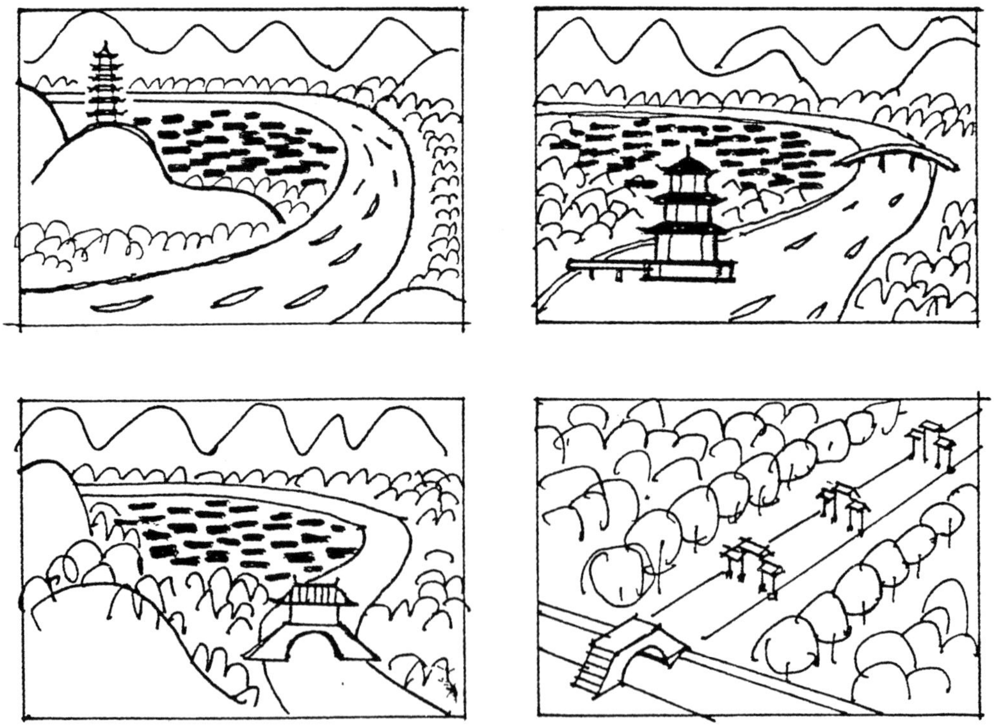

图8　根据风水理论常需在山上建塔，水中建阁，河上建桥及修筑其他风水建筑，这些建筑往往成为村镇标志，风景构图中心或观景点

外桃源。这与中国道家的回归自然、佛家的出世哲学、陶渊明式的乌托邦社会理想及其美学观点，以及士大夫的隐逸思想都有密切的联系。

2.中轴对称的景观：以主山——基址——案山——朝山为纵轴；以左肩右臂的青龙、白虎山为两翼；以河流为横轴，形成左右对称的风景格局或非绝对对称的均衡格局。这又与中国儒家的中庸之道及礼教观念有一定的联系。

3.富于层次感的景观：主山后的少祖山及祖山；案山外之朝山；左肩右臂的青龙白虎山之外的护山，均构成重峦叠嶂的风景层次，富有空间深度感，这种风水格局的追求，在景观上正符合中国传统绘画理论在山水画构图技法上所提倡的“平远、深远、高远”等风景意境和鸟瞰透视的画面效果。

4.富于曲线美、动态美的景观：笔架式起伏的山，金带式弯曲的水，均富有柔媚的曲折蜿蜒动态之美，打破了对称式构图的严肃性，使风景画面更加流畅、生动、活泼。

综上所述，透过玄学迷信的帏幕，我们可以看到，实质上作为一种环境设计的风水术，在创造美好的居住环境方面，不仅十分注意与居住生活有密切关系的生态环境质量问题，也同样重视与视觉艺术有密切关系的景观质量问题。在这种环境设计中，景观设计的功能与审美是不可分离的统一体。我们还可以看到，中国的风水观念实际受到中国传统的儒、道、释诸家哲学以及美学思想的深刻影响，是综合了中国传统文化的产物。

从聚落选址看中国人的环境观*

梁 雪

1 人与自然关系的再认识

目前，传统的西方文化思想和基本观念正经历着深刻的变革，其自然观、世界观、人生观和时间观都有转向东方的趋势。主要表现为：从机械的自然观过渡到有机的自然观；从强调“生存竞争”、“天人相抗”转向注重生态平衡，强调人与自然和谐相处；从极力倡导物质文明进而重视内在精神的满足，以求得物质生活与精神生活的协调；从绝对尊重个性自由、个人与社会相抗衡，转为个人与群体相协调；从直线式的进化观转向螺旋式的发展观。

早在20世纪50年代，以史密森夫妇为首的一些青年建筑师（简称Team10）就认识到人际结合的重要性，提出：只考虑人的接触还太窄，必须是人+自然+人对自然的观念。

近20年来城市规划、风景建筑学出现了新的发展和重要突破。与其相关的分支学科风景规划（landscape planning）和环境规划（environmental planning）得以兴起。1969年美国宾夕法尼亚大学教授麦克哈格（I.L.McHarg）所著的《结合自然的设计》（Design with Nature）一书再次深入阐述了人类与自然的关系问题。他认为：风景是由生态决定的，自然万物均处于相互联系、相互影响的过程中，主张把自然环境与人类作为一个整体去观察研究。

在这种形势下，反思中国传统的哲学观、环境观和非物质的社会文化力量（包括神话、传统和禁忌），总结它们对于城市布局、村落、住宅选址的影响，将有助于中西方文化的相互补充和借鉴，有益于人类社会更健康地向前发展。

2 有机的哲学观、理想的环境观

英国学者李约瑟博士指出：“在希腊人和印度人发展机械原子论的时候，中国人则发展了有机的宇宙哲学”[1]，建筑师Werner Blaser也认识到：“阴阳作为一个符号的关联系统，构成了说明（中国）文化秩序的尺度”[2]。我国宇宙观的特色集中表现在有机整体上，不仅认为人是自然的组成部分，自然界与人是平等的，而且认为天地

* 国家自然科学基金资助项目

运动往往直接与人有关[3]，人与自然是密不可分的有机整体。中国哲学的两个主要流派儒家和道家都把怎样使自己的生命和宇宙融为一体作为最重要的问题加以研究。道家从静入，认为凡物皆有其自然本性，“顺其自然”就可以达到极乐世界；儒家从动入，强调自然界和人的生命融为一体，孔子所说：“生生之谓易”即强调生活就是宇宙，宇宙就是生活，领略了大自然的妙处，也就领略了生命的意义。

这种“天人合一”的哲学观念，长期影响着人们的意识形态和生活方式，造成了我们民族崇尚自然的风尚。阴阳风水观念便是从这里引申出来的[4]。它的原型与构成，亦是对中国人理想环境观的总结和发展。

我国人民对居住环境有着独特的见解和要求。在文学和绘画作品中，保留下许多对理想环境的描述。这里面尽管有一定的臆想成分，但它们必然是在实际原型的基础上进而加工而成的。当这些理想变为一种观念后，又会对选择实际的居住环境产生影响，可以说两者是相互依存、相互作用的。

《诗经》是描写西周到春秋中叶的一部诗歌总集。小雅一章里有一首庆祝王宫落成的颂诗——斯干。在开始两句，作者便描写了王宫所处的环境：“秩秩斯干，幽幽南山”，描述出靠近涧水、面对青山的建筑配置，显示了古代匠师在选址时对水源和景观方面的注重。从河南安阳商朝宫室遗迹位置可以看出早期聚落的选址模式和环境特征。“这里洹水自西北折而向南，又转而向东去。小屯村位于洹水南岸的河湾处，是商朝宫室的所在地”[5]。此聚落采取了靠山面水格局，使河流环绕聚落（见图1）。

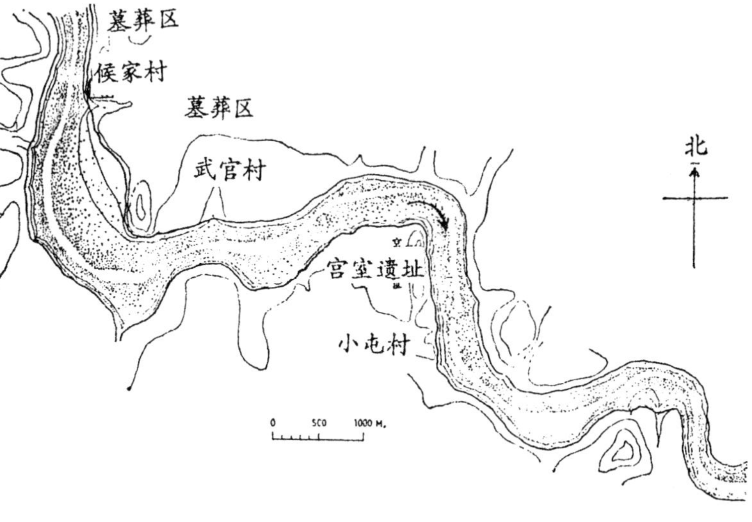

图1　河南安阳商朝宫室遗址平面图

中国的审美观是浪漫的、崇尚自然的。“卷帘唯白水，隐几亦青山”（杜甫诗）表现了网罗天地、饮吸山川的空间意识和胸怀。与自然相结合的思想创造了优美的文学传统，也塑造出“文人”生活方式，并逐渐成为我们典型的生活方式，恬淡抒情产生了另一种生活意境。在居住形态上，表现为住宅与庭园的融合；在屋宇选址时，多喜欢与山水林木相接近，所谓“居山水间者为上，村居次之，郊居又次之”（文震亨）。

晋代陶渊明在《桃花源记》中写道：“林尽水源，便得一山，山有小口，仿佛若有光，便舍船从口入，初极狭，方通人，复行

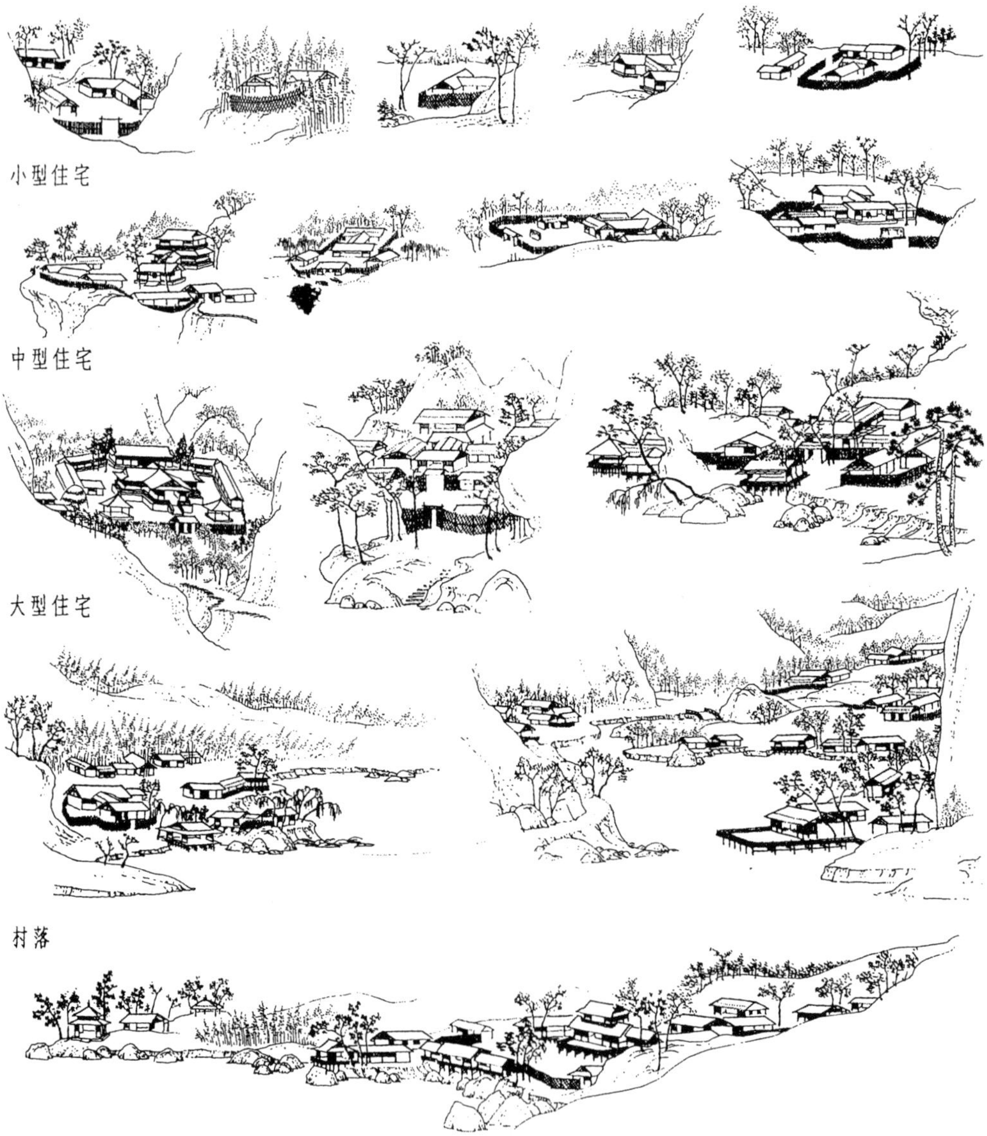

图2 宋代王希孟《千里江山图卷》中表现的聚落环境

数十步，豁然开朗，土地平旷，屋舍俨然……”这里描绘的理想居住环境是由群山围合的要塞型，一种出入口很小、利于防卫的形态。唐代孟浩然在《过故人庄》一诗中，也展示了一派村落环境：“绿树村边合，青山郭外斜。”写出了自然环境对村落的保护性及村落的对景景观。此外，历史上的许多绘画作品也都表现出聚落周围的环境特征：前临水面，周围有山林围合（见图2）。可以说，风水观念与这些绘画、文学作品中所描绘的环境形态是相关的，是在更高层次上对环境选择的一种理论总结和概括。

3 风水相地与风水师的作用

风水（堪舆）也称相地，主要是对周围环境与地景（landscape）进行研究，强调用直观的方法来体会、了解环境面貌，寻找具有良好生态和美感的地理环境。《风水辩》中有一段精彩的解释：“所谓风者，取其山势之藏纳……，不冲冒四面之风；所谓水者，取其地势之高燥，无使水近夫亲肤而已，若水势屈曲而又环向之，又其第二义也。”实际上注重的是如何有效地利用自然、保护自然，使城市、村落和住宅与自然相配合、相协调。

风水观念是中国古代用于指导环境规划的总体思想，对城市、村落和住宅选址都有很大影响。

最早关于相地选址的记载为周族的祖先公刘和古公亶父根据阴阳选择依山傍水的平原建都。《诗经·大雅·公刘》篇记载：“逝彼百泉，瞻彼溥原，”“既景乃冈，相其阴阳。”春秋时建的阖闾大城（今苏州城）也是通过伍子胥“相土尝水”而后决定其位置的[6]（见图3）。苏州城址千年不变显示了风水相地的意义和优越性。单体建筑的选址与设计构架也体现出风水习俗。如新加坡华人庙宇玉皇殿就选址在背山面海的有利地势中，庙内一块石碑记述了选址过程：“爰思作庙，卜基于永全街中，背山环港，渊涵岳峙，绕绿送青，胜地也。”[7]

在选址中，民间风水师往往起到今天规划师的作用。以城址为例，风水师对于筑城基地的地势选择，城门、护城河的位置，城内外重要建筑的位置和方向首先提出意见，供知府、县官及士绅们讨论，然后进行一系列有关风水方面的改良和修补。

台湾恒春县城（图4）选址时（同治十三年），清政府曾派钦差大臣沈葆桢赴台湾巡视，他在视察后的奏文中写道：“十八日抵琅琊，宿车城，……接见夏献纶、刘璈，知已勘定车城十五里之猴洞山，可为县治。臣葆桢亲往履勘，所见略同。……刘璈素习勘舆家言，经画审详，现令专为筑城、建邑诸事。”[8]

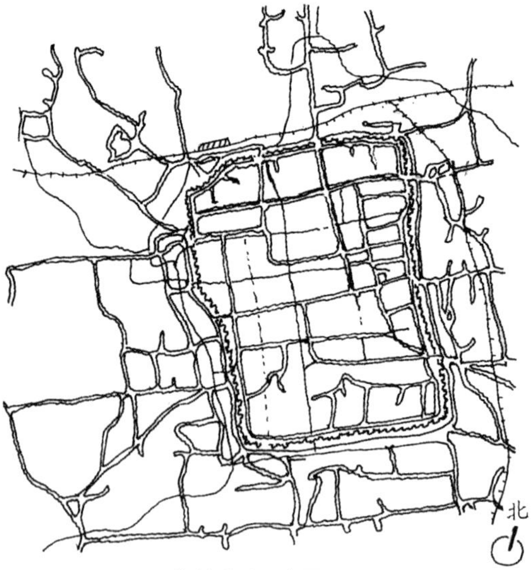

图3　苏州城址示意图

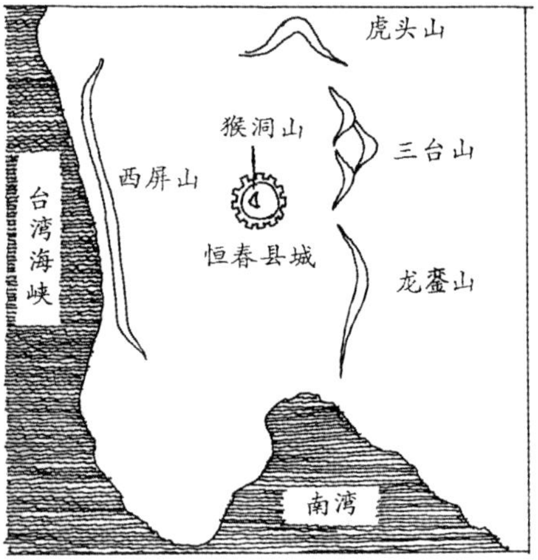

图4　台湾恒春县城与四山（四神）位置示意

4　选址要求及其影响因素

在中国哲学中，“气”是构成自然万物的基本要素。重浊的气属阴，轻清的气属阳，阴阳结合则生成宇宙万物。

民间风水师在选择聚居位置时往往认为蕴藏山水之“气”的地方是最理想的。他们首先注意环境中各要素的相互关系，为了达到“聚气”的目的，提出要素组合的理想状态为：山峦要由远及近构成环绕的空间（因环绕的空间能使风停留、包含气）；在限定的范围内，要求有流动的水（说明气的运动）；并强调环绕区域外部环境的临界处比较狭窄，利于藏气和防护。如古典小说《狄公案》中就有对建筑选址环境的评价：“宝观山势厚圆，位座高深，三峰壁立、四环云拱，内勾外锁，大合仙格。”

聚落选址的这种理想模式，显示了多种因素复杂的相互作用和影响，其中不仅包含传统观念上的要求，而且也包括对于社会、经济、防御、生产及地域环境等多方面的考虑。

在漫长的封建社会中，由于战乱和匪盗的影响，要求城市和村落更趋集中，以便于防守，共同对敌。所以在选择基址时往往争取环境具有良好的防御性，形成天然的屏障。在前面提到的恒春县城选址奏文里即有这样的论述：“盖自枋寮南至琅峤，居民俱背山面海，外无屏障。至猴洞，忽山势回环。其主山由左拖趋海岸而右中廓平埔，周可二十余里，似为全台收局。从海上望之，一山横隔，虽有巨炮，力无所施，建城逾于此”[8]（见图4、图5）。

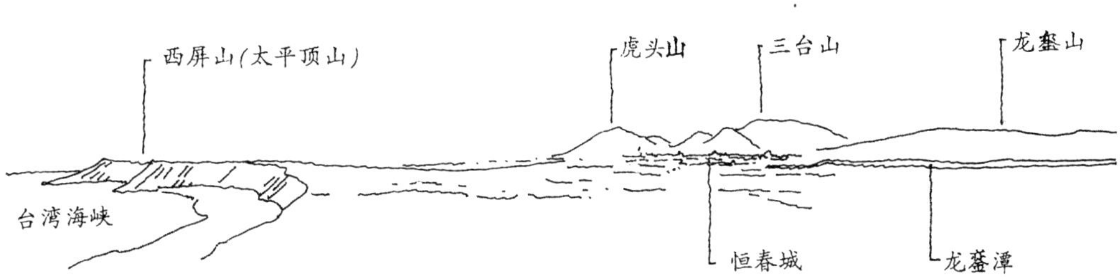

图5　从关山看恒春城及四山

再以山东益都城址变迁为例。据《青州府志》记载："古城在临淄县，汉属齐郡，晋曹嶷略齐地，以城大地原不可守，移置尧山南三里为广固城，后为南燕都。宋刘裕攻破之，平其城，以羊穆之治青州，及建城于阳水北，名东阳城。北齐废东阳，迁筑于阳水南，为南阳城，即令郡治。""所谓青州城四面皆山，中贯洋水，限为二城。"[9]实际上讲的也是城址要利于防御（见图6）。

这里中国封闭的、自给自足的农村经济为这种聚落选址提供了可能性。在封闭、半封闭的自然环境中，利用被围合的平原、流动的河水、丰富的山林资源，既可以保证居民采薪取水等生产生活需要，又为他们创造了一个符合理想的生态环境。此外"退隐田园""放啸山林"的传统思想对于寻求理想的聚落环境也起了一定的影响作用。

如皖南歙县的水布口村，从其布局及与周围环境的关系可以看到传统选址原则的应用：坐南朝北的村落依山脚沿等高线排列，村后庄重的山势、茂盛的树木衬托出村落的秀美，弯曲的小河环绕村前，村对面还有丘陵作为屏障和对景（见图7）。

在广东沿海地区、传统的选址原则被引申为："山包村，村包田，田包水，有山有水。"其中不乏对农业生产的考虑。这里往往在山脚坡建成前低后高的村落，其一方面可以使废水容易排入村前的池塘或河流，另一方面使前面的房屋不致遮挡当地的主导风向——东南风，并使各宅都能获得良好的穿堂风。海南岛的福安村、崖县天崖乡布山村及广州附近花县、东觉等地的村落选址都遵循着这样的原则（见图8）。

5　聚落选址的象征意义

李约瑟在广泛考察我国建筑后发现："……城乡无论集中的或者散布于田庄中的住宅也都经常出现一种对'宇宙的图案'的感觉，以及作为方向、节令、风向和星宿的象征主义。"中国古代"天

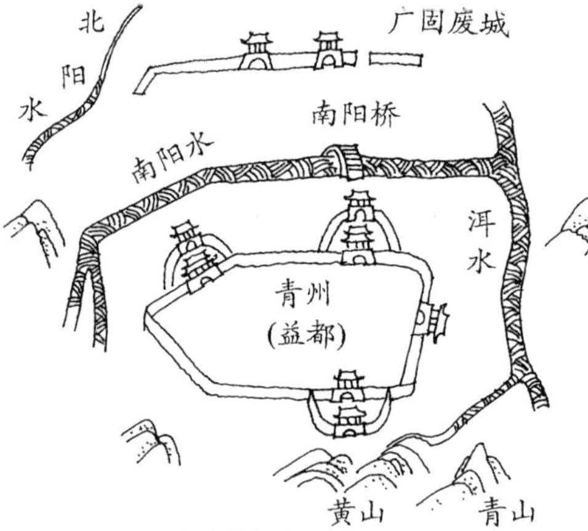

图6　山东益都南阳桥位置图

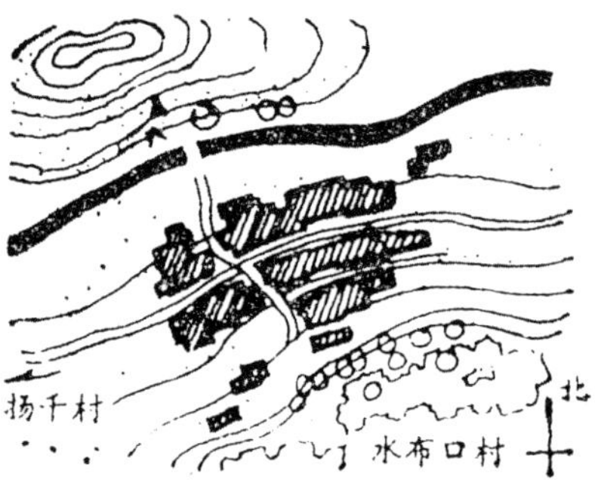

图7　皖南歙县水布口村平面示意图

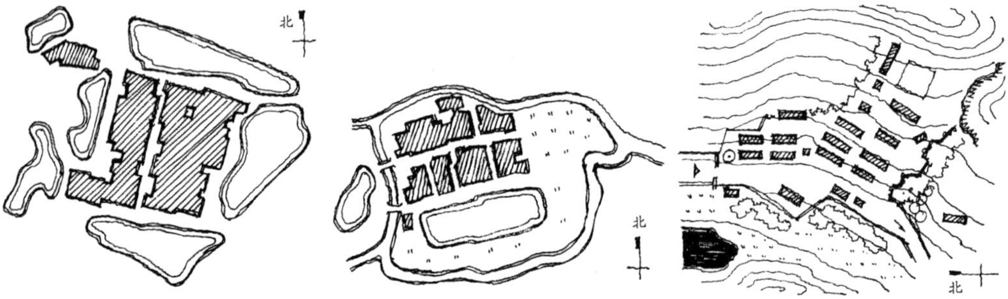

广东花县莲溪村　　广东东党新楼村　　海南岛福安村

图8　“山包村，村包田，田包水，有山有水”的村落布局

人感应”的自然观对城市规划思想有很大影响，如天、地、日、月、春夏秋冬四季、天文星象、珍禽异兽等均在城市布局和周围环境上有所体现。人们通过赋予自然环境和聚落以一定的人文意义，来达到使聚落（或建筑）与自然环境结为有机整体的目的。其典型略如传统城市、村落、住宅在选址布局时与四神（兽中四灵）的配置关系。

郭璞在《葬经》一文中形容四神的形态：“玄武垂头，朱雀翔舞，青龙蜿蜒，白虎驯俯。”一般位置为“左为青龙，右为白虎，前为朱雀，后为玄武。”四神的方向主要依据主体地形的形势来判断。以台湾恒春县城选址为例，首先考察城址与周围环境的关系并找出相应的四神代表：“三台山，在县城东北一里，为县城主山，……即县城之玄武也”；“龙銮山，在县城南六里，堪舆为县城青龙居左”；“虎头山，在县城北七里，堪舆为县城白虎居右”；“西屏山，在县城西南五里，正居县前，如一字平案……

为县城朱雀。”除了以上四山之外，为了照顾县城西北方向的风水，还将位于车城海边的龟山，指定为屏障：“龟山，……县城四方，乾兑为鏄，得以屏障之”[10]。建城时还将猴洞围进城的西部，作为城的主山或坐山（一般作为城内县署或文庙等主要建筑的坐山或靠山，表现出地灵人杰的思想）。这种围进城内的小山又被看成是将周围龙脉引入城内的证明，实际起到一种内聚中心的标志作用（见图4）。

从村落选址中也可以看这种风水观念的影响。如安徽省黟县西递村，据明代嘉靖刻本的《新安民族志》记载：（西递村）“罗峰高其前，阳尖障其后，石狮盘其北，天马霭其南，中有二水，环绕不之东而之西……”（见图9）。

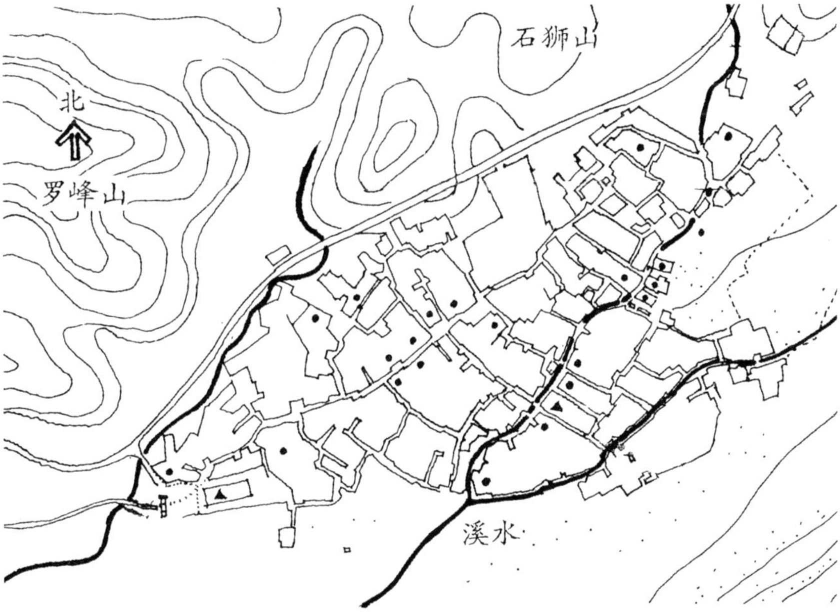

图9 皖南黟县西递村总平面图

在传统村落中，人与环境的作用一般通过住宅这个中间环节加以联系，民间习俗约定：环境的好坏决定住宅的吉凶，而住宅的吉凶又关系到人的身心健康及命运。因此，住宅环境的选择具有重要意义。

对民间建宅影响很大的风水著作《阳宅十书·宅外形第一》提出理想的住宅环境“凡宅左有流水，谓之青龙；右有长道，谓之白虎；前有汙池，谓之朱雀；后有丘陵，谓之玄武；为最贵地。”现实生活中有许多这方面的例子。对于农村居民而言，养殖用的水池，丘陵上的竹木，洗涤用的流水，方便的交通都具有实际的生产生活价值。这种理想的住宅环境不正是对生活需要的理论升华吗！

中国古代缺乏系统的城市规划理论，实际担负这方面责任的是完善的政治、建设制度和风水、阴阳五行观念的结合。风水等民间习俗作为一种潜在的文化背景，对城市、村落和住宅选址都产生了巨大影响，保证了聚落与自然环境结成有机整体。总结研究这些观念思想、可以帮助我们深入探讨城市、村落、建筑与环境的密切关系，全面了解产生中国聚落构成的源泉思想。相信这些会对传统城市、村落的合理保护和改造提供一些启发。

参考文献

[1] 李约瑟．中国科学技术史，第3卷．p.337
[2] Werner Blaser． Courtyard House in China Tradition and Present
[3] 李泽厚，刘纲纪．中国美学史，一卷．p.484
[4] 周易・乾卦
[5] 刘敦桢．中国古代建筑史．p.32
[6] 吴越春秋
[7] 聂梦霞．新加坡的庙宇建筑．世界建筑，1986（3）
[8] 沈葆桢．福建台湾奏折 （同治十三年）．引自：台湾银行汇刊
[9] 唐寰澄．中国古代桥梁
[10] 屠继善．恒春县志（光绪二十年）

古城阆中风水格局：浅释风水理论与古城环境意象*

戚珩　范为

一、古城阆中的历史沿革与文化特色

位于四川盆地北缘、嘉陵江中游的阆中城，历来为古代巴蜀重镇，已有2300多年的建城历史，沿革至今，其城市格局及自然景观，较完整地保护了古代风貌，名胜古迹众多，文物荟萃，具有较高历史文化价值，1986年经国务院批准列为全国历史文化名城。

据考古发掘，阆中城发现有丰富的新石器时代遗物，说明很早就有先民在这一土肥水美、气候适宜，物产丰富的地方生息，形成了聚落点以至集镇。而据文献载，阆中又很早便发展成古代巴国的北部都邑。晋代常璩《华阳国志》记谓：周初“武王既克殷，以其宗姬封于巴，爵之以子。”战国中期（公元前330年），巴子国都由江州（重庆）迁于阆中。“周慎王五年（公元前316年）奏惠文王遣张仪、司马错伐蜀，灭之，因取巴，执王以归，”置为巴郡，分设阆中等三十一县，郡治阆中。此后2000余年，阆中一名，除因隋朝避文帝父杨忠讳，改称为阆内仅及一时而外，历来相沿不辍。同时，阆中也一直成为历代帝王统治西南的重镇，各时期所置之巴郡、巴西郡、巴州、隆州、阆州、安德军节度、利州路、东川路、保宁府、保宁路、川北道等等治所，皆在阆中城。清初，清军入川，阆中先入版图，四川省会亦设于此，达17年之久，至顺治十八年（1661年）才迁往成都。

由于阆中向为川北政治中心，又位居沟通关中与巴蜀以及循水路下达江汉的地理要冲，形势险要，因此也历来为兵家必争之地。如三国时蜀汉名将张飞，拥兵镇守阆中7年，死后葬此，故有恒侯祠（张飞庙）和张飞墓遗存至今，为阆中著名文物。唐初武德及贞观年间先后有高祖李渊的第19子鲁王李灵夔、第22子滕王李元婴任阆州刺史，统兵驻此，并大建府第宫苑，遗有玉台观（滕王阁）石塔至今。至五代，后蜀孟知祥曾于阆中置保宁军。宋初，太祖乾德四年（966年）置安德军节度于阆中，沿迄南宋末。元时，阆中又一度为东川路元帅府在所。明代孝宗时（1488~1505年），曾派宪宗之子寿王拥兵镇阆中，建有寿王

* 国家自然科学基金资助项目

府。清初，阆中为入川军政大员驻节之所，也是清军与南明军激战争夺之地。吴三桂反清，阆中又再度沦为战场；俟三藩被平，清廷遂于阆中置川北道总兵，驻节以镇川北四郡，直至清末。

阆中的地理位置及水陆幅凑，使之成为古代川北第一巨邑，承平时，乃为陕、甘、鄂以至京、广诸地商贾和货物集散大埠，故商业繁荣，至今犹存的陕西、江西、湖广、浙江诸会馆等古建筑就反映了这一点。由于交通便利，加之山川奥衍，景观秀丽，阆中也成为古代宗教活动和旅游胜地，素有“阆苑仙境”、“嘉陵第一江山”之誉。道教始祖东汉张道陵寓阆中修道授符箓处，东晋道教大师葛洪修道炼丹的天回观，唐朝吕洞宾修仙的吕祖殿、吕仙洞等胜迹遗于阆中，如五代杜光庭诗“自是人间轻举地，何须蓬岛访真仙”，说明阆中乃道教圣地。而阆中诸多佛教建筑，如唐之观音寺、摩岩石窟及10米之大石佛，元代永安寺等遗存，以及清初麦加“西来上人”噶德勒耶教派大师祖华哲阿卜董那希墓地上营建的巴巴寺，至今为国内伊斯兰教著名圣地等等，也均可说明古阆中宗教文化之胜。至于历代文人墨客为阆中风物吸引，考察、观光、寓居，瞻恋于此，则有文杰如杜甫、元稹、房琯、黄庭坚、司马光、苏轼、陆游、文同、杨慎等在阆中留下许多宝贵遗迹与不朽诗文，可为典型观照。东晋大画家顾恺之画阆中云台山作记，唐代大画家吴道子画嘉陵江山三百里最重阆中山水，也可窥此一斑。

阆中山川钟灵毓秀，人文化成，代多闻达，科甲鼎盛，擅美全川。古史传说伏羲孕于阆中。秦汉之交，賨人领袖范目佐助刘邦定三秦而封侯；三国时蜀汉能臣良将程畿、马忠等亦皆出阆中。隋唐以降开科举取仕，阆中人才更炳耀一时。唐德宗时，出有尹枢、尹极状元两兄弟。宋初，又出陈尧叟、陈尧佐和陈尧咨状元三兄弟。方志中备列唐以来中进士、举人、副榜閒仁、武举等名录，为数更蔚为可观。至今阆中城遗存读书岩，将相堂，状元洞，状元街，三陈街，一元、二元、三元、四元街，状元坊，以及奎星楼，文风塔（白塔），书院，学宫，考棚等等诸多旧名、遗迹及古建文物，无不反映古代阆中“郁郁乎文哉”的风貌。

古代阆中的文化特色，引人瞩目之处还在于它是汉唐时我国著名的民间天文研究中心。西汉武帝时，阆中人落下闳应诏入长安，与司马迁共制《太初历》，为我国历史上记载完备的第一部著名历法。为制历而观天，落下闳又创制浑天，为后世所谓浑仪之宗。落下闳的杰出才能为汉武帝青睐，诏拜侍中却不受，仍返故乡以事天文研究。西汉末阆中又有任文孙、任文公父子精研天文，成就卓著，载于史籍。成帝永始二年（公元前15年）、平帝元始元年（公元元年），我国发生两次日食，就是他们在阆中观测记录下来的。蜀汉时，又有周舒、周群、周臣三代祖孙以精于天文称著，他们在阆中居所内筑观星楼以观天象，长期不辍；还将观天望候之技以事刘备，使在定蜀伐曹军事战略中多有获益，备受信任。今阆中城管星街之称、周家大院内星楼遗址，就表徵了阆中人对他们业绩的历史纪念。由于阆中民间天文研究久负盛名，故有诸多行家被吸引来此。东汉顺帝时（134 年），张道陵与弟子入川修道，即侨居阆中并于云台山、文成山观测天象。唐初，著名天文学家袁天纲在高宗时（650 年）迁于阆中定居，宅城北，并在蟠龙山顶筑观星台以测天象。袁天纲死后葬于阆中，其子袁客师传父业声名不凡。接踵而至，唐代最杰出的天文学家、数学家李淳风，因仰慕袁天纲而寻访其踪迹，于高宗麟德元年（664 年）也来到阆中，定居袁天纲茔穴近地，继续研究天文、数学等；有子李谚、孙李仙宗皆承其学，三代并为太史令。李淳风死后亦葬阆中。后人为纪念袁天纲与李淳风，建有天宫院遗存尚好；二人灵爽凭依之地被取名淳风乡，沿称至今。

自汉及唐，风水堪舆之学盛行，许多天文学家又同时为风水家，袁天纲和李淳风更其如此，被宗为风水大师，他们在阆中也有风水活动见载史籍。如《古今图书集成》载，唐太宗贞观中（约636 年），有望气者言于太宗：观测天文，见西南千里之外有王气。太宗令袁天纲测步王气，由长安至阆中，果见灵山嵯峨，佳气葱郁，脉在蟠龙山右鞍，因凿断石脉，水流如血，故名锯山。乡人传说，李淳风所步王气之脉，亦恰在锯山垭，与袁天纲不谋而合。宋淳熙十五年（1188 年）阎苍舒《将相堂记》载，在阆中，"袁天纲题锦屏山云：此山磨灭，英灵乃绝"。这些记述，莫不说明袁天纲、李淳风精于风水并致阆中深受影响。而事实上，唐以后阆中城的典型风水格局，包括城市选址布局与自然山川有机和谐的结合，显现出浓郁的传统文化特色，也都与袁天纲、李淳风这样的风水大师及其活动和影响息息相关。

二、古城阆中的地理格局与城市选址

从风水角度看，阆中地理形势或山水格局颇具典型。山水形胜使阆中得称，也对人文环境产生有深刻影响。清乾隆戊寅（1758 年），阆中知府庄学和《锦屏书院记》述此情形道："客亦知乎地象字而名者乎？曰惟阆与巴。阆之文，山壁四合也；巴之文，水曲三折也。第不识仓颉造字之初，见山水而绘字耶？抑秦汉来题名之始，取字以符山水耶？……然大都秀气回环，文波荡漾，士之以兴也，勃焉盛矣。……古巴西阆中郡也，其山自南北万栈纠突嵯岈，裔七盘、拥双剑，而翕聚于蟠龙印斗间；其水自汉阶白水纡萦漩绕，泛嘉陵、逾绵谷，而停滀于宋江河溪间。城以上俯而冠者惟山，城以下横而襟者惟水，宜乎钟秀气，濯文波，于汉，则范、谯、落下、严遵、任文公；于宋，则鲜于、三陈、马涓、黄裳诸臣卿，云蒸霹蔚，为山水增光也。”

阆中因山水得名，一说是因山环拱之象，如东汉许慎《说文解字》：“阆，门高也。从门，良声。巴郡有阆中县，来宕切”；北宋乐史《太平寰宇记》：“其山四合于郡，故曰阆中”。另一说是因水缠回之象，如蜀汉谯周《巴记》：“阆水纡曲，经其三面”；《资治通鉴·汉纪四十二》引宋白：“阆水迂曲，经其三面，县居其中，取以名之”；《元和郡县志》、《旧唐书·地理志》、《舆地纪胜》及《太平寰于记》等并同兹说。

事实上，阆中得名，寓象其山水格局，名实相符。其由大巴山脉、剑门山脉与嘉陵江水系交汇聚结，形成山水严密缠护的形胜之地。此地北距广元180公里，有栈道、朝天峡等天险，循古要道金牛道可通汉中；东距通江、南江、巴中200余公里，有大巴山为屏障，循另一古道米仓道可出汉中；西北至剑阁120公里，有天下雄关剑门可守险；北溯白龙江可通碧口，为川、甘孔道；南循金牛道、米仓道及绕城而过纵贯南北的嘉陵江，则可经层层关拦而通巴蜀腹地以至江汉滇黔。阆中城处于这一沟通中原与巴蜀的水陆要冲，城寰在所，大坝平衍，人物繁庶，山围四面，水绕三方，兼有七关（南津、五吉、河溪、梁山、锯山、土地、滴水）合护，成金汤之固，且风光佳丽，所以2000多年来，素为川北政治军事重镇，商贾辐凑和雅志山水的文人墨客荟萃胜地，并因此促进了经济和文化繁荣，人才辈出，契合于地灵人杰的传统观念，被世人视为风水宝地（图1~图3）。

阆中城的选址及经营发展，典型体现了我国古代城市建设的规划思想、理论、方法和实践，其中尤其包括风水理论，积淀了浓郁的传统文化色彩，也富含科学和美学成分。结合阆中的地理格局和山水形势，引徵古代有关理论而进行分析诠释，将不难看到这一点。

在中国最早的历史典籍中，就留有关于先民选址和规划营建聚落点以及宫宅城市的传说和史实记载，如《诗经》中的《公刘》、《緜》、《文王有声》、《斯干》、《定之方中》；《尚书》中的《尧典》、《禹贡》、《盘庚》、《召诰》、《洛诰》等等，虽尚无系统的理论，却不乏智慧萌芽的灵光，启迪着后人。所以后世学者称之为“卜宅之文”的滥觞，而历代风水家则宗之为风水理论的“经旨”。自周迄于战国，生产力的变革发展，促成了早期城市建设的高潮。由于学术繁荣，在更丰富的史实记载之外，从昌炽的实践中应运而生，出现了先秦诸子和其他典籍中成篇阐述有关城市选址规划思想、理论和制度、方法的论著，典型如《管子》、《墨子》、《周礼》、《考工记》等等。其有关学说，奠定了中国古代城市建设体系的基本思想和理论框架。而这些学说，历秦及汉，由于儒学势盛而文化道器分离，其被经学化而纳入正统的，多为礼制成分，典型如《考工记》之《营国制度》；而更多内容，则主要在被士人视为“小数家”流的“形法”、“堪舆”即风水术中，才有进一步发展，并最终以风水理论的特殊形式，深刻影响了后世的城市建设实践，以至于遍及中国的古代城市，莫不留下风水的显著印记。为大风水家袁天纲、李淳风瞻恋的古城阆中当然更莫例外。

《阳宅十书》说：“人之居处，宜以大地山河为主。”地理因素，如地形地貌、地质水文、生态、气候、植被、物产、人口、交通及景观等等，是以农业为基础的中国古代城市生存发展之本。因此历来城市选址首重地理条件，迄先秦就已形成基本理论

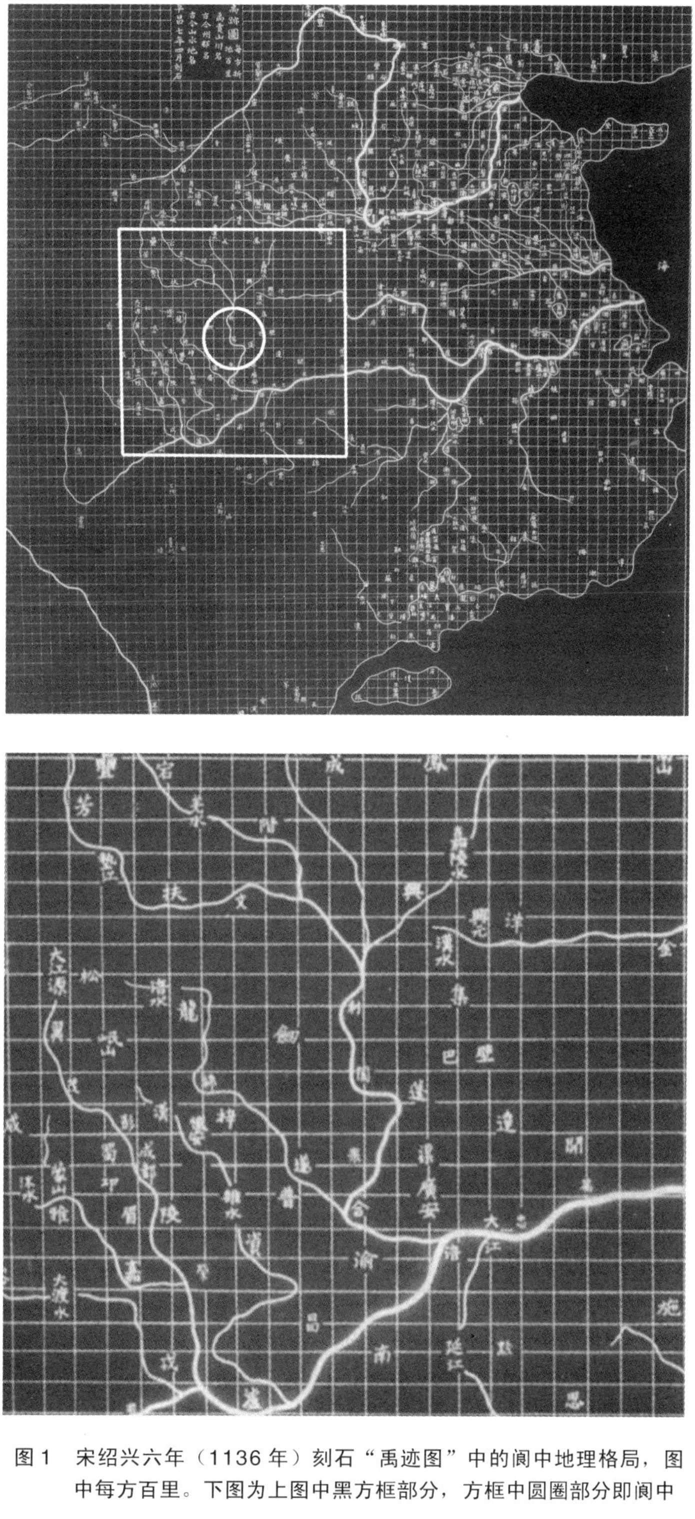

图1　宋绍兴六年（1136年）刻石“禹迹图”中的阆中地理格局，图中每方百里。下图为上图中黑方框部分，方框中圆圈部分即阆中

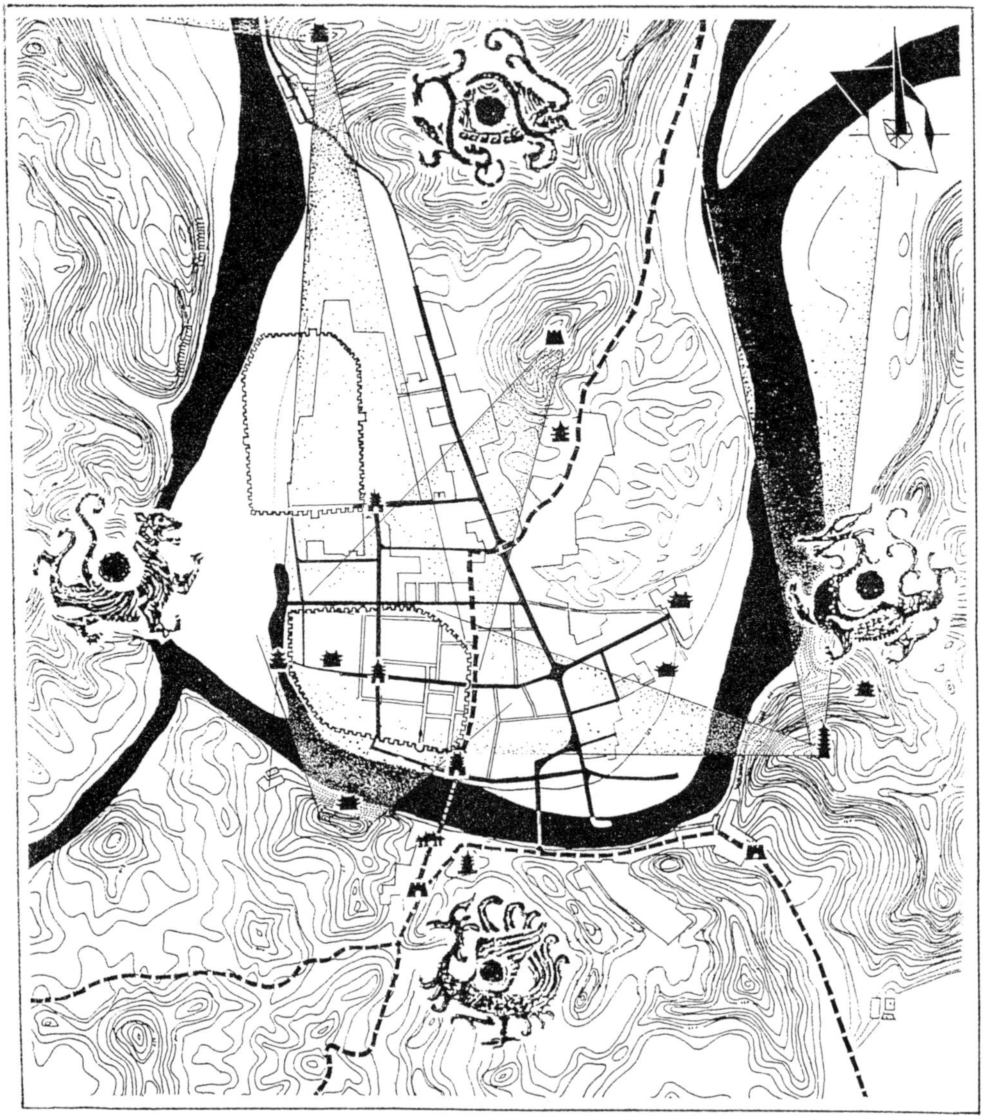

图2　古城阆中风水格局图

图3　“三面江光抱城郭，四面山势锁烟霞”——自阆中城“案山”锦屏山北向鸟瞰古城全景（中上为该城“镇山”蟠龙山）

框架，表现了很强的科学性，至今为学者们瞩目和称道。

第一，城市，尤其是都邑，为一方政治、经济、军事、文化中心，选址时要探求其适中的地理位置，这就是“择中”观。商代已有“中央”概念。卜辞中即有“五方”、“中商”之说。周初卜“天下之中”而作洛邑成周，见载《尚书》、《逸周书》及出土金文，“择中”观念更为明确。至《管子》、《荀子》、《吕氏春秋》等，“择中”观有了更进一步的阐释，并在儒家那里臻于礼制化，《荀子·大略篇》说：“王者必居天下之中，礼也。”即为典型观照。在此基础上，还形成了《禹贡》中的“五服”制度、《周礼》中的“九服”制度等。阆中最初作为巴子国别都而建城，为区域地理中心，与“五服”制度或“九服”制度相吻合；而得名阆中之“中”，更充分反映了择中观的影响。

第二，度地卜食，体国经野。土地是否肥饶、宽广，是古代城市赖以生存发展的基础。《诗经》中《公刘》、《緜》诸章记述周之先民选地营邑，“于胥斯原”、“周原膴膴”等许多生动描绘，就反映了古人对以农立国必赖土地的重视。周初“卜食洛邑”见载《尚书》等，东汉郑玄曾明确指出：“所卜之处，皆可长久居民，使服田相食。”这一思想，后来更臻完善，而且有了专门的“度地”、“辨土宜”之法，见载《管子》、《周礼》、《吕氏春秋》等先秦诸多典籍。如《管子·度地》主张：“圣人之处国者，必于不倾之地，而择其形之肥饶者，乡山左右，经水若泽……乃以其天材、地之所生利养其人，以育六畜。”更为可贵的是，从土地的承载力，古人还产生了“环境容量”的概念。如《尉缭子》：“量土地肥硗而立邑建城，以城称地，以地称人，以人称粟。”《礼记·王制》：“凡居民，量地以制邑，度地以居民，地邑民居必参相得。”《管子·八观》还就此解释说：“夫国城大而田野浅狭者，其野不足以养其民；城域大而人民寡者，其民不足以守其城。”其《中匡》更记述了相应对策：“昔者圣王之治其民也，三其国而伍其鄙，定民之居，成民之事，以为民纪。”其他如《商君书》中，对此也有论说。而在《周礼》中，“以土地相宅，而建国都鄙”，更系统化为“体国经野”的一系列制度，为后人注重。凡此思想，在古城阆中“国”、“鄙”，或城野之比例关系上，正有其充分体现。

第三，国必依山川。早在新石器时代，先民们选择聚落基址，几乎一致为依山傍水之势，业经考古发掘材料充分证实。传说中的大禹治水方略，归纳有“宅居九隩”的模式，见载经籍。《说文解字》释“隩”为“水隈崖”，又解“隈”为“水曲”，水旁岸上有崖，高出岸平，离水近而便用，居高又无洪涝之虞；水曲处，后有高崖遮蔽可御风寒而迎纳阳光，又具有较好小气候，所以为最适宜“宅居”的地方。《诗经・公刘》所载“逝彼百泉、瞻彼溥原”，“既景乃岗，相其阴阳”等，可知选址也在负阴抱阳、依山傍水的地方。周初营成周洛邑，史籍称“攻位洛汭”，“汭”即河曲或河流交汇处；而北依邙山、南望伊阙，众山环抱之势，更形博大。在春秋战国城市建设高潮中，被山带河的选址规划思想更趋完善成熟。如《管子・乘马》强调：“凡立国都，非于大山之下，必于广川之上，高毋近旱而水用足，下毋近水而沟防省。因天材，就地利，故城郭不必中规矩，道路不必中准绳。”同书《度地》又指出：“乡山左右，内为落渠之写，因大川而注焉。”对修水利而备水旱也有统筹考虑，并视充沛水源为“积于不涸之仓”，而对水质也备极重视。实例如《左传》成公六年（公元前585年）载“晋人谋去故绛”，对新都选址于“郇瑕氏之地”或“新田”，就特别对两地水质做了讨论，最终以郇瑕氏之地虽“沃饶而近盐国，利君乐”，但“土薄水浅，其恶易构”，“不如新田土厚水深，居之不疾，有汾、浍以流其恶”，晋景公遂从之，迁都新田，是为新绛。而这些选址思想，由阆中城凭依的山川格局及环境质量，均历历可见，无须赘述。

第四，设险防卫。古代城市一出现，就面临军事攻战防卫问题，《淮南子・原道训》“鲧筑城以卫君，造郭以守民”就说明了这一事实。先秦典籍论及此道不少。如《周易》云：“天险，不可升也。地险，山川丘陵也。王公设险，以守其国。”《管子・枢言》谓：“国有宝有器有用，城郭险阻，蓄藏宝也。”《荀子・疆国》说：“其固塞险形势便，山林川谷美，天材之利多，是形胜也。”《周礼・夏官》言“掌固”职守：“若造都邑，则治其固与其守法”；“若有山川，则因之”。事实上，“国必依山川”，除前述生态环境之利外，为设险守国之用，也是很重要的。至于阆中城四围重重天然屏障合护成金汤之固，实属形胜。战国后期，楚师伐巴，国都屡迁，最后迁至阆中，才稳住战局，足见阆中地理格局利于设险防卫，也是这一古城生存发展的重要条件。嗣后其为历代军事重镇，盖亦因此。

第五，水陆交通要冲，也是城市选址的重要地理因素。《国语・周语》述大禹“宅居九隩”，并说“汩越九原”，“合通四海”，即为通治原上道路与水上交通，以车舆舟楫之利而便行旅。后人治国注重交通，既考虑军旅之需、帝王巡幸和四方入贡之利，也注重商贾阜通货贿“归若流水”，而使“国求给矣”。先秦典籍述说此理者，虽多属片断，却观点明确。如周初营建成周洛邑，选址考虑“四方入贡道里均”，就明确体现了这一思想。西汉桓宽撰《盐铁论》，载御史大夫、著名经济学家桑弘羊说：“自京师东西南北，历山川，经郡国，诸殷富大都，无非街衢五通，商贾之所凑，万物之所殖者。”不啻为先秦诸多繁华都邑交通之利的写照。在司马迁的《史记·货殖列传》中，更对交通之利促成古代都邑形成和繁荣，做了深入分析，因此被后世学者称誉为我国最早的“经济地理名著”。至于阆中，前述米仓道、金牛道、白龙江、嘉陵江等水陆交通要冲之利，为该古城长期生存发展基本原因之一，是不言而喻的。

对城市选址诸多地理因素的探究，汉及以后的风水术，在继承先秦诸多成果之外，又有更深入的发展，汲收融汇了传统哲学、科学、美学、伦理学的许多智慧，趋于体系化；也以其世俗化而深深植根社会各层面。实际上，长期以来，在很大程度上，不仅对城市，也对其他传统建筑选址、规划及营造实践，起到了指导作用。风水理论有关城市选址中地理要素的论述，与前述先秦思想理论多有明显传承关系，类同前述各说或引申处，不必重复。但风水理论在地理生态及景观审美方面，显现出远较先秦学说完善成熟，则可结合阆中古城地理环境申说而观照其意象，裨益理解风水这一特异的传统学术的价值，理解古城阆中由此显现的传统文化特色。由于风水理论体系驳杂，容侧重以其主流“形势宗”所谓“地理四科”，即所谓“龙”、“砂”、“水”、“穴”诸说及其意象，陈述于后。

三、古城阆中地理环境的风水意象

明初著名学者王祎《青岩丛录》谓风水又称地理，以“形势宗”最盛，“大江南北，无不遵之”，“其为说，主于形势，原其所起，即其所止，以定位向，专注龙、穴、砂、水之相配，其他拘忌，在所不论”。所谓形势，即山川地理形势；而龙、砂、水、穴分述详后，盖如《管氏地理指蒙》申言，乃因“山川之情性不一……位置各殊，因形立名，顾名思义，贵夫近理”，俾能“相江山而择吉，晓人有法”，是致用于分析地理环境构成的实用方法，并由此衍生的专门术语。

1 龙脉的意象

龙脉即山脉。如《管氏地理指蒙》：“指山为龙兮，象形势之腾伏”；“借龙之全体，以喻夫山之形真”。山之延绵走向谓之脉，如《地理人子须知》解释说，盖取象“人身脉络，气血之所由运行”。今天衍义为穷究事物原委的成语“来龙去脉”，就曾为风水家论说山脉起止形势的专门术语；又“寻龙捉脉”、“寻龙望势”等，则喻其相度地理形势。论龙脉源起，则以“祖宗父母”喻称，所谓“论及祖宗父母者，探本溯源之意也”。龙脉有分支，有大小长短，则以“枝干明而嫡庶分”，故谓“龙犹树，有大干，有小干，有小枝”等等。

龙脉审辨之法，略如《地理人子须知》：“以水源为定，故大干龙则以大江大河夹送，小干龙则以大溪涧夹送；大枝龙则以小溪小涧夹送，小枝龙则惟田源沟洫夹送而已。观水源长短而枝干之大小见矣。”这实际上是续承《禹贡》、《山海经》、《考工记》等传统观念分析地理形势，如《考工记》就指出：“凡天下之地势，两山之间，必有川焉，大川之上，必有涂焉。”惟因中国古代城市选址“非于大山之下，必于广川之上”，故风水家十分注重来龙去脉的研究。以长江、黄河两大水系为界，风水家将中国的山系分为南、北、中三大干龙，以论说城市的地理分布。这“三大干龙”说，源自古代地理学有关中国山川地形的总体认识。最早是《禹贡》即有我国山脉由西而东、成四列分布的认识；汉代郑玄据此而有“四列”山脉之说；马融综合之而分为三条，为后来所谓“三条”说所本，“三大干龙”说就是由三条说沿革而来。而从中国古代三大经济区的自然地理区划，以及由此而形成的行政地理格局和城市地理格局看，风水理论这一看法是有其道理的。

以龙脉而论，阆中处于三大干龙之中干南麓，与中原一脉，而又近邻南干发脉处，这正是其历来为巴蜀北部重要政治军事中心的地理基础。宋人唐庚《思政堂记》曾谓：“并嘉陵而南，至于大江，置守者七，而阆中最为名郡。……其山川形势，郛廓道路，制度宏远，隐然有大国之风。”综观阆中地理之势，此说亦非虚语（图1）。

就各城市的山川格局而论，风水理论以龙脉的聚结，即山水的聚结来进行考察，有大中小三种“聚局”：“大聚为都会”，“中聚为大郡”，“小聚为乡村、阳宅及富贵阴地。”以阆中而论，其为大郡、州邑，属中聚局，为“千里山水大会”，正与处大巴山脉、剑门山脉与嘉陵江交汇格局相合。前引庄学和《锦屏书院记》述此格局，正是风水理论这一意象的很好写照。

龙脉的聚结处，为城市倚傍之山，从干龙或支龙而来者，常称“来龙”或“主山”，亦称“镇山”，多耸兀于城市北部或西北。来龙又以分枝布叶，横向展开阔大，形成屏障之势为佳，谓之“大帐”。来龙两翼“分障包罗于外以成大局者”，谓之“罗城”。此外，论龙还讲究山峰或峦头的形象，有“生龙”与“星峰”之说。星峰，实际是“山岳配天”、“上应天星”，以星辰譬喻分类，谓之“穴星”或“星体”。有“五星形体”之分，就是按五行说中表徵金、木、水、火、土属性的圆、直、曲、锐、方诸形来模式化地评价山峰形象优劣。以五星说为本，又有变格之说，如“九星”等，乃守约该博，变通为用，以分析千态万状的峰峦形象。所谓生龙，既指其山峦起伏，顿错有致，生动美观，并且峰峦形象夷演雍容，脱颖特达，端崇雄伟，等等，尚注重其“生气”即生态良好，有“石为山之骨，土为山之肉，水为山之血脉，草木为山之皮毛”等譬比，特别追求山或龙之体质“紫气如盖，苍烟若浮，云蒸靄靄，四时弥留；皮无崩浊，色泽油油，草木繁茂，流泉甘冽，土香而腻，石润而明，如是者，气方钟也未休”。

由上述风水说，全可释明古城阆中北倚蟠龙山由大巴山系来脉聚结形成的环境意象（图2～图4）。据县志：“蟠龙山为阆城之镇山也，在县治北三里，蜿蜒磅礴，横阔十余里，西至西岩，东于东岩，皆其旁支。”无疑，该山名为蟠龙，又称镇山，且地望上蟠龙左臂、右臂、盘龙爪诸名一应俱全，显然出自传统风水思想。以今日《阆中地理志》来考察，在阆中地理格局上，蟠龙山系对城市环境影响最大，它与同时

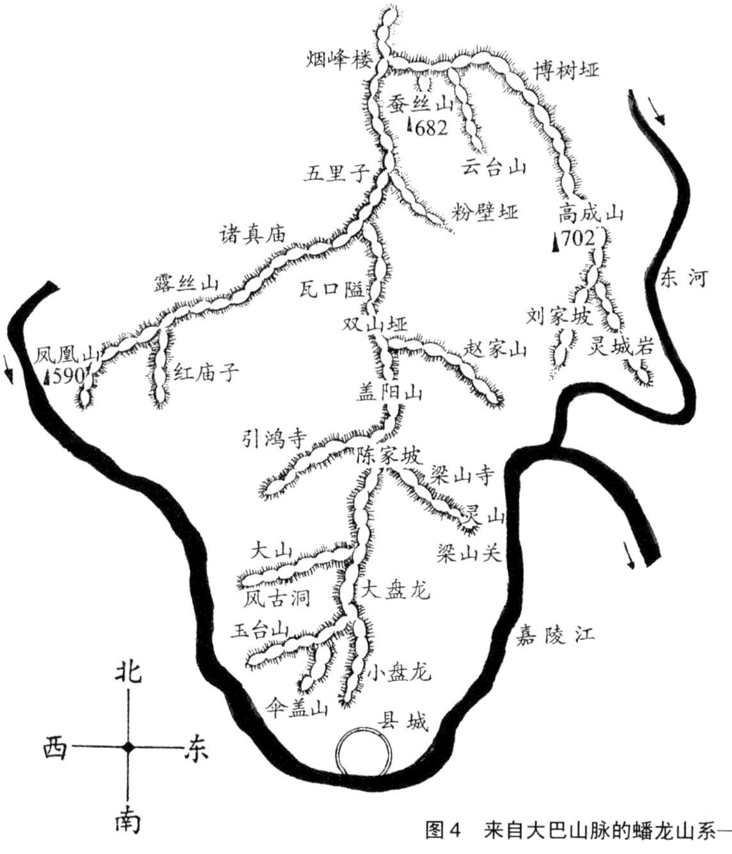

图4 来自大巴山脉的蟠龙山系——阆中龙脉略图

来脉于大巴山脉的方山山系和龙山山系，共同形成了城市北部的层次深远而高大雄伟的天然屏障，阻挡着北部的寒风，迎纳着南部的阳光和暖湿气流，形成了良好小气候。在景观上，主山衬托着城市，以其秀峰层集，景象深远，气势磅礴，端崇尊贵，林木葱郁，霞披云锦，阳光返照，四时不同，光色变幻，多彩多姿，使城市北部天际远景有悦目的收束，美不胜收。从“仁者乐山”的传统审美理想来观照，古人得以由此展开丰富想象，乃或赋其以灵性，象征城市运命；乃或筑以观星台，穷究天地奥秘，与天地共吐纳，以祈达于“天人合一”的至善境界。凡此可见，风水意象在审美方面，其诸多讲究，是颇有价值的，这在下面还会更多地看到。至于风水说中禁伐主山林木，禁凿龙脉，倡导植树以护“生气”，等等，不必在此赘述，仅就阆中蟠龙山对城市环境在生态与景观上的巨大价值而言，不能不说风水理论的这些主张是合情合理的。

2 砂的意象

如《地理人子须知》解释说：“沙者，古人授受，以沙堆拨山形，因名沙尔。”沙、砂相通。今人称立体地图为“沙盘”，以通盘而直观表达和了解某区域地形地貌，其方式与称名正与古代风水家传授其学之法相同。两者间传承关系，或可见风水家对我国古代地理学的又一贡献。不妨顺便指出，见载《朱子文集》，有一事与风水此术相关，即喜好风水的大儒朱熹曾拟作地形模型图，为此而访求其时著名学者黄裳。黄裳不仅通晓此道，对我国古代天文学、地理学，也皆曾做出突出贡献，如苏州文庙现存著名石刻《天文图》和中国总舆图《地理图》，就是据他在绍熙元年（1190 年）前绘制的天文地理等八图中的天文地理图刻石的。而这位精于天文地理及风水的黄裳，正是前引庄学和《锦屏书院记》中提到的巴郡士人引以自豪的诸臣卿之一。黄裳的成就，实际也反映了古城阆中作为我国古代民间天文研究中心的影响；在风水地理方面也是如此，朱熹作沙盘而求教黄裳，就反映了这一点。

从风水术语“砂”的由来，可知它反映着山的群体概念。在风水格局中，砂乃统指环抱城市的群山，并与特达尊崇、城市后倚的来龙或谓主山镇山者呈隶从关系。如《青囊海角经》论及龙与砂的关系及砂的环境景观意象：“龙为君道，砂为臣道；君必位乎上，臣必伏乎下；垂头俯伏，行行无乖戾之心；布秀呈奇，列列有呈祥之象；远则为城为廓，近则为案为几；八风以之而卫，水口以之而关。”基于砂山在风水格局中的群体意义，风水论砂，有很多讲究，统谓之“砂法”。除了如同“龙法”那样讲究形象美观、生气发越等，砂山寓象称名即所谓“喝形”，世俗色彩极浓，如玉台、华盖、宝盖、宝顶、宝椅、印斗、文峰、文笔、笔架、三台、玉斗、锦屏、锦帐、凤凰等等。另外，论其格局，重要的还有“青龙”、“白虎”等四兽或四灵砂山，“案山”、“朝山”以及“水口山”等概念。

依四至方位论砂山格局，风水家观照中国传统宇宙观，在“崇效天”的观念下，常借喻天文中的东西南北四方星宿而名之，以象征其方位。例如《地理人子须知》称：“《曲礼》注云：朱雀、玄武、青龙、白虎，四方宿名也。然则地理以前山为朱雀、后山为玄武、左山为青龙、右山为白虎，亦假借四方之宿以别四方之山，非谓山之形皆欲如其物也。”因风水追求南向为正，则青龙、白虎等四兽的东西南北位置与左右前后之分一致；但又有非正向而习以四兽称之，则不论东西南北只以前后左右言，即前朱雀、后玄武、左青龙、右白虎。其意象，除前引《青囊海角经》，尚如《葬经翼》：“以其护卫区穴，不使风吹，环抱有情，不逼不压，不折不窜，故云青龙蜿蜒，白虎驯俯”，“玄武垂头”，“朱雀翔午”。言简意赅，生动说明了砂山对于良好生态与景，以及心理感受，即对于环境质量完美，作用是相当大的。

砂山居于来龙或主山前，互成对景而照应者，其“近而小者，案山也；远而高者，朝山也”，也是以格局而论。要求“近案贵于有情”，“但以端正圆巧，秀媚光彩，平正整齐，回抱有情为吉”；而“远朝宜高”，“贵于秀丽”，呈“远峰列笋天涯青”之势，等等。其意象重在空间心理感受上：“穴前无山，则一望无际为前空。”“易野一望无际，有近案则易野之气为之一收。”盖朝案可使“穴前收拾周密，无元辰直长，明堂旷阔，气不融聚之患”。这里所谓“穴”或“明堂”，以今天的观念解释，实指内敛围合的场所；而所谓“气”、“情”，则为心理氛围。不言而喻，风水对朝案的讲究，以今日景观、外部空间设计理论等观照，其意匠实是相当高明的。

风水格局的重要概念还有所谓水口山或水口砂：“水口砂者，水流去处两岸之山也。切不可空缺，令水直出；必欲其山周密稠叠，交节关锁。”实际上，水口砂所居地位不啻天然门户，故风水称之为“地户”。与此类同，位于水来处的水口砂则称为“天门”，也是风水格局重要所在。而如《周易》“重门击柝，以待暴客”；《释名》“门，扪也。在外为扪，幕障卫也”；风水更喻门为“气口”，即人之口鼻息道，实与运命攸关，故对水口砂极为重视，既须险要，又须至美，以壮观瞻，讲究诸多，还提倡“水口间有大桥、林木、佛祠”，“建台立塔本相宜”，以崇其胜，既形成瞻仰之景观，又利于俯览观景，料敌捍卫更不在话下。

由上述风水“砂法”诸说，全可释明围合阆中城四面群山的种种意象。就地望而言，这些山称名伞盖，玉台，锦屏或宝鞍、马鞍，印斗，金耳，黄华，飞凤，塔，大像，钟山或赛锦屏，鼓楼等等，皆应风水喝形而来，不必言喻。其环抱有情，玄武垂头、朱雀翔午、青龙蜿蜒、白虎驯俯诸种气象，更不胜详说。略以源自剑门山脉、由西而东迤逦阆中城南、隔江相望的仙桂山山系而言，其作为阆中城的重重朝案与水口砂山，形成诸多秀丽景观，亦可知阆中风水格局中砂山之至善（图5）。

典型如阆中胜境锦屏山，又称马鞍岭，《名山志》谓：此山“两峰峻亘，杂树如锦，与郡城对峙若屏，故名。山多仙圣游集。”《蜀山考》称：“锦屏有浙间山水之状。”《阆中县志》更云：“锦屏山，在嘉陵江南岸，濒江，石壁陡绝。其上蔓衍处横竖一脊，左平右突，中段微凹，端正峭茜，斫削不能及，盖县治之案山也。每当斜阳倒射，暮霭欲生，自山北望之，诸峰环绕其后，交辉互射，秀绝寰

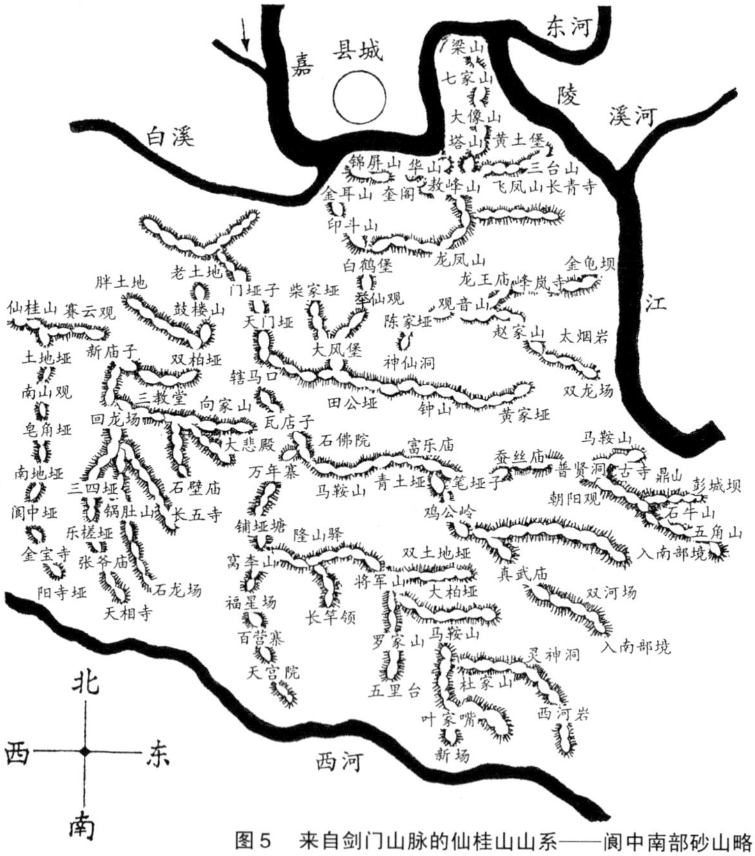

图5　来自剑门山脉的仙桂山山系——阆中南部砂山略图

区。”（图 6）对于精谙辨方正位，崇尚向明而治、南向为尊，并雅志山水之乐的古人来说，锦屏山及山后印斗山、金耳山、赛锦屏等等，形成重重朝案，气象深远，层次丰富，峰峦竞秀，由城中南望，实属美不胜收。天造地设如此佳境，不惟为风水家看重，诸多文杰瞻恋嘘唏也非异事。如诗圣杜甫《阆水歌》诗：“阆中胜事可断肠，阆州城南天下稀。”陆游《阆中作》诗：“遨乐无时冠巴蜀……着意城南看小春。”李献卿《南楼诗》：“三面江光抱城郭，四面山势锁烟霞。马鞍岭上浑如锦，伞盖门前半是花。”锦屏山作为阆中胜景，依风水观念建城之际，以其为案山而构成城市绝妙对景，人文美与自然美交会，互为观照，更形动人。如陆游《锦屏山谒少陵祠》诗：“城中飞阁连危亭，处处轩窗对锦屏。涉江亲到锦屏上，却望城郭如丹青。”实为这一风水意匠的极佳写照（参见图 3）。

锦屏山成为阆中象征，因而又称“阆中山”。寄托着世间美好理想，古人赋予此山以灵性，如袁天纲题锦屏曰：“此山磨灭，英灵乃绝。”仙圣游集，文人荟萃，百姓也游赏此山成俗，如《阆中县志》：“上元后一日，锦屏山游人如蚁，谓之游百病。”这吸饮山川灵气、陶冶情性并增进健康之举，亦非尽属迷信。兼有景观和观景之利的锦屏山，不仅留下许多历史名人胜迹，如吕祖殿、吕仙洞、少陵祠、丘祖殿、三贤祠等，而为吸饮天地灵气并予锦上添花，锦屏山上还屡有土木之功，亭、阁、书院等等，不备详说。至今，锦屏山仍为阆中城风景绝胜处、天然园林，极为人民钟爱。

阆中砂山格局胜处，尚有其水口山，即雄踞城市东南，隔江相望、

图 6　古城阆中的案山——嘉陵江南岸的锦屏山，又曰马鞍岭

图 7
根据风水形势建于黄华山(又名华山)上的奎星楼

图 8
阆中城东南方的水口山：塔山(图右)，镇守着通向下游的嘉陵江交通孔道，谓之“地户”

图 9
阆中西北方的水口砂山：玉台山(图右)和西山(图左)隔江对峙为城市的“天门”

冠表城南群山而周围诸山稠叠交节的塔山。据《阆中县志》，锦屏山右有黄华山，旧据山水建有奎星楼。盖黄花山与锦屏山间为南津关，古金牛道、米仓道经此，为风水气口，故建楼以镇之并崇文风，实为崇观瞻尔（图7）。黄华山右为敖峰，再右则塔山。塔山适当江水转折处，高大峥嵘，形势岌嶪，兀立于嘉陵江畔（图8）。山南延为南岩，即台星岩，宋代陈尧叟、尧佐、尧咨等三状元兄弟曾于此苦读，故又名读书岩。山右与塔山合体，唐时依山壁开凿大佛，并兴建大像寺（图10），故山得名大像山，又称大像岩。登塔山而望，大像崇岗偃蹇对峙；若领若袖，四伏盘僻；西望锦屏，相为表里；俯而视之，大江回折,汤汤流去；而北岸郡城延袤数里，一片丹青，灭没于远烟高树间，融合于蟠龙叠翠中，洵为极目丽瞩。为镇守水口，塔山绝顶建有白塔寺，有九层砖塔，通体白色，故名；塔若笔立，又名文笔塔（图11）。除白塔外，当此水口即地户处，大佛寺、龙脊观又名梓潼宫在焉，契符水口间相宜建台立塔设佛祠之风水主张，成为极佳景观与观景建筑。至于风水倡言水口建大桥事，也适有现代钢筋混凝土嘉陵江大桥择址建于塔山迤西，为水口增胜生色不少。或可见，精心相地则古今可通，足徵风水之道有其科学性之一斑。

在阆中的砂山格局中，城西北嘉陵江来处即所谓天门处的玉台山，为蟠龙山左臂，亦一大胜处，与塔山相类又别有风光。杜甫《阆山歌》“阆州城北玉台碧”；《玉台观二首》“中天积翠玉台遥，上帝高居绛

图10 开凿于水口山凹中俯临阆中城的唐代大佛

图11 镇于水口山巅的风水塔——白塔，或名文笔塔

节朝”；“人传有笙鹤，时过此山头”；诸诗皆咏此山。玉台山临江耸立，与西山隔江相望，对峙为城西北天然门户（图9），且景观秀美。山上有玉台观、滕王阁、望水寺等景观与观景建筑，为山水增色而崇观瞻，从上游来阆中，必先睹之，也正如从下游溯江入阆，首见其地户塔山诸景，皆兼有阆中城外部识别标志的作用；这一意象，也正是风水中有关天门地户诸说实旨所在。

3 水的意象

风水理论认为，“吉地不可无水”，“地理之道，山水而已”。相度风水须观山形，亦须察水势；甚至“未看山时先看水，有山无水休寻地”；“风水之法，得水为上”等等。讲究水的功用利害与其形势、质量之间的关系，诸多论说，概称“水法”。所以注重“水法”，首先因为水与生态环境即所谓“地气”、“生气”息息相关。认为“山之血脉乃为水”，山之骨肉皮毛即石土草木“皆血脉之贯通也”；“气血调宁而荣卫敷畅，骨肉强壮而精神发越”。俗谓“山管人丁水管材”，盖以农为本，水不啻为农业之命脉，殊非迷信。喻水为血脉财气，最早出自《管子·水地》而为风水家引申，有云：“水者，地之血气，如筋脉之流通也，故曰水具材也。”凡耕渔、饮用、去恶、舟楫之利，以及调节小气候，莫不仰给于水。故风水理论认为“水飞走则生气散，水融注则内气聚”；“水深处民多富，浅处民多贫；聚处民多稠，散处民多离”。至于“水是移人形体情性如此”，即水质与人疾病夭寿关系，种种事象，不惟风水家言，见载史籍也甚多，不必赘引。可以指出，风水“相土尝水”，鉴别水土质量的种种吉凶之说，已从当代诸如克山病、大骨节病等地方病的地理地质调查中得到证明，同一地域之有病区、非病区及重病区，全在地貌与水土质量不同，分析结果，正与风水说相合，可见风水长期为古人倚重，是有其道理的。

水为风水所重还在于交通和设险之利。论交通之利，如《平洋全书》：“依山者甚多，亦须有水可通舟楫，而后可建，不然只是堡塞去处。”《管子》等及风水家喻水为血脉而流通大地，也兼指交通之利。在这方面，包括设险之利，风水论说诸多，如“水城”之说等，与前述先秦城市选址诸地理因素论说实质相同，不再重复。

风水家相地重水，原因之三，还在备水害的考虑。不惟水淹之虞，而由于水流冲刷、侵蚀、淘切等而引起诸多地质灾害，也为风水家所关注，通过合理选址兼以城防、堤坝及人工河渠而避免之。最典型莫过河曲处的选址，即古时隩、汭之宅，认为：“大江大河一二十里而来不见回头环顾，中间虽有屈曲，决不结穴。直至环转回顾之处，方是龙脉止聚。”选址河曲则以水流三面环绕缠护为吉，谓之“金城环抱”。“金”乃五行之金，取象其圆；“城”则寓意“水之罗绕兮，故有水城之称”。这种形势又称“冠带”等，历来引为风水中吉利水形的最佳模式，以至宅前人工河，如故宫金水河，也取形并称名于此；民宅前半月形水池，也由此衍出。这一典型形式之所以吉利，盖因基址安全可靠。由现代水文地理可知，河流由于地球自转形成的偏向力即科里奥力的作用，加之河床岩性差异与地表起伏等原因，即使原为平直的河道，最后也会形成河曲。如河水东流，往往向南淘成河曲，北岸凸而南岸凹，水流挟带泥沙在河曲凸岸堆积成滩，而在凹岸则不断淘蚀挖深，导致坍岸。显然，选址在河曲凸岸、即水环抱三面的岸上，远比选在凹岸、即河流反弓的一侧有利。这种认识，淀积于风水说中历史甚远，最早在《管子·度地》中就有对此规律的精辟阐析：“水之性，行至曲必留退，满则后推前，地下则平行，地高则控，杜曲则捣毁。杜曲激则跃，跃则倚，倚则环，环则中，中测涵，涵则塞，塞则移，移则控，控则水妄行，水妄行则伤人。”这一对于河曲现象深入分析而形成的理论，被现代地理学家认为“可与今日自然地理中河道变迁规律的研究相媲美”。而建立在这种科学理论基础上的风水模式，纵令外敷迷信色彩，也终究不能掩蔽其内涵实质所具有的科学智慧之光。

水的景观作用及审美价值，是风水注重“水法”的第四个原因。在中国古代，自然美很早就被发现并被重视，《诗经》中很多篇章就表现了中国传统文化这一显著特色的渊薮。人们崇尚、赞美并欣赏自然之美，寄托着天人合一的理想，即人与自然和谐共存的精神，来观照自然山水。在古人那里，这种审美观照还被发展为“仁者乐山，智者乐水”等寄情山水的审美理想和艺术哲学。风水家自诩为“山水之士”，秉承传统而在其丰富实践阅历中应用发挥，对古代山水美学做出有益贡献，并产生了深刻影响。如隋唐之际的《管氏地理指蒙》指出，风水之于山水选择，靡不“以人之意逆山水之意，以人之情逆山水之情”，这与宋代邵雍“山水之情亦由人之情也”；清代李渔“才情者，人心之山水，山水者，天地之才情”等常为美学家援引之语相比较，前后一脉，是很清楚的。宋代郭熙《山水训》为现存较早也较系统、具有代表性的古代山水审美理论，最受今人重视。而郭熙“少从道家之学”，由风水术汲取营养不少，《山水训》中“真山水之川谷，远望之以取其势，近看之以取其质”；“大山堂堂，为众山之主……为远近大小宗主也”，“如臣君上下也”；“山以水为血脉，以草木为毛发”等等审辨山水的方法及譬喻，都明显源于风水之说。重要的是，和文人以山水诗、山水画来抒发其钟情山水的行径不同，风水家更重于实践，以其理论观照山水美，巧加人工裁成而经营城市宫宅陵墓等建筑，达到自然美与人文美的有机结合，赋予中国传统建筑深沉隽永的美学气质。就中国传统文化而言，风水功不可灭，以其为传统美学与建筑实践之中介这一意义来评价，显然不为过分。

风水论及水的景观和审美，首重水为血脉而造就自然钟灵毓秀，生气发越，这已如前述。其二，水可界分空间，形成层次丰富生动的环境围合。风水家认为“水随山而行，山界水而止，界分其域，止其逾越，聚其气而施耳”，所谓“金城环抱”即一典型意象。又认为山主静，水主动，山为阴，水为阳，山水交会，动静相济，阴阳合和，乃为“情之所钟处”，故以“山际水而势钟形固内就，水限山而气势聚以旁真”，讲求“山称水，水称山，不宜偏胜”；“山水相得如方圆之中规矩，山水相济如堂室之有门户”。而水面镜像映射可丰富空间意象，亦为风水家所重，如《璚林国宝经·倒影》即论此。其三，水体形象，如流动、弯环、潴聚、动静及至声、色、味等，皆可予人悦情怡性的审美观照。对此，风水又有“左水为美，要详四喜，一喜环弯，二喜归聚，三喜明净，四喜平和”；“水本动，妙在静，静者何？潴则静，平则静”等讲究。而论及水质，则求“其色碧，其味甘，其气香，主上贵”。至于“穴前及内堂与外水相辏，潆回留恋于穴前，方名朱雀翔午”，与基址的主山呼应，如臣如宾，成朝揖拱拜之势，显现出“群臣都俞，风化斯淳”，“宾王雍容，情味相投”之意象，人世间的伦理追求也在山水审美中反映出来，就传统哲学而言也是一种必然，无可厚非。

以风水之“水法”论阆中，长江一大支流嘉陵江潆回阆中三面，形成大聚结的“干水成垣”和“金城环抱”之势，自然属于风水宝地（见图2）。事实上，这形势也为阆中带来了诸多利益。嘉陵江水滋润着这里肥沃的土地，调节气候，形成良好生态，故新石器时代即有先民滨水居住生息。及建城，其交通之利更促成了城市繁荣。前引唐庚《思政堂记》说阆中“隐然有大国之风”，就强调水路交通使阆中获得“丝盐之利，舟楫之便，可以通四方商贾”。《阆中县志》也说“阆城当水路之冲，商贾列肆而居，杂致远方货物色色俱足”。另外，嘉陵江良好水质也带给阆中百姓日常饮用之利。如城中城外水井皆“泉眼与江水相通”，其中“味淡而甘”，“知味者尤称焉”，如名井“黉学井”及“松花井”等。据《阆中县志》，中国名醋之一的阆中保宁醋，“酿造者必在城南傍江一带，他处则不佳，殆水性使然欤？其取水之候以冬为上，故有冬水高醋之名”。至于土厚水深，移人形体情性诸说，如《阆中县志》："按土厚则水深，川省凿井罕有深至十余丈者，阆中独不然，每井必施辘轳，以二人挽之。风土既近北方，水泉亦与北方无异，而民全全质实敦周，并可于此验之。"

处于"金城环抱"中的阆中古城，现址乃唐宋格局，与风水理论在此时臻于成熟和体系化（包括袁天纲和李淳风的贡献）正相合拍。而按旧志，汉时城址原处西北，曾屡为江水所啮，遂致东移南迁，到唐宋卜建在嘉陵江凸岸即北岸而偏西，始为稳定。以水文地理尤其是河曲演变理论分析，唐宋以来的古城选址，其科学性显而易见，既近水而利交通省沟防，也为城市取得最佳对景即以锦屏山为案山。而即使如此，古人仍未忽视水害，见载旧志，代有筑坝、柜等以御洪、杀水势而息江患之举；同时，旧时城墙也统筹考虑了防洪，虽遇特大洪水，也仅淹及瓮城。但今人轻率拆除旧城后，仅1981年大水即淹及城内十条街巷，最大淹深5.18米，损失人民币6000余万元。对比之下，古人智慧与经验不可轻视，引为当今借鉴，是毋庸置疑的。

至于阆中水的景观及其审美，与风水诸说甚为契合自不必言，古代文人赞颂之辞也不胜枚举，略如杜甫《阆水歌》："嘉陵江色何所似，石黛碧玉相因依。正怜日破浪花出，更复春从沙际归。巴童荡桨欹侧过，水鸡衔鱼去来飞。阆中胜事可断肠，阆州城南天下稀。"陆游《寄邓公寿》诗："海内十年求识面，江边一见即论心。……闻到南池梅最早，要君携手试同寻。"俞汝砺《锦屏山暮景》诗："暝漠轻烟罩郡城，渔舟灯火倒观星。寒山远水江村暮，自在妆成水墨屏。"城南水之美也为阆中百姓钟爱，每逢端午龙舟竞渡在此，沿为民俗直至今日；夏日纳凉消暑更兼观风赏景，这里也成大好去处。

4 穴的意象

风水论穴，亦属譬喻："盖犹人身之穴，取义至精。"选穴方法谓之"穴法"，例须总体权衡龙法、砂法、水法，故有谓"穴者，山水相交，阴阳融凝，情之所钟处也"。就穴法而论，选穴的关键在于"内气萌生，外气成形，内外相乘，风水自成"，即"内气萌生，言穴暖而生万物也；外气成形，言山川融结而成形象也。生气萌于内，形象成于外，实相乘也。"就是说，城市或其他建筑选址的落脚点，应在龙、砂、水重重关拦，内敛向心的围合中。这种格局，即今之所谓场所，一方面能倚凭周围山川拱抱阻御风沙，迎纳阳光，阴阳和合，形成良好生态小气候；另一方面，龙、砂、水种种景观意象，皆钟情在穴中，予人最丰富的美感，得到游目骋怀的心性寄托。所谓"穴不虚立，必有所倚"，"以龙证穴"，"以砂证穴"，"以水证穴"，"因形拟穴”，“全其天工，依其环护”，“务全其自然之势，期无违于环护之妙而止耳”，乃至“如画工丹青妙手，须是几处浓，几处淡，彼此掩映，方成佳景”，等等，皆说明穴的选择，实际应是山水选择即龙、砂、水选择的综合权衡。

以人身之穴譬喻，穴本含“点”的意义，而引申为龙脉止聚、砂山缠护、川溆潆回，“冲阳和阴，土厚水深，郁草茂林”之一区，则有失本义之虞，所以穴法又称此大格局为“区穴”，更常以“明堂”、“堂局”诸语来称代，又取义穴为区穴、明堂或堂局之核心。明堂本意，乃“王者迎五帝聚祭之重屋”，风水“照临之，象居中处正之名”，即“明则取义于照临而忌塞，堂则取义中正而忌偏”。明堂的朝向，即后有玄武垂头，前有朱雀翔午，左有青龙蜿蜒，右有白虎驯俯，“形来势止，前亲后倚”，“宾主相登，左右相称”围合格局的朝向，亦以“王者向明而治，重明以丽乎正”，故“亦无如南向之为善也”。又因明堂本为“祭祀之所”，是以风水所论明堂亦“以洁净为德”，且“惟贵乎宽平”。至于建置城市，明堂宽平，则以山水大聚结、中聚结而论，“堂局最广阔舒畅者，为藩镇省城，次者为大郡大州……方圆四五十里，小者亦二三十里……最小者亦必数里”。惟此，才得在体国经野、辨方正位之后，依营国制度规划城市并以营造制度而经营之，这实际就是环境容量的规划。

权衡四面山水格局，即龙、砂、水格局，择定明堂及穴位，裁成南向为正，居中为尊，四至山水环抱有情的种种意象，尚有赖风水选择“山向”，即组织明堂的纵轴线，后对来龙，前向案山。山向选择最重朝案，尤其是近案“秀应之山”，以“秀应之砂在左，则穴宜向左；秀应之山在右，则穴宜向右”，“必以近案有情为主”。以前后照应的纵轴线为准并左右权衡，俾使“左崇而右实，右胜而左股”，即左右虚实相称，再组织横轴线得十字相交，谓“天心十道”处，乃为穴位所在，亦即选址建城后城市中心点之所在。不过，又因京都郡邑选址大多明堂宽平，其中高处宜置官治衙门，一便居高临下控制全局，一便防患水淹，故穴位除在天心十道外，又有以明堂中最高处而论之者，“故虽广邈，断有一片高处，即是正穴”。以此而论，则有“京都以朝殿为正穴，州郡以公厅为正穴，宅舍以中堂为正穴，圹墓以金井为正穴”之说。

以穴法而论，定山向及穴位后，尚须开挖验土之探井，在天心十道之处或穴位上所挖者，概称“金井”。验土以“土细而不松，油润而不燥，鲜明而不暗”为佳，盖为“生气之土”。尚以秤称土重而验之，盖“土壤原来有实虚，称量见古书”，其法为“入土实一斗，称之，六七斤为凶，八九斤吉，十斤以上大吉”。这一基于“累朝郡邑多废置”历史经验教训的相土之法，实可由今日土力学验证之。由此一斑，可见认为风水纯属迷信，无疑有失于以偏概全。事实上，相土之说见载中国最早典籍，在风水术中更相沿为选址要事。如东晋时，风水师郭璞相建温州城，“初谋城于江北，郭璞取土称之，土轻，乃过江”。后经权衡，则江南吉，始筑城。此事见载《浙江通志》、《温州府志》，也在温州民间传为佳话，甚至立祠纪念。而业经今日地质勘探证实，现温州城地质情况也确乎优于江北，可见记载不虚，也可见风水相土之法论土轻重而判断凶吉，自有其科学道理，所谓吉凶，不过为好坏、优劣的同义词，惟古人习用强调利害罢了。

至于阆中古城在所之穴位、明堂、山向诸意象，在于环境的内敛围合利于生态、防卫、景观等等，前述龙、砂、水诸意象多已涉及，后文古城建筑布局又将涉及其余相关部分，故此从略。

四、古城阆中建筑布局的风水意象

通过对龙、砂、水、穴的细致考察和周密权衡，进而选定城市基址所在，有关城市建筑布局的一些基本要素，如城市座向方位、四至关系、中心所在、格局大小，等等，也在此过程中确定下来。古城阆中的建筑布局，如《阆中县志》所述，就是根据后倚蟠龙山，前照锦屏山，并本着风水穴法中山向选择最重朝案、“必以近案有情为主”的意象而规划的。《县志》述云：“古人营建之法，揆之日景，验之风雨，是以《诗》有流泉夕阳之咏，《书》有东瀍西涧之文。至于前朝后市，左宗庙，右社稷，亦莫不井井有条理。都城然，郡国何独不然。阆之为治，蟠龙障其后，锦屏列其前。锦屏适当江水停蓄处，而城之正南亦适当江水弯环处……‘城中飞阁连危亭，处处轩窗对锦屏’，以《剑南诗》证之，宋时街道实为正南。可知袁天纲言锦屏不灭，英灵不歇，阆之秀气全萃于锦屏一山，主宾相见，必两情洽浃，乃能一气贯通；地本灵而不足以效其灵，则非措置之乖方，而区画之未善欤?言似迂阔，然古之所谓卜云其吉者，未为无见。”

准此风水格局，在权衡阆中四面山水而择定的城市中心，即北大街、西大街、东大街及南对锦屏山的双栅街的十字交结处，建有“中天楼”，其意象，正应于风水“天心十道”之喻。城内其余街巷，殆皆由中天楼为核心，以十字形大街为主干，迭分东西展开。各街巷取向无论东西、南北，多与远山朝对，或为蟠龙山，或为伞盖山，或玉台山、西山、大像山、塔山，等等，南向主街则多取锦屏山片断为底景（图12）。一些街道更以其所向取名，强调其风水主题，如蟠龙街、屏江街（锦屏街）、笔向街等。例如笔向街取名，盖街道东向塔山，沿街前行，则文笔塔（白塔）历历在目，意象甚明。

阆中古城设城墙四面环护，东南西北各有城门一道，除西门而外，其余三门尚皆建有瓮城各一，瓮城门与城门错位不相值；四座城门及三座瓮城，各建有轩昂门楼。这格局，据1950年出土宋初营城纪事碑述，盖宋初已如此；而旧志载明清格局，城门建置情况与宋初同。《阳宅会心集》云："城门者，关系一方居民，不可不辨，总要以迎山接水为主"，常因西门迎山接水较难，故其"如有月城（即瓮城）者，则以外门（瓮城门）收之；无月城者，则于城外，建一亭或做一阁，以收之"。宋以来，阆中城惟西门无瓮城，盖因此。而旧志载该门外筑有石坝、石匮、石鱼翅，建有石匮阁、王爷庙、揽胜山房、阆风亭，置有镇水铁犀、石犀等，也显然本于风水之说。惟此诸多措置，改善了西门迎山接水之难，构成古阆中八景所在之一，即"西津晚渡"、"石匮凌云"（图13）。

除西门外无街巷，阆中南、北、东城门外皆有街巷，并且惟南门、东门外，庐舍毗连，烟火稠密，市肆喧阗，格外繁华。《宅谱问答指要》说城市"南门、东门，生方。宜高昂轩朗"，正应阆城此番景象（图14）。凡此，殆因城池正对锦屏山，并依风水说，着意偏向以避免江南锦屏山与黄华山之间的"气口"直冲城市。这两山对峙形成的气口，即古米仓道与金牛道必经孔道，建置为南津关以扼守之；过关北渡，道路倚东城外而向北通往关中，再加嘉陵江水路之利在此交会，因此形成阆中城东南的水陆通衢、商贾辐凑之势和生旺之气。为

图12　以蟠龙山为底景的阆中街道之一

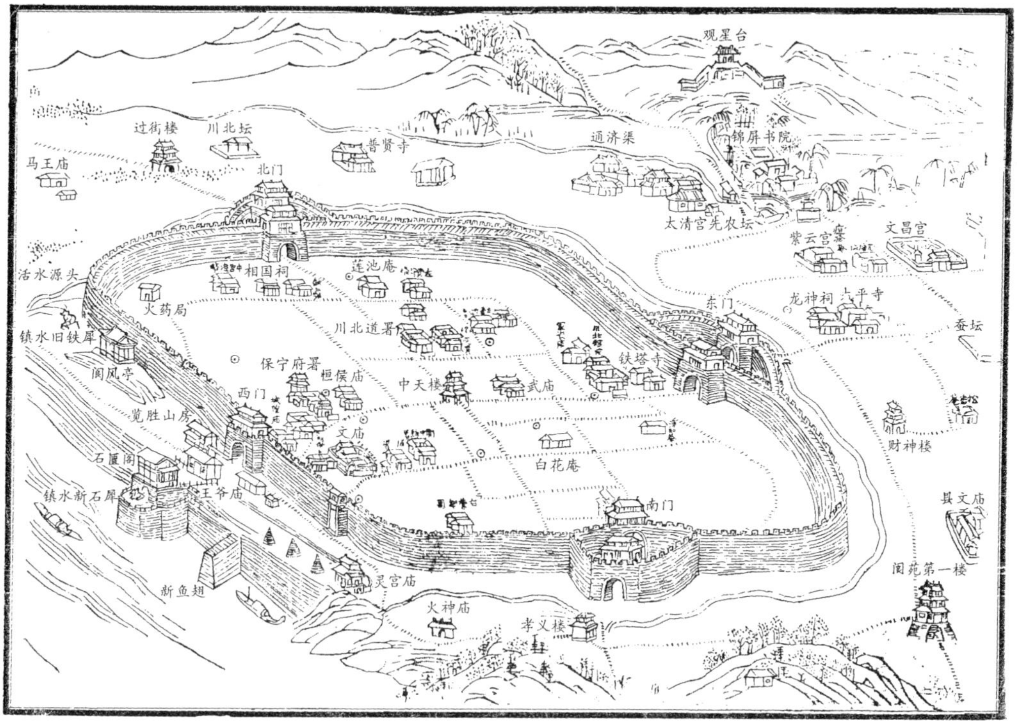

图 13 阆中治城图（清・道光元年），图中⊙为城内九井

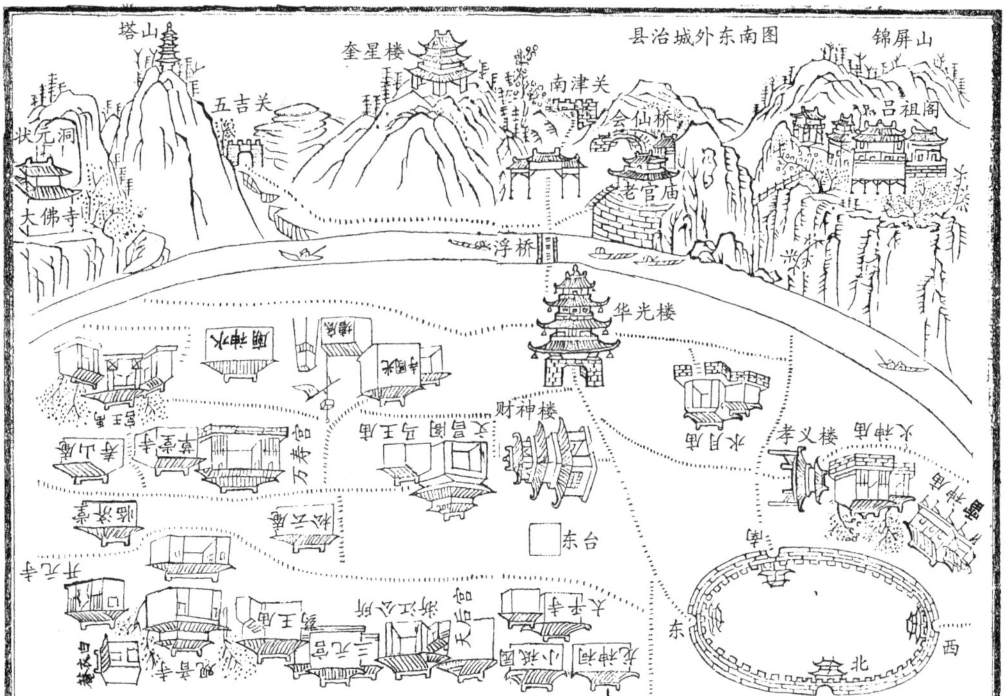

图 14 （阆中）县治城外东南图（清道光时）

镇守东南“生方”之气，不仅城东门南偏，南门东渐，城楼轩朗高昂；城外东南隅临江北岸古道上，正对江南气口南津关，还建有雄伟华丽的华光楼，又称镇江楼，旧又称南楼，前引李献卿诗即咏此，形成阆中城一大胜景。考杜甫《阆州东楼送十一舅赴青城》诗所咏唐时东楼气象，也正与宋以来阆中城东南以及南楼或华光楼之观瞻、气氛相判若一（图 15）。

从阆中城的实际情况考察，可知风水说中避开气口、建置镇楼等说，实际是利于古城规划建设的合理布局处理方法。如果以今日城市规划理论来审视，无论是城与市的职能分区明确，避免城市内外各种不利干扰、包括车马喧嚣，合理组织和疏通道路交通，增强环境或场所识别性，丰富和完善环境景观，包括城市天际轮廓线，及至战时防卫等等方面，并不难看出这一风水意象的诸多系统性和合理性的内涵，自然不是迷信无稽之说，不必在此逐一详细分析阐释。

在古代城市建筑布局中，官治衙署作为一方行政中心，地位至关重要，风水论此，则有“东都以朝殿为正穴，州郡以公厅为正穴”之说，如前所引。但这里的“正穴”，未必为城市几何中心，而往往为可以居高临下控制全城、并防患水淹的城中高地。见于阆中，也完全契符风水此说。唐宋以降，历代刺史署、知府署等，就相沿不辍地建置在阆中城内西大街张恒侯祠西的高地上。《阆中县志》载明代知府潘良贵《凤凰楼碑记》，全可典型反映风水之说对该阆中城府署建置的深刻影响。此碑记述府署因踞城中凤凰山“自蟠龙来，蜿蜒隐隐五六里许，突然嶙峋，状肖飞凤，苍翠窈窕，如屏如几，气最雄固。建置者于斯

图 15　根据风水建置于城市东南“生方”的“阆苑第一楼”华光楼，又称镇江楼，与风水“气口”南津关隔江相望，冠表城市东南，成为南来北往于古金牛道、米仓道上的重要标志性景观建筑

揽结，卓有深意焉”。明弘治初年（约1490年），阆中为寿王封国藩府在所，于故阆州刺史署址建寿王府，其时，“中官言：兹（凤凰）山高陵其巅，即宫壶在目；术者又谓：金虎昂守，不利主家；因铲之，畚其土筑府基”。嗣后，寿王府迁去，则仍为府置，但凤凰山被削，“遂成缺陷，今存者山麓耳，蟠龙修气，从此斩绝，识者叹之”。潘良贵于万历乙亥（1575年）出守阆州为知府，及于此，“俯瞰其概……颇讶之”，“因思翕聚山灵，非崇台竣宇不可”，乃“捐俸鸠材，命工为石台广五十尺，施岑楼其上，井干三十尺，广与台埒，檐甍翔起，若九苞羽翼，凌历霄汉；杂植梧竹松桂，俾十年后，葱葱郁郁，不改其初。额仍山名，曰凤凰楼；或窥其壮丽，又题为中天阁云。”潘良贵此举，实“欲复胜境，昌我人文，”及凤凰楼告竣，也确成府署所在的一大壮观。宾僚登眺，“启八窗，凭危栏，则蟠龙玉台，如奔如注，珠联锦叠，氤氲相属，改观畴昔；西南锦屏、金耳、印斗诸山，又或拱或揖，罗列景状，丹霞碧霭，朝暮相迎。百年佳气，既涣复萃，岂不快哉。”寿王府建置，拘忌“理气宗”吉凶祸福之说而成愚佞之举，而经潘良贵本于“形势宗”注重环境景观而复涣胜境、昌及人文，两相比较，洵可见风水中迷信之害，也可见其主流的聪慧明智。在风水理论及其实践活动中，这种对比鲜明的事例，是经常可见的。风水故有糟粕，却也是瑕不掩瑜。

在古代城市社会生活中，由于儒家学说的倡导，文治教化，十分注重教育和文人取仕，因而诸多文化建筑，如文庙、学宫、书院等，其选址布局，在城市规划建设中占有很重要的地位。在这方面，风水理论也倍加关注，并在世俗生活中产生了深刻影响，因此形成了中国建筑文化的特异意象，即注重地理环境及景观对人文的影响，着意因借自然并裁成完善之，使人们得以寄托其理想追求，或取得心理上的平衡调节。例如文峰塔、奎星楼、文昌阁之类文化景观建筑，遍及古代中国城乡，实际上都是因为风水说的影响所成就。这类风水说，略如《相宅经纂》论说文笔峰，可见一斑：“凡都省府县乡村，文人不利，不发科甲者，可于甲、巽、丙、丁四字方位上择其吉地，立一文笔尖峰，只要高过别山，即发科甲。或于山上立文笔，或于平地建高塔，皆为文笔峰。”阆中城外东南方塔上的文笔塔，黄华山上的奎星楼，均本此意而兴建，成为阆中重要景观建筑，已如前述。至于阆中城内学宫、书院一类建筑，见于文献记述，为阆中城的规划建设重点并深受风水影响，也是相当典型的。

例如阆中之学宫，明人任文仪《阆中县学宫碑记》述其意义：“治世之大，莫先于正风俗；风俗之大，莫先于兴学校”；而学宫“宏敞精致，结构饬密，士民远望，肃然起敬，不必亲礼乐俎豆，而遇目成章，皆思乐芹藻之缤纷矣!”清代知县徐继镛《移建县学宫碑记》又说：“学之设也旧矣，古者议政受成必于学……然而郡县必有学宫，相沿不废，盖以圣人为师表万世，将使过其下者，皆有高山仰止、景行行止之思。而其庙堂必深必邃，备极尊严，则又所以振其玩而作之肃也。自唐以来，科举之制兴，堪舆之说亦因之而炽，谓一邑之文风，视乎风水之衰亡，故学宫非得地不可。”学宫、文风、风水交织诸说，使士俗观念深受影响，也极力趋全避缺，使学宫选址及建筑观瞻臻于完善。明代知县黄泰《重修县学宫碑记》述此道：“绅士言曰：阆邑代多文人，科甲鼎盛，近者乡会榜出，获隽者稀，文风不壮，厥惟不培风脉之故。”因此由明及清，县学宫一再重修、增建，及至迁址，并由官绅、士人及风水家共同细致推敲酌定。例如徐继镛《移建县学宫碑记》：“爰集邑人士，复有补修之议。乃议者，谓东城外，商贾辐凑，居民丛杂，庙地亦低下潮湿，其气不扬，与其縻费补修，殆不如改作之为愈。”这样孜孜以求，终于形成阆中学宫的蔚为大观，如清人张注庆《府学文庙碑记》：“阆苑学宫，枕大江，倚名岩，形势佳胜，规模宏敞，昔称巨观。”不仅可于斯地一揽阆中山水之美，悦情怡性，激励文思，而且，建筑观瞻的审美，也无不予人陶冶精神情操的教化作用：“不见于宫阙之壮巍乎?道德之崇宏，品行之端严，视此也!不见乎泮水之洋洋乎?文思之流美，性情之渊涵，视此也!而礼门义路，可以肃视履；先哲名贤，可以动歌思；数仞宫墙，可以示范围；翠柏苍松，可以作气骨；履其地想见其车服礼器；宗庙百官之美富无在非学，即无在非教也。诗曰：高山仰止，景行行止，其在斯乎，其在斯乎！”

这种培风脉，纪地灵，兴学校，壮人文，正风俗的观念，还在阆中最著名的学校锦屏书院的选址兴建活动中典型表现出来。该书院旧在锦屏之阳风景清幽秀美之处，明代，迁入城内附近于学宫。余绍吉《重修锦屏书院记》述云：“命曰锦屏，纪地灵也；附近学宫，示仰止也；尸祝文昌，舍列二十八宿，应天文起人文也。诸生群居而萃处，目击而道存，无宁兹玩空言，以干世取禄，其树不朽于三立，流景濯于千秋，以彰我锦屏之灵。”至乾隆廿年（1755 年）知府庄学和筹划，又移建该书院于城外东北隅宋代治平园旧址，鸠工庀材，备极经营，构成读书问字之佳境，也使人文遂极一时之盛，旧志载述此事，颇多溢美之辞。其中庄学和《锦屏书院记》自述经画营建宗旨构思，更典型说明了风水观念的深刻影响及其意象：“和喟然曰，人文不焕，地脉不兴也。玉台之南，锦屏之北，登高四眺，有胜址焉。龙凤两山于兹接脉，南东之水于此澄源，雁塔巽昂，星台坎抱，其于山文为阆字耶？水文为巴字耶？然则于人文可不为读书问字之区也？乃告寅僚，咨绅士，佥曰：郁郁葱葱，佳哉勿失。”于是群策群力迁神祠，辟池塘，建奎阁，创吟舫，营讲堂，莳花木，画栋连云，虹桥跨月，极讲室之大观焉。学子荟萃于此，顾视其景象，则“赓积翠于中天，瞻伞盖岭头而豁目；觅赐绯于上苑，怀海棠溪畔以凝神”，“知乐水而仁乐山，泉流艮胍；云从龙而风从虎，巧夺乾宫。”“朝霞跃顶，奎光尽聚槛东；夜月披肩，壁水风澄斗北。抚鼍梁之窅窈，鸣声恰应鼍更；攀雁齿之巍峨，壮志从题雁塔。”“好对锦屏褵锦色，梦中可见紫鸾飞。”院内，“山光绕座水明楼，风院层栏花木稠。六七月旬无暑气，清渠活泼识源头。”“第一清幽弦诵处，鹿鹅未必胜蓬壶。”在这样的读书环境中，风花雪月的雅兴，或是修齐治平之大志，靡莫“多才雅得江山助”，全可得很好寄托和激励，及至“二三更里有书声”的囊萤苦读，进而科甲鼎盛，应验“凤龙秀脉从今振”的地灵人杰观念，也是情理中事。（图16）

在城市社会生活中，还有其他很多公共建筑，其布局处理，风水说也有颇多讲究，例如《宅谱问答指要》：“府州县城，内立衙署、

图16　锦屏书院（清道光元年木刻）

仓库、文昌阁、魁星楼、城隍庙、关帝庙、诸祠；外建社稷坛、里计、历坛于北，风、云、雷、雨、山川坛，旗纛庙于南”。而古城阆中诸多此类建筑如社稷坛、历坛、先蚕坛、先农坛、八腊庙、火神祠、水神祠、龙王庙、雷祖殿等等，各所布局，亦多应风水此说。这类布局处理，结合古代民俗，而以当代城市规划理论来分析，如使城市行政、居住建筑与世俗活动频仍而纷杂喧嚣的诸多公共建筑保持合适的距离之类，是有其合理性的，不必在此一一详细诠解。

对于城市中最为大量的居住建筑，即宅院，风水理论的影响也更为显著，并广为人知，近人研究民居，多有阐述，不乏明见，毋需赘说。而应当指出的是，风水理论注重宅居，明显包含了社会居住定向与认同的意义。例如观照“修身、齐家、治国、平天下”的传统社会定向观念，风水理论强调“宅者，人之本。人以宅为家，居若安，即家代昌吉。”由此“正家，而天下定矣”的取向，遂有宅居风水模式的普适性：“坟墓川岗并同兹说，上之军国，次及州郡县邑，乃至山居，但人所处，皆其例焉。”中国传统建筑文化中最大特色之一，即各类建筑均表现出与宅居模式同构的现象，其原因所在，或可由此得到认识。此外，传统的社会定向观念强调“礼，序也”，“礼别异，卑尊有分，上下有等，谓之礼”，并视“宫室，礼之具也”。观照于此，风水理论中遂有论门庭、比屋、截路分房、穿宅之法、三要六事及造屋次第诸说，具体而微地将社会居住秩序、礼制伦常观念同建筑实践结合起来，因而形成了中国传统民居浓郁的礼制伦理色彩。至于城居、乡居聚落中社会邻里关系的制约平衡，风水理论观照“非宅是卜，惟邻是卜”的传统观念，也有相当缜密的考虑与处理，既涉及宅居的私密性、识别性，也以忌背众，以及“阳宅外形”论诸如座向、门户、墙垣、屋角、放水等等细腻讲究，有效调节了居住聚落建筑空间环境的和谐性。再有社会居住的审美观照，“约定俗成谓之宜”，风水理论强调“治宅极宜壮实”，“位次重叠，深远浓厚”；又讲究适形而止，充实为美，清净为美；也大量采用了为世俗心理认可和欢迎的许多象征、隐喻及至禁忌艺术形式，很多工匠民俗也融汇其中。这种社会认同，遂使风水理论及其实践，实际上是在公众参与的背景下，得以创造出遍及中国城乡，饱浸着乡风民俗，新鲜活泼，丰富多彩，而历来为世人喜闻乐见的民居艺术，成为中国传统建筑文化中的重要构成。

事实上，古城阆中遗存至今的大量古代民居和街巷，形成了古城风貌的基色或基调，是阆中历史文化的重要载体；于其中，风水理论有关宅居的种种意象，都不难经过实地考察与分析研究而得到充分的理解。这一点，也已经引起建筑界的重视，有了许多细致深入的工作，这里就不再费笔墨了（可参见本书《阳宅相法》一文）。

五、古城阆中风水余絮

风水理论及其实践，十分注重因地制宜，审慎周密地考察分析和规划利用自然条件，因其自然之性，并假以人工裁成，“趋全避缺，增高益下”，“务全其自然之性，期无违于环护之妙尔”，创造良好居住环境，裨使“人因宅而立，宅因人得存，人宅相扶，通感天地”，达到天人合一的至善境界。同时，讲究“一邦有一邦之仰止，一邑有一邑之观瞻”，“通显一邦，延袤一邦之仰止，丰饶一邑，彰扬一邑之观瞻”，即强调具体环境场所的创造，应倡导因地制宜而各显其独特风貌，而不是千篇一律，千人一面的生搬硬套。在这方面，受风水影响，古城阆中的环境风貌，同其他古城比较，别有千秋，不备详说。

重要的是，如前文所阐述的，从古城阆中的风水格局及其意象，可以清楚看到，风水理论实际是我国古代有关居住环境构成，包括城市及建筑地址、规划和设计的一种传统理论，形成了体系；其观念与基本模式，不仅对古城阆中，而且既普遍又深刻地影响了各地古城建设及各种建筑活动，显现为我国传统建筑文化的一种具有同构特征的历史现象。例如阅检我国古代方志及有关文献，不难发现，对我国各时代的古城，几乎都可找到有关其风水形势及意象的记载；而分析研究，也不难发现，这些古城的风水格局及其意象，事实上正同前述阆中风水相若，在观照风水理论的基本模式方面，呈现出普遍性。由于风水与中国古代城市建设史素有不解之缘，而近代以来的有关研究却鲜有这一重要文化现象的探索和揭示，因此，古城阆中的风水探析，虽是挂一漏万，浅陋非常，但就中国古代城市建设史或古都学研究而言，或可有参考性的一般性意义。

毫无疑义，风水理论虽如前文所述，蕴有相当丰富的哲学、科学、美学内涵，但它毕竟受到历史条件的巨大限制，尤其是世俗迷信思想的深重影响，以至于过分的玄奥，过多的糟粕，使风水说自古迄今受到种种非议和鄙薄，它没有，也不可能发展为完全科学的理论体系。然而，以历史唯物主义的眼光审视中国古代建筑，上起京都、宫苑、坛庙、陵寝，下至村镇、民宅、坟茔，都曾统一在风水观念下，一气呵出，也说明它在中国传统文化中的价值和意义。从实质上说，风水理论及其实践，毕竟典型代表和反映了中国古代居住环境科学与艺术的历史真知，以及受其影响而形成的迥别各国建筑文化的鲜明特色。也正因为此，在当代建筑理论界，随着社会科学与自然科学及技术的巨大进步，在学术思潮发生重大转折之际，风水理论甚至引起了西方发达国家很多学者的关注，批判研究，予以很高评价。

例如英国著名科学史权威李约瑟，就曾高度评价中国古代的风水，称之为准科学、中国古代的景观建筑学。他指出，风水理论“总是包含着一种美学的成分”，“遍中国的田园，房屋、村镇之美，不可胜收，都可籍此得到说明。”英国学者帕特里克·阿伯隆比谓：“在乡村问题上，中国的风水名义处理上，已较欧洲任何国家前进甚多”，“在风水下所展开的中国风景，在曾经存在过的任何美妙风景中，可能是构造最为精美的。”美国城市规划权威开文·林奇在其代表作《都市意象》一书中，高度评价了中国传统的环境哲学，称风水理论是一门“前途无量的学问”，“教授们组织起来，予以研究推论”，“专家们正在向这方面谋求发展”，等等。

近年来，风水研究在我国学术界也正进一步展开，诸如风水源流、宗旨、内涵，其哲学、科学、美学、伦理学、心理学等基础，其实践成就及迷信糟粕，都正在并将不断地在批判研究中得到揭示，这对于更全面深入地认识理解中国古代建筑文化，将是有益的。而去伪存真、去粗取精，为传统建筑文化优秀遗产的继承、更新和利用，寻得更充实可靠的依据，乃至打开新的思路，也并非没有必要和可能的。

例如对于古城保护与开发问题，从古阆中的风水格局及其沿革可知，地理环境的封闭性，曾使古城风貌得到天然保护，即使现代交通如公路、铁路，往往也受到这种风水或地理格局的限制，使古城环境免受这方面的建设性破坏。从这一情况推论设想，在古城保护规划方面，或可利用风水格局，整体性地保护古城环境。

事实上，考察我国众多古城的现状，已不乏这方面的实例。如云南丽江，该市过境公路从风水格局外穿过，现代建筑依公路聚集，形成新区，当外人乘车趋近丽江，竟茫然不知旧城何在。而循着一条大道步上高岗，才会陡然间发现一个山川聚合的格局中，令人惊叹地保留了一大片完整的古城。这座丽江古城，北倚象山、金虹山，西枕狮子山，坐落在山峦环抱的平衍大坝中，而新城则隐于旧城周围山川外部，不与古城发生干扰。类似的例子很多，例如广东电白，它以海中的一座孤山为朝案，精心布置而成。现代人为适应经济发展，将政治、经济中心移至电白旧城的西北水东镇，称水东为电白，而古电白城却被天然保留下来。又如云南大理，其新城移至下关发展，而古城遂得以完整保存和作为历史文化名城、旅游胜地得到再生性的开发利用。

至于古城阆中，旧有的风水格局曾避冲气口，而将古米仓道、金牛道、嘉陵江水运口岸以及由此形成的商业聚集区置诸城外东南隅；此外，既考虑城市山水对景，也考虑“国”、“野”或城市与郊区的负荷关系，曾将城市正对锦屏山，在江水三面环绕的平坝上偏西靠南临江布置，城东及城北留下大片田地。这一格局，沿至今天，昔日的古道已为阆广、阆渝等公路线所代替，却依然处于古城东郊，新区沿公路发展，颇为自由灵活，对古城风貌的保护也形成了有利条件，干扰相对较小。正是鉴于这一实际情况，从1985年起，阆中县政府提出“跳出旧城，开辟新城区”的城市总体规划决策，并付诸实施，取得很好效果；1986年古城阆中被列为全国历史文化名城，古城的保护规划继而提上日程，更在该城保护和开发的种种矛盾的分析与处理上，显示出“跳出旧城，开辟新城区”这一统筹兼顾的总体规划思想的合理性与优越性。

参考文献

1 阆中县志编修委员会．阆中县志（帝制时期），1982

2 阆中县志编修委员会，阆中县城乡建设环境保护局．阆中地理志，1987

3 阆中县政协文史研究委员会，阆中县城乡建设环境保护局．古城阆中历史概述，1984

4 （晋）常璩撰．刘琳校注．华阳国志校注．成都：巴蜀书社，1984

5 二十五史．上海书店，上海古籍出版社影印本，1986

6 十三经注疏．中华书局影印本，1979

7 二十二子．上海古籍书店缩印浙江书局汇刻本，1985

8 杨伯峻编著．春秋左传注．中华书局，1981

9 （汉）桓宽撰．王利器校注．盐铁论校注．天津：天津古籍出版社，1983

10 上海师范大学古籍整理研究所校点．国语．上海：上海古籍出版社，1981

11 高亨著．周易大传今注．济南：齐鲁书社，1979

12 （明）顾炎武著．历代宅京记．中华书局，1982

13 林尹注译．周礼今注今译．北京：书目文献出版社，1985

14 王世舜．尚书译注．成都：四川人民出版社，1982

15 徐旭生著．中国古史的传说时代．北京：文物出版社，1985

16 中国古都研究（第一、二、三辑）．杭州：浙江人民出版社，1985，1986，1987

17 胡寄窗著．中国经济思想史（上）．上海：上海人民出版社，1962

18 贺业钜．中国古代城市规划史论丛．北京：中国建筑工业出版社，1986

19 贺业钜著．考工记营国制度研究．北京：中国建筑工业出版社，1985

20 古今图书集成·艺术典堪舆部（第651～680卷）．中华书局影印铜活字体，1934

21 （明）徐善继，徐善述．地理人子须知．香港乾坤出版社影印明万历十一年重刊本

22 （明）徐试可编著．地理天机会元．台北：台湾开陵出版社影印明万历重刊本，1987

23 （清）汪志伊删定．地学简明．台北：台湾文海出版社影印手稿本

24 （清）倪化南编者．地学形势集．乾隆癸巳年刊本

25 （唐）杨筠松著．（清）高其倬批．寇宗校注．撼龙经批注校补．光绪十六年巴

蜀善成堂刊本

26 （清）魏清江撰. 阳宅大成. 光绪中英秀堂刊本

27 （清）高见南撰. 相宅经纂. 道光二十四年刊本

28 罗心贤等著. 地学史话. 上海：上海科学技术出版社，1979

29 卢良志编. 中国地图学史. 北京：测绘出版社，1984

30 王成祖著. 中国地理学史（上册）. 北京：商务印书馆，1982

31 中国科学院自然科学史研究所地学史组主编. 中国古代地理学史. 北京：科学出版社，1984

32 K.林奇著. 宋伯钦译. 都市意像. 台北：台湾台隆书店，1982

33 周有德. 古城阆中的保护和开发. 城乡建设，1987（3）

阳宅相法简析

宋昆　易林

阳宅相法为中国古代风水术的重要组成部分，传承弥久，历代推衍应用，形成了非常复杂的体系，对中国传统建筑，尤其是居住建筑，产生了广泛而深刻的影响，以至于在研究这些建筑的时候，不可避免地会接触到众多的有关问题。

概略地讲，相宅之法有形法、理法、日法之分，涉及建筑定点、定向与营造的定时。按风水流派说来，形法属于所谓“形势宗”，注重自然地理，包括生态、景观诸因素的审辨和选择，以及对应处理方法；而理法、日法则多属所谓“理气宗”，缘于古代巫术占卜系统的成分很浓，十分讲究方位、时辰的吉凶占卜与禁忌。

依风水说而将建筑分类，所谓阴宅就是死者的坟墓，而阳宅则是生人居住的寓所，阳宅相法主要指住宅的选择之法。根据住宅所处环境不同，有所谓井邑之宅、旷野之宅、山谷之宅等分别（如《三元地理》），相法上也各有所侧重。相比较而言，旷野之宅和山谷之宅与周围自然地理环境关系密切，其相宅之法多注重于形法；而井邑之宅的外部环境更多地涉及人文因素，理法往往成了相宅的主要手段。

阳宅相法中的形法、理法、日法等都各有驳杂的系统，不可殚举，本文略择其要而介绍并简析如下。

一、形法：定点

阳宅形法主要是对宅外视野所及的范围即以宅为中心的整体环境进行选择和处理的方法。《黄帝宅经》说：“宅以形势为身体，以泉水为血脉，以土地为皮肉，以草木为毛发，以舍屋为衣服，以门户为冠带。”概括而形象地喻明了住宅外部环境审辨选择的主要内容。简单地说，一是宅周围环境质量的评估，涉及住宅四周山岗、流水、池塘、林木以及道路、建筑物之间的关系，主要以“辨形”、“察气”两种相宅手段来加以审察和裁成；二是宅院形态的规定，主要是其高卑大小、方圆整缺的权衡，称为“宅外形”和“宅内形”。

1 辨 形

阳宅形法的辨形之法，类同山川形法，也以“觅龙、察砂、观水、点穴”为主要内容。如《阳宅爱众篇》说：“阳宅须教择地形，背山面水若有情。山有来龙昂秀发，水须转抱作环形。明堂宽大斯为福，水口收藏金满盈。关煞二方无障碍，光明正大旺门庭。”还强调指出：“阳基之地，龙必欲其长，宅（穴）必欲其阔；水必欲其大合聚、大弯曲；砂必欲其大交结、大朝拱。”

所谓龙、砂、水、穴，本为风水喻指自然山水及其聚结围合的场所，是旷野之宅和山谷之宅必须慎加选择的环境构成要素。对于井邑之宅，这些自然环境要素的影响，远不及毗邻宅周的其他屋宇、墙垣及道路等的影响更为直接和密切，因此在井邑之宅的辨形方法中，龙、砂、水、穴遂被赋予了新的特殊喻义而加以应用。例如《阳宅集成》说：“万瓦鳞鳞市井中，高屋连脊是真龙，虽曰汉龙天上至，还须滴水界真宗。”《阳宅会心集》也说：“一层街衢为一层水，一层墙屋为一层砂，门前街道即是明堂，对面室宇即为案山。”正是在这种情况下，山川形法的许多内容，都被相应地加以变通引申，运用在井邑之宅的外围环境景观选择或裁成修饰中。譬如住宅山墙的形象，常仿效“龙法”、“砂法”的山峦形象模式即所谓“五星形体”或“五行穴星”而加以塑造，就颇为典型（图1）。

2 察 气

风水说认为：“万物之生，以乘天地之气”（《管氏地理指蒙》），追求“内气萌生，外气成形，内外相乘，风水自成”（《青乌先生葬经》）。因为“气者形之微，形者气之著，气隐而难知，形显而易见”（《葬经翼》），察气或望气，便成了阳宅相法中与辨形互补，甚或更为重要的环节。如《金氏地学粹编·阳宅天元赋》中讲道：“辨明来止二气，方识嘘吸真机。更论宅神，尤多妙用；权衡内外，变化吉凶。盖内气是宅内之方隅，外气是宅外之风水。”这里，内气概为宅内场所氛围，外气则为宅外环境围合质量；既包含有生态、小气候等因素，也兼容着心理感受方面的因素。在阳宅相法中，察气的目的，就是要辨明宅内外各种气的性质，对应采取所谓

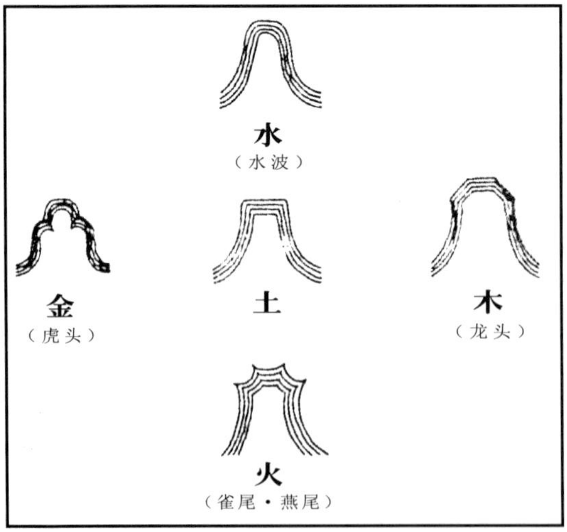

图1 山墙形式的“五星形体”

“迎气”、“纳气”、“聚气”、“藏气”等方法，适当接受并调理宅外环境的影响，结合宅内的布局处理，使住宅具有能满足人们生理和心理需要的完备质量。

例如《金氏地学粹编·归厚录阳基章》讲道：“阴宅穴在地中，止穴内一气。阳宅穴在地上，不专以地气为用，兼取门气。盖清虚之上，气本横行，门户一启，气即从门而入，其力与地气相敌。……须得门、地两旺，然后可以招诸福。门地之外又看道路。道路局势朝归者作来气断；横截者作止气断。朝路比来龙，横路比界水，所谓三衢、桥梁同断。峤者，邻居高峻处。如艮方者有高屋，则气被障断，反从艮方还转气来，回向我宅。所谓回风反气，自高及下者，高屋多则气厚，高屋少则气浅。……空缺者，方隅孔窍，或在宅外，或在宅内，能引八风而入；关于祸福，不可不知。”这里所谓“一地、二门、三衢、四峤、五曰空缺”概称“五机”，就是阳宅相法中察气所审的五种气。它们所具有的不同性质与作用，略可做如下理解。

地气。概指宅基大小高卑、土质、地温及湿度等因素及予人生理、心理的影响效果，其中也包括环境氛围所体现的家庭内聚力或亲和力。地气过强或过弱，都会使人在生理、心理上感到不适，就需要用门气或其他性质的气来进行调节。

门气。门是宅院的咽喉，阳宅相法中每有“气口”之喻。实际上，门不仅为宅内外交通联系孔道，还涉及居住者的出入平安、防卫以及邻里关系的和谐或门第尊卑秩序，也制约着宅内外景观、小气候调节等因素，门气即概指这诸多宅内外环境联系制约因素及影响。门气不宜过强或过弱。例如门气过盛，则会冲淡地气，其中也包括宅内私密性的破坏。

衢气。概指宅外道路交通导向及道路对宅内产生影响的各种因素。衢气的审度与选择调理，既要考虑到交通便利，识别性强，又要避免与之有关的外界不良干扰。

峤气。以高屋为屏障，围合适度，会产生场所的安定感，而围合过紧则会有压抑感。这些都是所谓峤气。当然，其“回风反气”，也包括高屋遮拦对宅内通风排湿降温或防风御寒等小气候因素的重要影响。

空缺之气。即宅内外环境因空间流通渗透而产生的影响效果。除了影响生理需要而外，在心理上，也指宅内外空间围合联系上的宽松、开敞或通透之感，还包含有公共或半公共空间中的各种不稳定因素。

总之，在风水理论中，由中国古代理论思维范畴引申而来的所谓“气”，一如其沿用在其他有关学术（中医、气功、地理，乃至书法绘画理论等），在含义上都有很大的模糊性，也因此具有很大的包容性，既可以表示物质存在，也反映着心理感受，有时为吉，有时为凶。这需要具体情况具体分析，采取相应对策妥善处理，趋全避缺、趋吉避凶，使宅居环境质量臻于完美。在这种追求与实际处理中，有很多合理成分，不难为今人理解并获得启迪或借鉴；而有的事象，如很多地方的民居中，常建有斜门，斜向影壁，曲折的过道，乃或假门、假窗等等，盖与所谓理法相关，颇具神秘色彩，要揭示理解其功能原因，就要费斟酌得多了。

3 宅外形

《阳宅十书》说及宅居环境，认为：“若大形不善，总内形得法，终不全吉，故论宅外形第一。”阳宅外形的相法，建立在诸如辨形、察气等经验及传统习俗的基础上，归纳总结出种种吉凶不同的形式，并常以直观的图式配以结论性的说辞表达之，使人们能便捷地按图索骥，进行评估或做出选择和处理（图2）。

综观阳宅相法有关宅外形的种种不同图示及其意象，虽然颇多玄虚迷信成分，甚至荒诞无稽，但论其吉凶标准，仍大都可以看出在实际功用方面的很多明显合理成分。

在满足生理需求方面：

（1）生态方面的要求：背山面水，负阴向阳，土肥水美，林木秀蔚，环护有情为吉。根据各种树木的不同生长特性，对宅周宜种或不宜种的树种也做有详细的规定。

（2）朝向要求：以宅中北房宽阔高大为好，宅院南北深长为佳。这样宅院幽深，南向房较多，通风纳阳都更有利。

（3）排水要求：宅院以西北高、东南低为好。且宅前应有质量完好的河渠或池塘。

（4）交通

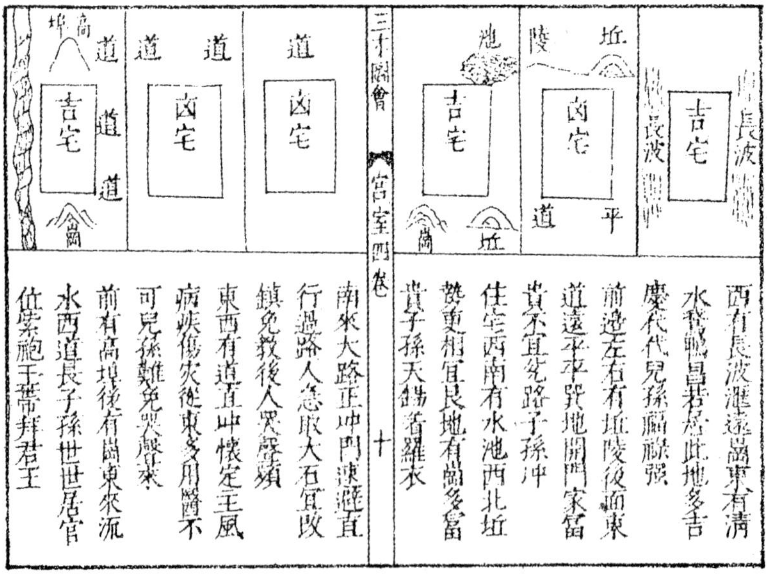

图2 《三才图会》所载《阳宅外形吉凶图》之一

要求：以宅外大路便利宅院出入而又不致干扰破坏宅居私密性为基本原则。因此宅周道路不可过多，更不宜有大路直冲宅门。

（5）私密性要求：除便利交通而又避开道路、河川桥梁交冲处外，宅院也不宜近临城门口、寺庙、祠社、官衙，以及窑冶、监狱等场所。

此外，在防风、防火、防盗、防潮以及卫生等方面，也都有所考虑。

在满足心理需要方面：

（1）背倚丘岗，左右环护，心理上有稳定、安全感；前有宽敞的明堂及形象优美的对景为吉，又能予人以宽松旷达感及更丰富的审美愉悦。

（2）宅周流水、道路不能直硬冲射，以弯曲有情为好，水声也以悦耳为吉。

（3）避忌环境景观“破、败、坏、断”等不吉之处。同时也要考虑到环境景观的象征隐喻意义，如“门前忌有双池，谓之哭字；两头有池，为白虎开口；皆忌之”，等等。

（4）房前屋后忌讳屋脊、房角直冲及其他不甚美观的环境实体，如仓房、粪屋对门等。

（5）宅形要求完整，如方正或前窄后宽，稳定感强。“大门门扇及两畔墙壁，须要大小一般”，也是一种对称均衡的完形心理追求。

4 宅内形

与宅外形注重宅院外部环境的选择与处理相比较，宅内形讲究的主要是宅院内部环境的布局处理。总的说来，以翕聚、充实、净洁，“三要”、“六事”，即宅门、厅堂、居室、井、灶、路、厕、仓、碾磨、畜圈等布置得宜，尺寸合度为吉。如《黄帝宅经》说：“宅有五虚令人贫耗，五实令人富贵。宅大人少，一虚；宅门大，内小，二虚；墙院不完，三虚；井灶不处，四虚；宅地多，屋少，庭院广，五虚；宅小，人多，一实；宅大，门小，二实；墙院完全，三实；宅小，六畜多，四实；宅水沟东南流，五实。”又多强调：“治宅极宜壮实”，“位次重叠，深远浓厚吉”，“恒令清洁吉”，等等。

阳宅相法的有关理论及实践经验，兼容了很多生活习俗以及工匠民俗，在不少术书如《阳宅十书》中，对宅内形的品评与处理，也给出非常直观的种种吉凶不同的图式，并注记以相应的结论性说明文字，以供人们选择应用（图3）。这类图式的吉凶含义，当然不乏迷信色彩，但也包含着很多的合理成分，如讲究利于通风排水和采光、清洁卫生、生活起居及交通功能合理、伦理秩序和谐、景观悦目，以及适

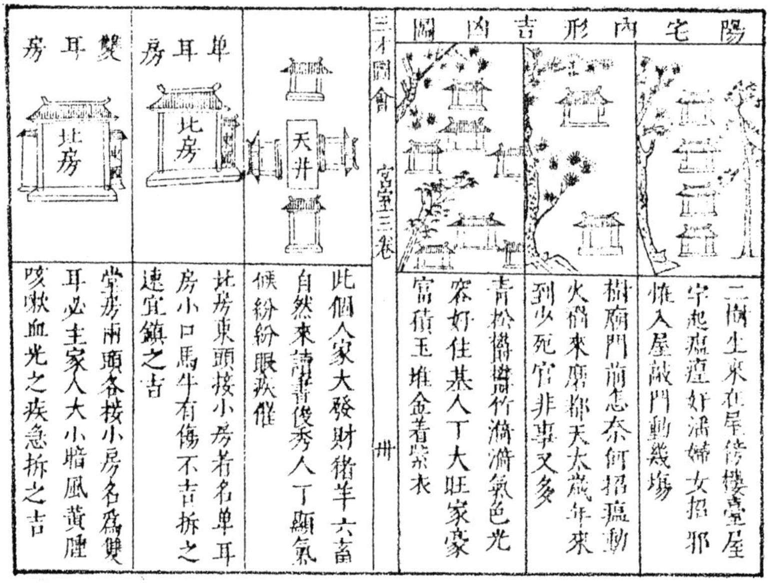

图3 《三才图会》所载《阳宅内形吉凶图》之一

宜于生理与心理需求其他方面的考虑。关于这些内容的详情细节，篇幅很多，本文就不再具体介绍和评析了。

应当指出的是，在宅居环境中，宅内形即宅院的内部环境，同居住者的日常生活联系最为密切，影响更大，涉及因素也更细微复杂。侧重于宅外形即宅居外部环境审辨与选择处理的阳宅形法，往往难于裕如解决宅内形的诸多微妙问题，在实际上，阳宅相法中有关宅内形的评估与处理，很大程度是以远较形法玄奥复杂的所谓理法为基础而规定的。

二、理法：定向

在古代中国，从“万物有灵”的原始宗教意识发觞，到汉儒董仲舒集先秦有关观念或学说之大成，在阴阳五行宇宙图式的框架下，形成了系统的“天人感应”思想，并深刻渗入于此后几乎一切学术的发展沿革中，影响及于几乎整个古代社会。人们普遍认为：“人禀天地之气以为生，故人似一小天地，阴阳五行、四时八节，一身之中皆能运用。”（《履园丛话》）

基于“天人感应”的观念，古人对于居住环境，也一向认为：“夫宅者，乃是阴阳之枢纽，人伦之轨模。……人因宅而立，宅因人得存，人宅相扶，感通天地。”（《黄帝宅经》）因此，参天营居，法天作城，力图达到天人合一至善境界的追求，便形成了在世界建筑文明中尤显独特的“中国建筑的精神”：“再也没有别的地方表现得像中国人那样热心体现他们伟大设想‘人不能离开自然’的原则……皇宫、庙宇等重大建筑当然不在话下，城乡中无论集中的，或是散布在田园中的宅舍，也都经常显现出一种对‘宇宙图案’的感觉，以及作为方向、节令、风向和星宿的象征主义”（［英］李约瑟，Science and Civilisation in China， Vol IV：3）。

在阳宅相法中，这种“天人感应”观念的具体说项与应用，在传承于古代巫术占卜系统、经汉代堪舆（许慎所谓“天地之道”）术和唐宋以后的理气（或谓“天星”）宗等沿革发展而形成的所谓理法中，反映得更为充分细致，对世俗居住环境尤其是宅内环境，影响也更为深刻。其基本宗旨，简单说来，就是根据河图洛书、八卦九宫和阴阳五行的宇宙图式，把天上的星官、宅主的命相和宅子的时空构成联系起来，分析其间相生相克的关系，运用“时空合一”的风水罗盘，具体而微地做出宅子方向、布局乃至兴造时序的选择与处理（图4~ 图6）。

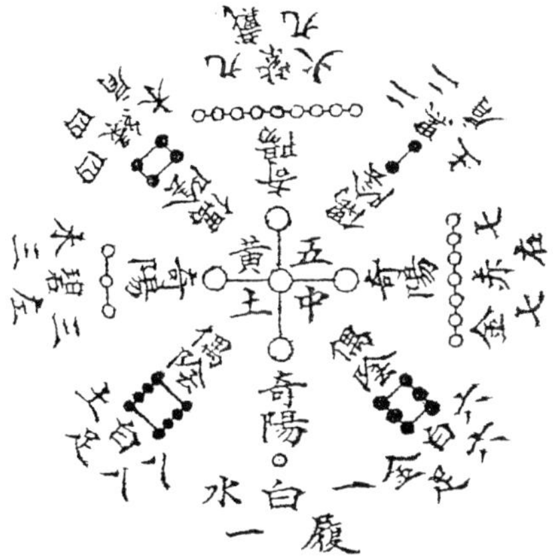

4	9	2
3	5	7
8	1	6

图4　洛书、九宫图

巽	离	坤
震		兑
艮	坎	乾

图5　后天（文王）八卦图

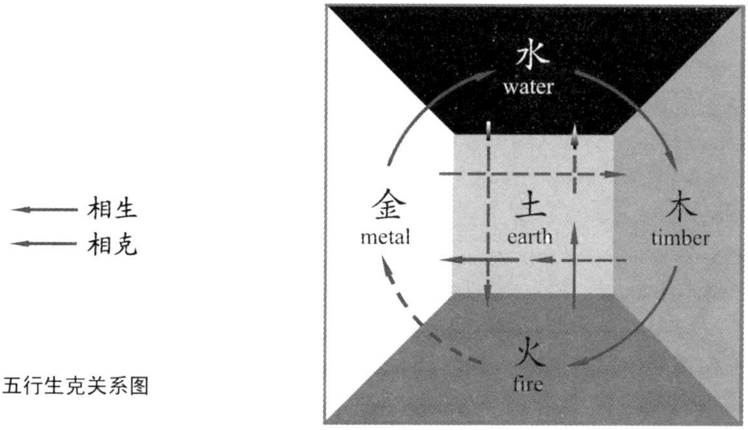

图6　五行生克关系图

由于历史传承的多方面原因，阳宅理法的流派系统显得分外繁复，传世的著述很多，其中的有关理论与方法每每鱼龙混杂，歧义纷争，矛盾百出。相对地说，明清以来较为常用、在世俗中形成较大影响的有关理论与方法，主要有如下几种。

1 福元法

基于天人感应的观念，古人曾认为："人之生命不同，宅之宜忌各异。"（《八宅明镜》）循于此理，阳宅相法中的福元法，就是一种将人的命相同宅的卦象或时空构成合同考虑，进而确定最佳宅体格局的方法，其梗概如下述。

（1）根据宅主生年甲子元运，按"野马跳涧决"或"排山掌决"（如《阳宅十书》"野马跳涧走，从寅数到狗，一年隔一位，不用亥子丑"）计算，配以后天八卦即文王八卦，得出所谓命卦，如一坎、二坤、三震、四巽、五坤（男性）或艮（女性）、六乾、七兑、八艮等。

生年甲子元运是将洛书九宫与干支历的六十甲子组合而构成180年为一循环的所谓"大周天"，其中第一甲子60年为上元，第二甲子为中元，第三甲子为下元，称"三元"。每元又分三"运"，每运20年，三元共九运（具体计算方法略）。

（2）算出宅主命卦后，按其卦象上所谓纳音五行的相生相克关系，定出所谓东四命和西四命。

八卦纳音五行，就是将各卦象与五行相配：乾属金、坎属水、艮属土、震属木、巽属木、离属火、坤属土、兑属金。根据五行相生相克的关系（图5），土生金，故属土或属金的艮、坤、乾、兑等四命卦可同归一类，称为西四命。又以水生木、木生火，故将坎、震、巽、离四命卦归为一类，称为东四命。

（3）按九宫划分宅位，再将九宫方隅（四正四维共八卦），按其卦象并循五行生克之理分为东四宅和西四宅两大类。

（4）将命卦与宅子的坐宫及格局相配合，如东四命之人宜住东四宅；或更细一层说，如乾命之人宜居乾宫，等等。然后再按后文所述"大游年法"进一步安排好宅院的内部格局，使人宅相扶，与天运相谐调而求得绵延福德。

2 大游年法

大游年法或称九星飞宫法，是阳宅相法中最基本的一种方法。

依风水说，如《青囊海角经》："盖地无精气，以星光为精气；地无吉凶，以星气为吉凶。"《阳宅十书》更说："天上之九星为地下之九宫，司人间祸福，其应如响。”大游年法就是一种“地气纳天光”的相宅法。其要旨，如《阳宅爱众篇》所述：“夫相宅，要以天之九星、地之九宫为宗。九星者，即祸、天、延、五、生、六、绝，加辅、弼也。九宫者，即乾、坎、艮、震、巽、离、坤、兑加中宫也。八卦分布八方，寂然不动以象地；七星随门左旋，降临祸福以象天。吉星临宫，相生相比，上吉；星宫相克，中吉。凶星临宫，相生相比，大凶；凶星相克，次凶。生克出于五行。”所谓九星，一般认为缘自北斗七星及其旁左辅、右弼两颗小星，而风水术语另成系统，并认为各有阴阳、五行属性及吉凶的不同。如据《阳宅爱众篇》的说法：

九　星	别　名	阴阳属性	五行属性	吉　凶
生　气	贪　狼	阳	木	上　吉
天　乙(医)	巨　门	阳	土	次　吉
延　年	武　曲	阳	金	次　吉
绝　命	破　军	阴	金	大　凶
五　鬼	廉　贞	阴	火	大　凶
六　煞	文　曲	阴	水	次　凶
祸　害	禄　存	阴	土	次　凶
左　辅	左　辅	阴	木	小　吉
右　弼	右　弼	不　定	不　定	不　定

大游年法或九星飞宫法的具体做法是：

（1）将宅子按九宫划分，并用后天八卦按方位标定。

（2）确定宅门的坐宫卦位，作为整个宅院的基准方位，称为“伏位”；然后从伏位上循八卦方位顺序（左旋，即顺时针方向），按照大游年歌诀顺布除辅弼二星以外的七星，与宅门之外的其他宫卦对应。

大游年歌诀共八句，每句八字，首字为伏位卦名，其余七字即七星的星名缩写，按卦序组成。如《阳宅十书》载大游年歌诀：

乾六天五祸绝延生，
坎五天生延绝祸六，
艮六绝祸生延天五，
震延生祸绝五天六，
巽天五六祸生绝延，
离六五绝延祸生天，
坤天延绝生祸五六，
兑生祸延绝六五天。

依大游年歌顺布的七星，反映着伏位的宫卦与其他七个宫卦因八卦数理关系和阴阳五行生克关系而产生的七种吉凶不同的作用。就伏位的宫卦与其他各卦的卦爻来说，从下数起两卦的第一爻不同，则相克为凶，属祸害禄存土星；两卦的第二爻不同，相克大凶，为绝命破军金星；第三爻不同，则互生属大吉，为生气贪狼木星；第一二爻不同，亦互生吉，为天医巨门土星；第一三爻不同，又互克次凶，为六煞文曲水星；第二三爻不同，相克大凶，为五鬼廉贞火星；三爻全都不同，相生为吉，属延年武曲金星。因为宅子可分为八个坐宫卦位，伏位可有八种不同宫位，七星顺布次序也有八种，遂形成大游年歌诀：

	乾☰	坎☵	艮☶	震☳	巽☴	离☲	坤☷	兑☱
乾☰	**伏位**	六煞	天医	五鬼	祸害	绝命	延年	生气
坎☵	六煞	**伏位**	五鬼	天医	生气	延年	绝命	祸害
艮☶	天医	五鬼	**伏位**	六煞	绝命	祸害	生气	延年
震☳	五鬼	天医	六煞	**伏位**	延年	生气	祸害	绝命
巽☴	祸害	生气	绝命	延年	**伏位**	天医	五鬼	六煞
离☲	绝命	延年	祸害	生气	天医	**伏位**	六煞	五鬼
坤☷	延年	绝命	生气	祸害	五鬼	六煞	**伏位**	天医
兑☱	生气	祸害	延年	绝命	六煞	五鬼	天医	**伏位**

这样，便可生出八种宅形（图 7 、图 8 ）。

关于伏位，也有定于正房（又称为座上）的，用大游年歌顺布七星方法不变。在福元法中，则以宅主命卦为伏位顺布七星，仍用大游年歌 。

（3）根据九星临宫的情况，按星的吉凶及与宫位阴阳五行生克关系，判定宅中各宫位的吉凶。

吉星临宫，星与宫的五行属性相生比，是为吉星得位，大吉。例如坤宫属土，临宫为延年，吉星属金，按五行生克关系，土生金，故为大吉。

吉星临宫，而星与宫的五行属性相克，则是星吉不得位，不为吉但也不为凶。

凶星临宫，如果星与宫之五行相比生，则凶上加凶为大凶。如是宫克星，则有助于削弱凶星的凶气，属小凶。

这样，宅中的吉凶会有大吉、次吉、小吉、小凶、大凶等不同差别。

（4）依吉凶程度确定宅舍形势，包括其高卑大小层数等。一般说来，吉地宜立高大壮实房屋，凶则宜其低下。

（5）依吉凶位次确定房屋功用。吉地宜作厅堂、居室或立宅门。凶地不可住人，亦不可养畜，只宜区别情况安排仓、厨、碾、厕等

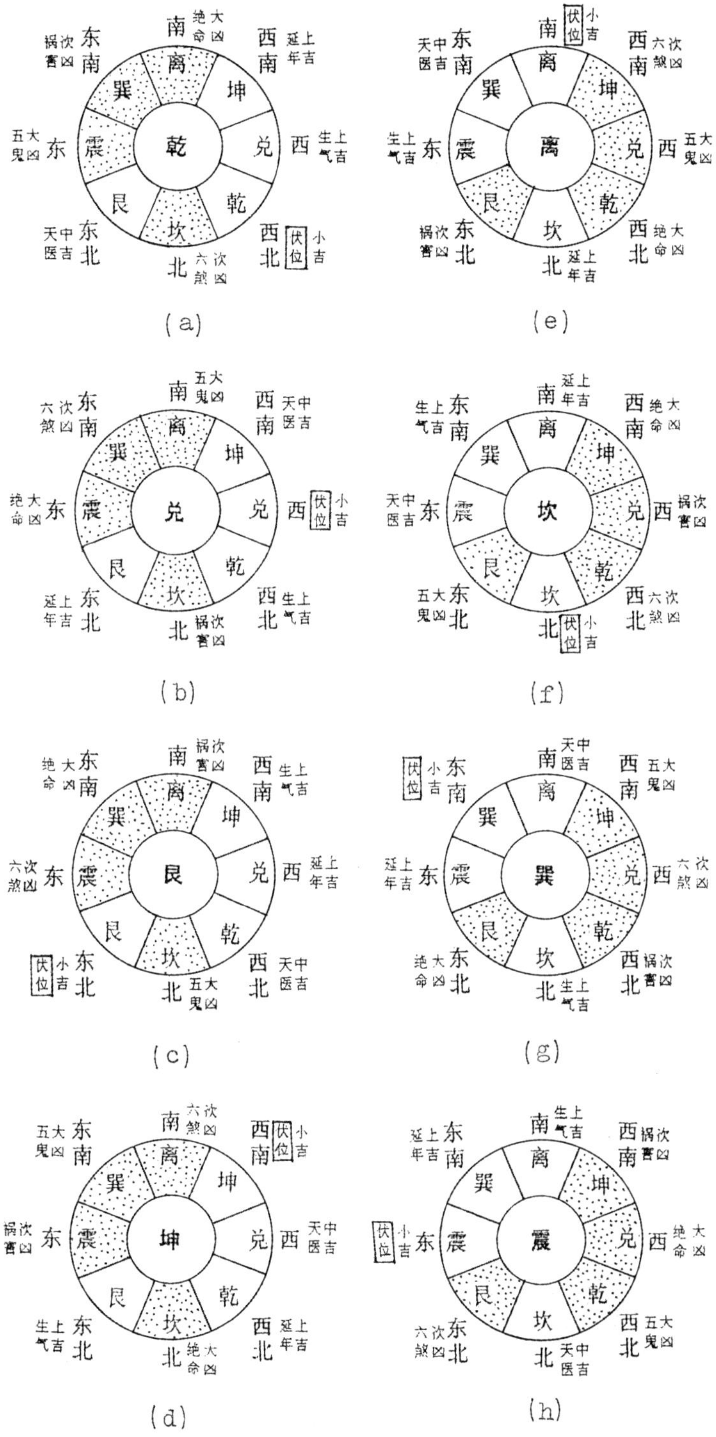

图7　由九星飞宫形成的八种宅形吉凶方位图

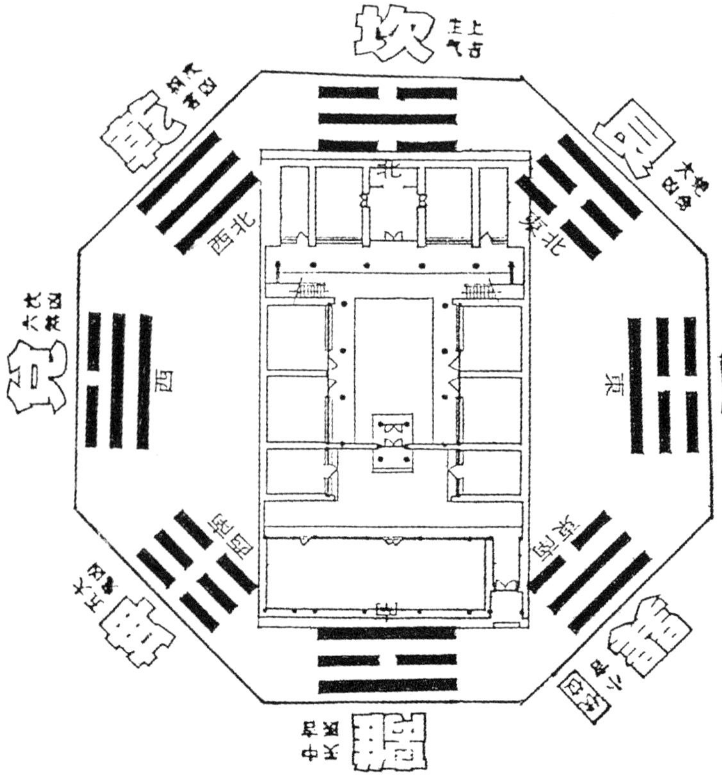

图8　巽门坎宅的九星分布与对应的宅院布置（实例为山西平遥民居）

图9　平遥民居的风水楼和风水影壁

小用。如绝命处是润下阴金，只作厨房用，常加火炼，可转为有用熟金；五鬼处是毒火星，万物遇之皆焦，只宜作厕所或安碾磨、作仓库；等等。

（6）确定宅院内道路及流水引入放出方位。

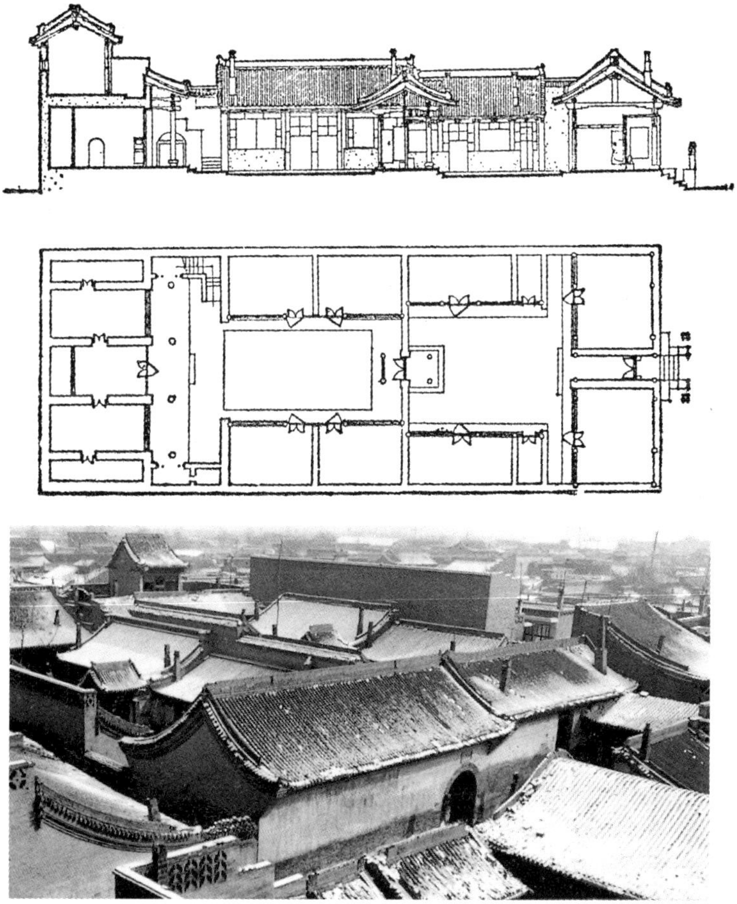

图 10　坎宅离门型的平遥民居及其风水楼（剖面图以及照片左上角的小楼）

大游年法或九星飞宫法，本身并不涉及居住者的星命元运，世俗中应用较广，尤其在井邑之宅中，实例很常见。例如山西平遥古城中的民居，其风水格局就大多依循这种方法。在这些民居中，平屋顶上多建有风水楼或风水影壁（图9），就正是按照九星临宫、吉地宜立高大壮实房屋的原则布局设置的。

如坎宅离门型的宅院（图 10），以门为伏位，即从“离”位排布九星，至“坎”位为“延年武曲金星”，上吉（见图 7e）。主房居此宫当为宅中最高大者，或在上面建起风水楼或风水影壁以崇其形势。风水楼内则供奉坐宫“延年武曲金星”神位。而坐东朝西的“兑门震宅”，九星流布以东北方为“延年武曲金星”，上吉（见图 7b），风水楼便建在该宫位上（图 11）。

3 穿宫九星法

或称九星穿宫法、五行穿宫法、贯井法。穿宫指宅门之内的仪门；井指天井，即庭院。

按有关风水说，阳宅有“静、动、变、化”四格；宅中只有一

图 11　坐东朝西的“兑门震宅”型宅院，风水楼建在宅院东北隅的艮位上

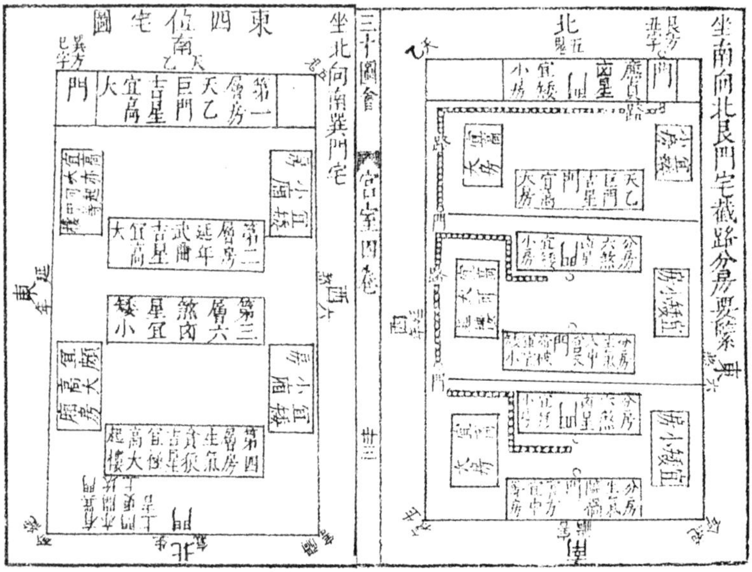

图 12　《三才图会》所载穿宫九星和截路分房法图例之一

层房屋为“静宅”；有二至五层称“动宅”，中间有腰房或门墙；有六、七、八层为“变宅”；有九层的为“化宅”。

对于静宅，用大游年法或九星飞宫法就可确定宅中房屋格局，而对多进院落，就要用穿宫九星法来确定宅内进深方向上各层房屋的星位吉凶及相应高卑大小形势。

具体做法是，首先根据宅门伏位排布九星，确定首屋星位，再将九星按照纳音五行相生的关系，顺次推出以后各屋腰房的星位，吉者宜高大，凶者宜低小，主房遇吉星即为吉宅。

例如“巽门坎宅”，第一层房为天医巨门土星，根据土生金、金生水、水生木、木生火的五行相生关系，以下各层房屋依次为延年武曲金星、六煞文曲水星，生气贪狼木星、五鬼廉贞火星（图 12）。对于屋次更多的变宅，则加上左辅木星。如进深八层的“巽门坎宅”，各层房依进深位次是天医巨门土星、祸害禄存土星、绝命破军金星、延年武曲金星、六煞文曲水星、左辅木星、生气贪狼木星、五鬼廉贞火星。其中纳音五行相同的星位排列的先后顺序，是由经验所得的规定。至于九层的化宅，再增加右弼一星，星位复归于首层“土星”。对于巽门坎宅之外的其他七类宅形，也都各有其对应的穿宫九星排列顺序。宅中主房若临凶位，可用穿宫法增加门墙以调整层次，直至主房遇吉星为止。

4 截路分房法

一座院落之中，往往有很多居住者，确定福元便成为难事；而宅形复杂、尤其是多组院落纵横交织形成的大宅院，更是难以排布九星。针对这些情况而应用截路分房法，如《阳宅十书》说：“其法凡宅中有墙隔断，墙间开有门，其九星即当从此院起，与别院并无关涉。……故一宅之内各分各院，各取吉凶。”这实际是说，对于复杂的大院落，可适当增设门墙，分隔成为多个独立的小院落，对每一套院，则可以各自的仪门为伏位，顺布游年九星或穿宫九星，仪门之外则互不相干（图12）。

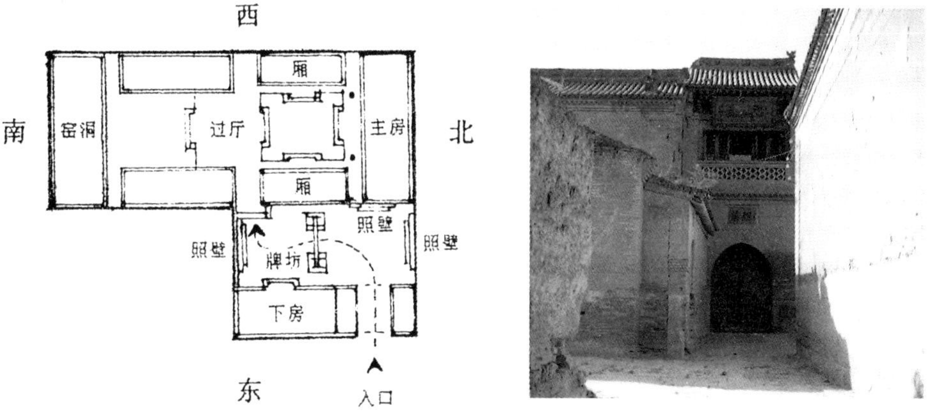

图13　山西襄汾丁村某民居以截路法调整宅院布局

在实例方面，如山西襄汾县丁村某民居（图13），主房坐北向南，由于道路地形限制，宅门设在了东北方。而以主房为伏位，按游年法排布九星，则宅门星位为“五鬼廉贞火星”（图7f），大凶。对此情况，运用了截路分房法，把宅院划分为两进，外院只有三个照壁，一座小牌坊和一间下房，而进内院的大门则调整到属内院东侧的震位上，星位是“天医巨门土星”，中吉（图7f）。而且经此调整，以内院的大门为伏位而排布游年九星，主房的星位也是“天医巨门土星”（图7h）。这样，宅门与主房之间的吉凶关系，便得到较好解决。

三、日法：定时

在古代中国，世俗中凡建宅、修缮、搬迁时都要选择吉日，所

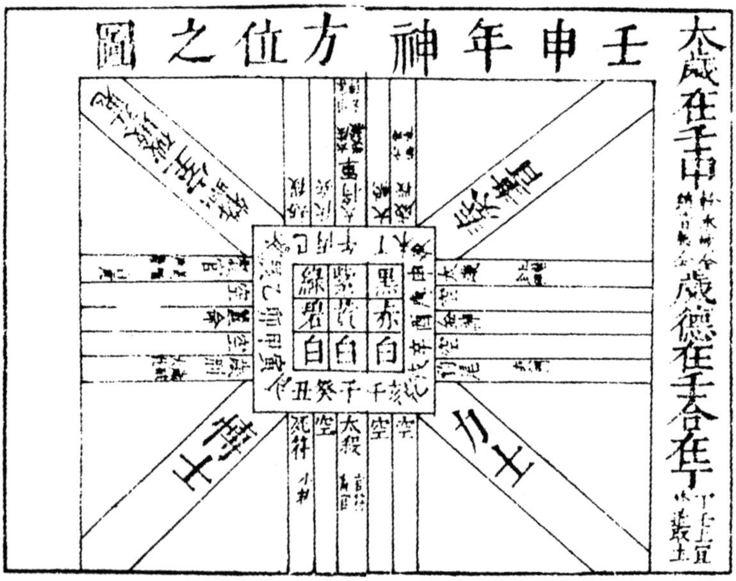

图 14　壬申年神方位图(《三才图会》)

以日法又称“选择”。汉代王充在《论衡·讥日篇》中就提到“工伎之书，起宅盖屋必择日”，对其中的无稽迷信还予以了猛烈的批判。但在此后世俗流行的风水术中，选择之法仍然一直有所运用，甚至国家建筑工程也是如此。如《阳宅十书》便认为：“论形势者，阳宅之体；论选择者，阳宅之用。总令内外之形俱佳，修造之法尽善。若诸神煞一有所犯，凶祸立见，尤不可不慎。”

阳宅日法的选择，当然也含有便利施工等合理成分，如选择适宜挖土、伐木、砌筑等工作的最佳时令气候等。但综观有关术书，巫术占卜的迷信禁忌色彩反而更显浓重。尤其在理气宗中，方法诸多，神秘晦涩，令人目眩。

1　忌神煞法

中国古代观测天体运行制定历法。木星由西向东运行（逆时针），十二年绕日一周，叫“一周天”，木星称“岁星”。以后为了运用方便，又虚构了一个和岁星运行速度相同，方向相反（顺时针）的假岁星，称“太岁”。又把一周天及地面分成十二等份，用十二地支作标志，顺时针排列。太岁每年运行到的地支方位及冲位，动土修造皆为“冲太岁”，大凶。“三煞”为劫煞、灾煞、岁煞所在的方位，也不能动土。如太岁运行到申位称“太岁在申”(如图 14)，寅为冲位，三煞各占巳、午、未三位，都不能动土。另外，还有其他值年、月、日、时神煞禁忌，若遇吉神，则动土大吉。除此以外，对神灵、祖先的忌日也要回避。

2　紫元飞白法

将洛书中的数理关系结合九宫，可定出所谓方位紫白图：1 白、2

黑、3碧、4绿、5黄、6白、7赤、8白、9紫。以此图为标准，将宫中各数依次减去1，逢0还9，这样可以得到另外八个方位紫白图。把这共计九个紫白图结合“三元”纪年法，以180年为周期而循环，每一年间九宫的紫白方位，即可定为修建之吉方（图15）。这种选择法，就称为紫元飞白法。

另外，还有月令紫白的规定：以子、午、卯、酉年，8白居中宫为正月；寅、申、巳、亥年，2黑居中宫为正月；辰、戌、丑、未年，5黄居中宫为正月；依次推导出各月份的紫白，即为当月的修建吉方。

3 建旺日法

罗盘上的“二十四山”既表示时间，又表示空间方位。若某一方位与某一时间的纳音五行相生，则为此方位的建旺之日。如在紫白图中，六白金旺于秋，九紫火春更旺，一白木、八白土旺于三冬，皆为建旺之日。《阳宅大全》中将二十四山对应的二十四节气也称作当方

9紫	5黄	7赤
8白	1白	3碧
4绿	6白	2黑

8白	4绿	6白
7赤	9紫	2黑
3碧	5黄	1白

7赤	3碧	5黄
6白	8白	1白
2黑	4绿	9紫

6白	2黑	4绿
5黄	7赤	9紫
1白	3碧	8白

5黄	1白	3碧
4绿	6白	8白
9紫	2黑	7赤

4绿	9紫	2黑
3碧	5黄	7赤
8白	1白	6白

3碧	8白	1白
2黑	4绿	6白
7赤	9紫	5黄

2黑	7赤	9紫
1白	3碧	5黄
6白	8白	4绿

1白	6白	8白
9紫	2黑	4绿
5黄	7赤	3碧

图15 三元紫白图

建旺之日。

此外还有十二建除法、偷修日法、六德法等许多择日方法，更为怪诞难懂。若全部按照这些办法行事，必然使人无所适从，故应运而生补救之法，即符镇法。

四、符镇法

《阳宅十书》上讲：“修宅造门，非甚有力之家难以卒办。纵有力者，非迟延岁月亦难遂成。若宅兆既凶，又岁月难待，惟符镇一法可保平安。”从功能上分，符镇有两种，一是方位符镇，如“石敢当”、“山海镇”、太极图、八卦符及文字符镇。一般设在宅中凶位，如大门口、道路、房角、屋脊直冲的方位以及宅前屋后不合理法之处（如图16）。

图16　山西平遥、介休民居中的“石敢当”

另一种是时间符镇。在动土修造时，若遇凶日，则可设立文字图案符镇，以求逢凶化吉。（如图17）

符镇之法，虽属风水中无奈的下策，但对于居者而言，借此为心理上的屏障，可以消除许多戒律的束缚，从而摆脱那些进退维谷的尴尬境地。

结　语

中国传统的思维方法是直观感性的和实用理性的，当我们站在以西方思维模式为基础的现代科学的角度来考察我国传统的风水理论时，便会感知它的前科学的特点。然而中国传统思维的特点又是整体的、系统的，风水理论谈建筑空间，从来就是与人的因素和时间因素综合考虑的。这种思维特点的整体性和思维方法的直观性，虽然不乏经验科学的理知，却也给风水理论蒙上了一层神秘的外衣，并为大量明显属于巫占的迷信禁忌提供了容身之地，故此李约瑟（Joseph Needham）称之为准科学（Quasi-science）（quasi 汉译作准、拟，意为类似、好像）。准科学的概念中既包含科学的实质，又掺杂了伪科学的内容。这样，既

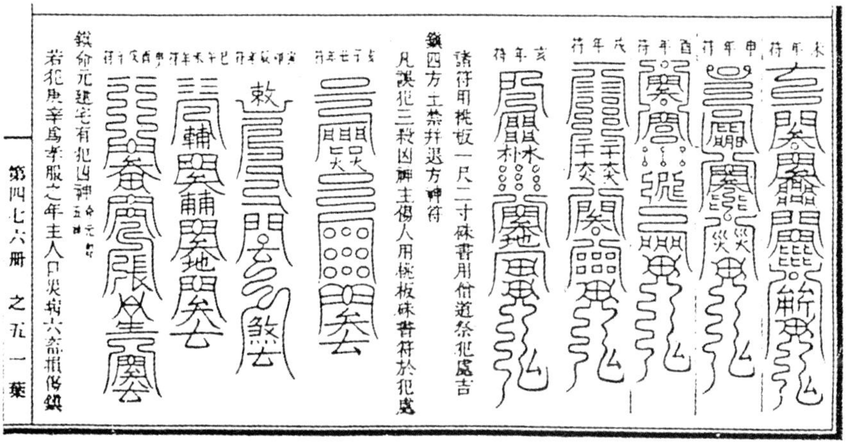

图17　见载《阳宅十书》中的文字图案符镇之一

指出了风水术中迷信成分的存在，又划出了二者的界限。人们在长期的生活体验和经验积累中，即使对自己生活环境的质量产生了较为合理的感知，但总会受到历史条件的局限，也总会不可避免地对之加以假说性的甚至是荒谬的解释。同时也应看到，即便是那些模糊的猜测成分，如天、地、人之间的感应，就目前科学发展的水平也难以做出更为合理的解释，但却无可否认这种联系的客观存在。

在医学界，就已经开始注意到这方面交叉科学的研究，如环境医学、医学地理学、医疗气象学等，探讨天文、气象及地质、地理环境对人体的影响。如据科学统计证明，一个人出生时的天文气象等环境条件，对于此人一生的健康状况有很大影响；至于这些环境因素对于住居及住者的命运有何作用以及如何作用的，现代科学也不能做出明确的解释（参见《人类生物气象学》）。由此看来，如果只看到理气宗的阐释方法难以纳入现代科学的思维模式中，就一概冠之以“迷信”，恐怕也并不是真正科学的态度吧。

毫无疑问，风水理论中“迷信”的内容，有很大一部分是古代巫术活动的历史积淀。巫术较科学而言，是人们对客观世界虚妄的反映，但科学发展的相对性，即是巫术存在的必然性。英国著名人类学家马林诺夫斯基在谈到巫术的产生与存在基础时，曾精辟地指出：“无论有多少知识和科学能帮助人满足他的需要，它们总是有限度的。”人们可以采用最新的科学技术，最好的结构材料及完善的营建手段，创造最舒适的生活环境，但“人事中有一片广大的领域，非科学所能用武之地。它不能消除疾病和朽腐，它不能抵抗死亡，它不能有效地增加人和环境间的和谐，它更不能确立人和人间的良好关系。这领域永久是在科学支配之外，它是属于宗教的范围”（马林诺夫斯基《文化论》)。可见，巫术是人们在现有的知识和科学技术不能完全控制处境及机会的时候产生的，目的是想动摇及转变自然的秩序，它是人们与自然及命运抗争的一种措施，即马林诺夫斯基所谓的“文化设备”。在居住生活中，人们通过开斜道，安假门，放镇物等手段，增强抵抗灾难的信心，从而获得一种必需而有益的生理功效，提高希望胜过恐惧的信仰，这样做往往可以达到类似于“心理暗示”的精神治疗效果。

迷信存在的另一个原因是，在古代社会里，风水理论作为一种经验积累、知识总结，即使有着合理的内核，但为了增加说服力，强迫人们去执行，便要附会上神秘的色彩。无可否认，在科学技术飞速发展的今天，风水理论中迷信的成分越加显现出虚伪性的一面。对于这种历史的产物，我们站在过去、现在、未来不同的角度进行分析，便会得出迥异的结论。因此，作为理论研究与探讨，既要从历史角度挖掘其产生的根源，也要运用当代科学世界观与方法论为武器以批判的态度去审视、剖析其积极的或消极的作用，还要以发展的眼光阐明其扬弃的可能，为现实生活，为当代科学技术的发展服务，这样才是真正的唯物论的态度。

主要参考文献

1 古今图书集成·博物汇编艺术典堪舆部. 中华书局，1934年影印铜活字本
2 （明）王圻. 王思义编集. 三才图会. 上海：上海古籍出版社，1985年影印明万历本
3 金志安辑纂. 金氏地学粹编. 民国十九年铅印本
4 （明）一壑居士撰. 阳宅大全. 上海扫叶山房石印本
5 （清）魏清江撰. 阳宅大成. 清乾隆间序刊本
6 （清）高见南撰. 相宅经纂. 道光二十四年刊本
7 （清）张觉正著. 阳宅爱众篇. 上海校经山房石印
8 （清）林枚. 阳宅会心集. 嘉庆十六年刻本
9 夏廉博著. 人类生物气象学. 气象出版社，1986
10 ［英］马林诺夫斯基著. 文化论. 费孝通译. 北京：中国民间文艺出版社，1987

风水理论的传统哲学框架

王复昆

无论翻开哪本风水书，字里行间随处可见的，自然是龙、砂、穴、水之类的风水术语了。但同时可谓俯拾皆是的，显然还有诸如道、理、气、阴阳、五行、八卦之类的传统哲学术语。因此常有人说："风水学源于《易经》"，"风水就是《易》"，"风水即阴阳五行"。这种见地虽然偏颇，却折射了一个事实：风水术的阐述发挥，也就是风水的理论思维体系，是同中国传统哲学直接联系的。例如传世风水名著《管氏地理指蒙》，仅以其章节标题，即清晰可见传统哲学概念或范畴的影响及具体应用：

有无往来第一，山岳配天第二，象物第十，克人成天第三十，二道释微第三十一，五行五兽第三十四，方圆相胜第三十五，阳明造作第四十九，亨绝动静第五十三，过脉散气第六十，五行象德第六十四，阴阳释微第六十五，五行变动第六十七，五行正要第六十九，二气从违第七十二，积气归葬第七十三，天人交际第七十四，气脉体用第八十，阴阳交感第九十六，五气祥沴第九十七，望气寻龙第一百，等等。

事实上，中国古代风水理论作为一种堪天舆地而特别关照人—建筑—环境的实用学术，尽管迷信说教甚多，然而其经久不衰于西方科学传入之前，又被发掘于今天的学术发展之中，当可看到它的历史价值和合理内涵。这中间，风水理论在中国传统哲学框架下引申而来的理论思维模式，就具有重要意义。

要深入认识风水理论及其实践，从其思维模式上加以探析当是重要的环节。本文着眼于此而不揣浅陋，略从风水理论与中国传统哲学范畴的对应、中国传统哲学范畴和风水理论的特点等两方面粗疏地归纳分析，俾为引玉之砖。由于中国传统哲学范畴常用厄言隽语表达，用现代的分析方法进行思考，则显现出逻辑形式的不严密，外延模糊而涵盖宽泛，所以本文的分类分析，仅取其大义，弃其微差，以便较清晰地勾画出风水理论的传统哲学框架及特色。

一、风水理论与中国传统哲学范畴的对应

1 道

"道"的本义为道路，具有一定方向的路叫做"道"。引申之，

则为宇宙万物及人事所必须遵循的轨道或规律，遂成为中国传统哲学的核心范畴。历代哲人申说而致颇多歧义，大致有《老子》之道与《周易》之道二类。

《老子》之“道”，是“先天地生”的世界本原：“有物混成，先天地生，寂兮寥兮，独立而不改，周行而不殆，可以为天下母，吾不知其名，字之曰道，强为之名曰大。”在《老子》看来，世界生成的过程为：“道生一，一生二，二生三，三生万物；万物负阴而抱阳，冲气以为和。”万物秩序则是：“人法地，地法天，天法道，道法自然。”（按：所谓“道法自然”之“自然”，非为自然界，而是自然如此的意思）老子的道，既是作用产生并决定世界万物的最高实在，却又以其宏伟神妙，为感官难于把握、语言无法描述，因而是“道可道，非常道；名可名，非常名。”其虽玄秘，但毕竟排除了宗教性神的意志和主宰作用，更多地体现了哲学理论思维挣脱宗教神话之网以后的抽象与玄思。与之相近的哲学概念还有太极、太一、太初、元气、阴阳、理等，具有宇宙本体的意义。

至于《周易》之“道”，指天地万物存在的规律特性。《系辞传》：“形而上者谓之道，形而下者谓之器。”形而上者即是抽象的规律，形而下者即是具体的事物。《管子·内业》：“不见其形，不闻其声，而序其成，谓之道。”这里的道，亦指万物生成的规律。在宋明理学，往往以“理”论“道”，如程颢《遗书》：“盖上天之载，无声无臭，其体则谓之‘易’，其理则谓之‘道’。”王夫之《张子正蒙注》：“道者，天地人物之通理。”可见“理”与“道”的相通之处。

涉及人生哲学之“道”，《周易·说卦》：“立天之道曰阴与阳，立地之道曰柔与刚，立人之道曰仁与义。”孔子说：“志于道，据于德，依于仁，游于艺。”（《论语·述而》）这里的“道”，盖指人生行为准则。对后世人伦社会影响极大的孔儒之“道”，既含有仁义礼制伦常观念，又有“中庸”之道、天人感应等世界观范畴。程朱之所谓“天理”，更将道德准则绝对化，而推崇为世界的最高本原，成了宋明以后维护社会等级秩序的重要理论支柱。

在风水理论中有关“道”的取义，主要源自《周易》系统，重应用而轻玄思，更强调面对自然与社会，需要明了“道”的显示，认识之，把握之，顺应之，而创造良好的宅居环境，达到人生与自然、社会和谐共存的理想境界；当然，其中也非常重视尊天理、顺人伦的道德准则。在直接引申哲人论说之外，风水理论也自有结合实用的发挥，如：

“大哉中之道，天地以立极，寒暑以顺时，阴阳以致和，日月以重辉。”（《管氏地理指蒙》）

“寻龙择术，天道必赖于人成。”（《管氏地理指蒙》）

“天机不露，岂知造化根由；妙理无穷，方察阴阳定论。”（《青囊海角经》）

“天德神教乃尊理。”（《青囊海角经》）

“夫宅者，乃是阴阳之枢纽，人伦之轨模，非博物明贤，未能悟斯道也。”（《黄帝宅经》）

“人因宅而立，宅因人得存，人宅相扶，感通天地，故不可独信命也。”（《黄帝宅经》）

“阴阳往来，即合天道自然，昌吉之象也。”（《黄帝宅经》）

“凡地理，先明其理气，察于阴阳，熟于山川，辨于脉息，然后以逆顺而推善恶之用。”（《青囊海角经》）

“人由五土而生，气之用也；气息而死，必归葬于五土，返本还元之道也。”（《管氏地理指蒙》）

等等。

2　气

“气”是中国传统哲学中最重要的范畴之一，在历代哲人的理论思维中，其内涵外延不断被发展而变得非常宽泛，凡所有学术，也无不引申应用并各有不同取义。概略言之，“气”有如下一些基本含义。

一是指流动而无定形的物质存在，如水汽、云气、气味等，乃“气”的原义。如东汉许慎《说文解字》：“气，云气也。”又说：“云，云川气也。”郑玄注《礼记·祭义》：“气，谓嘘吸出入者也。”《大戴礼·四代》：“食为味，味为气。”等等。

“气”由原义引申，被视为天地万物的最基本构成单位，“其细无内”，“其外无大”（《管子·心术》），充盈天地。无形的存在是气；气凝聚即为有质有形之物，并贯通其内外。如《庄子·外篇》：“气变而有形，形变而有生。”“人之生，气之聚也；气聚则生，气散则死。”《孟子·公孙丑》：“其为气也，至大至刚，以直养而无害，则塞于天地之间。”张载《正蒙·太和》：“太虚无形，气之本体，其聚其散，变化之客形尔。”充斥并维持生命存在以及决定其变化的“气”，又称为“生气”、“精气”等。

更进一层，在哲理思维中，“气”被视为万物之源，即所谓“元气”。《老子》“万物负阴而抱阳，冲气以为和”，是说阴阳二气冲荡而化合成万物。王充《论衡·自然》亦言：“天地合气，万物自生。”

《鹖冠子·泰录》说："故天地成于元气，万物乘于天地。"何休《公羊传解诂》："元者，气也，无形以起，有形以分，造起天地，天地之始也。"元气可看做是天地未分以前的混沌统一体。

在宋明理学，"气"常与"理"并列，称为"理气"。朱熹《文集·答黄道夫》："天地之间有理有气。理也者，形而上之道也，生物之本也；气也者，形而下之器也，生物之具也。"并认为理在气先，是"先天地生"之道。而王廷相等则认为理是气所固有，"理载于气"，并说："气，物之原也；理，气之具也；器，气之成也。"（《慎言·五行》）理只是宇宙间唯一的实体存在即气的规律表现。

此外，由宋钘、尹文"气道（通）乃生，生乃思，思乃知，知乃止矣"（《管子·内业》）为嚆矢，经《孟子·公孙丑》"我善养吾浩然之气"的论说所倡导，"气"被引入伦理学、美学等精神生活领域，又常指人的道德修养、心理素质以及审美观照的感受等等意义。在魏晋山水美学、人物品藻等艺术哲学思维的深入发展中，更成为最重要的美学范畴之一。如文论、画论中最为常见的"气韵"、"气象"、"气骨"等概念中的"气"，无不涵有观念、情感、想像力、意境等主观因素。在对环境的品评体悟中，"气"还常含有类同今日"空间"、"环境（场所）"、"氛围"、"心理场"等意义。

"气"的种种含义，在讲求实用的风水理论中，几乎全部汲收并有所发挥，凡论及天地万物的构成与变化、人生命运的贫富或夭寿、生态景观的优劣及吉凶，甚至风水本义的诠释等等，也无不涉及"气"的范畴。最为主要的，是强调通过"气"来把握存在之象与存在之理，因而格外注重各种形式与方位的气脉的运行变化。"气"可以是真实的气流，也可为各种地形地势、生态小气候及景观，后者从本体上被视为"气"的聚结或运动。天地万物间交互感应，也都被认为是"气"的作用：在居住中，自然、建筑、人生都会交互影响，对人的生命存在与精神活动，包括审美感受，都有不同的作用并会产生不同的结果。违背了其中的道理，破坏了人生之气与自然之气的谐和对应，应难于安身立命，更无幸福吉祥的人生。所以风水理论及其实践孜孜追求宅居环境应处于合宜的"气"中，以取得与自然及人伦社会的协同和谐调，参天地，赞化育，荫人养物。正是在这样的观念下，形成了中国传统建筑的显著特色：人、建筑、自然的和谐共存；也正是在这个意义上，风水理论被当代学者评价为中国古代的"环境建筑学"、"生态建筑学"、"景观建筑学"。

风水言"气"，极为广泛，取义也多有不同，但基本是在传统哲学、美学有关"气"的概念或范畴框架下而引申应用的，略如以下一些论说：

“夫阴阳之气，噫而为风，升而为云，降而为雨，行乎地中而为生气；生气行乎地中，发而生乎万物。……气乘风则散，界水则止，古人聚之使不散，故谓之风水。”(《葬经》)

“山水者，阴阳之气也。……动静之道，山水而已，合而言之，总名曰气；分而言之，曰龙、曰穴、曰砂、曰水。有龙无水，则阴盛阳枯而气无以资；有水无龙，则阳盛阴衰而气无以生。”(《青囊海角经》)

“夫山者宣也，其气刚；川者流也，其气柔；刚柔相荡，而地道立矣。”(《葬经翼》)

“内气萌生，外气成形；内外相乘，风水自成。……内气萌生，言穴暖而生万物也；外气成形，言山川融结而成形像也。生气萌于内，形象成于外，实相乘也。”(《青乌先生葬经》)

“善言天者必验于人，善言气者必证于物。”(《管氏地理指蒙》)

“气者形之微，形者气之著；气隐而难知，形显而易见。经曰：‘地有吉气，土随而起’，化形之著于外者也。气吉形必秀润，特达端庄；气凶形必粗顽，欹斜破碎。”(《葬经翼》)

“凡山紫气如盖，苍烟若浮，云蒸雾霭，四时弥留，皮无崩蚀，色泽油油，草木繁茂，流泉甘冽，土香而腻，石润而明，如是者气方钟也未休。”(《葬经翼》)

“地有佳气，随土所生；山有吉气，因方而止。气之聚者，以土沃而佳；山之美者，以气止而吉。”(《青乌先生葬经》)

“草木郁茂，吉气相随。……生气充备，亦一验也。或本来空缺通风，今有草木郁茂，遮其不足，不觉空缺，故生气自然。草木充塞，又自人为。”(《青乌先生葬经》)

“水随山而行，山界水而止，界分其域，止其逾越，聚其气而施耳。水无山，则气散而不附；山无水，则气塞而不理。……山为实气，水为虚气。土逾高其气逾厚，水逾深其气逾大；土薄则气微，水浅则气弱。”(《管氏地理指蒙》)

“势远形深者，气之府也。……势促形散者，气之衰也。”(《管氏地理指蒙》)

“易野一望无际，有近案则易野之气为之一收。”(《管氏地理指蒙》)

“形者神气之舍，神者形气之主。形气非神，块然一物；神非形气，茫然无归。”(《管氏地理指蒙》)

等等。

3 阴 阳

阴阳的概念，萌发于古代先民观察天文地理的经验理知，最初以见日为阳，反之为阴。如昼为阳，夜为阴；云开见日为阳，乌云蔽日为阴；向日为阳，背日为阴；等等。《诗经·公刘》："既景乃冈，相其阴阳。"商周《异伯子盨铭》："其阴其阳，以征以行。"《说文解字》："阴，暗也，水之南，山之北也。""阳，高明也。"段玉裁注："山南曰阳。"等等，就都为阴阳原义。

后来，先哲们注意到，天地与人世万物都有相反相成即对立统一的两面，恰如"阴"、"阳"之理，于是与"气"同步，阴阳也衍为传统哲学最核心的范畴之一，被用来探究世界本原及其变化机理。如《国语·周语》所谓"阴阳分布，震雷出滞"；"夫天地之气，不失其序。若过其序……阳伏而不能出，阴迫而不能蒸，于是有地震"；"气无滞阴，亦无散阳，阴阳序次，风雨时至，嘉生繁祉，人民龢利，备物而乐成"；等等。表明这种从自然之理而非宗教神学角度去认识世界的理性思维的端绪。到《老子》提出"万物负阴而抱阳，冲气以为和"，已肯定了阴阳是万物所普遍具有的属性。《庄子》则更进一步，把阴阳视为万物本原，阴阳相互作用，于是乎产生万物："寇莫大于阴阳，无所逃于天地之间"（《庚桑楚》）；"至阴肃肃，至阳赫赫。肃肃出乎天，赫赫发乎地，两者交通成和，而物生焉"（《田子方》）。

在先哲们诠解阐发《周易》而完成于先秦的《易传》中，阴阳作为哲学范畴，得到了空前系统的发挥而臻于成熟完善。《系辞传》提出"一阴一阳之谓道"，把阴阳推崇为宇宙间的根本规律和最高原则，视阴阳为万事万物普遍存在的对立统一关系和属性。如自然之日月、山川、天地、寒暑等等；世间的男女、君臣、父子、夫妻，以及贵贱、尊卑、利害、生死等等；事物性状如刚柔、上下、外内、明暗、进退、强弱等等，都有阴阳的存在关系。所以《说卦传》谓："立天之道，曰阴与阳；立地之道，曰柔与刚；立人之道，曰仁与义。"与此同时，观照于事物的无限层次和相互转化，阴阳被认为也包含在每一事物的内部，阴阳中复有阴阳，并随时空运动而变化。由于阴阳的对立统一作用，宇宙万物在各层次上都处在"生生不息"的永恒变动之中。而在探究万物协同与谐调规律的思维中，又由此衍出了"和"、"同"、"中"等哲学范畴。

虽然阴阳范畴还具有对立统一属性之外的附加属性，如特定的质、趋向、性态等，尚始终保持着具体现实性和经验性的特征，并未达到今天哲学范畴“矛盾”那种思辨理性的抽象性格，但以阴阳范畴为基础，毕竟形成了中国古代较为完整的有系统的世界观，典型而集中地体现了中国古代朴素的唯物辩证观。而且，正因这种哲学思维具有实用理性的特点，遂能被广泛地引入并植根于中国古代几乎一切实用学术，如天文、地理、中医、风水等等领域，使之形成了富涵辩证思维的鲜明特色。

事实上，中国传统建筑无论城市乡村、宫殿民宅、陵墓或园林等等，都经常显现出一种阴阳和合、意象深永的“宇宙图案”性质的美，达到很高艺术境界，就正在于风水理论汲取了传统哲学的智慧，并作为中介，将哲学的理论思维，特别是其科学和美学成分，具体而微地贯彻于建筑的选址、规划设计和营造实践中，而得以形成的。这也正是风水理论功不可灭，值得发掘研究和借鉴的重要原因之一。

风水理论言“阴阳”，除了其原始意义外，主要还是从山川自然和建筑之“道”之“理”，及审美追求的角度取义的。略如以下一些论说：

“大矣哉，阴阳之理也。经之阴者生化，物情之母也；阳者生化，物情之父也。作天地之祖，为孕育之尊，顺之则亨，逆之则否。”（《黄帝宅经》）

“夫宅者，乃是阴阳之枢纽。……是以阳不独王，以阴为得；阴不独王，以阳为得。亦如冬以温暖为德，夏以凉冷为德，男以女为德，女以男为德之义。……凡之阳宅即有阳气抱阴，阴宅即有阴气抱阳。……阴阳往来，即合天道自然，吉昌之象也。”（《黄帝宅经》）

“天地之气，阴阳互根。山峙阴也，水流阳也，不可相离。……外气与内气相合而成物，犹牝牡生育。故曰冲阳和阴，万物化生。”（《水龙经》）

“天星地形，上下相因。……阴阳之理，存乎其间。阴阳交而天地泰，山水会而气脉和。”（《青囊海角经》）

“阴阳变化，自然之道也，循而穷之，虽山川诡异，莫能逃焉。”（《葬经翼》）

“盖以动静之理言，则水动为阳，山静为阴。以险易之理言，则坦夷为阳，崇峻为阴。以情势之理言，则开耸为阳，局缩为阴；抽衮为阳，硬滞为阴；面豁为阳，背负为阴。”（《葬经翼》）

“山水者，阴阳之气也。山有山之阴阳，水有水之阴阳。山者阴盛，水则阳盛。高山为阴，平地为阳。阳盛则喜乎阴，阴盛则欲乎阳。山水之静为阴，山水之动为阳。阳动则喜乎静，阴静则喜乎动。”（《青囊海角经》）

“水界山住，住山之尽；水从山来，来山之真。水者山之准，山者水之仪；仪准之道，山水之因。……如阴阳之应，如刚柔之济。”（《管氏地理指蒙》）

“山水相得，如方圆之中规矩；山水相济，如堂室之有门户。”（《管氏地理指蒙》）

“来积止聚，冲阳和阴，土厚水深，郁草茂林，贵若千乘，富如万金。经曰：形止气蓄，化生万物为上地也。……目工之巧，工力之具，趋全避缺，增高益下，微妙在智；触类而长，玄通阴阳，功夺造化。”（《葬经》）

等等。

4 五行

作为中国传统哲学最古老也最重要的范畴之一，“五行”的起源迄今尚聚讼未决。但其原始涵义明显可辨的，至少是实指水、火、木、金、土,乃为“天生五材，民并用之”（《左传》），即为五种仰给于自然的基本生产和生活用物质资料。循此，《尚书·洪范》所谓“九畴”开宗即列陈“五行”：“一曰水，二曰火，三曰木，四曰金，五曰土。水曰润下，火曰炎上，木曰曲直，金曰从革，土爰稼穑。润下作咸，炎上作苦，曲直作酸，从革作辛，稼穑作甘”。所言“行”，古文作“卄”，为道路之义，以此申明水、火、木、金、土乃为世界构成和生活所需的五种最基本物质要素，还概括说明了这五种物质形态的基本性质和作用表现。

这种观念进一步发展，五行遂被视为构成万事万物的基本元素。如《国语·郑语》：“故先王以土与金、木、水、火相杂，以成百物。”又强调：“和实生物，同则不继。”表明五行具有元素的涵义并认识到了事物多样统一的规律。循此而在春秋战国诸子百家的理性思维中，逐步形成了五行“相胜”和“相生”，即五行生克关系的完整序列形态（图1）。“生”意味着互相依赖和促进，如木生火，火生土，土生金，金生水，水生木等。“胜”或“克”意指相互对立排斥，如水胜火，火胜金，金胜木，木胜土，土胜水等。事物的起源、存在和发展实际被视做是对立统一的有序运动，已具有朴素的唯物辩证观和原始的系统论的特征。此外，

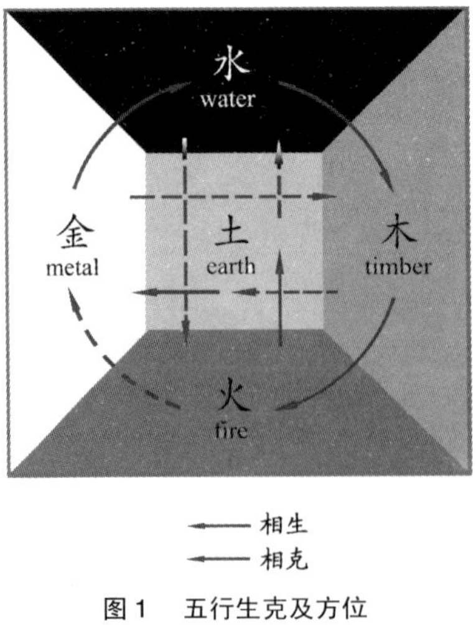

图1　五行生克及方位

古代哲人也早在战国初就注意到五行生克并非是凝固不变的简单线性因果关系，如《孙子》提出“五行无常胜”；《墨子》指出“五行毋常胜，说在宜”。其意如《文子》说：“金胜木者，非以一刃以残林也；土胜水者，非以一璞以塞江也。”这实际是由“杯水车薪”一类的经验而引向理论思维，意识到事物由量变到质变的辩证规律的存在与作用。

五行说进一步发展，被横向引申于各种不同事物的类比，构成万物五种基本属性、作用、功能、效果及序列关系的系统性图式。略如王安石《洪范传》总括先秦以来的这种图式：“五行，天所以命万物者也。……五行也者，成变化而行鬼神，往来天地之间而不穷者也，是故谓之行。……盖五行之为物，其时，其位，其材，其气，其性，其形，其事，其情，其色，其声，其臭，其味，皆各其耦。……耦之中又有耦焉，而万物之变遂至无穷。”（表1）

表1　　五行配属表

自然界																五行	人事社会												
五臭	五谷	五虫	五牲	五宫	五辰	五器	五象	五味	五色	五气	五化	五季	五音	五方	五时		五脏	六腑	形体	情志	变动	五官	五声	五神	五液	五事	五性	五政	五祀
膻	麦	鳞	羊	青龙	星	规	直	酸	青	风	生	春	角	东	平旦	木	肝	胆	筋	怒	握	目	呼	魂	泪	视	仁	宽	户
焦	菽	羽	鸡	朱雀	日	衡	锐	苦	赤	暑	长	夏	徵	南	日中	火	心	小肠	脉	喜	呕	舌	笑	神	汗	言	礼	明	灶
香	稷	倮	牛	黄龙	地	绳	方	甘	黄	湿	化	长夏	宫	中	日西	土	脾	胃	肉	思	哕	口	歌	意	涎	思	信	恭	中霤
腥	麻	毛	犬	白虎	宿	矩	圆	辛	白	燥	收	秋	商	西	日入	金	肺	大肠	皮毛	悲	欬	鼻	哭	魄	涕	听	义	力	门
朽	黍	介	豕	玄武	月	权	曲	咸	黑	寒	藏	冬	羽	北	夜半	水	肾	膀胱	骨	恐	栗	耳	呻	志	唾	貌	智	静	井

关于五行生克的运行机制，战国时有元气、阴阳说与五行说的整合，为后世哲人接受和发挥，视阴阳消长为五行生克的普遍动力。而这阴阳，也并非为五行之外的独立力量，而是与五行“相一力而并功”（董仲舒《春秋繁露》）的内在原动力。而与阴阳被视为“二气”对应，五行也被视为“五气”。在此基础上，宋儒周敦颐集前人大成，曾构建了其《太极图说》的宇宙生成图式（图2），为传统哲学勾绘出一个形态完整的框架。

五行作为古人对世界基本构成要素的认识，以其对立统一的序列关系和相互作用、力量、性能、效果等来说明万物的起源与多样

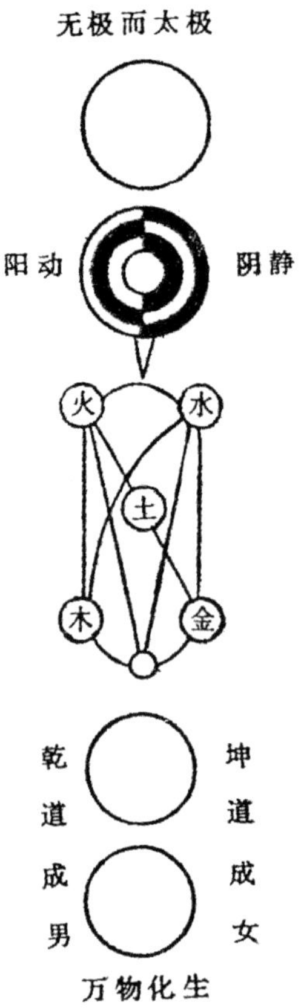

图2　周敦颐《太极图说》

性的统一，注重事物之间相互关系的整体把握，对古代各门学术都曾产生深刻影响，甚至被现代学者称为中国古代的“思想律”。而由五行至今尚在中医理论与实践中保持的存在价值看，其历史意义，当然是不可轻视的。

五行在风水理论中，也一向具有重要意义，如《堪舆易知》说：“凡一术数之成立，必有所谓本源者。本源者何？即五行等是也。”五行在风水中的应用，盖称“山家五行”或“地理五行”。除用以阐说世界本源及事物各层次上的类比序列关系外，不同的风水流派还对五行各有取义不同的引申应用，概略而言，主要有堪舆或理气宗同形法或形势宗的不同。

如汉代班固论及的堪舆术，即传承至后世的理气宗，盖以五行生克“言天地之利害，事之成败”，“其法亦起五德终始，推其极则无不至”（《汉书·艺文志》）。其中由于傅会，也有许多迷信拘忌，典型如汉以来曾被王充、吕才、朱熹等激烈批判的“五音姓利”说。

在风水另一大流派即汉代形法或后世的所谓形势宗，对五行的取义引申，一般以其作为形象的符号或模式系统，如以其表征方位的东西南北中、色彩之青白赤玄黄、形状之直圆锐曲方等等，用来审辨即分析归纳宅居环境，包括山川自然景观的构成，并经人工裁成俾使完美，并不重五行生克的关系推演，也殊少由此而来的吉凶祸福拘忌。

风水有关五行的论说，摭略如下：

“天地一气，阴阳所根，赋万物以动植，禀五行而化成。”（《青囊海角经》）

“一气积而两仪分，一生三而五行具。吉凶悔吝，有机而可测；盛衰消长，有度而不渝。”（《管氏地理指蒙》）

“布于天为五星，分于地为五方，行于四时为五德，布于律吕为五音，发于文章为五色，总其精气为五行。人灵于万物，禀秀气而生。《易》曰天数五、地数五，天地之数五十有五，故万物皆感五气而成。”（《管氏地理指蒙》）

“人者，二气钟之，五行之裔也；五神命之，五行之秀也；五常性之，万物之灵也；五事役之，五行之运动也；五福六极舒惨之，五行之亏盈也；死者无嗜欲汨之，五行之已息也；魂气散之，五行之变化也；骨肉归之，五行之清浊也。葬者，乃五行之反本还元，归根复命而教化之达变也。”（《管氏地理指蒙》）

“葬者，反本而归藏也，奉先以配五土而一体于青山。山者，地崇而势，水限而形，五气精积，五运通灵；气概融而下符地络，辉光发而上普天星，岂人力之可伪而篑进之可凭，虽盈亏乎地理而高下乎天然。”（《管氏地理指蒙》）

“故寻龙之术惟贵识五行之盛衰，辨二气之清浊。……夫相龙者，即五土以配五行，即五行以应五星。”（《管氏地理指蒙》）

“气之积而成体也，厥状有五；火言其锐也，水言其波也，木言其直也，金言其圆也，土言其方也。五体咸备，气之至盛者也。”（《葬经翼》）

“要之，山川本乎一气，气有变化，则精微始著，故假五星虚号以纪其圆直曲尖方之变体尔，岂真有所谓无行生克之说哉。”（《葬经翼》）

“金之体，圆而不尖；金之性，静而不动；势面顶脚，以定静、光圆、肥满、平正则吉，流动、欹斜、臃肿、破碎则凶。木之体，直而不方；木之性，顺而条畅；势面顶脚，以清秀、光润、精彩、圆净则吉，欹崩、散漫、破碎、臃肿则凶。水之体，动而不静；水之性，沉流就下势；势面顶脚，以层波叠泡、圆曲活动则吉，牵拽、懒坦、散漫、倾欹则凶。火之体，锐而不圆；火之性，炎而不静；势面顶脚，以削峻、焰动、明净、秀丽则吉，不经、脱卸、破碎、恶陋则凶。土之体，方凝而正；土之性，镇静而迟；势面顶脚，以浑厚、高雅、平正、端方则吉，欹斜、倾陷、臃肿、崩破则凶。”（《青囊海角经》）

等等。

5 八卦

八卦最早见载《周易》，又称“经卦”，是用阳爻（⚊）和阴爻（⚋）两种符号为本，各取三爻排列组合组成一卦，共生成八种基本图形，分别为乾（☰）、坤（☷）、震（☳）、巽（☴）、坎（☵）、离（☲）、艮（☶）、兑（☱）。关于其起源，《周易·系辞传》说：“古者包牺（按：即伏羲）氏之王天下也，仰则观象于天，俯则观法于地，近取诸身，远取诸物，于是始作八卦。”盖为取象自然的一种原始象形文字符号。最初应用与以蓍草排列而探测神意、占卜未来的所谓筮占有关，因而也是一种筮占符号。通过筮占而画卦的方法，见载《周易·系辞传》。

八卦推演显现出数理规律。殷周之际又演出六十四卦，盖由八卦中每两卦重叠排列而成，称为“重卦”，卦爻组合的数理特色更臻严密。与此同时，以八卦为符号留传下来的古代筮占记录，经整理形成了《周易》或称《易经》。其中不乏迷信内容，但也保留了古代先民有关自然及社会的很多经验知识，其推演万物之理，更闪耀着辩证法的智慧灵光。后人引申发挥，解说《易经》，遂形成《周易》之“传”，即《易传》，集结了战国至秦汉诸多哲人探究万物本原及其运行机理的丰富材料，实际使《周易》成了一部经典性的哲学著作，被尊奉为儒家“群经之首”。

此后，《周易》的丰富内涵和深邃哲理，不断激发着后人的思索，以致无论传统哲学、或是其他各门学术，无不同《周易》结有不解之缘。事实上，前述各传统哲学范畴即道、气、阴阳、五行，以及象、数、理等等，也无一不是由《周易》首开端绪，经后人不断阐发，才得发展的。而这种阐释，甚至延续在今天的所谓“易学”发展中，仍未有衰减之势。所以有人认为，八卦无疑是中华民族最有特色、最为神妙的文化创造之一，可能没有其他事物能像它那样，在历史上造成如此巨大、广泛、深远而又复杂的影响。

就八卦或《周易》的哲学系统而言，历来的研究阐说及应用，略可分为两大流派。一派重哲学思辨，被称为义理学派；一派则重八卦的形象及数理机制，试图以之表征万物的存在序列及其运动规律，被称为象数派。义理学派的特点及其结果，由前述诸多传统哲学范畴的演进及内涵，略可得到观照，故不再重复。而象数学的探索，则推动了我国传统数理哲学的发展，在宋代达到最高峰。如“河图”、“洛书”的解析，“先天八卦”的推演而生成所谓“太极”图式等，皆为其典型观照。

所谓河图、洛书，见载先秦典籍如《尚书·顾命》、《论语·子罕》、《墨子·非攻》、《管子·小匡》及《周易·系辞》等，盖为天赐的祥端，象征神意而预示圣人出、国泰民安等。自汉代，其被用来解释《周易》八卦及《洪范》九畴的起源。宋儒集大成，考释为“十数阵”及“九宫算”等两个数字图形（图3）；并以其数理奥妙而称为“天地之数”，乃《周易》的核心。

所谓“先天八卦”，是对《周易》八卦系统及生成数理推演的成果。《周易》八卦原有其结构系统，以卦序表徵一定的方位，并以八卦表象天、地、雷、风、水、火、山、泽八种自然物，为构

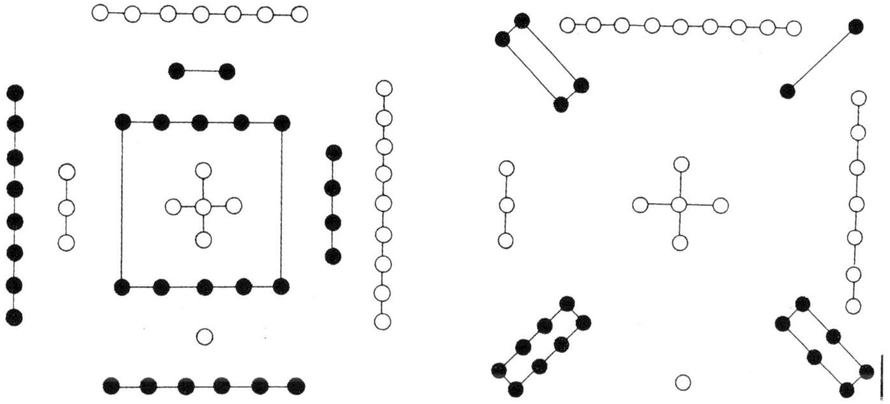

河图：天一生水，地六成之；地二生火，天七成之；天三生木，地八成之；地四生金，天九成之；天五生土，地十成之

洛书：戴九履一，左三右七，二四为肩，六八为足，五居其腹，洛书数也

图3　河图、洛书

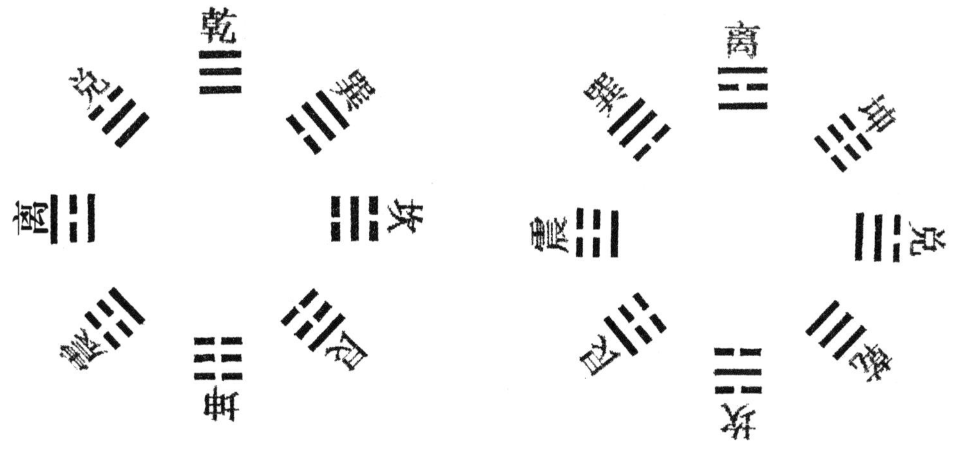

先天（伏羲）八卦图　　后天（文王）八卦图

图4　八卦图

成世界的基础；其序列关系图式，即所谓“文王八卦”或“后天八卦”（图4）。后人研究中，一方面，赋予八卦以更多的象征意义（表2）。另一方面，还不断有学者根据诸如《说卦传》中“天地定位，山泽通气，雷风相薄，水火不相射”等有关八卦序列关系的论说，来

推究其系统结构，同时由“太极两仪”的生成机制（图5）而以数理关系推演，遂形成一个数理规律更臻严谨有序的卦序图式，被宋儒认为是最早的八卦图示，源起伏羲，故称“伏羲八卦”或“先天八卦”。这种严谨的数理推演，导出了穷极神妙的太极图式（图6），堪称古代易学研究最高成就的标志。

表2　　八卦配属表

卦画	卦名	自然	季节	方位	动物	人	身体	属性	五行	气象	内脏	节气
☰	乾	天	秋冬间	西北	马	父	首	健	金	晴	肺	立冬
☷	坤	地	夏秋间	西南	牛	母	腹	顺	土	云	脾	立秋
☳	震	雷	春	东	龙	长男	足	动	木	雷	肝	春分
☴	巽	风	春夏间	东南	鸡	长女	股	人	木	风	胆	立夏
☵	坎	水	冬	北	豕	中男	耳	陷	水	雨	肾、膀胱	冬至
☲	离	火	夏	南	雉	中女	目	附	火	晴	心、小肠	夏至
☶	艮	山	冬春间	东北	狗	少男	手	止	土	雾	胃	立春
☱	兑	泽	秋	西	羊	少女	口	悦	金	雨	大肠	秋分

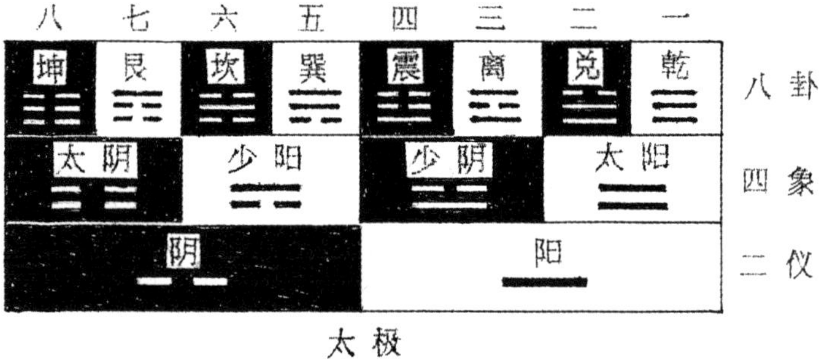

图5　八卦生成图序

面对《周易》已经形成的深刻影响，对先天八卦和后天八卦的应用，宋儒则认为当以“先天为体，后天为用”，即以先天来穷究哲学之道，而以后天付诸实际应用。同时也有“河图为体，洛书为用”之说。

作为实用性的风水，除了一般性地引申历代易学成果以解释和表象天地之道而外，较少探究八卦与河图、洛书的哲学义理，更多关心其中的象数关系。在堪舆或理气宗方面，如相宅定向的所谓“九星飞宫法”，择时的“紫元飞白法”，以及罗经的时空标刻，就主要取法于后天八卦与洛书九宫之间的数字、方位的推导，并据以判断事物吉凶（略见本书《阳宅相法简析》）。实际上，堪舆或理气宗在这方面也更多传承了《周易》中原始巫卜的内容。至于形法或形势宗，八卦多

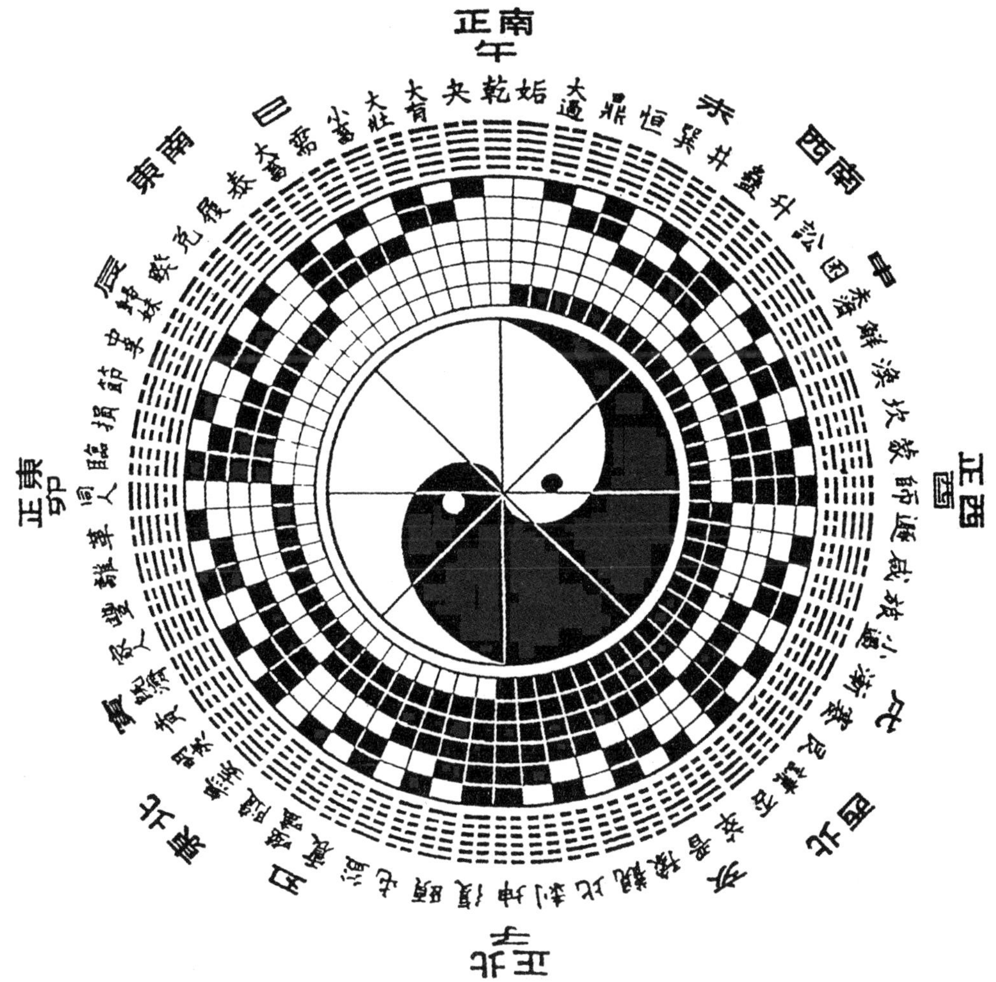

图 6　伏羲太极六十四卦时刻方位图（引自李士澂《叙说八卦太极图》）

作为标定时空方位的符号系统而被运用，而少有其象数、义理内涵的引申，“其他拘忌，在所不论”（王祎《青岩丛录》），这里就不多介绍了。

二、传统哲学范畴与风水理论的特点

风水理论与传统哲学范畴的对应，不可能也无必要在上文有限的篇幅里完全涵盖。尽管如此，通过上述概要性的但却具有典型意义和对应性的分析介绍，也已能看到传统哲学对风水理论思维模式的深刻影响，同时也可反映出传统哲学范畴与风水理论的一些主要特点。

列宁曾指出，范畴是人们认识自然的“网上纽结”。中国古代哲学在其长期发展中，从最初关于自然现象、历史经验等知识积累之上，经过理性思维的抽象概括，逐渐形成了独特的哲学概念和范畴，并不断推演衍义，把人类与自然某种合规律的观念，构建为一个“天人合一”的系统的宇宙图式，力图用以表徵和认识把握宇宙万物，包括人事等的序列联系和彼此间的类比感应关系，把万物的存在与发展变化，都看作是相互联系、和谐平衡的有序运动。这种思维方式，由于中国古代历史数千年连绵不辍的发展，深深渗进了社会各个领域，因此在很大程度上，成为体现出鲜明民族特色的基本思维模式。

这种思维模式，由于历史的局限，尤其是农业文明的局限，每每包含着今天看去是粗陋的，甚至是牵强附会、荒诞怪谬的成分；同时由于忽视了细密的逻辑分析，特别是缺乏实证的科学分析，因而表现出种种缺陷。但作为思维方法和认识论，如当代众多哲学家指出，并由诸如中医等各专门学术的理论思维及其实践成就所证明，它仍然具有显著的优点，富涵朴素的，却也是天才的辩证观，更较接近于今天系统论整体有机的思维方式，典型而集中地代表了古代人民最精致、最珍贵的智慧精髓。

同传统哲学的特色相关联，风水理论的重要学术特色，是直接引申阐发和运用中国传统哲学范畴，在宇宙人生序列关系的探索中，类比推演，建立起一套具体的准则和方法，由此而认识和把握与居住环境相关的宇宙及人生的存在。它不仅具有功能意义，还具有道德和美学意义，包括很多象征隐喻的成分在内。

风水对自然存在的性质及其对人类作用的解释，从未具有现代科学式的精确依据，但在总体到细节的各层次上却常具有合理性，在选择和经营宅居环境方面，取得良好的功能及心理效益。另一方面，在现实生活中，科学成分与迷信内容常搅混在一起，在传统观念与方法下都能得到容身之地而成立，无法被风水理论自身的完善所排除。而这一切，正同中国传统文化，特别是关于如何认识把握宇宙和人生的哲学方法及其范畴的特点息息相关。

1 传统文明的长期延续

中国传统哲学以及风水理论的思维模式，具有长期延续的历史传统，而这也正是我国传统文化区别于世界其他文化形态最显著的特色之一。

在春秋战国时期，先民们适应其生存环境和生产方式的世界观和人生观的思维模式，就已经架构成型。在哲学的滥觞及发展过程中，虽有不同流派的聚讼纷纭，但其间仍不乏共通之处。这就是通过对自然存在方式及其属性的认识，围绕天道人伦寻找天人合一的宇宙生成与运作图式，以此把握各类自然现象，并规范人生行为，包括生产与生活方式及道德价值观念，在万物普遍联系的相互作用中求取人类生存的和谐发展。

和中国相仿，在古代世界，曾有不少民族都经历过发展过这样一条认识道路：虽然不能精确把握宇宙万物细节层次的内在本质，却往往会从事物间总体联系上去探索思维，进而以某种天才的哲学思辨来认识把握事物发展变化的基本作用规律。典型如古希腊的原子说、水火土气四元素说同中国元气说、五行说的相似性，就表明了这一点。

然而，在所有古代文明中，只有中国古代文明始终保持了一脉相承的发展，其他古代文明却都由于种种历史原因而中断。如在西方，作为欧洲文明之母的希腊文化，就被埋没于中世纪落后民族的侵袭和宗教神学的迷狂之中。在黑暗的中世纪，神的意志被当作世界存在的本源，古代自然哲学被视为异端，只有与神学目的相通、作为经院哲学的形而上学的思维方式潜在地延续下来，用以论证上帝的存在，沦为神学的奴婢。16 世纪以后的思想和科学革命，虽然倒转了神与人的地位，却又强化了哲学的形而上学性，种种唯心主义与机械唯物主义二元对立的观念，在割裂世界的普遍联系中，去探究世界的存在。或者把人，更进一步地说，把人的思维当作世界存在的本原，使研究人的思维的哲学显现出强烈的纯思辨特征，凌驾于各门科学之上；或者在各门新生的自然科学领域，趋向于从静止的、孤立的、特定片面的关系角度去研究和描述世界。直至马克思主义产生之前，科学的唯物主义和辩证法，从未能形成完整的哲学体系。

相比较而言，在中国，几千年的文明一以贯之，形成了独特体系。发达的农业社会所具有的强烈务实精神，重视各种事物的现实关系，从未形成宗教迷狂。然而农业文明，尤其是自给自足的自然经济的历史局限，亦未使中国传统哲学着意关注思维本身的特质，并引发出其他实证科学门类。人们的思维，在不乏动荡却缺少根本变革的大一统的自然经济农业社会里，长期为先民认识世界的目的和方法所驾驭，以实用理性直接面对自然与人生现实。实用地认识天时地利人和，倾向于观察事物的整体联系和序列关系，发现宏观的动态规律，在属性类比序列性的哲学范畴与宇宙图式下反映事物各层次的运动变化，而不是经严密的逻辑推理和实证来确认各种事物的质的规定性区别。

正是这种思维方式切不断的历史源流，造就了传统哲学的历史特点，也造就了注重现实人生环境处理的风水理论的基本方法，使它可以直接借用传统哲学范畴来认识和把握世界。

2 反映事物普遍联系的哲学范畴

古代先民“仰则观象于天，俯则观法于地。近取诸身，远取诸物。”类比推演，尚象、定数、寓理，求取从宏观整体上类比性地把握“天人之际”，即宇宙与人生万事万物“处于怎样的关系中”，与西方传统哲学注重探究世界“是什么”的取向截然不同。这样的思维道路，使中国传统哲学范畴同西方哲学呈现出明显的差异。

西方传统哲学，早在古希腊就开始尝试建立认识范围规定明确的哲学范畴。亚里斯多德提出了实体、数量、性质、关系、地点、时间、姿态、状况、活动、作用等十个范畴。至德国古典哲学的奠基者康德，则把范畴分为质的、关系的、量的、样式的四大类。这样的范畴展示了把事物划分成若干相互独立的类型、或片面去认识的横向分割的思维方式。

然而，重实用轻玄思、视事物为整体并探究其普遍联系的中国传统哲学，在思维方式上既未把思维与自然存在截然分离开来或对立起来，也未把认识客体确定地分割成诸多片面去分析，从微观到宏观，从具象到抽象的事物，都试图用“道——关系”的角度来整体把握。这样，中国传统哲学诸范畴彼此间的横向分割并不明显，竖向联系却非常密切，相互渗透而共处在一个整体有机的系统中。这从前文所述各范畴的关系上也清晰表现出来：五行反映五种基本属性的相生相克关系；阴阳高一层次，以两种原动力的消长作用于世界万物的运动变化；气为阴阳之本，阴阳二气相互作用生化万物；道则显示为事物作用变化的根本规律；八卦是规律所显示的象、数、理关系；等等。它们各自从不能被当作事物或认识的某一方面的抽象，而是在统一的现实存在和思维中彼此联系，不能抛开其他来孤立地认识其中之一。这样的范畴，同西方传统哲学如亚里士多德的实体、数量、性质等范畴划分相比较，在认识上必然产生不同的结果。

例如在学术发展方面，西方曾在很长历史时期内，呈现出化分趋向，除哲学或形而上学外，还形成了各有独立系统的文学、史学、自然科学及其间各种细微的学科划分。而中国传统哲学与古代学术不同领域则一向相互融合，处在未曾独立分科的状态中，所谓“经、史、子、集”的划分也与西方学术分科方法截然不同。

尽管中国传统哲学的发展存在着很多历史的、认识的缺陷，它的范畴也欠精密，但由于其注重事物普遍联系和辩证运动的思维，特别擅长于在丰富经验理知的基础上去认识和把握事物存在的整体关系，仍然具有取得相当科学成就的内在机制，使中国在近代以前，也曾取得并长期处在远胜西方的文明地位。而风水理论在实践中常曾导致合理的结果，也正是传统哲学这种性质的反映。

3 天道人道相通的哲学

在中国古代，由于自然经济的农业长期成为文明发展之本，孕育了关于人与自然和社会基本关系的认识体系，即数千年来一以贯之，并为大多数哲人信仰和彰扬的“天人合一”世界观，在中国传统哲学体系中，具有本体论的意义，深刻影响了整个中国古代文明。

一方面，基于长期的历史经验，古代先民早已注意到，“山川自然之情，造化之妙，非人力所能为”（《葬经翼》）。典型的历史教训，如鲧以堵治水失败，禹以导治水成功等，更时时提醒后人，面对自然界的客观存在及其运作机制亦即“天道”，以农为本而谋求人类的生存与发展，则必以天道自然“作天地之祖，为孕育之尊，顺之则亨，逆之则否”（《黄帝宅经》）。耕稼造作或制器尚象，也必以“崇效天”（《易传》）为原则。故而“工不曰人而曰天，务全其自然之势”，“因其自然之性”（《管氏地理指蒙》），“虽由人作，宛自天开”（《园冶》）也成为贯穿于一切营造活动之中的基本精神，体现了中国传统哲学尊重和顺应天道自然的鲜明特色。

另一方面，古代先民也清醒认识到，天道自然，终究能为人所揭示并把握利用，“故道大，天大，地大，人亦大。域中有四大，而人居其一焉。人法地，地法天，天法道，道法自然”（《老子》）。人与自然的关系，是“人与天地并列为三，非天地无以见生成，天地非人无以赞化育”，即自然的演化发展也有“天道必赖于人成”（《管氏地理指蒙》）的一面。而人之参天地，赞化育，又必以同自然天道相谐调与合同一致的行为准则，来规范人伦道德原则亦即“人道”，形成秩序和谐的人际关系，才能使人类以其社会性的整体存在取得主动。在特定意义下，“天时不如地利，地利不如人和”（《荀子》），或曰“天道远，人道迩”（《左传》；但在整体上，天道人道相通。在哲学层次上，中国古代营造思想，正因此而无不明确体现出“夫宅者，乃是阴阳之枢纽，人伦之轨模”（《黄帝宅经》）的取向。

在中国古代以农为本，重实际轻玄想，以及家国一体的宗法社会注重人际关系的历史文化背景下，长期的历史经验与理知，最终导致了古代哲人从自然与社会存在中求取统一规律的思想方法，形成了既是世界观，又是人生观的“天人合一”观念。把天时地利人和都紧密地联系在一起，强调天道人道相通，人与自然和谐统一。

在这一观念下，人被视为世界整体运作中的一员，人的生死，夫妻、父子、君臣以及仁义道德等各种关系与行为，无不与天地万物阴阳五行的象、数、理相关联对应，具有可与自然事物类比的属性、作用及序列关系。在这一观念下，理想的人生，修身、齐家、治国、平天下，无不观照着形而上的哲学目的：追求与天道自然谐调与合同的完善生活结构与精神准则。而这种人生追求，引向审美，则社会性伦理道德美也同被赋予了道德意志和情感内容的天地自然相关联，“比德山水”，遂成为中国古代文明中具有鲜明特色和深厚历史渊薮的山水美学即“自然美”的滥觞。

正由于中国传统哲学的上述性质与特色，使与之密切关联的风水理论，不单关注于山川自然的审辨并同自然科学涉及的功能问题相关，合天人、序人伦的道德伦理观念也深深渗入其中，有关自然与社会相契合的审美观照及其精神意义的揭示与彰扬，更成为风水理论及其实践刻意追求的重要目标之一。为今人所瞩目的风水理论的明显美学性质，正是中国古代天人合一哲学观念的反映。

4 难于彻底排除迷信的思维方法

风水理论以传统哲学观念与方法为基础，架构起其理论思维体系的框架，在历史上确立了其存在的价值与作用，在今天亦被当作可资再发掘的一门学术，但在肯定它的时候，也必须对其迷信成分持以清醒的认识和冷静的理性批判。

风水迷信，原因很多，中国古代社会长期停滞于封建专制时代，生产规模狭小，自然科学未能充分发展，统治者及江湖术士愚昧人民的需要，等等，与此固有不言而喻的关系；而在认识论和方法论上，传统哲学观念与思维方法的巨大缺陷，也在相当大的程度上为迷信的存在提供了容身之地。事实上，对风水的迷信成分，自古以来就有不少有识之士如王充、吕才、朱熹等等，曾予以激烈批判，然而也正因为认识论和方法的局限，终究难臻彻底。

中国传统哲学虽以其朴素的唯物主义与辩证法见长，闪射着古代民族智慧的灵光，但其概念与范畴的粗疏模糊，缺少严密形式逻辑体系下的精确分析综合与实证，重实用理性而轻纯理性的抽象思辨，局限于类比方法认识世界，多注重宏观整体上类比性地表象万事万物的序列关系，却乏于深层次的内在规律性的研究，在天人合一观念下，更对表徵万物序列关系的宇宙图式赋以象、数、理的意义而无限制地推演，傅会以诸多牵强无稽的成分，等等，无不造成了传统哲学体系的明显缺陷。而这种种缺陷，反映在风水理论中，也正是其迷信成分的认识论根源所在。

例如在风水理论中，“地灵人杰”的观念格外令人瞩目，其正视自然条件对人文活动的影响，固然具有唯物主义的可取之处，然而直线化、简单化、夸大化的类比外推，却把它推进了迷信的泥沼。如果说“山厚人肥，山瘦人饥，山清人秀，山浊人迷，山宁人驻，山走人离，山雄人勇，山缩人痴，山顺人孝，山逆人亏”（《青囊海角经·寻龙理气篇》）之说，尚属真理与迷信参半的话，“悮指山岗，立见灾殃。龙穴端正，富贵天定。左右直长，退败悽惶。前后尖峰，富贵三公。……明堂掌心，积玉堆金。明堂倾泻，退败凶绝。四畔山飞，父子东西”云云（引处同前），悉为迷信无稽之谈，当不言而喻。但这类说教，却充斥于大量理气宗的风水术书中。

另外的典型如诸多风水术书言及葬法，每以传统哲学观念来为其死者荫福后人的说教张目。最常见的，就是把死者与后人的血缘延续，纳入阴阳二气的交互作用而加以申说，实际上虽是全然无稽，是把巫术性的上古祖先崇拜的迷信理论化，但也正由于传统哲学“阴阳”与“气”的范畴本身所具有的模糊性和无限类比外推的取向，既难澄清是非，也无法阻止风水迷信振振有词地滥用。

典型如郭璞《葬经》言此：“葬者，乘生气也。夫阴阳二气，噫而为风，升而为云，降而为雨，行乎地中而为生气；生气行乎地中，发而生乎万物。人受体于父母，本骸得气，遗体受荫。盖生者气之聚，凝结者成骨，死而独留。故葬者，反气内骨，以荫所生之道也。经云：气感而应，鬼福及人。是以铜山西崩，灵钟东应；木华于春，栗芽于室。”

这中间如“铜山崩而灵钟应”的典故，本与“顿牟掇芥，磁石引针”；“同声相应，同气相求”之类的典故一样，曾引发古代哲人探究事物的感应关系，并以“气”而阐发出几乎近于今人认识到空气为声音传播的媒介及电磁场为电磁感应的基础等天才的科学猜测，成为古代科学技术史上的佳话，显示了中国传统哲学在认识论上的宝贵价值（值得指出的是，在郭璞本人的《山海图经·北山经第三》之《磁石赞》，也有此猜测）。然而，这种认识毕竟是幼稚朦胧的，“气”的范畴本身所具有的缺陷，不仅未能将这种认识引向深入，而其无节制的类比外推，却使这种认识被滥用来为荫福的风水迷信张目，连古代诸多痛切批判风水迷信的有识之士也无计可施；像郭璞这样的大学者，也因此不能不执迷于科学和迷信之间！

类似的例子甚多，典型如汉代著名学者王充，在《论衡》诸多篇章中，对其时堪舆术中诸如将五行生克用于“图宅”而形成的“五音姓利”等迷信说教，曾予以无情批判，堪称古今批判风水迷信的楷模。然而，也正由于其思维方式终究未能超越古代哲学的缺陷，常不免落入神秘主义甚或宿命论的泥潭中。如其《偶会篇》云：“命，吉凶之主也，自然之道，适偶之数；非有他气旁物厌胜感动使之然也。”以此种宿命论的认识，怎能使其对风水迷信的批判臻于彻底呢?

我们不能苛责古人，在今天，当我们以当代的科学及认识论来批判风水迷信糟粕，发掘其合理内涵的时候，也应以历史唯物主义的态度来对待它。事实上，无论如何，风水理论毕竟是古代社会的产物，它以中国传统哲学为其世界观和认识论的基础，在较低层次上展示了在当今及未来亦有生命的真理，但它的幼稚，使迷信始终相伴，真理的辉光更常被迷信的阴影笼罩。然而，它并非一支特定的迷信法术，亦非当代意义上的自然科学，而是中国传统哲学框架下，集迷信与科学于一身，糟粕与精华共存，合自然人文为一体的独特的古代中国的学术门类。

参考文献

1 古今图书集成·艺术典，卷651~680，堪舆部．中华书局影印铜活字体，1934

2 张岱年著．中国哲学大纲．北京：中国社会科学出版社，1982

3 张岱年著．中国古典哲学概念范畴要论．北京：中国社会科学出版社，1989

4 任继愈主编．中国哲学史．北京：人民出版社，1979

5 夏乃儒等编．中国哲学三百题．上海：上海古籍出版社，1988

6 朱伯崑著．易学哲学史（上、中册）．北京：北京大学出版社，1986,1988

7 李泽厚著．中国古代思想史论．北京：人民出版社，1986

8 乌恩溥著．周易，古代中国的世界图式．长春：吉林文史出版社，1988

9 程宜山著．中国古代元气学说．武汉：湖北人民出版社，1986

10 ［日］小野泽精一寺编著．气的思想．李庆译．上海：上海人民出版社，1990

11 徐复观著．中国艺术精神．春风文艺出版社，1987

12 叶朗著．中国美学史大纲．上海：上海人民出版社，1985

13 杜石然等编著．中国科学技术史稿．北京：科学出版社，1984

14 蔡宾牟，袁远天主编．物理学史讲义——中国古代部分．北京：高等教育出版社，1985

15 ［英］李约瑟著．中国科学技术史，第二卷，科学思想史．何兆武等译．北京：科学出版社，上海：上海古籍出版社，1990

16 田昌五著．王充——古代的战斗唯物论者．三联书店，1958

风水说中的心理场因素*

徐苏斌

风水术集杂学之大成，但谁都不能否认其中蕴含的心理因素。其中包含了大量的视知觉因素，例如力求完形统一，忌讳松散破碎；力求主从有别，重点突出，加强整体感，这些都是完形心理学的思想。同时力求和谐松缓，不宜紧张冲突；力求气运连贯，疏导有方，这实际是心理场论中所谓化合价概念的体现。追求均衡稳定，或对称或不对称均衡，这又和心理场中矢量平衡有关。此外风水说中还可以提炼出一些视知觉法则，如对比谐调、节奏韵律、比拟联想等。也有行为心理的一些因素，但相形之下视知觉中完形心理的成分占不小比重。

由于风水术受科学发展的局限，不可能有今天心理学具备的科学性，它大部分还停留在感知阶段。完形是人的主观心理倾向，是人性本能，完形心理学研究这方面的规律，恰能解释人在这一层次上的本能。风水说又是集中体现了人的主观心理倾向的学说，是中国古代与研究天文、造纸、火药等客观现象相反的一极，或许是先哲天人合一的另一种解释吧。

心理场是完形心理学的分支，相比之下，它更多运用了数学、物理学等自然科学的概念，使研究解析更有力度。尽管风水说根植在中国，却在很多方面和心理场理论不谋而合。

它们的默契，说明人类的感知是共同的，我们不妨比较一下这两种理论。

一、心理场的概念

心理场理论是心理学的一个分支，在心理学史上，将之归在完形心理学里。研究“场”的鼻祖是德国人勒温（Kurt Lewin, 1890~1947）[1]。

心理场用勒温的话说就是“心理生活空间”（psychological life space），即“综合可能事件的全体”[2]。包括3个部分：准物理事实——心目中的自然环境；准社会事实——心目中的社会环境；准概念事实——思想概念与现实的差异。其中“准”即非真正实物，只是主观感受，这就区别了现实和心理两种不同概念。风水中许多概念就属于“准”的范畴。

勒温采用拓扑几何的方法描绘了心理场的特征。按拓扑学的概念，

* 国家自然科学基金资助项目

心理场为没有大小尺寸、没有固定形状的无限柔软的塑性体，“如此规定的空间名为形势几何学（拓扑几何学）的空间,申言之,即为不用测量而加以规定的数学关系；在形势几何学的空间之内,没有距离的规定,据形势几何学的观点,一滴水完全和地球相等,一个立方体和一个球体也无可区别。”[3]他用数学中的约旦曲线[4]直观地将心理场表理出来。风水中最关键的概念“气”就是具有拓扑几何特征的场。

值得提出，当将心理场移植入建筑学时，它的外延相应缩小，不包括某些社会学含义。

1 建筑空间和心理空间的差别

两者差别主要在于心理空间是不可见的，同时也是不可测的；建筑空间是可量度的，也是可见的，具有欧氏几何特征。

但两者之间也是有联系的，只要人存在于建筑之中，就必定会有各种心理场存在。

2 建筑空间和心理空间的联系

1）场的围合

人通常在没有任何实体围蔽时，心理场会处于一种自我紧张的状态，而在人的周围通常产生一种“神秘的气泡”，这就是为什么陌生人靠得太近会有不舒服的感觉。

当有建筑围蔽时，通常随着限定的增多，心理场的紧张会逐渐释放一些，似乎有个互逆的趋势。例如，风水中讲究围合村落的来龙、主山、左右砂山、水口砂山及前面案山、朝山围护，缺少一个便觉不妥，况且水口山、朝山太低时还要培补或镇以风水塔等增其高度，弥补其不足。

2）点场

点起一个核心的作用，通常受欢迎的物体（勒温称之具有正价）便能在其周围形成引力场。从意义单纯的结构柱到具有丰富内涵的华表、图腾都或多或少地起到了核的作用。

3）运动中的心理流（意识流）

如果说静态场是静态电荷引起的场，那么心理流则是电流引起的电场了。

勒温在研究类似问题的时候是研究被试完成一件事的过程中心态的变化，如著名的“齐加尼克效应”就是勒温指导他的学生齐加尼克（Bluma Zeigarnik）于1927年完成的。内容为：当被试者接到一项任务时，就呈现一种紧张，如果任务全部完成，紧张就会消失，否则就否则就会持续，即在很长时间以后依然没有忘记这个任务。这说明在一个过程中受阻或变异都会使紧张加强，至少不会使之消除。

在建筑中，通常只研究运动中的序列。而在序列中，建筑或环境的变化或对人的阻碍，都会产生心理紧张程度的变化，例如造园中“欲现先藏”、“欲扬先抑”等，风水中的水口也起一个收紧的作用，使进村的人在此能有个心态变化。

不难看出心理场和物理场（环境空间）共处于一个大系统中，优美的环境空间应该是心理空间的物化体现，而这两者的关系也正是以下将谈到的风水中“气”与“形”的关系。

二、风水说中的心理场因素

风水说的研究本不应仅停留在历史学的意义上，还应从心理学的角度去发掘。这并不是说中国早已有了“心理学”，而是早已在建筑设计中注意到人的心理因素。

1 心理场和风水说同源

在风水理论中，“气”是其精髓。郭璞《葬经》曰：“气乘风则散，界水则止，古人聚之使之不散，行之使之有止，故谓之风水。”此外古人有言：“风水以气为主。”无论是阳宅还是阴宅[5]的选址或营建都城都很重视对气的疏导、缠护、会聚、回收，其目的都是为使有“升降变化”的“天地之气”会聚于穴。有了这种主导思想，又选择了八卦阴阳五行的研究方法和表述形式，于是从内容到方法形成了完整的学说。应该说它和西方人对心理空间的感受有相似之处，只是所选择的方法大相径庭。后者运用现代物理学中的理论和现代数学中拓扑学的方法进行研究，但前者毕竟较后者早1600年[6]。

那么为什么说“气”和“场”同源呢？这个命题并非今天才提出来，前人包括谭嗣同、李约瑟及当代物理学家何祚庥等都有过论证。

“气”始于哲学，哲学史家张岱年指出：西周末年的伯阳父就已提出“天地之气”，以后又有许多哲人涉足“气”河。

判定“气”的自然科学含义的工作最早是由德国科学家莱布尼茨（1646~1716年）进行的，他提出了“气”即以太的见解[7]。

中国人自己是如何说的呢？宋代张载说：“凡气清则通，错则壅，清极则神。敞聚而有间则风行，风行则声闻具述，清之验与！不行而至，通之极与！”（《正蒙·太和》）他论证了声音传播的媒介是太虚之清通之气，只不过他没提出“场”这个词罢了。

清代王夫之在张载的研究基础上又向前发展了一步，认为太和之气是万物相互作用的媒介，而不局限于声音[8]。

明末清初揭暄和游艺在研究潮汐时用“气”描述了万有引力现象，他们合作绘制了《两月对摄潮汐图》（游艺《天经或问后集》），用虚线表示了气在月水相互作用中所起的媒介作用，非常近似电磁场的表示方法。图 1 为“昊天一气浑沦变化图”（自游艺《天经或问集》）。

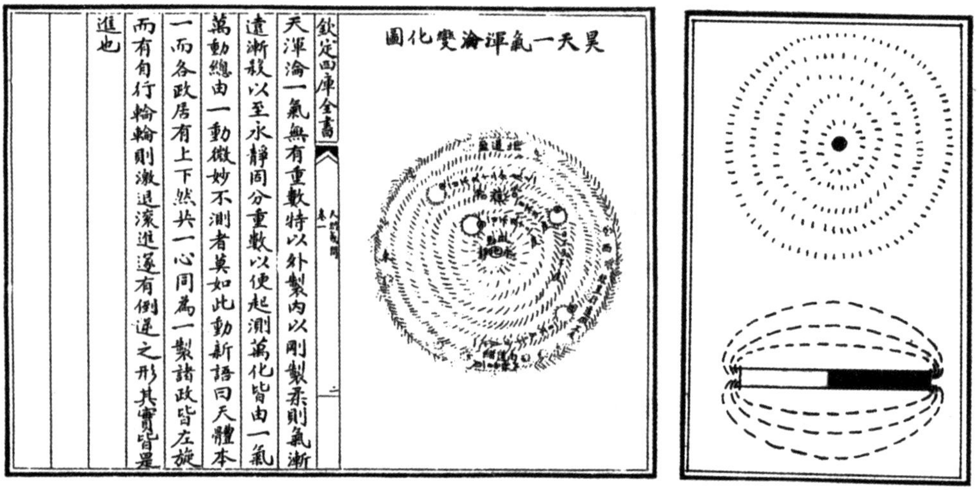

图 1　用气表示天体变化（左，引自清代游艺《天经或问集》）酷似物理学中的磁场表示方法（右）

此外王廷相在磁学方面也有过同样的论述：“气以虚通，类同则感，譬之磁石引针，隔关潜达”（《雅述》（下））。

西人也研究“气”，李约瑟引证《吕氏春秋·精通》后说，“在古代中国关于物理世界的构思中，连续性波和循环是占优势地位的。在这里，‘精’有时差不多可以翻译成为辐射能”[9]。他在引证了北宋燕肃关于潮汐受日、月天体影响的论证后又提到了“精”：“这类话究竟同用‘万有引力’这类术语表达的说法接近到什么程度，要看我们怎样对待名词加以解释。例如大致同时代的张载说，月的‘精’是一种向四周放射的‘精’，水的‘相感’是水的感应。”[10]

随着科学的发展，人们正在寻找更准确说明气的方法。中国物理学家何祚庥明确提出了“气”与量子场中的“场”极为相似的观点：气“与其说接近‘以太’，不如说更接近现代科学所说的场”[11]。灌耕编译的《现代物理学与东方神秘主义》中也提到：在中国哲学中，气“明确表达了场的思想”。李约瑟就此指出：“中国人在这方面是如此地领先于西方人，以致我们差不多可以冒险地猜测：如果社会条件有利于现代科学的发展，中国人可能首先通过磁学和电学的研究，先期转到场物理，而不必经过撞球式的阶段了。”[12]

将“气”、“场”外延扩大，“气”被引入了风水说，赋予了主观的含义；同样勒温把物理场引入了心理学，创立了心理场。

2 风水中的心理空间

风水的主要内容一是气，二是形。“气”实则为心理场，“形”则指围绕“气”的环境，古人也将这两者看成不可分的两个部分：“气者形之微，形者气之著，气隐而难知，形显而易见。”[13]“隐而难知”正是心理场的拓扑特征：没有形状，没有大小，不可见，不可测；“显而易见”则是物理场的欧几里得几何特征：既可见又可测。两者共属一个整体。

1）村基选址中的气与形

按风水师的方法，择基选址基本有几个步骤：觅龙、观砂、察水、点穴，把气从山上引下来，聚之于穴，即“山气茂盛，直走近水，近水聚气，凝结为穴”。首先是觅龙，即寻找祖山。古人认为山是气之源，如《葬经翼·望气篇》中谈到山的形象与气的关系：“凡山紫色如盖，苍烟若浮，云蒸霭霭，四时弥留，皮无崩蚀，色泽油油，草木繁茂，流泉甘洌，土香而腻，石润而明，如是者，气方钟也未休。”反之，“凡山形势崩伤，其气散绝谓之死”。可见环境和“气”的关系多么紧密。

当“气”运行中，又强调了气的连续性，如“郭（璞）氏曰：‘气因形来，而断山不可葬也。’然断有几等：有为水所冲者，有为路所截者，有为畚锸[14]所伤者，龙行至此，未有不遭其害者也。”[15]这里龙指“气”，气流实则是心理流，这时人们希望心理流不要受阻。

“气”被引下龙脉后，又有左右龙虎砂山夹紧：“若非龙虎夹紧直走近水旁，则水动堂而气散。”这时仿佛气流到达目的地了，需龙虎夹紧，否则就会漏掉，这里说的左右龙虎砂山就是上面提到的“形”，即环境人间，它像一个容器一样，容纳了“隐而难知”的“气”。

砂山之前还有朝山：“开面向里，不拘远近，俱名有情，远朝（朝山）及前后左右之砂皆以真面相向，无破碎尖射凶顽为融结。”可见朝山、砂山这一“形”不得与“气”冲突，应该“以其护卫区穴，不使风吹，环抱有情，不逼不压，不折不窜”[16]。

朝山再向两旁是罗城，“罗城者祖山分障包罗于外以成大局者，即龙之余气也”[17]。可见余气还以罗城再缠，以确保气不外溢。

因此前有朝山，后有来龙、大帐，左有青龙，右有白虎，仿佛一个大四合院（图2），全院的唯一出口就是水口，水口为“一方众

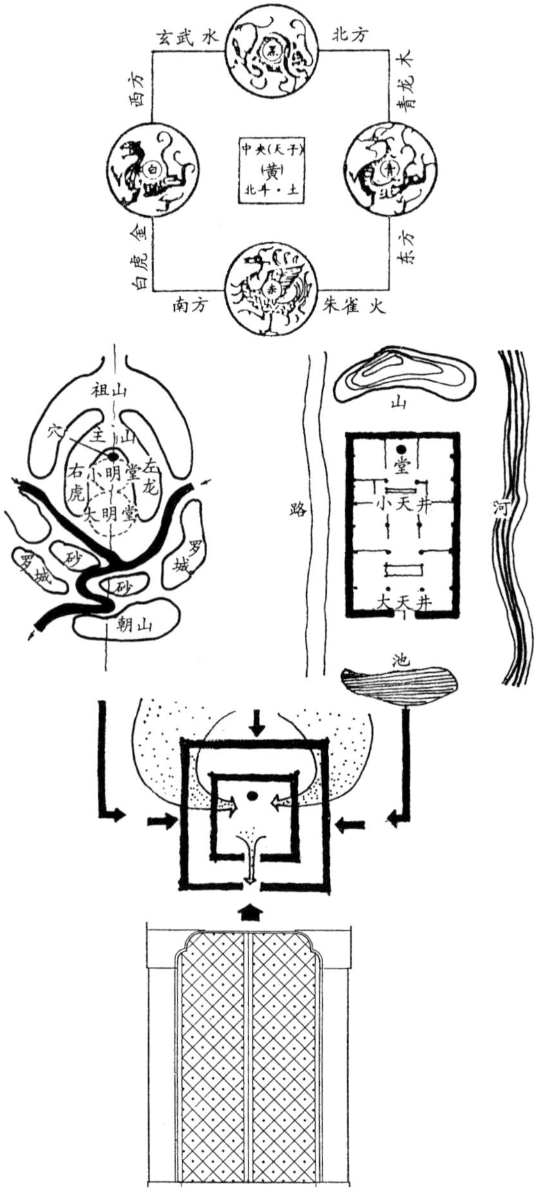

风水中负阴抱阳为形，藏生气为本。将五行方位四灵等文化因素用于风水。

从村落到住宅完全是同构体，皆以聚“气”（心理空间）为要。形为表，气为体，“气者形之微，形者气之著。”

村落的拓扑因素多于住宅，住宅的定式是由于大一统的结果。

从村落到住宅形成双层环抱，使“气”凝结于穴。以“形”滞“气”（气来自龙脉，通过砂山，会聚于穴）。

门为气口。“惟是居房屋中，气因隔别，所以通气只此门耳；门户通气之处，和气则致祥，乖气则致戾。”

——引自《古今图书集成》

图2　气与形关系

水所总出也”（《水口篇十》），真好像四合院的大门，既是进出村口的关口，又可能是溢气的通道，是个关键的地方。四合院往往作有影壁，以防漏气，村落也不例外：“祖山开障展作罗城，罗城余气去，作关阑重重，关锁缠护周密。”（《葬经翼·水口篇》）这里关阑、关锁都是指水口。

请看，古人选“形”可谓“滴水不漏”，用“形”紧紧拢抱着“气”。虽说“气”“形”相辅相成，但是像这样全封闭的“气”

“形”关系，在西方并不多见，这正是中国人心理场的特色。

2） 宅中的气与形

气从龙脉直下，两砂夹持，直入穴中，“夫山目气聚名曰之穴”（《葬经翼·穴病篇》）。所以穴是聚气的焦点。

穴有阴阳两种，这里仅就阳宅而论。对阳宅的评价几乎和村基差不多，实际上，“宅”具有引申意义，因为“家国同构”，住宅和村落以至城镇也都被涵盖。

《阳宅十书·宅外形第一》中：“凡宅左有流水，谓之青龙；右有长道，谓之白虎；前有汙池，谓之朱雀；后有丘陵，谓之玄武；为最贵地。”完全和村落选址中前朝山，后大帐，左青龙，右白虎的格局吻合，因此无论何种地形地貌，或大或小，都遵循同一原则：“负阴抱阳”成围合之势，聚之有气，藏之有能。从住宅本身我们也能看到，它们多围合成天井形式，前后左右俱存环抱之势（见图 3）。

在住宅中蕴藏生气，门是极为重要的，这一点恰似村落中的水口。阳宅中的“三要”即门、

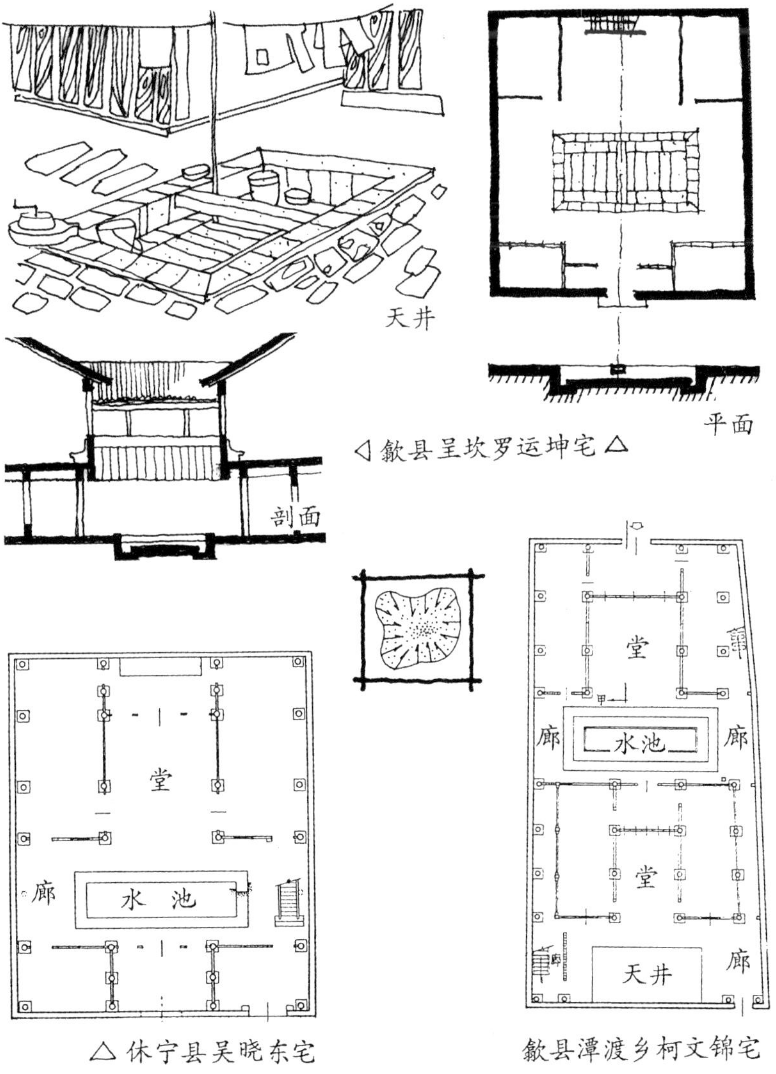

图 3 宅居中的内聚特征：四水汇明堂——聚财

主房、灶；亦或“六事”，即门、路、灶、井、坑、厕，都把门作为一个要素。事实上，门确是保护生气的枢纽，“门通出入，是为气口”（《阳宅大全》）。《阳宅十书·论开门修造门第六》强调门的通“气”作用：“惟是居房屋中，气因隔别，所以通气只此门户耳。门户通气之处，和气则致祥，乖气则致戾，乃造化一定之理，故先贤制造门尺，立定吉方，慎选月日，以门之所关最大。”甚至申言：“宁与人家造十坟，不与人家修一门。”足见门之重要。

量门的门尺，也完全不同于一般的尺子，门尺又称为鲁班尺（见表1），上面刻有凶吉门光星，用它衡量门窗。可见立门主要不是以人体尺度为依据，而是从观念出发，强调对气的导引或堵塞，而气则用吉凶表示优劣。

从村落到住宅，围合的同构现象反复出现，表现了人们特定的需求，围绕“气”出现了一系列“形”，从山脉、道路、河流、汙池、山丘及各种形式的建筑物等，构成了“形”的要素，维护着“气”——心理空间的完整（图2）。

因此，负阴抱阳的局势是一种客观事实，而导火索是“气”——心理空间。

中国人与外国人既有共同的心理特征，又有独特的古风，“自来自去梁上燕，相亲相近水中鸥。老妻画纸为横局，稚子敲针作钩钩。”描绘了几千年封建社会以家庭为中心的封闭式田园生活，皖南黟县西递人就自称是“桃花源里人家”。

3）祠堂在意念上的引力场

前面提到的点场，祠堂就是一个正价（受欢迎物体）点场。

以宗姓为基本单元的聚落中心——祠堂，表现了原始血缘集团的遗痕，大家族的观念伴随着延绵几千年的封建社会生息下来，成为村民的中心，祠堂则是这种文脉的建筑表现。无论其地理位置如何，它始终是村民意识上的中心。通常村民推选本族德高望重的老人作族长，逢年过节、婚丧嫁娶、祭祖祀宗各种仪式都在祠堂举行，由族长主持。图4为西递村明清祠堂分布。

住宅内部也强调有一个核心，正堂中，一张条几居中，正墙是祖容，或将祖宗的神主牌位供在条几上；下方，还常供有“地脉龙神”牌位，象征着宅基的核心即“穴”之所在。

所以说风水中意念的核心和心理场的点场多少有些殊途同归。

综上所述，中国人对心理空间即“气”在建筑上的运用，可谓是先人之声。但是，在论述“气”与“形”的关系时，风水师借用了九宫、八卦、阴阳五行的方法，其中掺杂着生活经验、社会道德

吉庆	贵人星	权禄
仁义		忠信
进人		出官
安稳		俊雅
智慧		聪明
失财	天灾星	散财
孝服		退人
瘟灾		不孝
争竞		灾害
脓血		长病
生离	天祸星	横死
疾厄		官灾
贫苦		瘟疾
盗贼		退财
麻衣		孤寡
爵禄	天财星	诗书
孝弟		主学
美味		清贵
迎财		财禄
官禄		天禄
财横	官禄星	子孙
艺术		富贵
财招		进宝
进田		十善
天财		文章
致争	孤独星	悖逆
殴打		路亡
招祟		离散
死人		酒食
走失		淫欲
自缢	天贼星	风疾
十恶		招瘟
争斗		瘟灾
暗昧		囚狱
花色		官灾
生善	宰相星	才人
礼乐		诗书
子孙		横才
庄产		孝子
出官		贵人

第一贪狼进取财 营求生意自然来	财木星	他人寄物何曾取 分明又得外人财
第二巨门多孝服 放荡游戏走他乡	病土星	疾病一身退田宅 淫乱遭刑男女殃
第三禄存人多狠 离别他乡又不祥	离土星	夫妻分别不相遇 致令男女失家乡
第四文曲星 世代近君王	义水星	其家多富贵 辈辈有名扬
第五文曲星 其家有文荣	官金星	五音田财进 世代有才名
第六廉贞星 官事退园林	劫火星	劫财身孤寡 横祸不住逢
第七破军星 其家出横人	害火星	退财多破败 瘟病不离门
第八辅弼星 家富有金银	吉金星	五音田财进 世代最昌荣

表 1　门尺（鲁班尺）

风水中的门尺长一尺四寸四分　分八份　称依八卦　此尺仅度凶吉

右：门尺正面八份
左：门尺背面八份

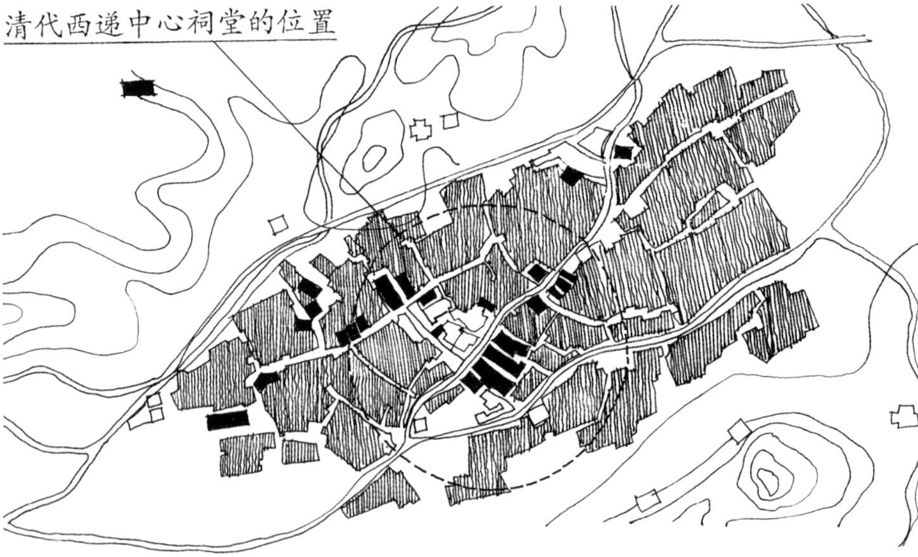

图4　皖南黟县西递村明清时中心祠堂平面位置

甚至宗教巫术等多种因素，打上了封建社会中国政治、文化等各方面的烙印，是当时社会背景的投影，因此尽管人的心理因素本身并不错误，但由于历史的局限，在方法论上不免真理和谬误共存[18]。

这里，我们可以把中西方的事象看成是为人类精神的互补体现，一种是理性的能力，一种是直觉的能力，我们无法通过一个来推出另一个，也无法把一个强加给另一个，两者都是需要的，它们处在一个动态的交互作用之中，好比人的一双脚，跌撞着迈动，告别过去。

注　释

[1] 勒温：生于德国波森省摩尔克诺，受教于弗莱堡、慕尼黑及柏林大学。1914年在柏林大学获心理学博士学位，他对数学和物理学也颇有研究，他最经典的著作为“Principles of Topological Psychology”（《拓扑心理学原理》）（1936年），“A Dynamic Theory of Personality”（《人格的动力理论》）（1935年），《解决社会冲突》（1948年）。在他的后期由于对社会心理学的卓越贡献，被奉为社会心理学之父。

[2] 详见：高觉敷译. 形势心理学原理. 台北中正书局，1973. p.12

[3] 同[2]，p.50

[4] 约旦曲线（Jordan curve）为数学术语，即“一个圆圈的形势几何形象”。也即一个全封闭曲线。

[5] 阳宅即生人居住之所，阴宅为死人居住之处。

[6] 从郭璞到勒温“Principles of Topological Psychology”1935年出版相距约1600年。

[7] “气，在我们这里可以称之为‘以太’，因为物质最初完全是流动的，毫无硬度、无间断、无终止，不能分两部分。这是人们所想像的最稀薄的物体。”（《致雷蒙德的

信：论中国哲学》，载《中国哲学史研究》1981.4）

[8]“物各为一物，而神气之往来于虚者，原通于絪緼之气，故施者不各施，受者乐其受，所以同声相应，同气相求；琥珀拾芥，磁石引铁，不如其所以然而感。”（《张子正蒙注·太和》）

[9、10] Science and Civilization in China 4 sect.

[11]“自然科学里的‘以太’，只能作为传递物质间相互作用力的一种假想的介质而存在，‘以太’和实物仿佛是隔绝的，但张载和王夫之认为‘气’和‘形’是相互转化的。因而他们所提出的‘气’与其说接近以太，不如说更接近现代科学所说的场。”（何祚庥. 唯物主义的‘元气’学说. 中国科学. 1975.5）

[12] 同[9]

[13] 古今图书集成·艺术典，六百七十卷，堪舆部汇考，缪希雍，葬经翼·解难二十四篇

[14] 畚锸原指铲，这里指铲状山

[15] 古今图书集成·艺术典，六百六十二卷，管氏地理指蒙·孤奇谲诡第七十八

[16] 同[13]，四兽砂水篇七

[17] 同[13]，余气篇九

[18] 举一例说明形象的方法，形象认为圆为金、曲为水，直为木，斜为火，方为土，所以择地时依形一一对应，如水若为“U”形为金，环抱为吉，反弓则凶；火为斜，所以水呈“/”形则不吉，将五行与环境选择附会在一起，其结论必然有很大偶然性。

风水形势说和古代中国建筑外部空间设计探析*

王其亨

一、中国古代建筑设计理论缺环钩沉

中国古代大规模的建筑组群，如城市、宫殿、坛庙、寺观、陵寝、皇家园林，等等，其建筑外部空间的布局处理，鲜明显现了中国传统建筑艺术的一大突出特色和卓越成就。其中杰出典范之一，就是已有570年历史的北京紫禁城，其作为我国，也是全世界现存最大最完整的古代宫殿建筑群，在建筑外部空间设计方面，表现出高超精湛的艺术造诣，达到了极高境界，以其非同凡响的气势和魄力，为举世瞩目，交口赞誉。

有关紫禁城的建筑外部空间设计，曾有不少中外学者为之折服，充满钦佩之情地分析研究并论说其意匠；其中，也不乏真知灼见，能裨益人们更深刻地理解和把握这一中国古代建筑文化瑰宝的艺术价值和内蕴。但种种分析评述，大多是借助于西方现代建筑理论，如空间尺度、视觉分析,等等；即使涉及中国传统理论的，也不过是引借有关画论、文论或一些古代哲学、美学范畴和命题来展开阐释。这些努力，当然是有意义的。但另一方面，在实际上，反而加深了人们的这样一种印象：紫禁城以及其他中国古代的大规模建筑组群，其外部空间设计固然成就辉煌，而在有关的建筑理论方面，却明显是贫乏的。

面对着这一令人遗憾的事实，不少人认为，之所以出现这种情况，应当归咎于中国古代建筑创作注重实践而轻视理论思维的倾向。比较公认的解释是：由于以木结构体系为主的中国古代建筑，很早就迈进了营造标准化、模数化和预制装配化的阶段，因而设计同营造有了明确分工，单本建筑设计大大简化，空间的总体布局处理得以成为古代建筑设计的重点；哲匠们关注于此道，加之薪火相传，积累了极为丰富的实践经验，最终能以敏锐而准确的尺度感和娴熟的艺术技巧，灵活而妥善地运用各种建筑体型，结合环境包括自然景观进行各种规模、尤其是大规模的建筑组群的空间组织处理，达到极高造诣。这种差强人意的解释，事实上也不啻默认了中国古代建筑理论缺环的存在。

* 国家自然科学基金资助项目

中国古代建筑理论思维方面的明显缺环是否真实存在？管见所及，以为这是不符合历史真实的。其实，至少在建筑史界和建筑理论界一向由于忌讳而长期乏于探索研究的传统风水理论中，就有相关大规模外部空间艺术处理的理论，具体而言，这就是风水“形势”说。

就本质来说，建筑外部空间设计，实际上就是运用建筑形体及其他环境景观构成要素，如地形地貌、山水植被以至光色等等，进行空间组合，使在体量、尺度、造型形式及乃至质地肌理等方面大小高卑、远近离合、主从虚实、阴阳动静等变化，都能适合人的生理和心理要求，在感受效果上，特别是视觉感受效果上，引起审美愉悦，并臻于艺术上的完善。而建筑外部空间设计理论，也不外是有关这些空间组合处理技巧的规律性的概括和抽象。事实上，如后文将要论证的那样，中国古代风水形势说，就正具有这种理论思维的内涵与特征。

二、风水形势说概述

风水形势说的形成，综观风水理论的发展历史以及形势说中“形”与“势”这两个最基本概念的实际运用，略可判断，最晚也当在汉晋之际。

关于形和势的概念，早在先秦诸子著述中就已见广泛应用，甚至还有专以“形”、“势”为题的论述，如《管子》中的《形势》、《形势解》诸篇，《孙子》中的《形篇》、《势篇》，等等。其中，“形”，有形式、形状、形象、表现等意义，“势”则指姿态、态势、趋势、威力等意义；而形与势相比较，形还具有个体、局部、细节、近切的含义，势则具有群体、总体、宏观、远大的意义。

与此同时，在技术和艺术实践中，哲匠们“制器尚象”，也常注意从远近不同的层次来审视其形与势，以充分把握其总体至各细节的种种关系，俾臻完善。《考工记》述及“百工”职掌，就强调须“审曲面势，以饬五材，以辨民器”。其中如“轮人”，对远以观势，近以察形的技巧，更细致记述道：“望而眡其轮，欲其幎尔而下迤也；进而眡之，欲其微至也；无所取之，取诸圆也。望其幅，欲其掣尔纤也；进而眡之，欲其肉称也；无所取之，取诸易直也。望其毂，欲其眼也；进而眡之，欲其帱之廉也；无所取之，取诸急也。”其他则如“鲍人”，也有“望而眡之，进而握之”等具体而微的记载。

显然正是基于这种实践经验，在建筑规划设计方面，也形成了如《周礼·地官》所载述的所谓“形体之法”。而至少是在汉代，在当时的有关建筑规划设计的专门性术书中，形和势的概念，显然已有了明确的应用。例如班固《汉书·艺文志》载，其时有“形法家”，为汉代风水术的一大流派，其学是“大举九州之势以立城郭室舍形”，或许正是先秦“形体之法”的正宗传承。形法家的著述，据班固所载，有《国朝》七卷、《宫宅地形》二十卷，以及传世至今、并被公认为古代地理学典籍的《山海经》十三篇。虽然汉代形法家有关建筑“形势说”的具体论述，已因相关术书亡佚而难究其详，但与其一脉相承未曾中断的后世风水流派“形势宗”，却有大量有关论述容后文介绍，尚可追溯其源起；而在汉代受其影响，不仅有班固述其要旨，在写照建筑意匠的许多汉赋中也曾明显留下该“形法”注重建筑环境景观的艺术处理，以远势近形的不同及相互转换而予人丰富生动视觉感受效果的印迹。

曾以“数术穷天地，制作侔造化”饮誉于世的东汉大学者张衡，集汉赋之大成，传世有《西京赋》、《东京赋》等不朽作品，赋首写照汉长安和洛阳的选址规划，言及“审曲面势”（薛综注：“审，度也，谓审察地形曲直之势而建王都。”）种种意象，就不啻为当时“形法”或后世“形势宗”“大举九州之势以立城郭室舍形”的典型表现。而张衡的《冢赋》，更一向被后世“形势宗”的风水家评作“自述上下岗陇之状”、“寻龙捉脉”即相度陵墓风水的名赋。其中细腻描绘了有关陵墓选址、营造及山陵诸多艺境追求的情节，真切生动，也莫不吻合于“大举九州之势以立域廓室合形”的形法家作为。关于陵墓建筑的空间构成，张衡写道：“宅兆之形，规矩之制，睎而望之方以丽，践而行之巧以广。”明确表达了建筑外部空间设计注重远近行止不同而巧于变化的视觉感受效果。这与更早的西汉王褒《甘泉赋》“却而望之，郁乎似积云；就而察之， 乎若太山”等描绘建筑群外部空间意象的诗句，也正是异曲同工，反映了当时士人对建筑审美的共同取向。

三国时，曹魏何晏《景福殿赋》，以华美的词句，历历如绘地描写了一座大型宫殿建筑群的艺术境界，在当时众多文人以建筑为审美对象而创作的诗文中，堪称典型地表达了这时代的审美情趣。其中，明显因承了汉代士人的审美取向，也颇为注重建筑外部空间的艺术处理及远近行止不同的感受效果。如云：“远而望之，若摛朱霞而耀天文；迫而察之，若仰崇山而戴垂云。”等等。他还借用“形”与“势”有关局部与整体的不同涵义，写道：“桁梧複叠，势合形离。”虽是描绘檐下斗拱的观赏效果，却极明白地道出了建筑艺术上局部形体细节的处理，既各自独立，而在结构上又保持整体有机统一的意象。

正是在丰富的建筑创作和审美体验的实践基础上，在风水理论的发展过程中，对于建筑环境景观中空间构成方面诸如高下大小、远近离合、主从虚实、整体局部、动静阴阳等等视觉感受效果及内在规律，遂逐步得到认识和把握；再由实际经验体悟而导向于理论思维，从借用“形”、“势”概念而进一步概括抽象，终于衍为一套系统而深刻、内涵丰富而科学，并具有哲理性的理论，这就是明显源自汉代而见诸魏晋、尤其是后世风水“形势宗”有关著述中的“形势说”。而这“形势”，对建筑创作实践来说，正如风水名著《黄帝宅经》所云“宅以形势为身体”，是具有决定意义的。

风水形势说的有关理论，主要围绕着“形”和“势”的基本概念而展开，规范了二者的不同含义和不同的空间尺度限界，并陈明了它们相反相成、对立统一和相互转化的辩证关系及相应处理技巧。为免繁冗，略以传世较早的风水要籍如《管氏地理指蒙》、郭璞《古本葬经·内篇》等所载，摘陈有关风水形势说要旨的一些论述如下：

“远为势，近为形；势言其大者，形言其小者。”

“势居乎粗，形在乎细。”

“势可远观，形须近察。”

“远以观势，虽略而真；近以认形，虽约而博。”

“近相住形；虽百端而未已；远求来势，得九条而可殚。”

“千尺为势，百尺为形。”

“千尺为势，非数里以外之势。”

“百尺为形，非昆虫草木之形。”

“形者势之积，势者形之崇。”

“势之积，犹积气成天，积形成势也。”

“势为形之大者，形为势之小者。”

“形即在势之内。”

“势即在形之中。”

“来势为本，住形为末。”

“势如根本，形如蕊英；英华则实固，根远则干荣。”

“形乘势来。”

“形以势得。无形而势，势之突兀；无势而形，形之诡忒。”

“驻远势以环形，聚巧形而展势。”

“四势之于气概，三形之于精神，一经一纬，相济而相因，千态万状，相类而相甡。”

“精神（形）、气概（势），以见其远近大小之不同……臻于妙也。”

“至哉！形势之相异也，远近行止之不同，心目之大观也。”

“于大者远者之中求其小者近者，于小者近者之外求其远者大者，则势与形胥得之矣。”

“动静阴阳……移步换形，相生为用。”

“势止形就，形结势薄；势欲其伸，形欲其缩。”

“左崇而右实，右胜而左殷。”

“势与形顺者吉。”

“势来形止，前亲后倚者为吉。”

“形势相登，则为昌炽之佳城。”

“形全势就者，气之旺也。”

“势远形深者，气之府也；势促形散者，气之衰也。”

等等。

风水形势说的枢机大端，由这些论述而概略归纳，显然包含有这样一些基本层次：

1 形与势的基本概念

形，概指近观的、小的、个体性的、局部性的、细节性的空间构成及其视觉感受效果。

势，概指远观的、大的、群体性的、总体性的、轮廓性的空间构成及其视觉感受效果。

2 形与势的基本尺度

空间构成的平面（进深和面阔）、立面（高度）及观赏视距等方面的基本控制尺度；

形，一般在百尺以内，但非纤芥之形。

势，一般以千尺为率，但非过远过大之势。

3 形与势的基本关系

形与势，即近与远、小与大、个体与群体、局部与总体、细节与轮廓等对立性的空间构成，实际都是相反相成、可以相互转化的。在组群性空间中，形与势共存，统筹其关系，则尤须以空间构成在群体性、整体上的大格局及其远观效果上的气魄或性格特色立意，即以势为本，以势统形，通盘权衡而展开个体、局部、细节性空间构成及其近观效果的处理。

4 形与势的时空转换

形与势的概念及尺度限定，基于空间构成在近观与远观时的知觉效果，时空上皆具有相对的静态特征。而由近及远或由远及近的时空运动中的景观，即介乎远、近两极之间的中景景观，却具有强烈的动态变化特征，充满了近与远、大与小、群体与个体、整体与局部、轮廓与细节等方面，即势与形的矛盾运动与相互转化。因此，中景景观的艺术处理，须细致缜密地把握这种势与形的时空转换，在空间组群的序列组织中，无论前瞻后顾，都巧加运筹，使人在其间运动时获得的“知觉群”的连续性综合印象臻于丰富而极尽变化，构成心目之大观。

三、风水形势说外部空间理论解析

风水形势说在理论上的阐发，一如古代中国其他学术理论，内涵丰富深刻，而概括性极强，洵为言简意赅。惟其言简，或用当代有关理论对照诠释，则其内涵的多方面意义与价值将更为彰明较著。

例如形势说的核心，除定性概括了“形”和“势”这两个基本概念外，还定量给出“千尺为势，百尺为形”的规定，作为外部空间构成的尺度权衡基准。这一规定，由现代有关理论及相应成果来分析，则明晰可见它们实际上是古代哲匠在深刻认识和把握了有关人的行为及知觉心理规律的基础上，极其准确凝练地给出的“外部空间模数”，是十分科学的。

对于“形”，其“百尺为形”的基本尺度规定，按中国古尺，从周尺到康熙朝的量地官尺，折算公制约为23～35米。“近以认形”，“近相住形”，以之作为近观时的视距标准，则正与现代建筑理论中以看清人的面目表情和细节动作为标准的近观视距限制基准若合契符；而按现代音质设计理论，在这一尺度下，声音传播时间恰在0.1秒以内，正是人耳听到的声音能与眼睛看到发声者的口形同步，或避免回音干扰直达声的限制基准。这些限制值，也正是广泛应用在影剧院、多功能厅堂、体育馆，以及街道、广场、建筑群的外部空间等设计实践中的重要的基准尺度和模数。众多的有关著述曾强调指出，这一空间尺度予人的心理感受以富于“人情味”为最显著特征；以此为准，可创造出尺度宜人得体的外部空间。

按照风水形势说，百尺为形的空间尺度规定，对单体性的空间构成，还具有体量尺度的制约意义，即如建筑单体或建筑局部空间划分，面阔、进深与高度一般也应以百尺为限。由当代理论可以知道，这也正是建筑体量不失之于“尺度超人的夸张”而富于人情味的合宜尺度。而且，同近观视距一样，这一规定也具有内在的科学依据。

简单计算和作图分析就可知道，以百尺为限，在百尺以近观看高度限制在百尺以内的建筑，则观赏角为仰角45°左右。而这正是经过现代建筑科学研究，并在外部空间设计中普遍应用为近距离观看建筑个体，并倾向于观看建筑局部、细节的一个限制视角。同时，当代研究成果还指出，在水平向上，人的双目合同视野，最佳视角在60° 以内，一般以水平视角在54° 时为设计中的最佳视角。而这恰恰正是面阔百尺的建筑在视距百尺处观看时的水平视角。

风水形势说对于“势”的尺度规定，即“千尺为势”，一般用于限定群体性的大范围空间围合及远观视距，也同样具有科学性。

中国古代的千尺，合现代尺度230～350米左右。由当代研究成果证明，这也正是一个外部空间设计中以人的活动为中心的科学尺度规定。其一，这是人作为步行者活动时，能保持愉快胜任的合宜步行距离。第二，这也是以人为观察目标的一个远观视距限制值，就是远以观人，虽然面目及动作细节无以辨认，却可以由人的轮廓、动态特征而加以识别的远观视距值。以这一限制值界定的空间，在远观的角度上说，仍然是一个具有“人情味”的空间。

此外，就当代理论分析，合于人的尺度即“百尺为形”的建筑或其他景观形体，在千尺之远观看时，视角为6° 。这正是人眼最敏感的黄斑视域；同时也正是当代建筑外部空间设计中的一个重要极限视角。实际上，当视角小于6° 时，空间的景观效果，尤其是空间围合效果，将明显消失，趋于空旷，并产生疏远感。

有鉴于此，为避免各单体性空间构成的百尺之形在大范围的空间围合和远观时失之于空旷和疏远感，而仍能具有宜人的空间艺术效果，则在外部空间的总体布局上，把各单体性的百尺之形，控制其空间围合尺度及远观视距不逾于千尺，即350米，当是十分关键的。风水形势说有关“千尺为势，百尺为形”的限制规定与具体运用，在这方面恰恰表现出明显的针对性，殊非偶然，而且具有很高理论价值与实践意义，也是不言而喻的。

当然，在实际上，也会存在着空间围合尺度及远观视距逾出千尺限外的情况。当此之际，适当增高或加大各单体性空间构成的尺度，或通过各单体空间构成的适当组合形成大尺度、大体量的组群，均能调整其远观视角不小于6° 而避免产生空旷疏远感。风水形势说强调“积形成势”，“聚巧形而展势”的十分精明的空间处理手法，就是因此而发。这里，一般不着眼于增高加大单体性空间形体的尺度，以免近观时失之超人的夸张；而仍然以尺度宜人，即富于人情味的各单体性的百尺之形，通过巧妙的空间组合，使之在远景上积而成势，展而成势，呈诸视野，加以妥善解决。

在远景逾出千尺限外时，风水形势说还别具匠心，注重“驻远势以环形”，“形乘势来”，“形以势得”的艺术处理，即在远景上，使一些个体性的百尺之形，或因借山势地形，或倚靠大体量、大尺度的群体性空间组合作为底景，得到衬垫烘托，呈诸视野，从而获得远观上宜人得体的空间艺术效果，不致疏远空旷。这戛戛独造的匠心，无疑是非常高明的。

风水形势说对外部空间设计深思熟虑、精湛高超的意匠，值得重视的还有其对远观、近观，以及介乎这两极之间中景景观时空动静感和相应艺术处理原则的把握和阐发。而在这方面，由当代有关理论来观照分析，同样可以得到充分证明，其本质也是十分精审科学的。

例如当代知觉心理学的研究，曾揭示了这样一个视觉心理规律：当人固定于某一位置观看时，对于一个一定大小的对象，其知觉大小随距离变化有三个阶段：第一阶段是在距离较近的范围内，知觉大小恒常不变;第二阶段是在中等距离范围内，大小知觉恒常性破坏，知觉大小随距离的增加而减少；第三阶段是在更远的范围内，刺激物的大小接近大小辨别阀限值，即距离再增加，知觉大小变化也很少（荆其诚等《人类的视觉》）。

这一规律意味着，空间形体的感知，在近、中、远不同视距上，具有不同的效果：近观与远观，具有相对静态的特征；介于两者之间的中景景观感知，却具有相对的动态特征。而如前所述，风水形势说恰恰强调，近观之“形”和远观之“势”，其视觉感受效果与景观艺术处理原则，皆具有静态特征；而介乎其间的中景，却具有动态特征。这毫无疑义地证明，风水形势说对这种知觉心理规律的认识和把握，是相当深刻，也是相当准确的。

当然，风水形势说所洞彻并强调的，还不仅止于此，即不仅注重当人固定于某一位置时感知远、中、近不同景观的大小恒常或变化，而尤其注重人在时空中运动时的景观视觉效果及其艺术处理。即是说，不仅注重于空间知觉方面的大小恒常与变化规律，也注重与此有机联系的时间方面的体验与感受；以此论动静和形势转换，则是时空上的动静感和形势转换。

风水形势说的这一取向，从人的行为和知觉心理来分析，也是有道理的。实际上，人在外部空间组群中步行运动，当其近观时，景物细节，尤其是建筑艺术处理中造型、设色、纹理、质地等种种细节的丰富多彩，往往使人瞻恋驻足；而俟其远观景物，人虽移步，远观视角的变化却常较微小，景观微差变化也往往难以明显觉察。因此，近观和远观的视觉感受多具有时空上的相对静态特征。与此明显成为对比的是，中景景观主要是在远近行止的显著变动中被人连续感知而获得的“知觉群”的综合印象，它具有时空上的显著动态感，也自在情理之中。

基于此，风水形势说在整合近景、中景和远景上的外部空间构成方面，提出了重要的处理原则：对千尺之势的大型空间组群，一方面，要从全局或整体上控制其具有特定性格或气魄；另一方面，要在此基础上，以百尺之形为率，把整个空间组群划分成既各相独立、互有差别而又有机联系的多个局部性空间，巧妙地组织其中各单体及局部细节的艺术处理。这样，空间组群便能一气呵成地显现出性格鲜明的有机统一的整体特色；而移行其间，在远、中、近的不同层次上，纷呈展现的形与势的时空转换，更能予人以一系列的不同感受并引起情感变化，形成富于戏剧性的生动有致而又连续不断的审美体验。

在这些体验中，当然会包括由不同视距（D）和建筑高度（H）的关系所决定的空间感：如 $D/H = 1$ 时，仰角 45°，空间围合感很强，人倾向于观看建筑立面的局部或细节；当 $D/H = 2$，仰角 27° 时，空间围合感适中，倾向于观看整幢建筑的立面构图及细部；当 $D/H = 3$，仰角 18° 时，围合感下降，倾向于观看单幢建筑与周围景物的关系，或观看一群建筑；当 $D/H = 4$，仰角 14° 时，空间围合的容积性特征趋于消失，倾向于把建筑看成是突出于整个背景的轮廓线；如此等等。

这一系列空间感的认知及其在外部空间设计中的广泛应用，就现代建筑理论而言，盖源自 19 世纪西方建筑界的视觉分析理论，本质上都是静止式的，即在各不同视距的固定观赏点上为人所感知的。而风水形势说以百尺之形划分千尺之势的空间构成原则，虽然包含了对这种静态空间感的认知与运用，但其更为注重或强调的，实际上是时空运动中这一系列静态空间感及其转换变化的连续综合印象。这一取向，其实是更吻合于为弥补西方的经典性视觉分析理论的严重缺陷而发展起来的当代外部空间设计理论，例如日本学者芦原义信在其《外部空间设计》中提出的“十分之一理论”和“外部模数理论”等。

芦原义信针对西方的传统视觉分析理论“完全是静止式的、中世纪式的”弊端，为适应当代外部空间设计的需求，即如“从很多视点研究构图和布局”，要将“空间看作是一系列变化着的构图，这构图具有首尾的连贯性和连续性，用对比和出人意外的手法以维持和刺激人的兴趣”（参见[英]F.吉伯德《市镇设计》）等等，经过较为系统的分析，提出了他的理论。其要点，一是“外部空间可以采用内部空间尺寸 8～10 倍的尺度”，此即谓“十分之一理论（one-tenth theory）”；其二，“外部空间可采用每行程为 20～25 米的模数”，即所谓“外部模数理论”。依其说，小巧亲密的室内空间尺度加大 10 倍，约 25 米，可准此构成亲切宜人的外部空间如小型广场；再加大 10 倍，即构成大型外部空间。而大型空间的构成，则以能识别人脸的距离约 25 米为率划分行程，每一行程内的空间，又用各种办法如凹凸、高下以及材质肌理等变化，造成空间节奏感，使大型外空间构成在动态与静态观赏中，都能臻于丰富生动。为有利于实践，芦原义信还主张，在进行外部空间设计时，如果把这一约25米的模数坐标网格重合在图面上，“就可以作为实感而估计出空间的大体尺度”（参见芦原义信《外部空间设计》）。

毋庸讳言，以芦原义信的理论或方法来观照风水形势说，两者的宗旨及其内涵，确有惊人的一致之处。而且略可补充说明的是，稽诸史料，则可进一步发现，风水形势说的“外部模数”，即百尺、千尺的基本尺度规定的由来与运用，与芦原义信的“十分之一理论”及“外部模数理论”，实际也是同出一辙的。

中国古代的尺度系统，其标准取自人体并主要以十进制推衍形成，在古籍中原有很多记载。如《大戴礼记·主言》记载孔子说：“布指知寸，布手知尺，舒肘知寻，十寻而索。”《家语》谓：“布指知寸，布手知尺，舒肘知寻。”《风俗通》云：“步始于足，足率长十寸，十寸则尺，一跃三尺，法天、地、人，再跃则步。”《说文解字》曰：“尺，十寸也，人手却十分动脉为寸口，十寸为尺。……周制寸、尺、咫、寻、常、仞诸度量，皆以人之体为法。”还说：“丈，丈夫也。周制八寸为尺，十尺为丈，人长八尺，故曰丈夫。”《论衡·气寿篇》也说：“人形一丈，正形也；名男子为丈夫，尊公妪为丈人。”等等。

涉及建筑，古人也非常注重尺度合宜，以满足人的生理、心理及社会需要。如《国语·楚语》载伍举谏言楚灵王：“夫美也者，上下，内外，小大，远近皆无害焉，故曰美。……故榭度于大卒之居，台度于临观之高。”注重建筑审美并倡导礼治的孔子主张“卑宫室”（《论语·泰伯》），又强调：“以之居处有礼，故长幼辨也；以之闺门之内有礼，故三族和也；以之朝廷有礼，故官爵序也。……是故宫室得其度。”（《礼记·哀公问》） 唐人孔颖达疏：“宫室得其度者，度谓制度，高下大小，得其依礼之度数。”以尚俭著称的墨子倡言：“为宫室之法，曰：高足以辟润湿，边足以圉风寒，上足以待雪霜雨露，宫墙之高足以别男女之礼，谨此则止。是故圣王作，为宫室便于生。”(《墨子·辞过》) 对这“便生”，《吕氏春秋》阐发说：“室大则多阴，台高则多阳，多阴则蹶，多阳则痿，此阴阳不适之患也。是故先王不处大室，不为高台。”汉代大儒董仲舒集前人大成，在《春秋繁露》中申言：“高台多阳，广室多阴，故人弗为，适中而已矣。”适中亦即“居处就其和”。他还强调：“天子之宫……故适形而正。”

凡此“宫室得其度”、“便于生”、“适中”以及“适形”之“美”，等等，实际上都有具体的宜人尺度控制。除了诸多典籍如《考工记》、《礼记》载述有关建筑礼制等级的尺度规定而外，以合于人体尺度构成亲切感的室内空间，即如《国语·周语》记载单穆公云：“其察色也，不过墨丈寻常之间”；注谓：“五尺为墨，倍墨为丈”。所谓“察度”和“察色”即人际间情感细微交流而具有亲切感的空间尺度，其实就是当时居室普遍采用的空间尺度，已具有模数的性质，也成为相关礼仪制度的重要构成部分，即孔子强调的“宫室得其度”。如《仪礼·公食大夫礼》：“司宫具几与蒲筵，常；加萑席，寻。”东汉郑玄注：“丈六尺曰常，半常曰寻。”《礼记·曲礼》述及居室中会客礼仪时也提到：“布席，席间函丈。”郑注：“函犹容也。讲问宜相对，容丈，足以指画也。”《礼记·文王世子》说：“远近间三席，可以问，终则负墙。”唐代孔颖达疏：“席制广三尺三寸三分之一，三席则函一丈，可以指画而问也。问终则退就后席，负墙而坐。”这种模数性的尺度概念，另如《墨子·辞过》“美食方丈”，《孟子·尽心下》“食前方丈”，《晏子春秋·问下》“食味方丈”等。而《庄子·让王》、《礼记·儒行》和后来《淮南子·原道训》等常提到“环堵之室”，实即东汉高诱说：“堵，长一丈，高一丈；面环一堵，为方一丈，故曰环堵。”唐代陈玄英则指出：“犹方丈之室也。”这“环堵之室”、“方丈之室”或“间”的尺度，后如《论衡·别通篇》所概括：“宅以一丈之地以为内”，内即内室，或内间，实际是以“人形一丈，正形也”为标准而权衡的。这“丈室”、“方丈”之称，尚如白居易《秋居书怀》：“丈室可容身。”《法苑珠林》：“以笏量基止有十笏，故号方丈之室。”等等。

由合于人体尺度并具有亲切感的室内空间尺度为基础，构成多开间的建筑，进而组成宅院、大型建筑或大规模的建筑群，便有了“百尺”、“百室”、“百堵”、“百丈”、“千尺”之类的大型建筑和组群建筑外部空间的重要尺度概念。如《逸周书·明堂篇》记载“明堂方一百一十二尺，高四尺，阶广六尺三寸，室居中方百尺，室中方六十尺，户高八尺，广四尺，牖高三尺，门方十六尺。东应门，南库门，西皋门，北雉门”等，就是《韩非子·喻老》所言的“百尺之室”的一个典型实例。其他尚有如《后汉书·侯览传》“高庑百尺”；秦湛《卜算子》“极目烟中百尺楼”；等等。至于大型建筑和组群的尺度概念，则略如《诗经·良耜》所谓的“以开百室”，《诗经·绵》的“百堵皆兴”，《诗经·斯干》的“筑室百堵”，《北史·西域传》的“百丈佛图”，等等（图1、图2）。

图1　以“人”之“形”为基准并外推构成的中国古代建筑空间尺度模数，作为“礼之具”的“度”，以具有“人情味”为特质

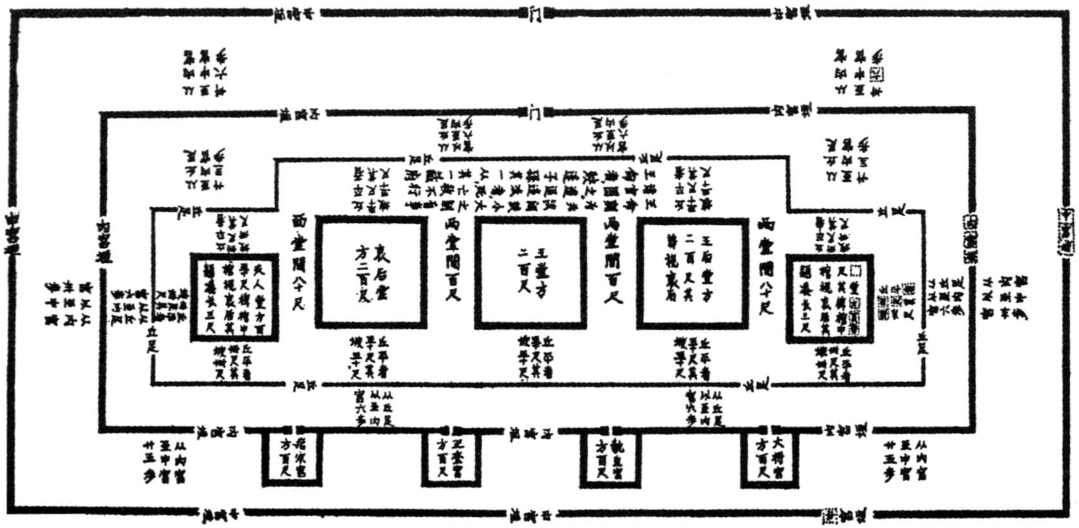

上，汉画像石中“势合形离”的建筑群形象
左，战国中山王墓兆域图（摹本，原字为篆体）
图中显示出单体之“形”与群体之“势”的尺度构成关系，正是汉晋之际风水“形势”说中“千尺为势，百尺为形”模数系统的端绪

图2　中国古代建筑数千年一以贯之的实践与理论思维的传承，由单体的“形”到群体的“势”，最终形成了“千尺为势，百尺为形”的建筑外部空间构成的模数系统及相关理论

值得指出的是，在古代中国，以人体为基准的几、筵、席、阶、雉、堵以至弓、稆、车舆等器物的尺度，也曾被广泛运用于室内空间设计，并推衍为建筑组群以至城市规划设计尺度的模数体系，形成了相应的制度，详略不同地记载在《周礼》、《逸周书》、《考工记》等典籍中。如《周礼·遂人》"以土地之图经田野、造县鄙形体之法"，郑玄注："经、形体，皆谓制分界也。"这里，如《国语·楚语》所谓"且夫制邑若体性焉，有首领股肱，至于手拇毛脉"，"形体"已引申为土地和都邑规划。而另如《周礼·量人》："量人掌建国之法，以分国为九州，营国城郭，营后宫，量市朝道巷门渠。造都邑亦如之。"郑玄注："建，立也。立国有旧法式，若《匠人职》云。"所谓《匠人职》和"旧法式"，就是人们耳熟能详的《考工记·匠人》所谓"匠人建国" 以及"匠人营国"等一整套土地区划、城市建设体制以及宫室建筑形制和规划设计方法。郑玄曾特别说明："营谓丈尺其大小。"唐代贾公彦解释说："云丈尺，据高下而言；云大小，据远近而说也。"

总而言之，从诸多古籍记载的史实看，风水形势说"千尺为势，百尺为形"的尺度规定作为建筑外部空间设计的所谓"外部模数"，盖源自以人体为准的尺度系统，并以十进制为基础，由室内空间尺度外延形成，即由尺而丈（10 尺），再而百尺（10 尺× 10 尺）、千尺（10 尺× 10 尺× 10 尺），当是十分明显的。而这与芦原义信"外部模数"的"十分之一理论"完全契符，也当是毫无疑义的。

还应当在此指出的是，在具体的建筑设计实践中，反映着"千尺为势，百尺为形"的模数化空间构成原则，以百尺为形的坐标网格来推敲建筑群的空间布局即外部空间设计，实际也是中国古代传承弥久和应用普遍的一种重要方法。略去其他相关史料不谈，在传世的大量清代样式雷画样中，就多见实例：如用称为"平格"的五丈、十丈见方的经纬网格绘制的有关《风水地势图》、建筑群的《地盘全图》、《中路立样全图》（p.200 前图 13、p.237 图 8、9 等）等等。这种设计方法，与芦原义信所主张的方法毫无二致，也是显而易见的。

通过以上各方面的比较分析，完全可以确信，风水形势说实际是中国古代哲匠在他们丰富的创作实践和审美体验的基础上，洞彻并驾驭了外部空间构成和人对其感知过程的一系列本质特征及内在规律，经过深刻的抽象思维而形成的外部空间设计理论。这一理论体系具有丰富的内涵，也具有严密的系统性和科学性，不仅具有很高的理论水平，也具有很强的实践价值，毫不逊色于现代外部空间设计理论。而且不容低估的事实是，和现代外部空间设计理论相比较，风水形势说的形成与发展不仅要早得多，其植根于中国传统文化的深厚土壤，在理论思维上，也鲜明显现出富于整体思维和辩证哲理而表述练达精审的特色。

远为重要的是，风水形势说是和中国古代建筑创作实践紧密联系的，由此，遂得以产生许多光耀世界建筑文化之林的伟大作品，达到极高艺术境界。观照和分析这些实际创作，将可以更充分地认识风水形势说作为中国古代外部空间设计理论的影响和价值；同时，也必能裨益于更深入更真心地理解和把握中国古代建筑的卓绝艺术造诣，包括设计技巧，尤其是设计思想和理论。在这方面，观照和分析紫禁城这一最为典型的杰作，特别是其大规模组群的外部空间设计意象，当然具有重要意义。

四、紫禁城外部空间设计意象观照

紫梦城的规划设计受风水理论制约或指导，是有文献可考的史实，学术界也多有认可；对紫禁城建筑布局的种种风水意象，于倬云先生《紫禁城宫殿》和姜舜源《五行、四象、三垣、两仪——紫禁城》

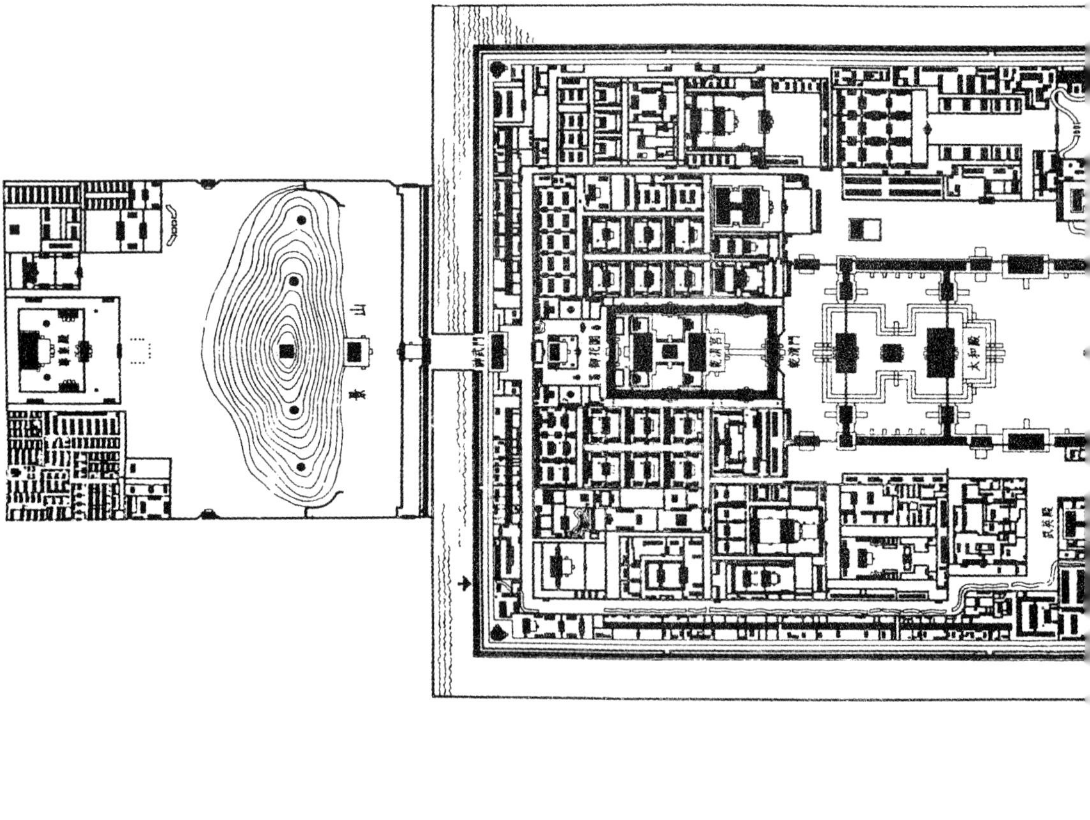

等论著，均做过有益探析，这里不再赘引。在明初，尤其是在北京城经营之际，风水形势宗曾大行于世，并倚重永乐皇帝的青睐而势盛。在这样的背景下，有关风水形势理论被贯彻或影响于紫禁城外部空间设计实践，当然是情理中事。而在事实上，观照和分析紫禁城大规模建筑群的外部空间构成，也不难获得大量有力证据，足可充分说明这一点。

1 单体构成

虽然紫禁城的整体立意，极为注重“非壮丽无以重威”，竭力表现和强化其环境氛围的九鼎之尊，但这一艺术追求，却仍然具有鲜明的现实理性精神。构成规模恢宏、气势磅礴的紫禁城建筑组群的各个单体建筑，其外部空间构成的基本尺度，实际上也莫不遵循了“百尺为形”的原则，即以23～35米为率来控制各单体建筑的平面及竖向尺度，而未以尺度超人的夸张来求取艺术上的成功。

以高度而论，紫禁城最高的单体建筑是午门。这一紫禁城的正门，最重要的功能，是征伐凯旋献俘之际，皇帝亲御其门楼，行“受俘献

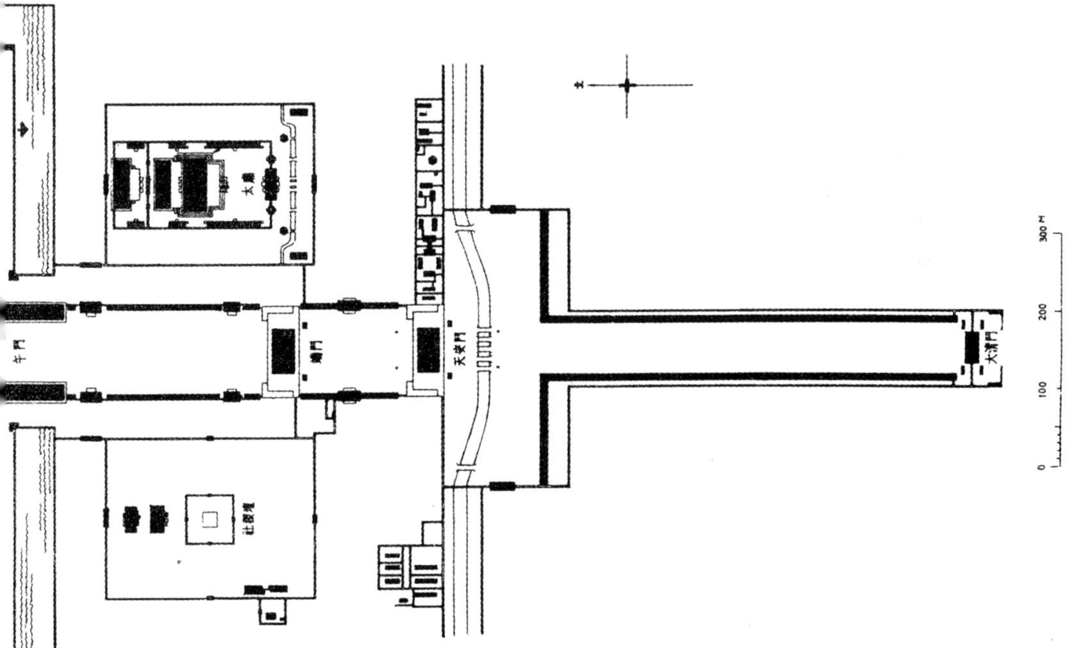

图3　北京明清故宫总平面图

故宫的规划布局，颇多风水方面的讲究，如以景山为其“镇山”；金水河自乾方（天门）入而从巽方（地户）出，并在武英殿、太和门前等前凸成“金城环抱”（冠带形）之势；以东属木主春、生、文、仁等，故有万春亭、文华殿、体仁阁（文楼）等；西属金主秋、收、武、义等，故有千秋亭、武英殿、宏义阁（武楼）等；诸如此类，可详见于倬云先生《紫禁城宫殿》及姜舜源《五行、四象、三垣、两仪——紫禁城》等有关论著

馘之礼”,“以钦鸿贶崇武功”，有明确且强烈的镇压威慑作用。虽其如此，自城下地平直到脊吻高，也只有37.95米。午门迤北的太和门全高，则只有23.8米。至于九五之尊的太和殿，连同三层硕大的台基，全高也才35.05米。除此而外，紫禁城其余所有单体建筑均在35米限下，不必殚举。

以进深而论，太和殿为最大，通进深33.33米，其余各单体建筑皆在此限下，无须罗列。

至于各单体建筑面阔，除中轴线上的主体建筑如午门、太和门、太和殿以至神武门，还有横轴上的东华门、西华门、体仁阁、弘义阁等外，悉以百尺为形的尺度控制其通面阔。而这些“居中为尊”，处

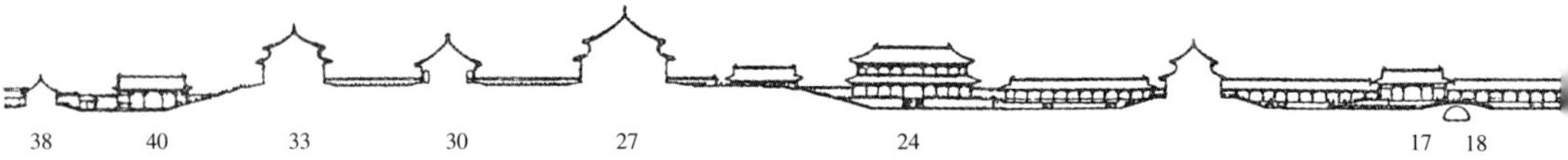

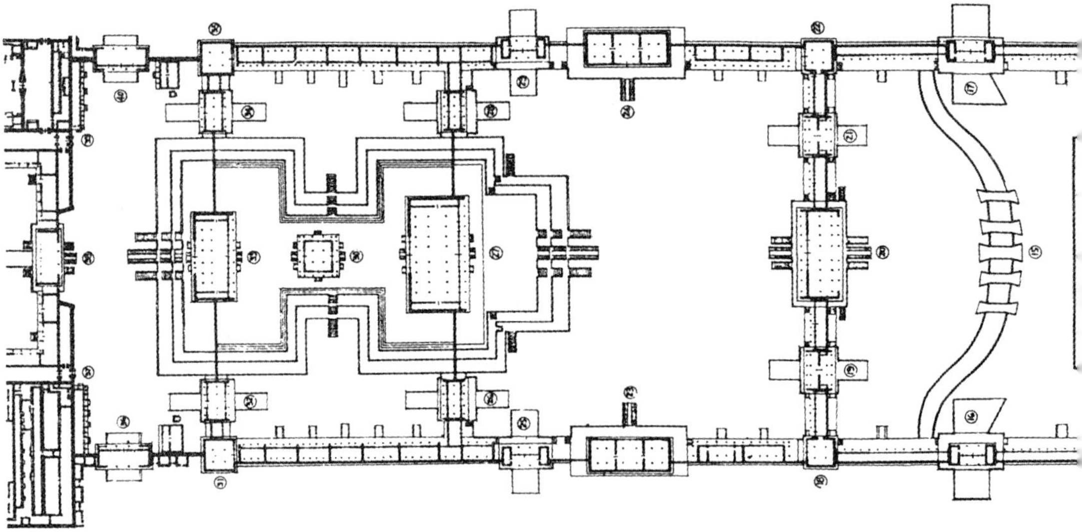

在主轴线、实际也是对称轴上的主体建筑，承袭历代大型宫殿建筑的尺度构成传统，以其对称性而言，通面阔则都是按轴线两侧各控制在百尺之内而确定的，如午门正楼、太和殿通面阔皆为 2 × 30 米左右，体仁阁、弘义阁皆为 2 × 23 米，等等。

2 视距控制

以庭院、广场、月台等空间围合而论，其平面尺度限定着观赏视距；此外，建筑纵横轴线的交汇点、道路、流水、门洞、桥座、月台、踏跺以至墙垣等等的起止点、转折点或交汇点等，实际也构成了若干重要观赏点，限定着观赏视距。在紫禁城的外部空间构成方面，

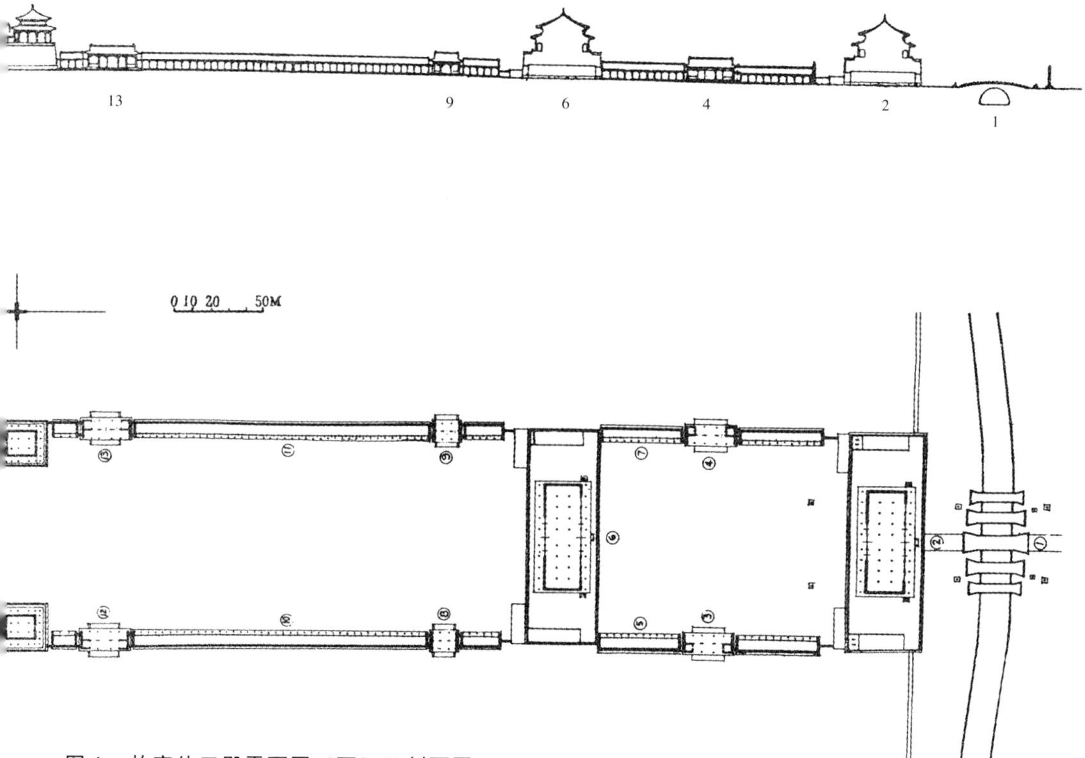

图4　故宫外三殿平面图（下）及剖面图

紫禁城的建筑组群外部空间构成，典型体现了风水“形势”说“千尺为势，百尺为形”的模数尺度原则，并极为注重势与形的时空转换和对立统一，以恢宏的气势和魄力，也以丰富的时空序列变化，产生了非同凡响的艺术效果，成为中国古代建筑的不朽杰作

1.外金水桥 2.天安门 3.社稷街门 4.太庙街门 5.西庑 6.端门 7.东庑 8.社左门 9.庙右门 10.西庑（朝房） 11.东庑（朝房） 12.阙右门 13.阙左门 14.午门 15.金水桥 16.熙和门 17.协和门 18.崇楼 19.贞度门 20.太和门 21.昭德门 22.崇楼 23.弘义阁 24.体仁阁 25.右翼门 26.中右门 27.太和殿 28.中左门 29.左翼门 30.中和殿 31.崇楼 32.后右门 33.保和殿 34.后左门 35.崇楼 36.隆宗门 37.内右门 38.乾清门 39.内左门 40.景运门

近观或远观视距，也无不以此而加以划分和组织，普遍遵循了“千尺为势，百尺为形”的尺度控制原则。

以近观视距而论，如东、西六宫的绝大多数内庭院，通面阔、通进深就都在35米限内。而最为显赫的三大殿，自其三台迤南而至北端，自东而西，进深和面阔逐段划分，也均在此限。其中三台南丹陛通深33米；台上层南边阶条至太和殿通深29米；太和殿台明通深35米；太和殿北丹陛至中和殿丹陛间距31米；中和殿台明通进深23米；中和殿迤北至保和殿台明南边共深33.8米；保和殿台明通深25米；北面丹陛通深30米；丹陛北至乾清门台明34.8米；等等，无不严格遵循了“百尺为形”的尺度控制原则。

在远观视距构成上，紫禁城的整个平面布局除东北、西北城外角各至东华门、西华门距离过大，为仅有特例外，其余所有广场、街巷，或相邻单体建筑间距，以及城台、城墙各段落之长，最大也只在350米左右，以“千尺为势”而限定，是显而易见的（图3、图4）。

值得强调指出的是，正是由于紫禁城各单体建筑的平面尺度按百尺为形控制，近观视距亦以百尺为形限定，远观视距则控制在千尺为势的限界之内，其间行程又遵循以百尺之形划分千尺之势的空间构成原则，因此构成学者们曾以视觉分析理论而认知的一系列最佳观赏视角及空间感（如白佐民《视线分析在建筑创作中的应用》，《建筑学报》1979年3期），保证了近观、远观以及移行其间在形与势的时空转换中获得最佳视觉感受效果。也正是在尊重并发掘研究了这一传统建筑意匠的基础上，吴良镛先生等得以从容驾驭天安门广场规划中外部空间设计的尺度、视觉分析诸原则，最终取得成功，为学界共识。以此权衡风水形势说的理论与实践价值，无论对于古代，还是当代建筑创作，无疑都是不容低估的（图5）。

3 整体立意

正如人们曾经深刻体验、并已为学者们充分论及的那样，紫禁城大规模建筑群的整体布局和由此形成的艺术氛围，具有震撼人心的气势与魄力，极为壮丽恢宏，在远观时尤为显赫。这一创作意象体现了中国古代建筑的鲜明特色，也曾为学者们注重和强调。典型如李允鉌在其《华夏意匠》中曾刻意指出：“中国建筑在远观时所呈现的十分完善的效果，并不是出于偶然，它们肯定是不知通过了多少人作实地勘察和深思熟虑才得出的结果。”他认为：“自古以来，建筑设计颇为讲究气势和魄力，这种性格也只有在远观中才可以充分地表现出来。在每一个重大的建筑设计上，相信，首先注意及的就是它们在远观上的效果。”

紫禁城建筑群的外部空间设计意匠颇为当代学者注重，细心探究，有不少重要发现，如建筑高度同广场尺度（视距）构成1/10关系等，曾成功运用于天安门广场建筑群的规划设计。这种尺度构成，实际正是中国古代建筑外部空间设计理论即“形势”说的基本规律之一

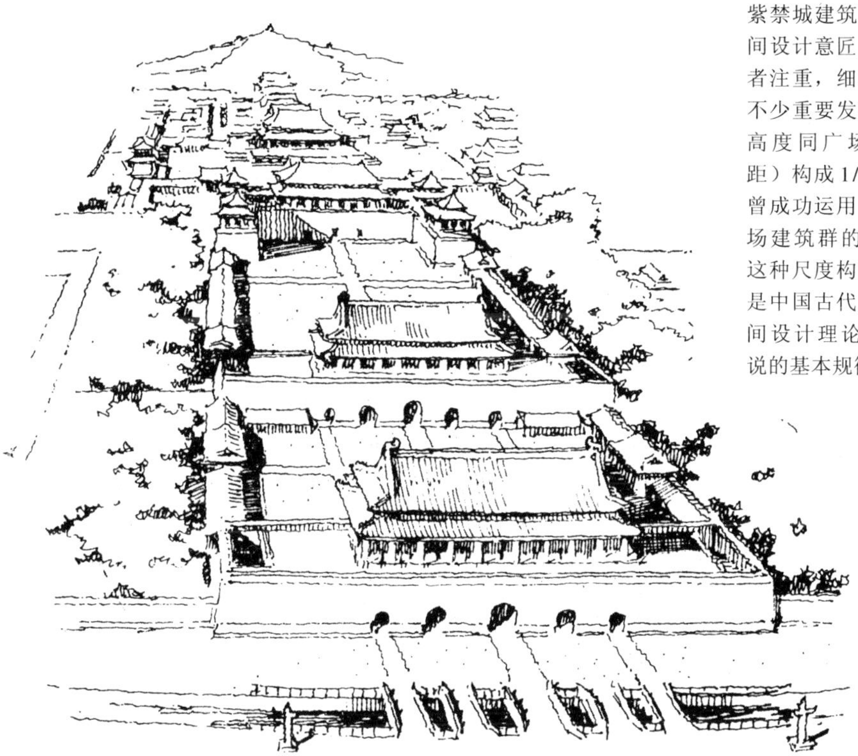

图5　紫禁城(上)和天安门广场建筑群(下)鸟瞰

这些体验与分析，无疑都是相当中肯合理的。然而，若以指导或制约着中国古代建筑实际创作的风水形势说来观照分析，则既能充分证实中国古代哲匠确曾非常注重建筑组群总体布局远观效果的表现，讲究其气势和魄力，从而使人们对中国传统建筑这一性格的认识与把握，由主观揣测而达于符合历史本来面目的理性认识；而且更为重要的是，这也必将彻底否定中国建筑在这一艺术实践及成就方面乏于理论思维的严重偏见。

不必在此繁琐阐释，回顾一下前文风水形势说注重和强调有关建筑组群总体布局的远景效果、即所谓“势”的诸种论述，诸如“来势为本，住形为末”；“势如根本，形如蕊英；英华则实固，根远则干荣”；“形乘势来”，“形以势得”，“无执而形，形之诡忒”；“驻远势以环形，聚巧形而展势”；等等，言简意赅的几句，问题即可了然。

4 空间序列

紫禁城建筑群的外部空间设计，对于群体性空间布局的序列效果，即通过观赏路线上予人以富于戏剧性变化的“连续的综合印象”或“知觉群”（apperception mass）的程序安排，是极为注重的，也产生了非同凡响的绝妙艺术效果。关于此，中外学者的分析论述，林林总总，蔚为大观，用不着赘引或重复叙说。

通过实际体验，依据现代建筑理论加以观照和分析，进而推断古人对于空间序列安排的设计构思，人们认为：“设计的注意力大部分是落在不同空间之中的景色变化和转换上，把整个过程纳入一个总的组织程序中，使人从一个层次进入另一个层次的时候，由视觉的效果而引起一连串的感受，并产生情感上的变化。设计创作的意图就是控制人在建筑群中运动时所感受到的‘戏剧性’的效果。”（李允鉌《华夏意匠》）

如果对照风水形势说的有关论说，尤其是关于远势近形对立统一关系及其时空转换方面的论说；对照风水形势说有关整合近景、中景和远景诸层次的外部空间构成原则；其注重外部空间艺术处理在整体的有机统一中，又能于移行其间，因形与势的时空转换而产生丰富变化的意象；以及其刻意追求“至哉！形势之相异也，远近形止之不同，心目之大观也”；“精神气概，以见其远近大小之不同……臻于妙也”等等的具体申说，则明显可见的是，当代学者根据实际体验和现代理论分析而构成对古代哲匠设计构思的认识与把握，的确可说是入木三分。而这种认识，不仅可以成为中国传统建筑设计理论的绝妙现代诠释，有力证明古代哲匠善于实践并精于理论思维，毫不稍逊于今人；同时，也足可使风水理论的合理内涵及其古为今用的巨大理论价值和实践意义，都更将彰明于世。

五、风水形势说余谭

观照实例而分析研究风水形势说，不难发现，这一中国古典建筑外部空间设计理论，具有很大的宽容度。例如，形与势的概念虽各有量与性的限定，又可随时空变化而相互转换，具有很大变通性，也因此表现出一定的外延模糊性。但毫无疑问，风水形势说是一个内核精审，尤富于哲理抽象性特色的艺术原理，惟此，它才具有指导建筑创作实践的价值，并能灵活变通地随机运用于实践领域的广阔天地。这或许正类同于《孙子兵法》等古代军事艺术哲学之与战争实践，类同古代画论之于传统中国画的创作，显现出中国古代理论思维的特质。

由于风水形势说的这一特质，要更深刻地领会、体悟并把握其内蕴及其指导或制约下的传统建筑艺术实践和成就，运用类同以传统画论鉴赏评品中国画的方式，以风水形势说而对更广泛的古代建筑实例展开更深入细致的调查和分析研究，当是必要的。实际上，笔者研究清代陵寝，即曾结合有关原始文献图档，试以这种方式深入考察，其结果，收获之丰，竟出望外：许多设计意匠的微妙，许多见所未见、闻所未闻的神来之笔，皆得发现，并不能不为之折服，其中的部分成果，另详《清代陵寝风水：陵寝建筑设计原理与艺术成就钩沉》。相信，面向紫禁城建筑群，面向其他古代建筑实例，运用这一方式展开研究，进而获得更丰硕的成果，更深入地揭开中国古代建筑艺术的奥秘，将是充满潜力的。

涉及这一研究，管见所及，以为至少可有如下一些方面，是值得重视的。

1 普适性

从风水形势说的历史渊源及传承看，证以大量文献记载和实物遗存，其对建筑规划设计创作的影响，是相当普遍也非常深刻的。或如《黄帝宅经》所言：非但人居之宅如此，“坟墓、川岗，并同兹说；上之军国，次之州郡、县邑，下之村坊、署栅，及至山居，但人所处，皆其例焉”。

略以大型组群性建筑空间组织和尺度控制而言，就不止于古代宫殿、陵寝，而其他如城市、村镇聚落、坛庙、寺观以及大型园林等等，也都不难发现前文分析紫禁城宫殿及另文分析清代陵寝中所列举的有关事象，足徵风水形势说的普适性。

例如，从古代城市的典型实例明清北京看，整个城市，除了少量佛塔、佛楼，以其象征着“神的空间”，并具有点景性质，单体建筑或逾于百尺之形的高度，此外绝大多数建筑包括皇帝祭天盛典之用的天坛，控制整个城市景观天际轮廓线作用的最高大的城楼、钟楼、鼓楼等，殆皆遵循了“百尺为形”的尺度控制原则。如天坛祈年殿，从台明到宝顶全高为31.78米，就正合清代营造尺（光绪间1营造尺＝31.83厘米）九丈九尺九寸。至于街道、胡同、广场、庭院等等科现划分及空间围合尺度，更殊少有违风水形势说基本原则的例外。

当然，由于实际需要，也常有一些建筑，灵活变通地运用了“聚巧形而展势”、“积形成势”的原理，或利用天然地势如岗峦，或利用人工高台，或利用群房等等，来加大“形”的尺度，以获得较大高度或体量，形成适合特定空间氛围要求的“势”。如正阳门城楼，连城台全高逾出40米；如前所述祈年殿，矗立在全高6.36米的三层硕大台基上而通高达38.14米；等等。

至于北京城迤外的其他各地方古城，也无不可由种种事实反映出风水形势说的普遍影响。其中如各城市中最大的市楼、钟楼、鼓楼，以及各种名目的风水楼，见诸方志，多有“百尺楼”之称，就典型地表明了这一点。

涉及风水形势说的普适性，还应当强调指出，依其说而规划设计和营建各种类型的建筑物，在古代，实际是连同自然景观在内而加以考虑的。换言之，风水形势说也包括对于自然景观构成的“形”与“势”的评审、选择，并着意结合建筑而有机地予以整体协调组织，俾使“一邦有一邦之仰止，一邑有一邑之观瞻”；“通显一邦，延袤一邦之仰止，丰饶一邑，彰扬一邑之观瞻”（《管氏地理指蒙》）。这种统筹考虑，如《黄帝宅经》所说：“夫宅者，乃是阴阳之枢纽，人伦之轨模。”又说：“宅以形势为身体，以泉水为血脉，以土地为皮肉，以草木为毛发，以舍屋为衣服，以门户为冠带。若得如斯，是事俨雅乃为上吉。”事实上，前引有关风水形势说要旨的论说，在风水术书中，不少就是直接针对自然景观构成上“形”与“势”的评审与选择处理原则而申发的。

不必讳言，也无须赘说，中国古代建筑艺术注重人文美同自然美有机结合的鲜明特色，以风水形势说的普适性来观照，在众多曾被研究或有待研究的实例中，进一步引出切合于古代艺术理论思维与处理技巧的历史真实的新发现和认识，当是可能和必要的。这对于更深刻认识与继承中国古代优秀建筑文化遗产，探索和创造具有中国特色的现代景观建筑学理论并付诸实践，也将具有重要的价值和意义。

2 人的空间和神的空间

不少学者指出，中国古代的理论思维具有强烈的实用理性精神。实际上，风水形势说的取向，也同样明显表现出这一特质，就是关注合乎“人情”的空间环境的创造，或者说，注重“人的空间”的创造，立足于合乎人的心理感受效果，对外部空间构成规律加以归纳、概括、抽象，进而构建其理论体系，并运用于创作实践，以合于人的尺度而非尺度超人的夸张，去求取艺术上的成功。

风水形势说的这一基本取向，是具有重要意义的。例如，据此观照中国古代建筑的发展历史，援何其空间朝着平面方向展开，远较朝着竖直方向发展更为注重，也更成优势？就不难在已有的众多解释中寻得新的认识和理解。至少可以说，中国古代建筑的这一特色，其形成原因，当与风水形势说的基本取向息息相关。

综观整个中国古代建筑发展史，在竖向空间尺度上远远超越于“百尺为形”的建筑，是不乏其例的。文献记载中，以其“竣极天工”、令人瞩目的众多高台建筑、楼阁、明堂，以及至今尚有实物遗存可资证明的诸多佛塔、佛楼等等，就有力显示出古代哲匠并不缺乏建造大尺度、大体量建筑的技术实力。

然而，历史上的这些尺度超人的建筑物，恰恰皆非人的空间，而不外是媚神、求仙、礼佛之用的“神的空间”，无不具有宗教性彼岸世界的崇拜物的性质。它们虽因古代特定时期的社会精神需求而曾作为现实世界的对立物或补充物得到生存和发展，并在建筑技术与艺术方面显示出古代哲匠的惊人智慧与成就，但由于中国古代历史的发展，非但从未出现过西方世界那样的宗教迷狂，固有的和外来宗教，在始终关注着现实人生的文明形态中，也不断呈现出世俗化乃至弱化的趋势，所以作为神的空间建筑，以尺度超人的大体量和向上发展的趋向，在数量与规模上毕竟只占中国古代建筑总体上的很小比重。

神的空间向人的空间转化，历史上很多“捨宅为寺”的事象就堪为典型例证。殆因此，宗教建筑的空间组织处理，遂能以风水形势说轻车熟路地从容驾驭。所以综观大量宗教建筑实例，凡道观、佛寺、坛庙及至寺观园林等，都无不可以随处发现风水形势说的深刻影响。

宗教建筑世俗化，也为古代建筑创作注入了新的形式与技巧，风水形势说运作天地的拓展，也反映出这一事实。典型如南宋以来，尤其明清以来，随着形势宗的风水大行于世，各地纷纷兴造的风水塔，或称文风塔、文昌塔、文星塔、文笔塔，等等，实际上就是由佛塔转型而改变了宗教性质的一种新的建筑类型。形势宗的风水家，利用其耸拔的形象，不是作为礼佛的崇拜物，而是作为“通显一邦、延袤一邦之仰止，丰饶一邑，彰扬一邑之观瞻”的标志建筑，在风水名义下，来“培风脉、纪地灵、壮人文、正风俗”。类似的建筑，还有形形色色的风水楼。这种主要用来装点山河、美化风景的建筑形式，往往都以“百尺为形”的尺度控制处理，实现了由神的空间向人的空间的转换。

至于其选址布局的精审，造型技巧的丰富，往往具有很高艺术造诣，成为各地风景名胜不可缺少的重要组成内容；而其由佛塔的转型，则更生动而深刻地显现出中国古代传统文化汲收并涵化外来佛教文化的创造力。凡此，无疑是值得重视并予以认真发掘研究和保护利用的。然而可以顺便指出的是，在这方面的工作，除罗哲文先生等少数前辈学者慧眼指出其价值而外，在学术界，迄今尚未有过相应的研究成果，或许是因为其一向涉嫌风水“迷信”的缘故。时至今日，改变这种不合理的状况，弥补这一学术空白，当是可能和必要的。

由神的空间转向于人的空间而为风水形势说巧妙利用的事例，当然不仅止各地风水塔这类建筑的创作。实际上，为驾驭大的组群性建筑空间，以求其远观的气势与魄力，在诸如城市、大型自然风景区或大型园林中，适当布置少量大尺度、大体量的建筑，赋其以“神的空间”名义而为“人的空间”服务，也是惯常的处理手法。

典型如清代的皇家园林中大量性的建筑，体量比较小巧，式样也讲究素雅，布局随宜活泼，富于人情味。即便是其中用于政治活动的宫室，体量尺度也远不及大内隆重恢宏。而与此同时，在大型皇家园林中，往往又有很多庙宇，体量尺度逾越了“百尺为形”的规模，居于园景的重要控制点，或全园的构图中心。如以佛香阁、须弥灵境作为构图中心控制了万寿山和昆明湖，也控制了颐和园全园；以永安寺白塔向心敛聚着琼岛以至整个北海的景物，构成点式构图中心；以外八庙的巨大体量，沿着避暑山庄北缘的山峦展开，构成为整个山庄的围屏式底景；等等。而这些庙宇，虽有礼佛的名义，属于神的空间，然而在全园的规划意象上，却如乾隆皇帝御制诗所质言：“何分西土东天，倩他装点名园。”原不过借其超然的体量尺度，来装点以人的空间为主体的卸苑罢了。而这种规划意匠，结合实例加以分析，实际也不过是风水形势说的变通运用而已。

前文曾经述及，当空间围合尺度及远观视距逾出千尺之外时，风水形势说强调“积形成势”和“聚巧形而展势”的处理，以免产生空旷疏远感。在通常情况下，只是以百尺之形的单体性建筑巧妙叠加组合或利用天然地势来解决，不用增高加大单体性空间的体量尺度来处理，以免近观时失之于超人的夸张，使空间的人情味丧失或削弱。然而，如清代皇家园林面临着特大空间的处理，径直以大体量大尺度的宗教建筑，既有效解决了全园的构图及远观效果；俟其近观时，在神的名义下，虽尺度超人也能作为神的空间，或彼岸世界的境界为人接受；从总体上，更丰富了全园景物与功能内容。这不能不说是一个灵活巧妙运用风水形势说的高明手法。

3 过 白

在风水形势说基本原理指导下的建筑创作实践中，还形成有非常丰富多样的灵活变通的具体处理手法。例如处理组群性建筑空间序列，利用近景建筑或其他景物，形成视线方向上的中景或远景画面的“框景”、“夹景”的“过白”，就是一种相当典型、运用非常普遍灵活，并具有巧妙空间艺术效果的手法（图6）。

何建祺在《潮汕民居研究》一文中调查了潮汕地区工匠确定建筑间距的传统方法，指出所谓“过白”，就是人站在后厅神龛前，能在后厅封檐板以下的视野里，望见前座的完整画面，并在前座屋脊上，还有带状的一线天空纳入画面。无疑，这一方法，不仅解决了纳阳即日照间距问题，而且在建筑景观处理方面，以后厅前檐构成为前景方向上前座房屋的完整景框，如同中国画的构图，还留出了天地的适当空白，使景框中的画面更臻完善。

事实上，这种过白方法，见诸中国古代建筑实例，在全国各地的组群性建筑的外部空间布局处理中，应用是非常广泛的，笔者在另文《清代陵寝风水：陵寝建筑设计原理及艺术成就钩沉》中，对该处理手法在清代陵寝中的精湛运用，就有较详细的介绍，这里不必重复。

从大量实例来看，具体地运用过白，一是景框的构成，二是观赏的确定，是该处理方法的关键。

过白景框的构成，惯用的是“框景”和“夹景”。框景，就是利用近景建筑或者其他景物，在视线方向上的中景或远景画面周边形成完整围合的画框或景框，并留出适当的天地空白，使画面构图完美。框景的构成，一般是门窗洞口，拱券，檐下柱、枋、雀替及台明形成的围合，以及其他中部空透、周边封闭的建筑或景物如山石、树木等构成。夹景，可以说是画框或景框不完全闭合的框景形式，一般呈凵字形构图，空缺的一边，往往是天际。夹景的构成，通常是对称列立于视野两翼的墙垣、柱、雕像、山石、林木等合同地面围合而成。

过白景框包括框景和夹景的构成，还有很多细腻的讲究甚至禁忌。如自室内向外望，就须避免檐口椽头或滴水夺入景框，否则称为“露齿”或“狮子大开口”，被视为不吉（参见林会承《(台湾）传

图6 风水“过白”实例
上：明长陵祾恩门
中左：明长陵内红门
下左：清景陵琉璃门
中右：山东蓬莱阁
下右：山西介休后土庙

统建筑手册·形式与作法篇》)。这些讲究或禁忌，实际多出自“完形”心理的追求，是不难得到认识理解的。

以“完形”形式构成的框景和夹景，一方面能有力屏蔽周边视野的干扰，使前景画面集中，以“窥管效应”映入视网膜上的敏感区域而被强化，形成吸引力。另一方面，由于框景和夹景的构成往往是由近景建筑或其他景物的部分组成，多具有丰富的细节层次，恰与中景或远景画面形成对比。这样，在框景和夹景的观赏效果方面，常能同时达到“近相住形，虽百端而未已”，“远以观势，虽略而真”，使近形的丰姿与远势的气概，巧妙融汇，相得相济，出神入化，予人丰富的视觉艺术感受。不言而喻，这正是风水形势说“于大者、远者之中求其小者、近者，于小者、近者之外求其远者、大者，则势与形胥得之矣”的追求目标。

至于过白观赏点的确定，视具体情况而有非常灵活变通和丰富多样的方式。从大量实例看，凡与过白的景框构成直接关联的空间序列上的行进起止、转折或交汇点，包括由室内望室外的很多站点如脊檩、金檩、分心石、门坎、台明边等位置；也包括室外建筑轴线的交汇点，道路、流水、桥座、月台、庭院、广场、踏跺以至墙垣等等的起止、边界、转折、交汇点等等，都可以构成过白观赏点。其中的关键，是由观赏点通过景框观看前景画面，应有合宜的视距和视角控制，一如前文有关风水形势说的解析那样，这里不再重复。当然，其中重要的一点，是要保持景框中的画面不能为景框所夺、所逼、所压，而务须留出适当的天地空白。“过白”一语的“过”与“白”所强调的，也正是这个意思。

过白处理使风水形势说的追求得到具体而微的表现，在古代建筑创作实践中，曾留下了无数匠心独运的优秀实例，在本文有限的篇幅里尚难详细介绍。然而可以指出的是，深入展开调查研究、分析归纳，则不仅可使这一处理技巧得到发掘、重现异彩，而且，直接加以移植或借鉴，应用于当代建筑创作实践，也是具有现实意义的。

更为重要的是，由过白方法的实际运用，还应当看到，也不难看到，其作为一种外部空间设计技巧，也并非只是工匠们经验性的产物，而是同风水形势说的艺术原理及其追求直接关联、涵有深刻理论思维成分的实践形式。以此而言，长期以来认为中国古代建筑创作重于实践而乏于理论的偏见，是应当纠正的。

当然，还完全可以相信的是，深入发掘中国古代建筑优秀遗产的丰厚宝藏，拂除历史积尘与种种非历史唯物主义的偏见，更多的优秀传统艺术技巧与艺术理论，必将光耀于世。这不仅有利于中国古代建筑历史与理论研究工作的深入发展，而更具有现实意义的是，向古代优秀建筑文化遗产学习、继承、借鉴，推陈出新，探索和开拓具有中国特色的现代建筑理论与创作实践之路，走向世界，也必将充满希望。

主要参考文献

1 刘敦桢主编. 中国古代建筑史. 北京：中国建筑工业出版社, 1980

2 （清）阮元校刊. 十三经注疏. 中华书局, 1979

3 二十二子. 上海古籍出版社缩印浙江书局汇刻本. 1985

4 二十五史. 上海书店影印本，上海：上海古籍出版社，1986

5 （梁）萧统编. 文选. 中华书局缩印（清）胡克家校刊本. 中华书局，1977

6 张震泽. 张衡诗文集校注. 上海：上海古籍出版社，1986

7 古今图书集成•艺术典. 中华书局影印铜活字本，1934

8 许宏庄等. 剧场建筑设计. 北京：中国建筑工业出版社，1984

9 《城市园林绿地规划》编写组编. 城市园林绿地规划. 北京：中国建筑工业出版社，1982

10 ［日］芦原义信著. 外部空间设计. 尹培桐译. 北京：中国建筑工业出版社，1985

11 ［英］F.吉伯德等著. 市镇设计. 程里尧译. 北京：中国建筑工业出版社，1983

12 ［苏］别莱利曼著. 趣味几何学. 第2版. 符全询译. 北京：中国青年出版社,1980

13 ［苏］普拉东诺夫著. 趣味心理学. 赵壁如等译. 北京：科学普及出版社, 1984

14 荆其诚等著. 人类的视觉. 北京：科学出版社, 1989

15 ［美］弗郎西斯•D.K.秦著. 建筑：形式•空间和程序. 邹德侬译. 北京：中国建筑工业出版社, 1987

16 李允鉌著. 华夏意匠. 香港: 广角镜出版社, 1982

17 吴承洛著. 中国度量衡史. 商务印书馆, 1937

18 于倬云主编. 紫禁城宫殿. 香港: 商务印书馆香港分馆, 1982

19 （汉）许慎撰. （清）段玉戴注. 说文解字注. 上海：上海古籍出版社, 1981

20 辞源. 修订版. 商务印书馆等, 1979年修订版

21 王贵祥. 大壮和适形——中国古代建筑艺术思想探微

22 上海师范大学古籍整理研究所校点. 国语. 上海：上海古籍出版社，1988

23 王焕镳著. 墨子校释. 杭州：浙江文艺出版社, 1984

24 北京大学历史系《论衡》注释小组. 论衡注释. 中华书局, 1979

25 中法汉学研究所编. 新序驼检•风俗通义通检. 上海：上海古籍出版社, 1987

26 （唐）欧阳询撰. 艺文类聚. 新一版. 上海：上海古籍出版社, 1982

27 刘致平. 中国建筑类型及结构. 新一版. 北京：中国建筑工业出版社，1982

28 王贵祥. 建筑如何面对自然——东方的追求与西方的抉择. 载: 建筑师. 37期（中青年学者中国建筑传统与理论研讨会论文专刊），另: 北京：中国建筑工业出版社，1990

29 罗哲文. 中国古塔. 北京：中国青年出版社，1985

30 《中国建筑史》编写组（潘谷西主编）. 中国建筑史. 第2版. 北京：中国建筑工业出版社, 1986

清代陵寝的选址与风水*

冯建逵

传统的风水或堪舆，流派冗杂，传世论著晦涩玄奥，甚或荒诞迷信，令人不可卒读，但其中亦包含着有意义的合乎科学的内容，诸如程朱等不少士人关于风水的一些概括。“所谓风者，取其山势之藏纳，土色之坚厚、不冲冒四面之风。……所谓水者，取其地势之高燥，无使水近夫亲肤”，达到“葬者，藏也；无风、蚁、水三者侵体之害”等等，还有关于“峦头形势”方面的论述，也就是环境景观方面的内容往往很精辟。对山川自然景观的要求，正符合我国古来的“天人合一”思想，这对帝王陵寝来说当然更为重要。我国传统上就把帝王和自然天地联系起来，天子的遗骸和灵魂要和大地山川相称、相配而达到永存常在，陵寝营建也必须达到和山川浑然一体，所谓“圣水深壑，灵山翠微，亿年安宅，巩我丕基”（清裕陵神功圣德碑文）。溯自嬴秦，营陵以象山，故称山陵。汉代方上规模也极庞大，竭全国人力物力并以每年贡赋 1/3 以供山陵所需。以后，唐代因山为陵，利用自然山峦以取得巍然永恒的效果。自宋以迄明清，帝陵规模虽远逊秦汉，但陵区集中，诸陵历历，昭穆相望，乾坤聚秀，山川回环，拱卫待从，取得更为宏伟雄阔的场面。而有清一代，进一步利用风水中峦头形势方面的论述，使景观效果更臻完美。

清代以文化比较落后的少数民族入主中原，为了更好统治这个历史悠久的庞大帝国，清代帝王大量吸收汉族士大夫为他们服务，同时也竭力学习汉族的传统文化如伦理道德、典章制度；在陵寝体制和建筑规划上也完全遵循历代传统，尤其是前明体制，以示继承正统，汉民族的风水学说也完全影响着陵寝营建的选址卜地。

关于河北遵化清东陵的选址，历来有两种说法。一是顺治帝生前躬亲选定，见于《清世祖章皇帝（顺治）实录》、《清圣祖仁皇帝（康熙）实录》和清人笔记等；一说是明崇祯间“烈皇帝即位欲卜山陵，天寿山更无可卜，有别营遵化之议，国家多事，遂寝。”见于清初梁份的《帝陵图说》，但卜地经过不详。河北易县清西陵的选址，按《清世宗宪皇帝（雍正）实录》等记载，事在雍正七年；前此，雍正帝曾在清东陵预卜万年吉地，“堪舆人俱以为无可营建之处，后

* 国家自然科学基金资助项目

（雍正五年）以选择九风朝阳山吉壤……堪舆臣工再加相度，以为规模虽大而形局未全，穴中之土又带砂石，实不可用。”……今据怡亲王、两江总督高其倬等奏称，相度得易州境内太宁山”，议为龙、穴、砂、水无美不收，形势理气，诸吉咸备云云。高其倬就是精通风水的士大夫。

选卜万年吉地，都是钦派王公大臣和堪舆人员（风水官或相度官）等，利用罗盘仪器到陵区各处，攀登山峦，相度勘察，“观四面之山峦，望两旁之水势，看山在何处住，水在何处合。”看山势来脉，寻求落脉结穴的地方，这就是所谓“望势”、“寻龙”和“查穴”。实际就是寻找山脉尽端，或者说是山势停留不再延伸之处，一般是山坡或高阜。当然，还要查看四外地势环境，是否合乎风水各方面要求，以定穴位。“穴”就是理想的放置棺椁的位置，也是整个陵寝建筑布局的核心。对帝王来说，这是关系帝运盛衰，国祚绵长的大事。通常，几位勘舆人员同时相度，根据各自的分析、权衡和判断，得出结论，可取或不可取。可取就是有穴，按照各种标准，可取的穴谓之吉穴；吉穴又可分为上上吉、上吉、中吉、下吉等；并作出文字说明，附以图样，注明四至情况、方位等等，谓之“说帖”，呈报皇帝钦定。

从风水理论来看，清代各陵寝卜地可以概括为如下各方面：

所谓龙脉就是山脉，对基地或穴位来说，就称为来脉、来龙或后龙。要求山势“重峦叠嶂，秀丽森然”，“烟雾云气，郁郁霭霭”，不宜孤峰独秀，最好后龙背后还有少祖山、祖山几层。来脉峰峦要“高峙耸拔，端正尊贵”，如屏、如帐、如覆钟、如华盖。例如东陵昌端山就是“一峰挂笏，状如华盖，后龙雾灵山自太行逶迤而来”；而西陵则“北障阴山，四五十里外形成一大围，脉秀力丰，主峰太宁山崇峦突出”，这都象征着帝运绵长。山势不宜陡峻或侧斜，如对东、西陵几处不理想的山势评价：“丁家沟山势侧斜，不成格局。”“松树沟山势陡峻，并无脉气。”（清档案：张元益等《选勘东陵地势说帖》）后龙山还要形成中间高两侧低的多座山峰，平面形成月牙式向穴位拱抱，中间高峰称中峰，两侧分别称为次峰和侧峰，这些山峰往往也利用原来后龙山的天然形势培修完善。

龙脉来向和穴位间的方向，就是将来陵寝建筑布局的中轴线，要按罗盘上八干四维十二支的二十四山向，定为×山×向。清代各陵寝的方向主要依据传统的“南向为尊”，“南为正向”，“非正向不可用”（见翁同龢《翁文恭公日记》慈禧太后旨意），以及负阴抱阳的指导思想，当然，这也是为防避西北向寒风。清代各陵实际亦多采用南偏东或南偏西。惠陵和崇陵是癸山丁向和癸山巳向，其妃园寝都是子山午向；裕陵、定陵、定东陵都是壬山丙向；曾被评价是上吉之地的成子峪，其山向是辛山巳向，大概和慕陵方向相同，也偏向东南。

来龙左右，必须有起伏顿错而下的砂山，一重或两重，对穴区形成环抱、拱卫，辅弼的形势，谓之左辅右弼，亦称左右护砂，或龙虎砂山。状如“牛角”“蝉翼”的，亦称牛角或蝉翼砂山。来龙和左右护砂形势呈“个”字平面，所谓“龙无砂随则孤、穴无砂护则寒”，“随”、“护”、“寒”、“孤”几个字，阐明了“不使风吹，环抱有情”的意象，在景观，心理、气候上的作用是非常形象和恰当的。左右护砂的形式，高低、长短、向背亦要和谐对称，和穴区距离要适当，过远过低则势散，过近过高则太逼。当然，天然地形不尽是十全十美的，清陵各处砂山通常都经过人工的培补，利用施工刨槽即开挖地基的大量土石以及废料堆叠，这样也省却了运出工地的费用。但是，人工培补也必以天然护砂为基础，否则不可取。如“酸枣沟单龙无护，左右弥望，亦不足取”；“侯家山局势散漫，并无护砂，均难取用。”（《翁文恭公日记》）

穴区前中轴线上近对浅岗和远对峰峦，风水上谓之“近案”和“远朝”，须是“案如贵人几席，可俯而凭也”，“朝如人臣面君，敬对而拱拜也”。而“易野一望无际，有近案则易野之气为之一收”（《管氏地理指蒙》），这种案山和朝山遥对陵寝建筑和背障的山峦，增强了中轴线前后的呼应、映衬和回视对景效果。如东陵很多座帝陵都是“后有大山以为靠，前有金星山以为照”；而“松树沟前无正朝，水法稍斜，倾不可用”。案山也最好是中间高，两旁稍低。定陵选址时，咸丰帝曾查问案山和朝山情况：“成子峪如立辛山乙向，前面对准何山，一并阅看，详细覆奏。”（清档案：《上谕档》咸丰二年十月谕）光绪元年翁同龢日记上记载着一段选勘同治帝陵地时的文字：“又与醇邸、荣公策马由龙身直上，凡九节过峡而达寿星山。寿星山者，来脉最高处也，曲折起伏、如画如活，此地开张处，护砂皆到，亦分两成。而五人（注：指风水官）者皆定下一成，穴星及向皆合为一。余以为当在上一成，则气象高出，群峰环拱；当面正对近身横案，天然如案，高五尺馀，横列于前，真奇观也。”案山亦往往需要培填修整，如裕陵“帷左右阴砂并近案稍低，应酌量培令微高，以配山川形势”（清档案：《相度胜水峪万年吉地奏折》）。

水法对形势景观方面也很重要，在风水理论中提到“风水之法，得水为上”，“未看山时先看水，有山无水休寻地”，山主静，水主动，是互为对比和相互衬托的。水当然是指流动的水，“来宜曲水向我，去宜盘旋顾恋”，“洋洋悠悠顾我欲留者，谓水于穴留恋有情也”，也就是最忌讳“直冲走窜，激湍陡泻”。这一方面是关系景观

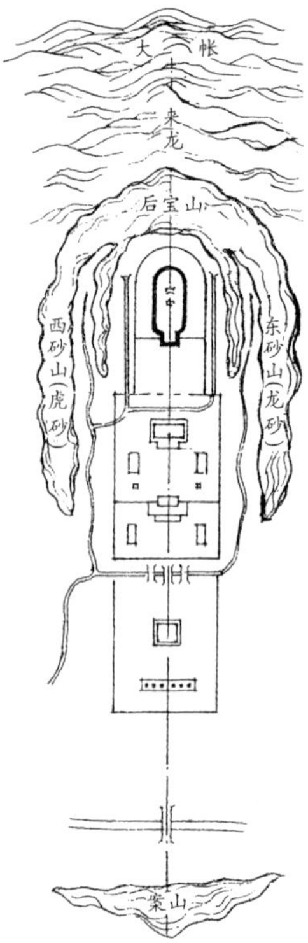

图1　清代帝陵风水模式

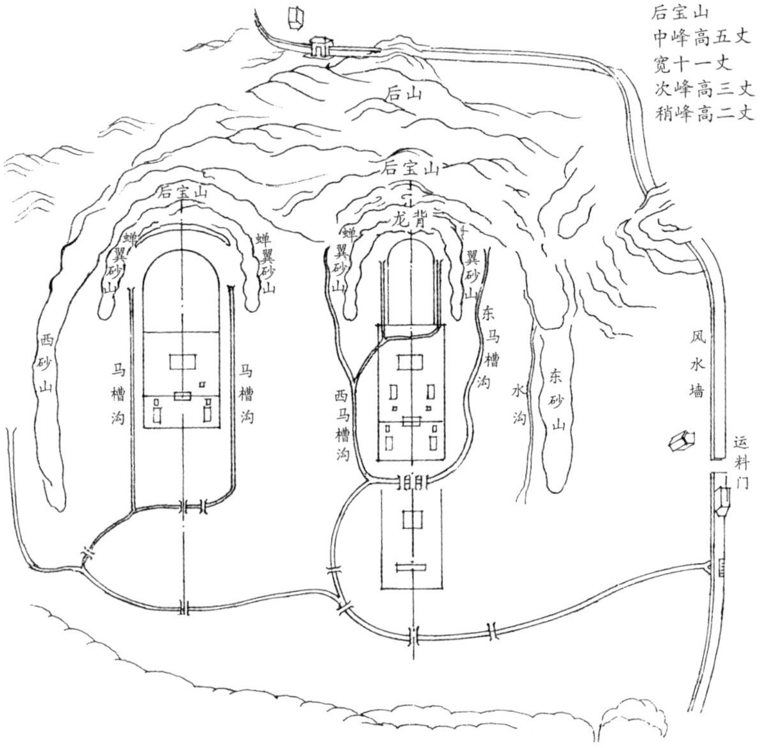

图2　清东陵惠陵及妃园寝风水形势（据国家图书馆藏样式雷画样）

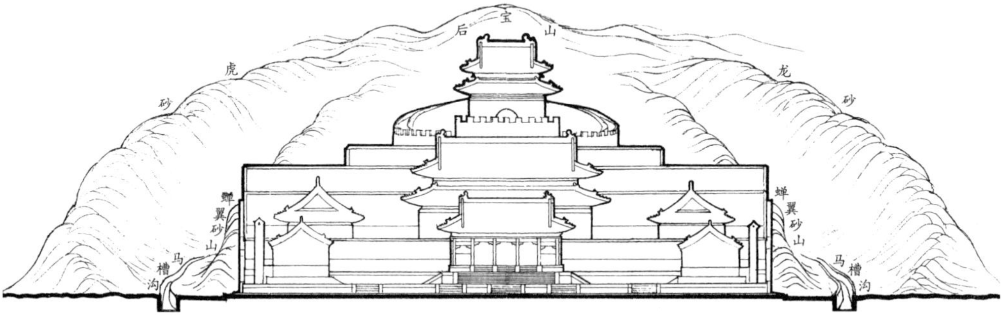

图3　帝陵后宝山与左右砂山的景观效果：环抱有情，不逼不压，不折不窄

效果，另一方面也是防止夏秋之际河水溢漫冲刷，还可以避免水的激射之声破坏陵寝静穆气氛。在风水理论中还讲究“相土尝水”，要求水要“有味可尝”，甘甜清冽。而水质的好坏和陵区绿化种植以及景观小气候也有直接的关系。陵区沟渠也是后龙、砂山和建筑群排泄雨水所必需；地宫排水的龙须沟通入外部马槽沟等，马槽沟则多曲屈蜿蜒如龙

之势，杀减洪水冲刷，也增加景观效果。

穴区四至尤其是前面，要有一定的长宽面积，所谓“福厚之地，雍容不迫”，“地贵平夷”，也就是“堂局”或“明堂”要平坦宽畅，足以配置寝陵制度中前后院当和各个殿座。在相地的同时，须配合山川形势而按典制粗略估量宝城、明楼到宫门、碑亭、桥涵等位置，如长宽是否局促，有否有深坑或高岗影响施工等等。如东陵“成子峪龙脉甚真，回抱极紧……上吉地也，唯宽处仅二十丈，与规制未合”（《翁文恭公日记》）。地面东西向不宜倾斜，如勘查东陵宝椅山后，认为“东高西下，毫无形势”。亦不宜前高后低，呈簸箕形状，如“松树沟在定陵西稍北，形如箕……议不可用”。

土壤的质地、色泽，含水情况亦须测验。乾隆七年《相度胜水峪万年吉地奏折》中曾提到：“前经刨验土色，三尺有紫色土；四至八尺纯青细土；自九尺至一丈五尺零俱系紫黄色土。以紫黄土为准，酌留佳土三尺，以为底基之气。”咸丰二年冬十月上谕：“平安峪穴旁地面，此时可否先行开看土色，抑俟来春再行开视。”东西陵各处土壤可能质地不错，所以很少见到不堪取用的记述，只有西陵酸枣沟相地时提到“石多不可用”（《翁文恭公日记》）。

“陵寝以风水为重，荫护以树木为先。”树木繁茂与否，关涉风水好坏：“草木郁茂，生气相随”；“草木不茂，生气不来也”；“童山不可葬也”。今天看来，绿化对净化环境、改善小气候都是很重要的。另外“或本来空缺通风，今有草木郁茂，遮其不足，不觉空缺，故生气自然。草木充塞又自人为”（《青乌子葬经》）。如定东陵营建中发现，其“正南一带裕陵大小圈、定陵小圈墙内房脊森立，均正对两处宫门。……东系裕妃园寝，西系定妃园寝，未动工时，树木重叠，形势甚为严邃；殆至兴工以后，将有碍树株按段伐除，则两旁园寝围墙皆尽显露；现在吉地宫墙以次起建，与两旁园寝围墙近若咫尺，恐不足以重尊严。……拟于两处吉地前面泊岸之南，东西叠山一道。……所有东西南三面土山之上均栽以松树，使菁葱茂蔚，内向朝拱，用壮观瞻”（清档案：《菩陀峪万年吉地工程备要》）。足以说明树木绿化对景观效果能起很大作用。

清代各帝、后、妃陵寝的选址和营建无不考虑龙、砂、穴、水、明堂、近案和远朝的相互关系。期望背后龙山重岗，开屏列帐，陵区负阴抱阳，避免冬季寒风。左右护砂，环抱拱卫，溪水分流，藏风聚景。近案似几，远朝如臣，使建筑物前后对景遥相呼应。当自然山川条件不能十全十美时，就人工加以修、补、填、挖。很多寝陵都还存留有堆山、挖河、填土等的档案材料，包括具体的宽狭高深尺度画样，和所需工料银两说明。

整个陵区的山川胜势，东陵则："陵园吉地并萃昌端一山，其间群峰朝拱，众水环流，清淑之气，有独钟焉。""前有金星山，后有分水岭，左有鲇鱼关、马兰峪，右有宽佃峪、黄花山诸胜，回环朝拜，为众星之拱向；左右诸水，分流夹绕，外堂合襟，并汇于龙虎一峪，渤海朝宗，势雄脉远。"（《遵化通志》）。西陵则："山势自太行来，巍峨耸拔、脉秀力丰，峻岭崇岗，远拱于外，灵岩翠岫，环卫其间。""迤下山岗无数，如手之有指，每两岗间平坦开拓处，诸陵在焉，花之瓣，笋之箨，层层包护。""龙蟠风翥，源远流长，左右回环，前后拱卫，实如金城玉笋。"（孙鼎烈《永宁山扈从纪程》）

在这两大陵区，主陵都朝对着形态端庄的朝山，东陵是金星山，西陵是元宝山。朝山左右又都有山峰形成的天然门阙，东陵是象山和天台山，西陵则是东、西华盖山及九龙山、九凤山。整个陵区山川景观呈现的开帐、拱卫、宾主、朝揖，水脉东西分流，汇集于前方，堂局开畅辽阔，树木葱郁，气势宏伟。堪称天造地设的吉壤和传统的陵寝建筑配置起来，浑然融为一体，形成了神圣、崇高、庄严、永恒的艺术境界，给人极为深刻而丰富的感染力，也是我国传统的"天人合一"宇宙观和风水理论"峦头形势"在陵寝建筑中的反映和体现。

清代陵寝风水：陵寝建筑设计原理及艺术成就钩沉*

王其亨

一、山陵艺术的主题思想

陵寝建筑，是家天下的封建帝王及其后妃死后安葬的閟宫，是他们后嗣子孙及臣仆瞻仰敬祀、缅怀其功德的圣地，即如东汉刘熙《释名·释丧制》所谓“墓，慕也；孝子思慕之处也”，是纪念性很强的礼制性建筑。

在古代中国，陵寝建筑历来有“筑陵以象山”、“因山为陵”或“依山为陵”的风尚，清代陵寝继承明代制度，也体现了这一传统。各帝王及后妃陵寝统称山陵，都是在经过周密详缜选择、具有完美环境景观质量及地理地质条件的山川形胜之地，依山附势而营建起来。

比较中西方建筑文化传统，审视明清两代的陵寝建筑，很多西方学者都敏锐地发现：除了强烈的礼制色彩和大规模建筑组群的空间组织处理方面的精湛造诣而外，刻意追求山川自然形势的完美，细心探究自然景观与人文景观的有机结合，使整体环境景观予人很强的艺术感染，形成神圣、永恒、崇高、庄严、肃穆而又充满生气的纪念气氛，正是中国古代陵寝建筑艺术成就最突出的一个特点。

英国著名科学史家李约瑟说：“皇陵在中国建筑形制上是一个重大的成就。……它整个图案的内容也许就是整个建筑部分与风景艺术相结合的最伟大的例子。”他对被他评价为“最伟大的杰作”北京明十三陵，谈到自己的体验：“在门楼上可以欣赏到整个山谷的景色，在有机的平面上深思其庄严的景象，其间所有的建筑，都和风景融会在一起，一种人民的智慧由建筑师和建筑者的技巧很好地表达出来。”[1]

美国城市规划家爱德蒙·培根（Edmund N.Bacon）也高度评价了明十三陵的艺术成就，他认为“建筑上最宏伟的关于‘动’（movement）的例子就是北京明代皇帝的陵墓”，他指出，依山建筑的陵墓建筑群的布局“它们的气势是多么壮丽，整个山谷之内的体积都利用来作为纪念死去的君王”。[2]

美国景观建筑学权威西蒙德（John Ormsbee Simonds）在他的

* 国家自然科学基金资助项目

《景观建筑学》（Landscape Architecture）一书中引述德国著名哲学家奥斯瓦尔德·斯宾格勒（Oswald Spengler）比较埃及与中国古代陵墓建筑所呈现的不同文化特征，说："埃及人是在他自己预定的一条不能改变的需求道路上一直走到底。中国人在他的世界里……独自徘徊时，由友好的大自然来引导他谒见上天与祖坟，所以没有任何一个地方，风景会这样真正成为建筑艺术的材料。"[3]

这些见解，当然都是十分客观的，也正确概括了中国陵寝建筑艺术的鲜明特色。但是，结合有关清代陵寝建筑的宫廷档案和图籍，更深入地考察和研究清代陵寝建筑的实际，则可发现，山川形势的完美景观质量，事实上不仅仅是一项构成陵寝"建筑艺术的材料"，而是一个决定性的本质要素。

例如，乾隆七年六月工科题本《相度胜水峪万年吉地》中，就明确指出，陵寝建筑物乃是"遵照典礼之规制，配合山川之胜势。"[4]道光二年秋七月丙戌清宣宗（绵宁）也曾下谕："国家定制，登极后选建万年吉地，总以地臻全美为重，不在宫殿壮丽以侈观瞻。"[5]道光八年九月庚申又谕："（万年吉地）止期地臻全美，不必拘四至这广狭。"[6]

山川形势务臻全美，而建筑只遵照典礼之规制，配合山川之胜势，理解了这一本质性的基本原则，陵寝的选址何以会有"三年求地、十年定穴"[7]的苦心追求？各帝后妃陵寝何以会在建筑形制上出现种种差异？传统的风水理论又何以会在陵寝建筑的选址、规划设计和营建中起到决定性的主导作用？如此等等问题，都可据此得到理解。

陵寝建筑所以"总以地臻全美为重"，原有着深厚的文化根源，充分体现了中国古代传统的"天人合一"的宇宙观及审美理想。

在悠久的农业文明中衍生发展起来的中国传统哲学，关于自然与人，即天人关系，自周代至先秦以及迄于清代，为大多数思想家所宣扬的，就是"天人合一"的宇宙观。概括地说，这一宇宙观，把人视为自然的一个有机部分；认为自然界存在着普遍的规律即天道，人伦道德原则也同自然规律相一致；人生的理想，就是追求天人的谐调与合同[8]。

由这种宇宙观所支配，人的生死实际被视为自然生态链中的一环。《易传》说："原始反终，故知死生之说。"[9]孔子说："为人下者，其犹土乎!种之则五谷生焉，掘之则甘泉出焉，草木植焉，禽兽育焉，生人立焉，死人入焉。"[10]"入土为安"的丧葬观，也由此得到了哲学上的引申。素称"葬术"和"理义之术"的风水理论认为："人之身即天地之身。""万物不能越土而生，人亦万物中一物。”“人由五土而生，气之用也；气息而死，必归葬于五土，返本还元之道也。”“葬者，乃五行之反本还元，归根复命，而教化之达变也。”[11]

由“天人合一”的宇宙观所支配，远古先民因为“山林川谷丘陵能出云，为风雨，见怪物，毕曰神”[12]而产生万物有灵的山川自然崇拜，发展成为数千年贯彻始终的敬祀山川日月天地的国家盛典、帝王礼仪；也发展出“知（智）者乐水，仁者乐山”[13]寄情山水自然的审美理想和艺术哲学。人们崇尚自然，赞美自然，以人的精神、人伦道德及社会秩序观照并拟态于自然，寄托着生活的理想，赞美与自然协调吻合的人的精神。敬祀祖先，“慎修追远”的丧葬礼俗，也因此而有了艺术上的升华。被称为“山水之术”[14]的风水理论有谓：“葬者，反本而归藏也，奉先以配五土，而一体于青山。”“配祀者，遗骨与青山相配，从而祀之。”“附享必致其归依，虽形骸之已化，配江山之莫违。”[15]实际阐明了“因山为陵”和“依山为陵”的意境所在。

“人固有一死，或重于泰山，或轻于鸿毛”[16]，立德立功立言于世，创业垂统、民受其赐，则身死形骸之已化，其精神和英名也可千古不朽[17]；比德于山，比德于水[18]，葬诸山川形胜之地，以生生不息、永恒不朽、崇高伟大的山川自然美，来激发和寄托对于已故先人的缅怀和敬仰，如司马迁之说：“高山仰止，景行行止，虽不能至，然心向往之。”[19]这就是中国古代陵寝建筑即“山陵”艺术的要髓，即主题思想之所在。关于此，见诸清代陵寝建筑有关档案文献，也正有充分反映。典型的如各帝陵的神功圣德碑文，赞美山陵，就不乏这种说明：

“巍巍崇陵，神爽凭依，山苞川拱，祥护灵祇。”（康熙述《世祖章皇帝神功圣德碑》[20]）

“昌瑞之山，峰峙川长，功德穹碑，天日同光。”（雍正述《圣祖仁皇帝圣德神功碑》[21]）

“圣德荡荡，神功巍巍，于昭在上。呜乎!瞻依圣水淙鋆，灵山翠微，亿年安宅，巩我丕基。”（嘉庆述《高宗纯皇帝圣德神功碑》[22]）。

“郁郁閟宫，巍巍福壤；圣德弥纶，神功诜荡；日月昭融，山川辉朗；考妣恩深，丰碑长仰。”（道光述《仁宗睿皇帝圣德神功碑》[23]）

等等。

这种“峰峙川长，功德穹碑，天日同光”的山陵艺术意境，在身临其境的体验中，更可得到强烈感受。

二、陵制与山水相称的规划设计原则

清代陵寝典制中，建筑体制是一个极为重要的组成部分。依尊卑秩序，分为帝陵、后陵和妃园寝制度，各配置不同等级、规模、数量，以及不同形制的建筑物，按着严整的空间序列，以明确的轴线组织为各自既相独立、又呈现承继统绪或隶属关系的建筑组群，显示出清王朝宗法礼制的森严[24]。

在清代陵寝中，建筑制度固属重要，但基于陵寝经营的主题“总以地臻全美为重，不在宫殿壮丽以侈观瞻”，作为总体环境的有机构成，建筑的配置常以“风水攸关”[25]受到限制，需要“遵照典礼之规制，配合山川之胜势”，按风水地形之所宜，乘势随形而经营（图1、图2）。

事实上，清代陵寝建筑的实践，包括每一陵寝的经营过程，从选址、规划布局设计直至施工，在各个环节上，都受风水理论指导并起着决定性作用，十分细致地探究建筑与山川形势的密切配合和协同，着力追求建筑景观人文美同山川形势的自然美，俾能达到有机和谐的完美结合，创造出具有宏伟气势和魄力、充满纪念气氛的空间环境。每一陵寝建筑，从总体布局上轴线方向的组织，建筑序列的配置，直至局部处理上建筑的形制，空间体量的广狭、高下等方面，都具体而微地贯彻实施和表现了“陵制与山水相称”的基本原则[26]。

1 陵寝中轴线的组织

陵寝是礼制性、纪念性很强的大规模建筑组群。其中轴线的组织，对于建筑构图“居中为尊”传统观念的表现，对于建筑组群空间布局中的序列效果，即通过谒陵路线上予人以富于戏剧性变化的“连续的综合印象”或“知觉群”的程序安排，都具有决定意义。

清代陵寝建筑的中轴线，向例由选址时依据风水“分金立向”确定的“山向”为基础而组织的。陵寝山向注重于陵区山水形势即所谓龙、穴、砂、水的总体权衡。在景观上，山川形势一经山向贯统，它们直接诉诸人的视觉感受上的高下、大小、远近、离合、主从、虚实等空间形象，便显现出明晰的条理和秩序，寄托着天人合一的理想，衍成合于人伦道德和礼制秩序的精神象征符号，景物天成地表现出尊卑、贵贱、主宾、朝揖、拱卫等等关系，构成陵区空间环境的景观要素。在这个格局上，才以山向为基础，组织陵寝建筑的中轴线，确定神道（甬路）因势随形的走向，确定各建筑的座向秩序以及组群空间布局的序列层次。

在山向上组织建筑组群布局的中轴线，一方面，山川景物在观念上被赋予的各种象征意义和秩序，由于循着中轴线并沿神道呈序列配置的门坊、殿座、墙垣、桥涵及仪树的具体实施，趋于彰明较著；山川自然景观也因借建筑形象得“聚巧形而展势”[27]，显现出气势宏伟和充满灵性。另一方面，山向贯统下的主山、朝山、案山、砂山及水流等相互间呼应映衬的关系，使建筑组群布局在正向、逆向的空间序列上，以及其侧翼方向，都能得到自然景观有机和谐的完美烘托，内敛向心，建筑之巧形，在条理分明、秩序井然的山川形势环抱映衬下，“形乘势来”，“形以势得”，“驻远势以环形”，而更显“精神发越”[28]。山川自然美与建筑人文美的有机配合，“相济而相因，千态万状……相类而相牲”[29]，大大强化了山陵艺术的主题思想，最终“将深沉的对自然的恭谦的情调与崇高的诗意组合起来，形成任何文化未能超越的有机的图案”[30]，使“其间所有的建筑物都和风景融会在一起”[31]，达到极高的艺术境界。

典型的实例如清东陵的主陵即孝陵，陵寝山向南对“金星山特起一峰，丰而不肥，形如覆钟，端拱正南，有搢笏朝天之势”，北向昌瑞山主峰之“玉陛金阙、垣合紫微”，“峰宛凤翥而龙蟠，川星而斗滚”，其“前后左右，群山朝揖，众水分流，纷郁丽九光之霞，郁葱萃万年之秀”[32]。陵域方圆数十平方公里的山川景物，殆皆由金星和昌瑞山一线相连的山向扼控，并与这山向所贯统的整个山川形势相配合，全部陵寝建筑组群，南起金星山北麓的五间六柱十一楼石碑坊，向北顺序经由下马牌、大红门和风水墙、具服殿、神功圣德碑亭和华表，绕行外案影壁山，再而望柱、石像生、龙凤门、单孔桥、七孔桥、五孔桥、下马牌、三路三孔桥、神道碑亭、神厨库、东西朝房、左右班房、隆恩门、东西燎炉、东西配殿、隆恩殿、石平桥、陵寝门即琉璃花门、二柱门、石五供、石平桥、方城明楼、直抵月牙城前琉璃影壁（地宫入口），一系列形制各异、多彩多姿的数十座建筑物，就由一条总长逾6000米的神道相贯穿，一气呵成，形成为气势宏伟、序列层次丰富的陵寝建筑中轴线。

这一中轴线，虽因顺应山势水形而多有曲屈，但曲不离直，明确显现出南北山向的一贯，配合了山川形势，也强化了山川形势主宾、朝揖的天然秩序。而沿此中轴线前进或回返，配置在轴线上或其两侧的建筑物，在空间序列的展开层次上，处处都能得到山川形胜景物天成的有序映衬和烘托，产生了极富感染力的空间艺术效果（图1、图3、图11等）。

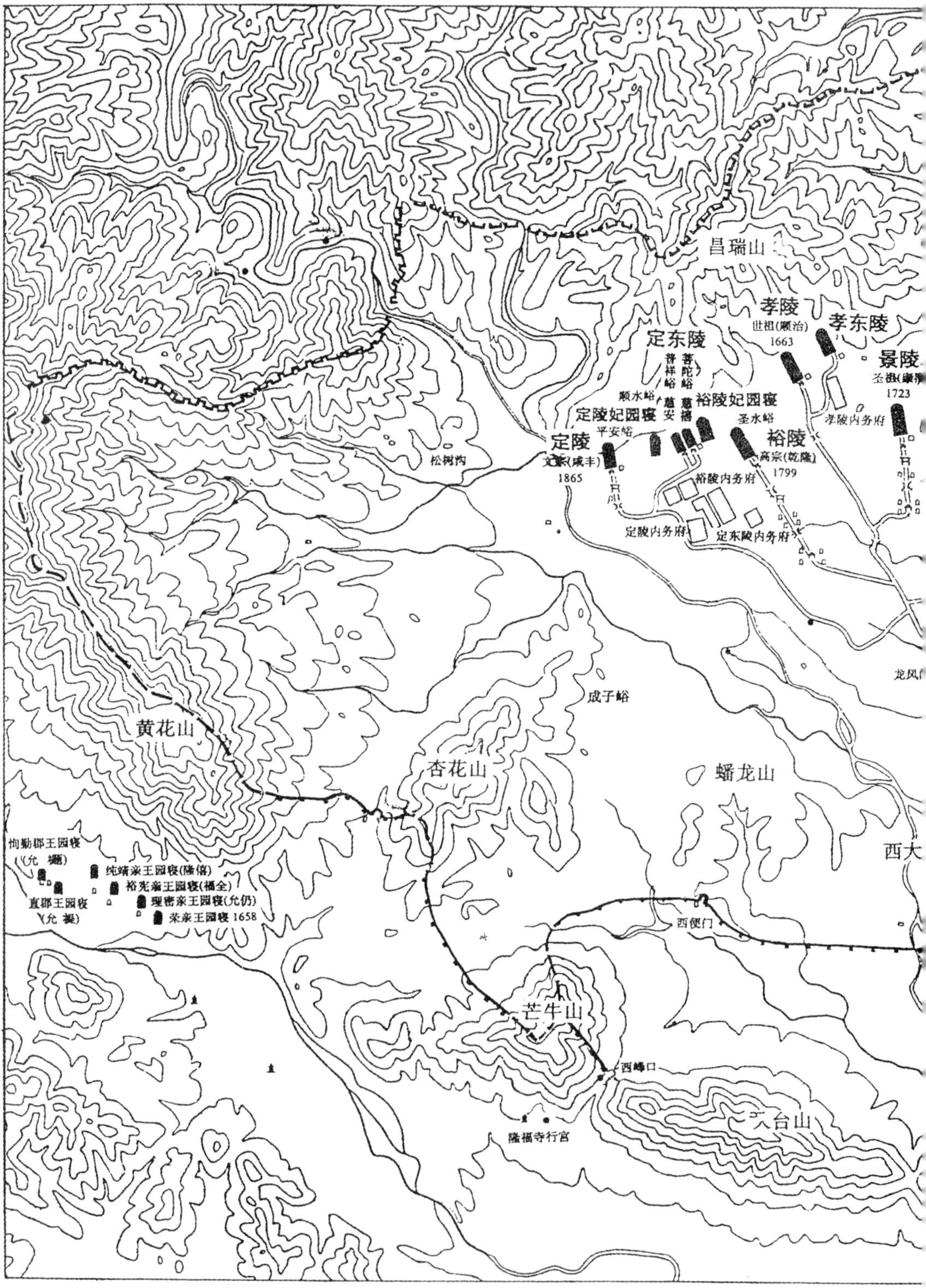

昌瑞山
孝陵
世祖(顺治)
1663
孝东陵
景陵
圣祖(康
1723
定东陵
普祥峪
菩陀峪
顺水峪
慈安
慈禧
裕陵妃园寝
定陵妃园寝
圣水峪
平安峪
定陵
文宗(咸丰)
1865
裕陵
高宗(乾隆)
1799
孝陵内务府
松树沟
裕陵内务府
定陵内务府
定东陵内务府
龙凤
成子峪
黄花山
杏花山
蟠龙山
西大
恂勤郡王园寝
(允禵)
纯靖亲王园寝(隆僖)
裕宪亲王园寝(福全)
直郡王园寝
(允禔)
理密亲王园寝(允礽)
荣亲王园寝 1658
西便门
芒牛山
西峰口
天台山
隆福寺行宫

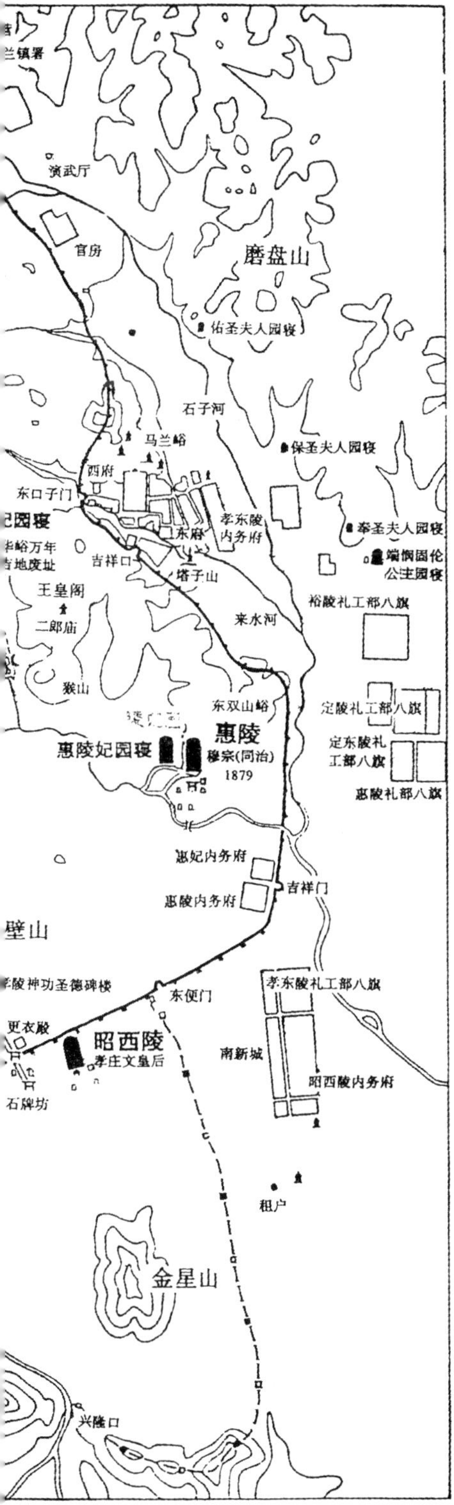

图 1 清东陵（前圈部分）

清东陵为清世祖（顺治）于顺治十三年（1656 年）躬亲卜定，顺治十五年营建荣亲王园寝于陵区西侧，顺治十八年在昌瑞山下鼎建孝陵。终清之世，清东陵建有五座帝陵、四座后陵、五座妃园寝，以及道光陵废址、妃园寝废址各一。葬入五位皇帝、十七位皇后、一百三十多位嫔妃等。清东陵外围，尚有亲王、公主园寝共七座

清东陵的陵域，包括作为墓葬区的“前圈”以及作为风水禁地即生态保护区的“后龙”两大部分，面积达 2500 余平方公里，为古今中外占地最大的陵区

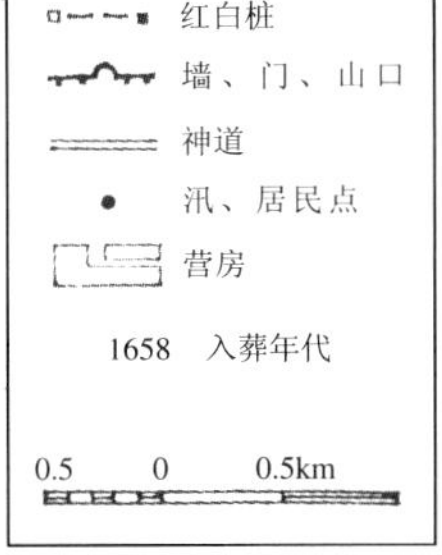

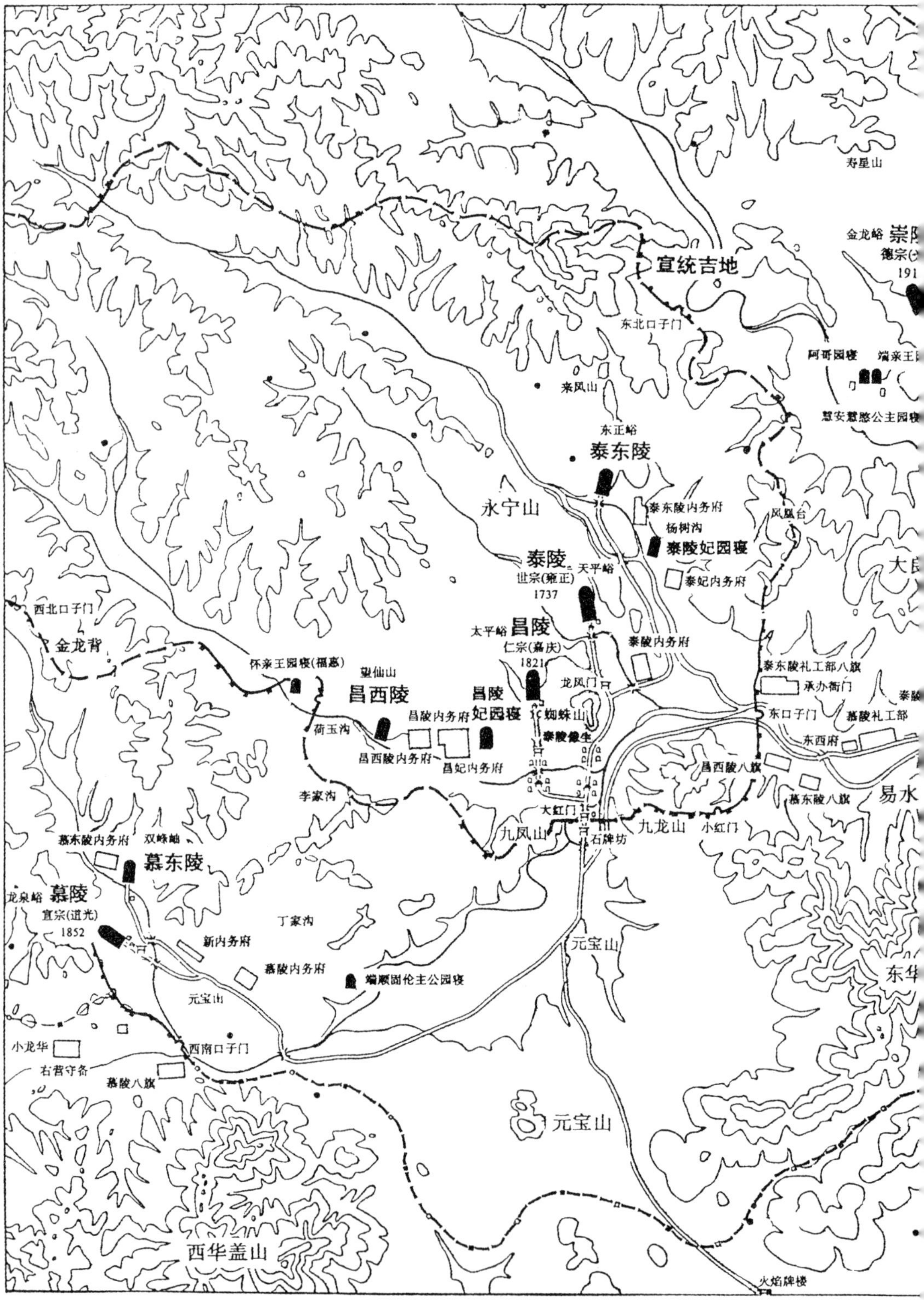
寿星山
金龙峪
崇陵
宣统吉地
东北口子门
阿哥园寝
端亲王
慧安慧憨公主园寝
来凤山
东正峪
泰东陵
永宁山
泰东陵内务府
杨树沟
泰陵妃园寝
凤凰台
泰陵
世宗(雍正)
1737
天平峪
泰妃内务府
西北口子门
金龙背
太平峪
昌陵
仁宗(嘉庆)
1821
泰陵内务府
怀亲王园寝(福惠)
望仙山
昌西陵
昌陵妃园寝
龙凤门
蜘蛛山
泰东陵礼工部八旗
承办衙门
东口子门
慕陵礼工部
荷玉沟
昌陵内务府
泰陵像生
东西府
昌西陵内务府
昌妃内务府
昌西陵八旗
李家沟
慕东陵八旗
易水
大红门
九凤山
九龙山
小红门
石牌坊
慕东陵内务府
双峰岫
慕东陵
龙泉峪
慕陵
宣宗(道光)
1852
丁家沟
新内务府
元宝山
慕陵内务府
端顺固伦主公园寝
元宝山
小龙华
西南口子门
右营守备
慕陵八旗
元宝山
西华盖山
火焰牌楼
东华
大

图2　清西陵（比例、图例同图1）

雍正七年（1729年）为清世宗（雍正）卜定万年吉地于易州永宁山，翌年动工，嗣后相继营建帝陵共四座、后陵三座、妃园寝三座，葬有四位皇帝、九位皇后、五十七名嫔妃等，是为清西陵。陵区内尚建有亲王、郡王、阿哥及公主园寝共六座。清朝末代皇帝（宣统）亦曾选定万年吉地于西陵界内，最终未能建成

图3　孝陵的山向，北朝昌瑞山主峰（图左）为后龙，南对金星山（图右）为朝山，并以此山向构成了整个陵寝建筑群的中轴线，由神道一气贯联

孝陵山向和建筑祖群的中轴线，随着景陵、孝东陵、景陵妃园寝、景陵双妃园寝、裕陵、裕陵妃园寝、定陵、定陵妃园寝、定东陵、惠陵、惠陵妃园寝赓续不辍的兴建，更得以不断充实和强化，成为整个清东陵的核心轴线，它所展示的天人合一“宇宙图案”的有机秩序，它的气势和魄力，它的空间艺术效果，也都更为恢弘博大和丰富多彩了。

陵寝山向即中轴线的组织，关键之一是其底景与对景的权衡，即前方朝对的案山、朝山以及后方倚靠的主山或后龙，峰峦形象是否完美？两翼景观的高下、大小、远近、虚实是否均衡?都需要统筹考虑。简言之，即要遵照风水理论“返顾有情”，“前后照应”以及“左崇而右实，右胜而左股”[33]等原则来慎重经营，务使视觉感受效果臻于完美。

例如定陵，遵照“东西陵昭穆制度”[34]选址在昌瑞山西隅的平安峪，山向确定为壬山丙向，前方以天台山为朝山，因此向西偏离了其他各陵多以孝陵金星山为朝山而形成向心幅集、众星拱月的格局（图4）。其所以未以金星山为朝山，也舍弃了多方案比较中曾考虑过的象山、牦牛山，而朝对天台山，就正是根据陵寝前方远景上诸山的大小、高下和虚实，以“左崇而右实、右胜而左股”的原则细致权衡后而确定的[35]，使陵前对景诸山在整体感受效果上达到了均衡，衬诸左右砂山和后龙山，遂以山川朝拱之势，和合有机地烘托出山陵的尊严气象（图5）。

2 建筑序列的配置

对陵寝建筑这样大规模的纪念性建筑组群，通过中轴线加以组织，把典礼制度所需的各种不同式样、规模的建筑形体，以准确的尺度，灵活而巧妙地进行配置和组合，形成一个完整、统一和谐的空间序列层次，使陵寝的纪念性、礼制性主

图4 裕陵山向也以孝陵的朝山——金星山为朝山，从而同孝陵构成了幅集之势

题有条不紊而又富于戏剧性艺术力地展开并不断深化，这在清代陵寝建筑的实践中，也是哲匠们着力追求的目标。

同陵寝中轴线的组织一样，各单体建筑及其组群配置在空间上的组织程序，即布局中的序列，都孜孜追求配合山川之胜势,使陵制与山水相称。具有建筑外部空间设计理论和景观建筑学性质的传统风水理论,具体指导并决定了几乎每一建筑的选址乃至设置与否[33]。清代各陵寝在建筑配置序列上，统一之中又呈现种种差异，主要就因为“风水攸关”，即因地制宜，因势随形而致。

在这方面，泰陵前区建筑布局曾因风水引发皇帝与臣工抵牾的事例，就颇具典型。

泰陵建置之初，前区神道未设石像生[36]。乾隆登基后，一再干预此事，史籍载谓[37]：

乾隆二年二月，乾隆帝谕总理事务大臣：“朕因泰陵前安设石像生一事，于乾隆元年降旨令王大臣议奏。据奏称，询问原相度风水之巡抚高其倬、户部员外郎洪文澜，佥称泰陵甬道系随山川之形势盘旋修理，如设立石像生，不能依其丈尺整齐安供，而甬路转旋之处，必有向背参差之所，则于风水地形不宜安设。是泰陵之未议设石像生者，实由风水攸关，非典制之未备等语。朕思陵前石像生系典礼之一节，若因甬道前地势盘旋，难于安设，或将大红门、龙凤门，展拓向外，俾地势宽敞，位置攸宜。尔等同和亲王带领通晓风

图5 定陵山向根据前景的均衡效果，在风水形势说“左崇而右实，右胜而左殷”的原则下，确定前以天台山为朝山（山向正对陵前方天台山两山峰之间）

水之洪文澜再加敬谨相度，妥协定议具奏。”

臣工们遵旨赴现场审核了原有设计，旋即奏议：“大红门正在龙蟠虎踞之间，护北面随龙生之旺气，纳南面特朝环抱之水，前朝后拱，天心十道，实天造地设门户，不便展拓向外。况石像生之投，古制未详，无大关典礼之处，似可毋庸添设。”得旨：“知道了。”

臣工们据理力争，坦然以对，使一言九鼎的天子也莫可奈何，在封建专制的背景下看，其勇气实属可贵。而实地考察史籍所涉泰陵前区山川形势与建筑的配置，则更感这种勇气，实在源自对山陵艺术的执着追求和匠心独具，难以懈击。

作为泰陵建筑总体布局的序列起点，大红门南对元宝山为朝山，元宝山东西两翼又有东、西华盖山耸峙为陵前气势雄伟的天然屏障和对景。而大红门两翼，又东有九龙山，西有九凤山迤逦延展，大红门正扼控在两山天然豁口中间，前后地势在敛聚中又呈宏廓。南易水更分岔在这山口南北汇流，因纳这天然水势，大红门前筑五孔白石拱桥，后修石平桥，复于门前疏密得宜构筑了东、西、南三座五间六柱十一楼石牌坊，更增强了陵区入口的空间界面。天工人巧的完美结合，显现出非同凡响的气概。这种精心布局，如果苟且迎合皇帝旨意而展拓向外，则势必成为败笔（图2、图6～图8）。

大红门内往北，相距700米有蜘蛛山横卧为案山，其间两跨北易

图6　泰陵前区鸟瞰

1.易水回抱大红门前，东西华盖山，对峙如天然门阙

2.大红门经营在九龙山（东）、九凤山的天然挟持围合之间

3.三座石牌坊的得体经营，加强了空间围合感

图7　泰陵大红门的选址与经营

1.自大石桥南起点处北望，石坊如天宫楼阁浮现

2.至石桥中点（最高处），百尺之形（宽）的石坊尽现眼底

3.石坊的每一个门洞都正与大红门门洞及石兽巧妙对应

图8　以大红门前石桥、石坊的空间序列构成为例，足徵泰陵大红门建筑组群的布置处理，经过匠心独运的细致推敲，难于懈击

水的石平桥和七孔大石拱桥横割这一地段为各长100米、250米和200米的纵向段落。按惯例，中间一段要留置建立圣德神功碑亭，四隅竖立华表；其北200米长一段地势逼近蜘蛛山，若建置龙凤门并援例拱列石像生于门前作为仪仗，则既失局促，更使龙凤门后因案山阻隔而割断了这座重要仪门同陵区后部建筑群的密切联系。这样，因乘天然形势，泰陵设计将神道展抵蜘蛛山南，随即东旋，绕过蜘蛛山再展曲为直，龙凤门便配置在蜘蛛山北神道由曲展直的转折点稍北，其北次第配置石桥、神道、广场，一气呵成，将陵寝后部建筑序列有条不紊地展开，最终使龙凤门作为棂星门而同陵寝后部主体建筑紧密联系的空间艺术效果，得以充分表现。

龙凤门的配置，表现了建筑配合山川形势的深思熟虑，前拓或后移，事实上都难以得到完美处理。在这种情况下，其前“甬道系随山川之形势盘旋修理，如设立石像生，不能依其丈尺整齐安供，而甬路转旋之处，必有向背参差之所。则于风水地形不宜安设”。从建筑外部空间设计和景观建筑学的角度看，理由充足，是不言而喻的。

多年以后，即乾隆十三年，具有很高艺术修养的乾隆皇帝囿于礼制，竟又在蜘蛛山南强行添建了五对石像生和一对望柱[38]。除了典制“完善”一节，在空间艺术上，对整个陵寝建筑的组织程序，却并无良效增益：由于蜘蛛山南北阻隔，这组石像生既失去了龙凤门横陈为底景的依托作用；也失去了它们拱卫、迎候于仪门前“聚巧形而展势”的应有效果；在泰陵建筑的整体格局中，形同蛇足。但即使如此，负责经营泰陵的臣工不惮抗上，坚持了他们对于建筑艺术的执着追求，从而使其匠心从全局上得到贯彻实施，乾隆皇帝一意孤行，终未能伤及大雅。

值得指出的是,对于这一史实，如果结合实地考察加以体验，则关于“风水攸关”的神秘，全可了然。它们不仅具有深刻的艺术科学内涵,而成为“古代的景观建筑学”[39]和建筑外部空间设计理论；即使披有神秘外衣，除了认识论、宇宙观等方面的原因外，恐怕也是古代专制政治使哲匠们为保护其职业生存与尊严而使然。事实上，在很大程度上，这“风水攸关”的神秘，也成了古代哲匠对抗权势横暴干预和应付世俗心理的武器。纵览有涉风水问题的大量史实，是不难看清这一点的[40]。

3 建筑形制的处理

在清代陵寝建筑的经营实践中，“遵照典礼之规制，配合山川之胜势”的原则，不仅表现在各陵寝的朝向、建筑群布局及空间序列展开层次均因风水地形不同而各有所异，即便是单体建筑形制的处理，也常由于因地制宜而呈现出差别。

例如环护各帝陵地宫的宝城，在道光朝以前，除孝陵为长圆式外，其余景陵、泰陵、裕陵、昌陵，以及宝华峪道光陵，宝城均为圆式。而咸丰朝营建平安峪万年吉地即定陵，宝城却由圆式一变而又呈长圆式。嗣后惠陵、崇陵效法定陵制度，宝城也均呈长圆式。这种变异的原因，事实上正由于“陵制与山水相称，难概同”。

清档案《平安峪万年吉地工程备要》有关记录，说明了定陵工程适应地势，改圆式宝城为长圆式宝城的具体原因[41]：

“惟查由志桩处至龙虎砂山脚前，进深三十九丈，面阔十八丈，若仿照宝华峪宝城圆式，所有罗圈墙至琉璃花门按九道券（按：指帝陵地宫构筑九道券的成宪）规模，进深敷用，而面阔较狭；拟仿照孝陵宝城长圆式规制修建，似觉合度。”

实地考察按照这一构思而建成的定陵宝城，其形制变异的确很好配合了山川形势，在左右砂山缠护和后龙背的衬托下，修长悦目的宝城，在紧凑的山水空间格局中，显现出合度得体的凝重端庄，取得了良好艺术效果（参见图3、图25）。

在定陵及以后惠陵、崇陵宝城改制为长圆式的同时，基于风水地形的考虑，吸取了宝华峪道光陵地宫因浸水而被迫废弃的教训，为了提高地宫标高，减轻地下水的浸蚀，宝城和方城标高均有较大提高，自定陵为始，以后各陵方城前均改制为二层叠落月台，月台和马尾礓礤安设望柱雕栏。由风水引起的这种改制，也增强了方城明楼的仰崇感和纪念性。

4 环境质量的完善

在清代陵寝建筑工程实践中，十分注重环境质量的完善，包括对建筑周围自然景观“趋全避缺，增高益下”[42]的各种处理，使山川形势“剪裁小体,精神卓越,动人美观”[43]，具备更高品位。而这一处理原则，总以“因其自然之性，损者益之”，“工不曰人而曰天，务全其自然之势，期无违于环护之妙耳”[44]为目标。具体工作主要有培补龙背砂山及近案，修河、植树等项，全以风水理论指导设计并实施。

各陵寝所倚后龙又称作宝山或龙脉，是陵寝建筑的天然底景，如山势低下，则其收束视线，衬托建筑以及迎纳阳光、阻挡风沙的效用也会削弱。遇此，即须用素土培补增高，仍保持逶迤起伏、势若天然。例如晚清同治皇帝的惠陵，因慈禧太后徇母子私情，强行择扯东陵双山峪，风水形势稍逊亦不顾惜[45]，加上地宫宝城为避免浸水而抬高，致使“宝城罗圈墙以外山势较低”，不得不“查明龙脉，敬谨培补”，以崇观瞻（图 9 ）[46]。

环抱陵寝区穴或明堂的左右砂山，内而小者称蝉翼或牛角砂山，外而大者称龙（左）、虎（右）砂山，是宝城、方城明楼、享殿、配殿、宫门等陵寝建筑核心及其外围墙垣的天然围合界面，有内敛向心、分景隔景、屏绝两翼视线干扰和尘嚣的空间效果，也能合同后龙、大帐阻挡风沙，迎纳阳光，形成较好小气候；从风水上说，有“以其护卫区穴，不使风吹，环抱有情，不逼不压，不折不窜”[47]的追求，讲究利用天然丘阜而为之。但在实际上，砂山作为陵寝环境景观的重要构成要素，常须人工裁成，方能完善。所以在清代各陵寝，几乎均有拓培砂山之举。

例如裕陵，曾有载谓：“至于风水应微用增培之处，查本龙龙脉入局，俱系尽善俱美之山，无需增培，惟左右阴砂并近案稍低，应酌量培补，令微高以配山川形势。”[48]

又如定陵：“近穴小龙虎砂环抱有情，其虎砂余气平铺而下，宜用人工开拓平正，作为明堂之地。”[49]“隆恩殿迤东地势空阔，续修砂山以固堂局。”[50]

定东陵工程中，钦派承修王大臣有因格外审慎，对培堆砂山事，留下了说明详尽周到的奏折，可藉以更翔实地了解培修砂山对完善陵寝建筑环境质量的明确用意，该奏折称[51]：

“吉地正南一带系裕陵大小圈、定陵小

图 9　清代样式雷：惠陵后宝山培补龙脉画样（摹自中国国家图书馆）图中原地势以墨线绘示，拟培补的后宝山的中、次、稍各峰用红线绘出，并各标明尺寸

圈[52]，墙内房脊森立，均正对两处（按：指普祥峪、菩陀峪定东陵，即慈安、慈禧太后陵寝）宫门。又吉地东旁系裕陵妃园寝，西旁系定陵妃园寝，当未动工以前，树木重叠，形势甚为严邃，殆至兴工以后，将有碍树株按段伐除，则两旁园寝围墙皆尽显露；现在吉地宫墙以次起建，与两旁园寝围墙近若咫尺，恐不足以重尊严。详核形势，似须变通修建。”

“吉地自开工后，各槽挖出之土，随地堆叠成山……又各项圈厂成作物料所弃石渣、砖渣、筛剩灰子，处处堆积……与其徒费人工将渣土运赴远处倾弃，不若就近堆培成山，以卫外垣，于吉地全局既甚庄严肃静，且复事半功倍。”

“其应堆土山，拟……堆作峨眉形；正对宫门处，垒为中高山峰，使北向宝山，南遮各圈墙房；……（两侧）垒作南北土山，计高一丈以上，叠成起伏蜿蜒之形；所有东、西、南三面土山之上，均栽以松树，使菁葱茂蔚，内向朝拱，用壮观瞻。”

运用施工废弃渣土培堆砂山以分景隔景，一举两得，不能不是明智之举。而可以顺便指出的是，这种兼顾景观艺术效果和施工便利的措施，并非仅在清代陵寝工程中运用，实地考察清代皇家园林，实例亦所在多有，是值得今人学习借鉴的（图10、图11）。

图10 人工堆培的菩陀峪定东陵东砂山（上，参见图11中8），尺度不大，却从视野里屏绝了砂山迤东裕陵妃园寝近若咫尺（下，参见图11之3）的干扰

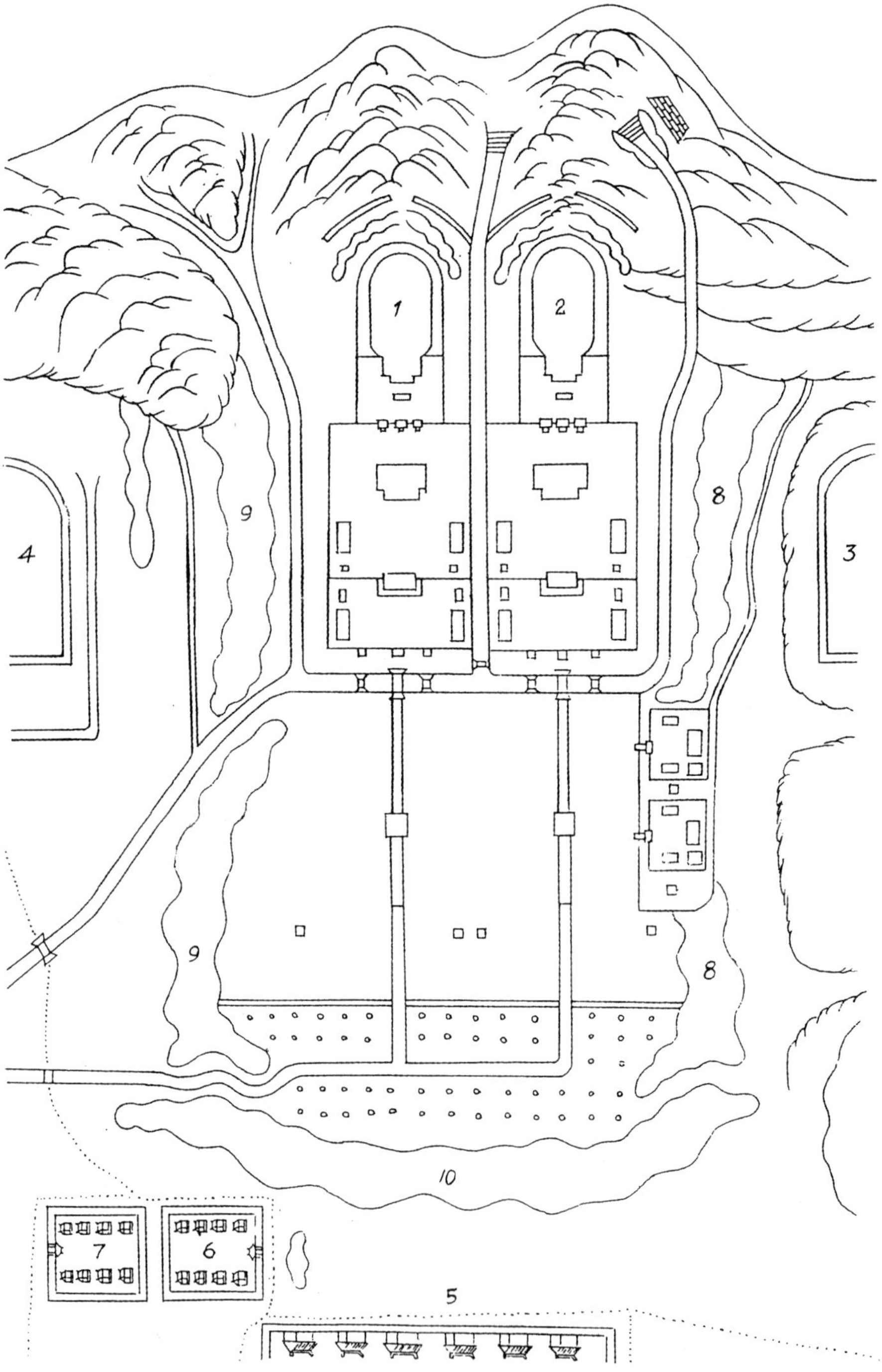

图11　清代样式雷：普祥峪菩陀峪培补东、西、南砂山画样（摹自中国国家图书馆，图中数字系笔者所加）

1.普祥峪定东陵　2.菩陀峪定东陵　3.裕陵妃园寝　4.定陵妃园寝　5.裕陵大圈　6.裕陵小圈　7.定陵小圈　8.东砂山　9.西砂山　10.南砂山

风水地形中，案山作为建筑对景具有重要作用，“使无朝案遮拦，未免飘散生气，焉有融结？”[53]“易野一望无际，有近案则易野之气为之一收。”[54]在清代陵寝的经营中，除因借天然地势而外，人工培土增筑案山以完善环境景观质量，也常有兴作，前述裕陵、定东陵就有此例。处理原则一如后龙与砂山，虽事于人工，却求其形势天然，予人乐山之美。

山陵环境景观质量的完善，还注重水的处理。依据风水理论，“所有随桥泊岸，酌量地势修理”[55]，不使浸蚀地宫，不使洪水为患，修堤筑河导泄[56]，既要使流水弯环减速，不致激射有声，破坏陵寝气氛的静穆；又着眼于景观效果，充分利用这弯环的动态感，获得空间感受上的动静相乘、刚柔相济，一如各陵寝中马槽沟、玉带河、月牙河的经营。河槽界分空间和桥涵在分中有合、联系空间的效用，也巧加应用：“其石桥分位，去水方向，系就水势曲折酌定，以成天然之势”[57]，使宏大的陵寝建筑群的组织程序，即布局中的序列，更形丰富动人。此外，水面的镜像映射能扩大空间感，也有很好的处理。如昌陵神道碑亭前的河桶，即专营挡水坝以阻水[58]，以致“净练不波，遥峰入镜，朝晖夕月，映碧涵虚，道妙自生，天怀顿朗”[59]，大大增强了陵寝环境景观的艺术魅力。

按照“葬乘生气”[60]的风水观念，“草木郁茂，吉气相随。……或本来空缺通风，今有草木郁茂，遮其不足，不觉空缺，故生气自然。草木充塞，又自人为。”[61]在清代陵寝赓续260余年的经营中，也历来强调“陵寝以风水为重，荫护以树木为先”；“陵寝仪树，关系重大”[62]；等等。“而按形势分植仪树，以资荫护”[63]，不仅对植树规模、经营与维护要求等做有严格的制度规定；对仪树的各种形式及组合，包括各类树种的形、色、味，无论四季常青的松柏或速生的白杨，亦或单株如蟠龙松的麟鬣开张，成行树墙的绿叶扶疏，直至苍翠弥望的“山树”或“海树”，也都经过周密的规划设计[64]，用以丰富陵寝建筑环境景观的空间层次，渲染和强化庄严肃穆、崇宏神圣的山陵纪念气氛，取得了很高成就。至于植树蔽风、保持水土、净化空气、造成良好小气候，也有充分考虑[65]。

注重陵寝建筑环境质量的完善，对工程废弃物的处理，也甚为细致周到。临时建筑，卑如圈厂席棚，尊如暂安奉殿，事毕拆卸后，地面均要填垫如天然地势，并植树荫护。残破砖瓦石料不宜堆培砂山的，因“与风水不甚相宜”，还要专门“运出（陵寝风水墙）口子门风水地外，择于僻静处所妥为掩埋”[66]。大规模的建筑废墟，如因地宫浸水而被废弃的宝华峪道光陵，尚钦派重臣董工慎加处置，“堪用之件，按款堆贮。……大件石料于查验后用土掩盖。……方城、宝城、大殿、宫门，系大项之座，拆卸后仍须平垫地面，栽种树株……各随地势高低叠落，平垫堆培，仿佛葰有山势。”[67]

三、形势相因的建筑外部空间构成

在清代陵寝中，建筑既是“陵制与山水相称”即天人合一的整体环境的有机构成，而“遵照典礼之规制”，也是等级森严的宗法礼制的重要载体。着眼于陵寝礼制性、纪念性氛围的塑造，结合山川自然配置的各种形制的建筑，在大规模建筑组群的外部空间设计方面，也鲜明体现出中国传统建筑艺术的突出特色，并取得了卓越成就。

陵寝建筑的配置略如前述，盖以谒陵者行经的神道为中轴线，结合山川形势并按礼制要求，将一系列式样不同的单体建筑第次布置，形成一组组既相互独立，又呈现出承继统绪或隶从关系的建筑组群。

陵寝建筑的形式多无异于一般官式建筑，也并无慑人的体量和尺度，但经过匠心独运的空间整合，和谐融汇于山川之中，却产生了艺术感染力极强的空间感受效果，形成了浓烈而自然的纪念性气氛。

远望时，一座座殿宇、门坊、城垣、桥涵及道路、仪树，流溢着斑斓色彩，或金黄，或碧绿，或丹红、或雪白，疏密相间，错落有致而又井然有序，像龙宫凤阙辉映在苍穹下山河襟抱的满目葱翠之中，气势恢宏壮丽而又深沉。

近观时，每一单体建筑和局部、细节的构成，凡楯栏玉砌、雕梁画栋、栾栌交错、阳马承阿等等，质地、肌理、纹饰、式样，无不显现出美轮美奂；华丽庄严中，又透出细腻亲切之情。

至于由远及近或由近及远，步移景易，远势近形更呈现出高下、大小、虚实、主从、离合及阴阳动静等种种空间关系的丰富转换，秩序虽严谨，却层次分明，变化生动有效，相济相因，历历如绘，引人入胜。

在这样的空间里，敬祀已故帝王后妃的谒陵者，无论乘乾御物、敕天之命的天子，或是备位扈从、勉矢尽忠的臣仆，都会一步步地被弥漫在这空间中强烈而自然的纪念性气氛所感染，激发起愈益深沉的肃穆庄重、恭谦以至仰崇的高尚情感，却难以感到自身的卑小和压抑。谒陵者的人性尊严并未因为敬祀祖先与天地而沦失牺牲。这空间，充满了理性精神，是人的空间。

这种建筑组群外部空间的构成，表现出相当娴熟和精湛的造诣。其艺术境界显示的最鲜明的特色是：基于一种整体有机的设计思想，在人与建筑、建筑群、山川形胜从局部到总体的各个层面上，空间高下大小、远近离合等等各种关系的组织处理，既着意于近观艺术效果气韵生动，也注重远观效果气势非凡，并讲究时空序列转换变化、气象万千，而且都有非常准确宜人的尺度控制，从未以任何视觉上尺度超人的夸张去求取艺术上的成功。

清代陵寝建筑在外部空间构成方面展现的艺术特色与造诣，固然同中国传统建筑文化及其审美价值观念多层面、多因素的影响有关；而历史悠久、根基雄厚的古代建筑艺术创作实践和理论思维方面的优秀传承，也起到了决定性作用。具体而言，在很大程度上，也是风水理论，尤其是风水"形势"说决定或指导了陵寝建筑的选址、布局、设计及营造各过程，才得以实现的。

关于风水形势说，另有《风水形势说和古代中国建筑外部空间设计探析》[68]论及，这里不再重复。事实证明，风水形势说是具有悠久传统和独特风格的中国古代建筑外部空间设计理论，既有严密的系统性和科学性，也有很高理论思维水平和实践应用价值，并不稍逊于当代的有关理论。

在清代陵寝建筑的经营中，风水形势说曾有着举足轻重的制约和指导作用，乃是无可置疑的史实。略如身为同治、光绪两朝帝师，并因谙熟风水而被钦派相度惠陵及光绪帝万年吉地的翁同龢，就曾向慈禧太后明言，清代陵寝风水盖"以形势为宗"[69]。此外，在大量的宫廷档案中，尤其是具体涉及有关陵寝工程的《风水说贴》、《风水地势图》（图 12），以及各陵寝《地盘全图》、《中路立样全图》等画样即设计图纸中，也可得到充分的实证材料。其中，各陵寝的总体设计，建筑外部空间结合山川地势布局，多以五丈、十丈见方的经纬网格来控制，称为"平格"，严密契合风水形势说"百尺为形"、"千尺为势"[70]的空间尺度构成原则，更是风水形势说贯彻于陵寝建筑创作实践的典型例证（图 13）。

由当代有关理论的比较分析证明，以"百尺为形"控制各单体建筑及近观视距的尺度构成，能切合人的视觉生理与心理，使人在近观时，能以最佳视距与视角或视野，观赏单体建筑的立面和局部细节，并在空间围合方面获得完整的效果，富于"人情味"和亲切感。而在清代陵寝建筑中，各单体建筑的面阔、高度等尺度及其近观视距的控制，以至近观视距上的空间围合，实际都遵循了"百尺为形"的构成原则。

例如陵寝建筑的平面布局，在整个空间序列层次上，从石牌坊到方城明楼等各单体建筑的面阔，由两侧仪树为限界的神道净宽，石

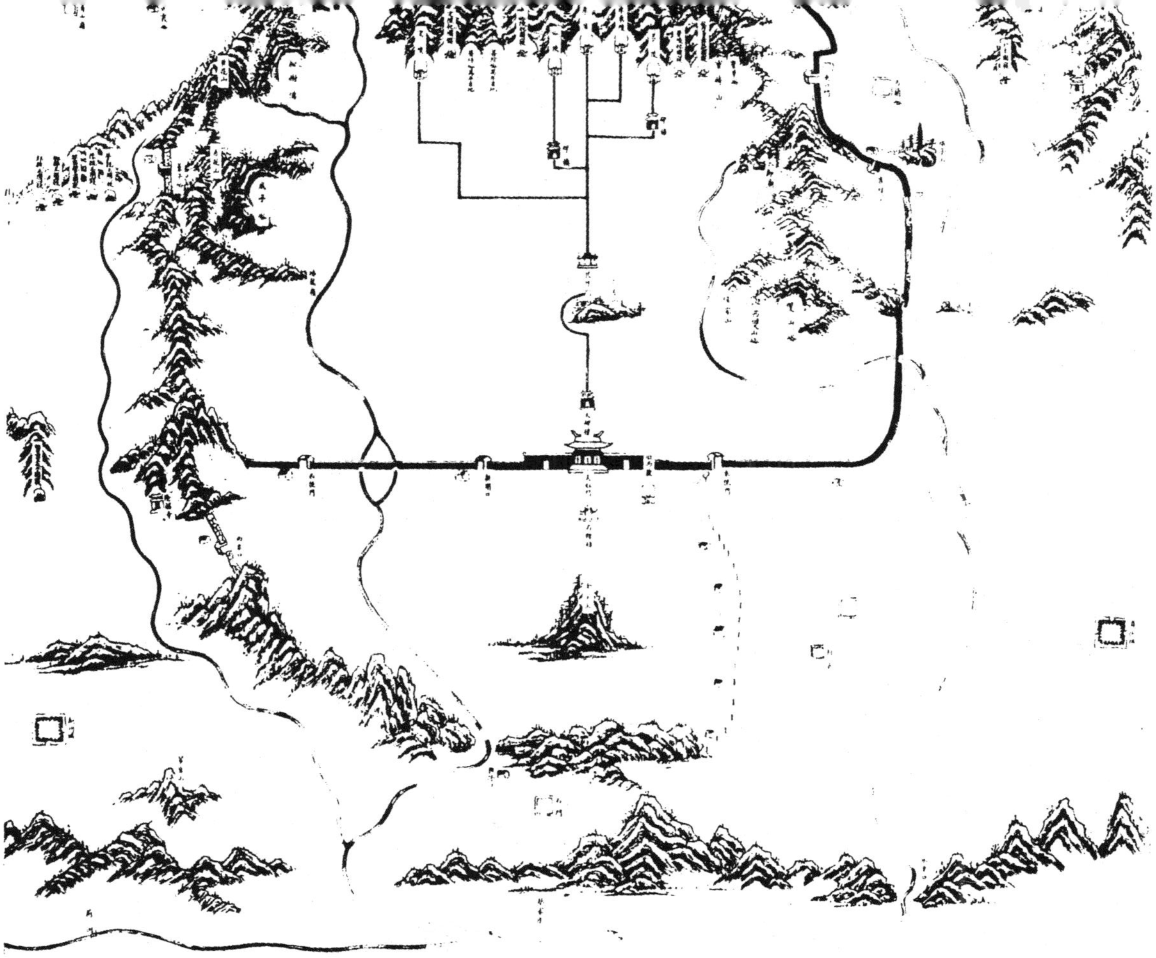

图12　清代样式雷：东陵风水形势图（摹绘）

本图为光绪元年为同治皇帝的惠陵选址时绘制，以写意山水画法表现东陵风水来龙去脉的形势，在所选勘双山峪、松树沟、成子峪、宝椅山等四处风水吉地中，最后由慈禧指定双山峪为陵址

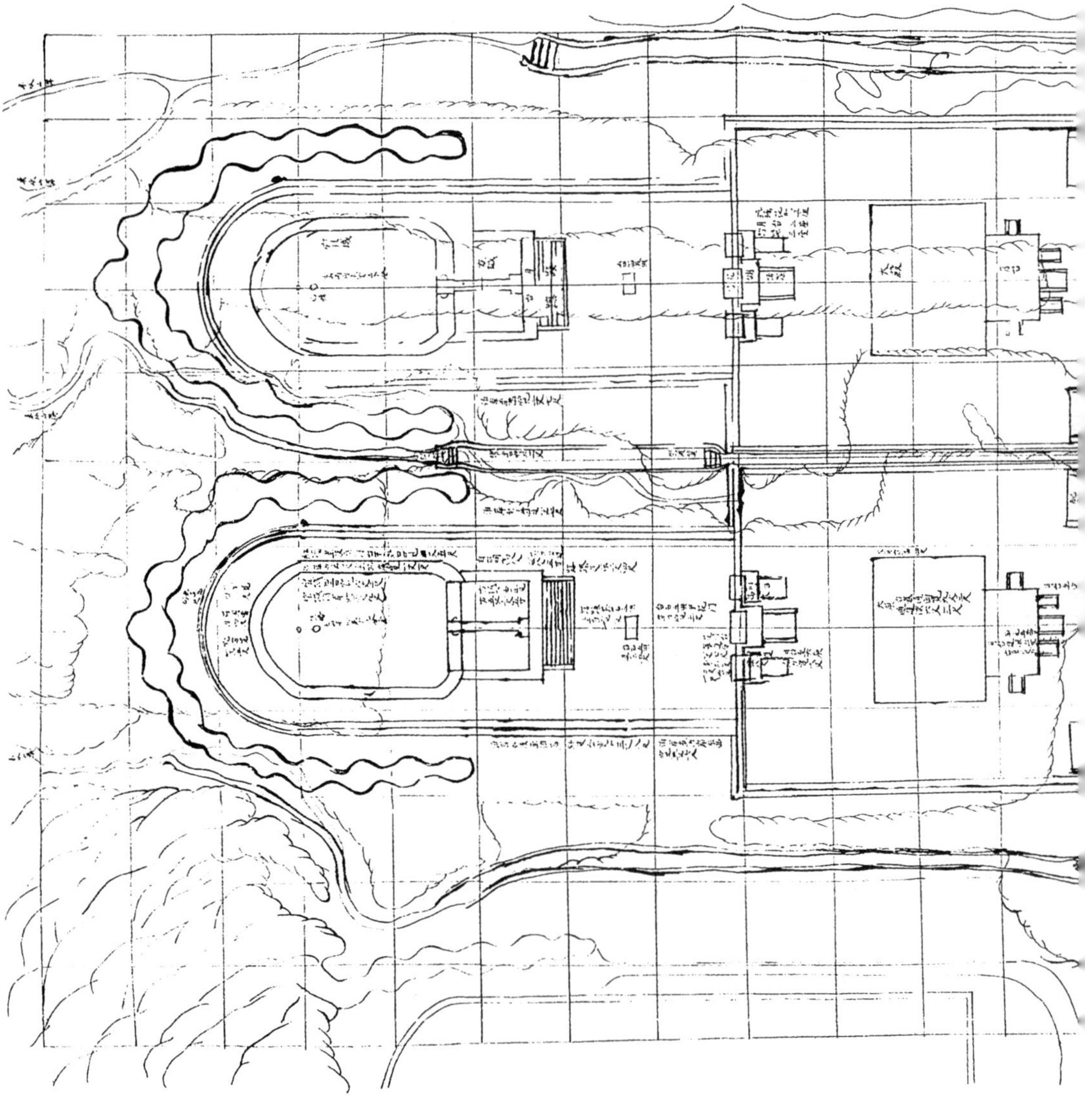

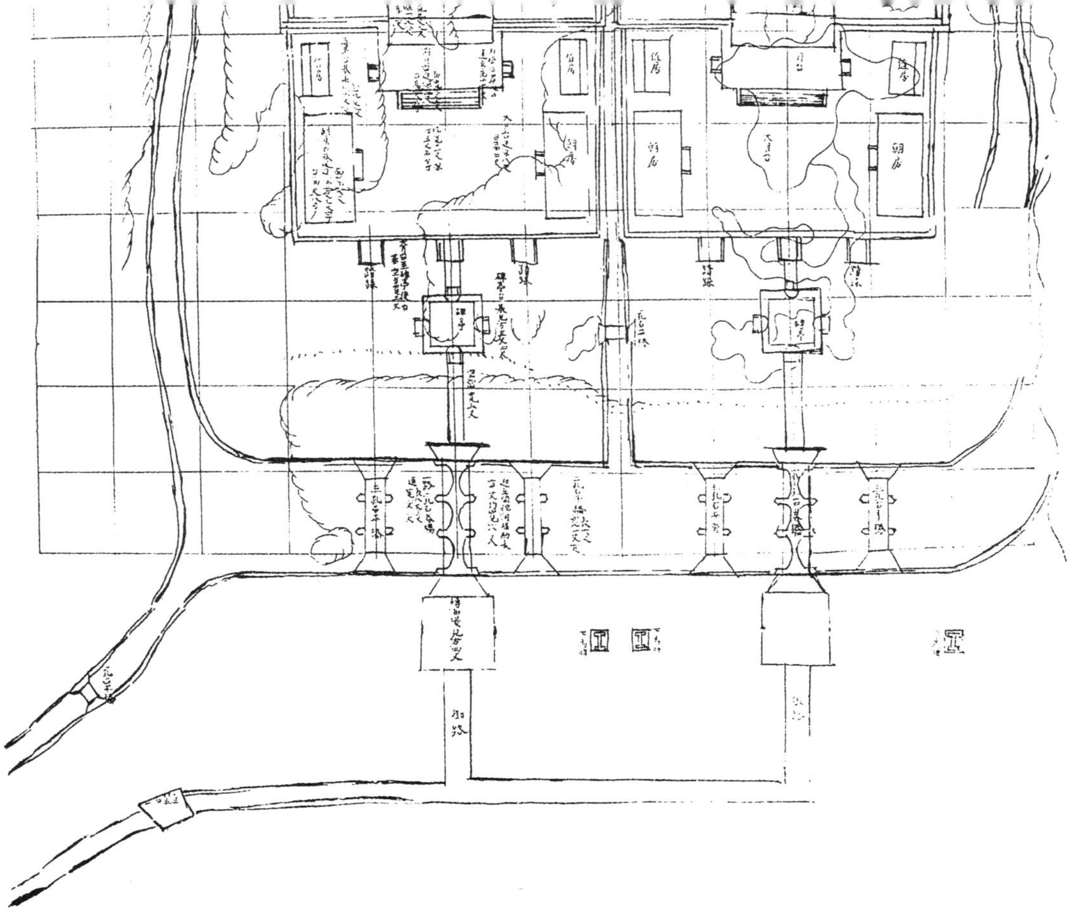

图13　清代样式雷：普祥峪菩陀峪万年吉地约拟规制地盘丈尺全分样糙底（摹自中国国家图书馆）同治十二年慈安、慈禧的定东陵设计方案图之一
在风水地势画样上以地宫金井(穴中)为基准点，按山向确定中轴线，前后左右以五丈间距展成经纬格网即“平格”；再按典制并依循风水“形势”说“千尺为势，百尺为形”的尺度构成原则，推敲陵寝建筑群和各单体建筑的空间布局(竖向设计亦然，见《清代陵寝地宫金井研究》图8、图9)。这一设计方式，同日本学者芦原义信在20世纪70年代提出的建筑外部空间设计理论和方法，可谓略无二致

像生的布置间隔，相邻单体建筑的间距，或神道两侧建筑至神道的距离，等等，就盖以百尺之限而控制；而小型广场、庭院的围合，尤其是道路、河桶、桥座以及墙垣等的起止、转折或交叉点构成的重要观赏点，同对应景物的近观视距，等等，也多以“百尺为形”的平面构成模数为基础来划分和组织。

在建筑立面的竖向高度方面，陵寝建筑虽属国家最重大的工程，有着极强的纪念性，甚至追求“高山仰止”或“仰崇桥山”的意象，但即使是其中最高大的单体建筑，诸如神功圣德碑亭（大碑楼）、方城明楼等，高度也不过九丈九尺九寸，无一逾越百尺。其受到“百尺为形”的尺度构成原则制约，是十分明显的。

这样的构成原则，使陵寝建筑群各单体构成及近距离的空间围合，都具有宜人的尺度感；而在近观的场合，谒陵者也得以很好观赏各建筑个体及局部细节，诸如精巧的造型、纹样图案，甚至细腻的质地、肌理等艺术处理，获得丰富生动又亲切可人的空间感受效果。

清代陵寝建筑的外部空间设计，还极为注重远观时的感受效果，尤其是组群性的远景效果，并以此统筹组织各单体建筑及局部细节处理，使整个建筑群具有鲜明的艺术性格，具有远观时整体感受上宏大的气势与魄力。这一体现为中国古代建筑显著特色的设计意象，按风水形势说，就是“有势然后有形”，“来势为本，住形为末”；“势如根本，形如蕊英；英华则实固，根远则于荣”[71]。相对于“形”之为近观的、小的、个体性的、局部和细节性的空间构成，所谓“势”，则是远观的、大的、群体性的、总体性和轮廓性的空间构成及其视觉感觉效果；同时，相对于“形”之展现出气韵和精神，“势”更求其彰显出气概和魄力。

在这一意象下，陵寝建筑的外部空间构成，遂多以“千尺为势”的尺度构成原则来控制远观视距及视角；并多在千尺之限内，按“百尺为形”的尺度来布置单体建筑，进行空间组合，把整个组群空间划分成若干既相对独立、互呈差别，而整体上又有机统一的群体集合。这样，陵寝建筑群既能在整体上显现出一气呵成的性格特色，在远观时，也能使百尺之形的单体建筑在合于人的视觉阀限内呈诸视野，不失之空旷、疏远，仍能具有宜人的空间感受效果。同时，移步其间，在远、中、近的不同层次上，更能在“形”与“势”的时空转换中予人一系列不同感受而引起情感变化，形成富于戏剧性的丰富生动和连续不断的空间艺术感受效果，获得深刻而完整的审美体验。

这样的意匠，正如风水形势说强调："四势之于气概，三形之于精神，一经一纬，相济而相因，千态万状，相类而相牲"[72]；"势来形止，前亲后倚者为吉"[73]；"形势相登，则为昌炽之佳城"；"形即在势之内"，"势即在形之中"，"惟于大者、远者之中求其小者、近者，于小者、近者之外求其远者、大者，则势与形胥得之矣"；"至哉！形势之相异也，远近行止之不同，心目之大观也"；"精神气概，以见其远近大小之不同……臻至妙也"[74]；等等。

按风水形势说展开建筑外部空间设计，还十分注重在空间围合尺度及远观视距逾出千尺限外时的处理方法。一是"积形成势"，"聚巧形而展势"[75]，即以多样化的单体建筑的百尺之形,通过巧妙的空间组合,使之在远景上聚而成势或展而成势，呈诸视野。二是"驻远势以环形"，"形以势得"，"形乘势来"[76]，即在远景上，使一些单体建筑的百尺之形，或因借山势地形，或倚靠大体量大尺度的群体性空间组合来作为底景，加以衬托而呈诸视野。这样的远景，自然能避免失之空旷疏远，仍能具有很高的空间艺术感受效果。

就是在风水形势说如此缜密和精审的科学理论指导和制约下，具有丰富实践经验和创造才能的古代哲匠们，遂能因时因地制宜，以敏锐而准确的尺度感和精湛的艺术技巧，灵活而妥善地运用各种建筑体型，结合自然环境而组织陵寝建筑大规模组群的外部空间构成，从而使之得以具有完美的艺术效果，达到了极高境界。

对清代陵寝建筑外部空间的设计意匠及其艺术成就，具体观照并分析其现存实例，典型如规模最大、体系最严整的清东陵和西陵的主陵，即孝陵和泰陵，不仅可以得到更真切深刻的体验和认识，而且从中得到更直接的借鉴或启迪，也将是必要和可能的。

例如孝陵，以最南端的五间六柱十一楼式石牌坊为陵区入口标志；其北240米即千尺之内布置着大红门，两翼连缀风水墙，是陵区的门户。这两座建筑，面阔皆在百尺上下，高则石坊未逾四十尺，大红门更低。作为整个陵寝建筑序列的起点，它们的构图与造型，重在外部表现，颇多匠心，相呼相应，相济相因。石牌坊为洁白的石质柱门，外轮廓错落有致，变化丰富，挺拔高耸，又空透轻灵；通体精雕细刻，极尽其华美。而大红门则在厚重的红色实墙上辟券为三座门洞，上肩以一层石雕枭混线承托着雄大的黄琉璃庑殿顶，整个形象，质朴庄重、敦实稳定；东西两翼红色风水墙的逶迤延展，更强化了其水平向空间造型，势若腾龙偃卧，镇守陵前。

从整体上看，石牌坊与大红门的空间组合，其间高低、纵横、敞闭、虚实以及色相、质地等等对比映衬，十分洗练；而敛聚成势，又力度极强。其外围，自石牌坊循陵寝中轴线南延1500米，形如覆钟并呈“搢笏朝天之势”的金星山拔地而起，苍松翠柏的“海树”及远景上蜿蜒的山峦又环抱两翼。尽得“聚巧形而展势，驻远势以环形”妙意的陵寝空间序列的第一景观，虽处开阔之地，却既未令人感觉空旷，建筑也未显体量卑小，空间的气势，建筑的气韵，形成了浓烈的纪念性氛围，具有很强的艺术感染力（图14）。

大红门往北的神道上，巍然峙立着陵寝建筑中最高大的神功圣德碑亭，其空间处理，也极富藻思。碑亭高九丈九尺九寸，已是“百尺为形”的极限，但其地处旷野，邻近的建筑即大红门也已逾于千尺之外。为避免远观的疏远空旷，一方面，“驻远势以环形”，巧借地形使孝陵的案山即“影壁山”屏立为碑亭迤北的底景，构成“形以势得”之效；另一方面，“聚巧形而展势”，在碑亭四隅各树立石雕华表，从而“积形成势”地强化了远观效果。

神功圣德碑亭平面为正方形，四面厚硕的红墙下施青白石须弥座，各居中开设双心圆券形的门洞，覆重檐黄琉璃歇山顶，造型简洁有力，庄重稳定。碑亭四隅的华表通身洁白，挺直高耸，精巧细腻，雕龙盘旋向上，顶端云墩上坐踞的蹲龙也昂首向天，充满动势。华表与碑亭对比强烈却又相互映衬、呼应。由于人的知觉心理的“闭锁”，即在观看不完全的形象时会有填补其空间间隙的知觉倾向，这样，远观四根规则排列、纵横各距80米的华表，其景观的心理感觉，实际会限定产生一个完整的空间，在这个空间的透明体积中，碑亭百尺之形的远景效果，体量显著地扩大了。这种“聚巧形而展势”的空间艺术处理，凝聚了古代哲匠的虚心和智慧，取得了极大成功（图14左下，图15）。

由石碑坊至神功圣德碑亭，处于中轴线上的单体建筑只有三座，布局十分疏朗。但移行其间，形与势的时空转换效果，仍有细致入微的表现，显示了古代哲匠出神入化的技艺，戛戛独造，令人叹绝。其中如自大红门南神道上与东西两侧下马牌对位处，透过大红门而远望神功圣德碑亭，其景观效果，就分外引人瞩目。

下马牌成对竖立在石牌坊和大红门之间的神道两侧，白色碑面上镌刻“官员人等在此下马”字样，漆填红硃；谒陵者循神道北行至此，皆须下马步行入陵，以示恭敬。实际上，下马牌给神道划定了一个重要的限制点或时空转折点，也构成以大红门作为近观对象的重要观景点。正因此，其与大红门的距离便按“百尺为形”的尺度原则控制，形成了合理的近观视距。由此北望，大红门百尺为形的立面构图及其局部细节的表现，恰在仰角18°、水平视角54°这样

图14　孝陵石牌坊、大红门和大碑楼（神功圣德碑亭）的组群构成（上）。自下马牌北望（中、下右），百尺近形的大红门，门洞呈“过白”景框，使远处大碑楼及四隅华表（下左）呼之欲出

1．缺乏背景，空间弥散，冷漠无情，建筑孤独，缺少感染力

2．后龙使背景空间产生敛聚性，收束视线，有较好的感受效果

3．两翼砂山使建筑环境空间敛聚性更强，环抱有请，也呈“聚巧形而展势”，空间感受更趋完美

4．左右砂山过远过低，会削弱其敛聚性，而至感受疏散失“情”——合理的空间心理尺度与艺术感染力

5．砂山不宜过高、过近，过高则压，过近则逼，使外部空间心理感受失之局促压

图15 “驻远势以环形”，“聚巧形而展势”的原理，适用于建筑与山川自然景观的配合协同，也适用于建筑群的布局处理，如图13左下大碑楼与华表及作为其底景的影壁山、昌瑞山之间的关系

的最佳视域内尽收眼底。

更巧妙的是，经由风水“过白”的处理，大红门三座券门开启时，构成造型简洁、比例精审而刚建有力的景框，千尺以外远景上的神功圣德碑亭及四隅华表，竟出人意外却恰到好处地被这三个主从有序的景框分别纳入，形成构图严谨、建筑轮廓及色彩层次都十分洗练明快的画面，镶嵌在大红门端庄持重的百尺近形中。而这三幅敛聚性很强的远景画面里，从整体关系上，也把大碑亭与侧隅华表的严格主从秩序鲜明地表现出来。

在高大的中门所框出的画面里，用边是澄澈的蓝天，把居中为尊的神功圣德碑亭的整体形象，非常醒目地勾勒托出。而在东西侧券门构成的景框里，每一个都对应展现出碑亭同侧的两座华表。这一前一后的两座华表，虽在平面上都同处在一条与碑亭南北中轴线平行的分轴线上，但在每个侧门框出的画面中，却因透视效果而左右分离开来，一高一低，亭亭玉立于三等分画面宽的两条分割线上，形成了悦目的黄金分割构图（图 14 中、右下）。

以近景肯定有力的景框托出的远景，还具有强烈的“景框（窥管）效应”，即景框中的形体体量，由于周围视野限制缩小，自身又充满景框，便显得近切而大。正由于这一效应，远景上神功圣德碑亭与华表在空间构成上追求的气势，在近景上大红门的景框里被预先强化了，鲜明夺目，脱框而出，形成了强烈的感染力量，催人前行。

无疑，大红门的景框处理，沟通了近形与远势，其观赏效果，既可“近相往形，虽百端而未已”，又能“远以观势，虽略而真”[77]，并显现出“势欲其伸，形欲其缩”[78]。在此，古代哲匠运斤成风的创作实践，曲尽其妙地展示了风水形势说倡言的艺术哲理：“形即在势之内。”“势即在形之中。”“惟于大者、远者之中求其小者、近者，于小者、近者之外求其远者大者，则势与形胥得之矣！”也成就了这一精审理论所追求的艺术境界：“精神气概，以见其远近大小之不同……臻于妙也。”“至哉！形势之相异也，远近行止之不同，心目之大观也。”

在孝陵宏大的建筑外部空间构成上，整个序列的下一个层次，即龙凤门及其前区神道石像生的空间艺术处理，也是“积形成势”，“形以势得”、“形势相登”意匠的杰作之一。

循神道向北，经过孝陵神功圣德碑亭，自西绕行影壁山，再东转并折而北向，神道由此直伸向陵区主峰昌瑞山。在神道由曲变直的转折点，两根洁白的石望柱，以 18 米间距夹道屹立，接着，沿南北纵深方向，以略大于百尺的间隔，在神道两侧布置了东西相向肃立的十八对石像生，自南而北顺序为：狮、獬豸、骆驼、象、麒麟和马，均卧、立各一对，然后是武将、文臣各三对。横踞在这段神道像生终点的，就是龙凤门（图 16）。

这段总长近 870 米的神道，起点的望柱与终点的龙凤门，高均未逾 10 米。其间十八对石像生，如武将文臣，也仅为常人尺度的 1.4 倍，但石像生的纵向布置间距也随之将百尺为形的视距按 1.4 倍的相同倍率调整，因此实际视觉效果仍未有尺度夸张的摄人之感。

同龙凤门的三座洁白细致的火焰牌坊式柱门相呼应，却又同连缀于柱门间及两翼华光流溢的金色琉璃看面墙相对比，望柱和十八对石像生，是一色的皓白素雅；肃穆庄重而又驯顺恭谦的群体氛围，控驭着性格差异鲜明的所有个体的生动体态造型和细腻神情刻划，组成严整有序、像迎候、像拱卫的仪仗队列，以韵律感和节奏感极强的南北纵列布局，导向并烘托着这一空间序列底景的龙凤门，而同龙凤门的横卧之势，在构图上又形成了强烈对比。

这尽呈积形成势、聚巧形而展势匠心的组群性空间处理，还十分得宜地利用了地势与山川景物，充分展现了形以势得，驻远势以环形的藻思：整段神道像生布置在缓缓升起的坡地上，龙凤门冠表其巅；背景映托有翠峦秀集的昌瑞山，限定了百尺横宽的神道两侧又荫护以松柏“海树”。凡此艺术处理，铸成这一组群序列虽无尺度夸张却能不失卑小、疏散地处在一片开旷天地中。远以观之，气势不凡；近而察之，精神发越，凝聚着浓郁的纪念气氛，吸引着人，感染着人，激励着人，导向龙凤门迤北昌瑞山下“山苞川拱”的陵寝主体建筑。

同孝陵比较，泰陵龙凤门的布局，由于前文述及的风水原因，没有石像生拱列其前，而是以陵寝案山即蜘蛛山分隔，更密切、更紧凑地同陵区后部的建筑组群联系起来。其空间组织，也正同前述蜘蛛山南牌楼门、大红门及泰陵圣德神功碑亭等前区组群一样，充分体现了因地制宜的精神；同时也以十分精彩，甚至令人惊叹的神来之笔，行云流水般地将风水形势说所追求的艺术境界，具体而微地予以实施，卒底于成，取得了极大的成功（图 17）。

循神道绕至蜘蛛山北，神道由曲展直继续向北延伸，在绕行中透过苍松翠柏而隐约迎入眼帘的龙凤门，逐渐鲜明完整起来。至神道由曲展直的转折点，北望龙凤门，在百尺为形的视距控制下，其洁白晶莹的三座火焰式石牌坊柱门，相间在柱门间及在东西两翼展开的四堵金色琉璃看面墙，墙下宽厚敦实的洁白石须弥座，构成丰富细致、色彩斑斓、华贵富丽的近形，尽收眼底。空间的转折，使人

图16　孝陵石像生及龙凤门的布局处理

1.自影壁山北望石像生群及龙凤门

2.在石像生拱列的神道上行进时的画面

3.在距龙凤门“百尺”视距位置处北望，昌瑞山下的孝陵主体建筑，透过门洞景框遥遥在望

们自然地短驻；百尺为形的视距控制，则使人们“近相住形，虽百端而未已”：龙凤门高低错落，充满了动势的轮廓线，挺拔的石柱上精雕云板、云墩和蹲龙，横直如矢的大小额枋和其间花板及其顶置火焰宝珠，看面墙上云纹腾龙的琉璃花心和岔角牡丹花叶，墙顶蓝绿色三踩琉璃斗拱承托的金色琉璃庑殿顶，等等，无不予人以丰富多彩、引人入胜的感受。龙凤门的布局处理，虽受限风水地势而没有石像生拱列于前，但它巧妙利用神道的曲直转折，直接以形取胜，也成功获得良好的空间艺术效果。

横跨在向北笔直延展的神道中央的龙凤门，在门扉洞开时，朱漆的木质门框和火焰式石牌坊的白色柱门，形成了非常有力的矩形景

图17 泰陵后区鸟瞰

框，人们的视线，被神道中央的御路石的强烈导向性而引向这景框。在这景框中央，陵区后部中路各建筑，从相距龙凤门南神道曲直转折点575米外的神道碑亭，以及其后隆恩门、隆恩殿，直至840米外的方城明楼，全以严整庄重的对称格局层叠高耸，由各单体建筑不足百尺之形组合为群体而获得体量累积，在远景上兀然成势；一层层金色琉璃顶，下有浓重的阴影勾勒，背景则有因空气透射而呈优雅紫色的永宁山强烈对比烘托；其朱红墙垣下束洁白石基，后以大片仪松的青枝绿叶鲜明对比映衬。显现在景框中的远景画面，在建筑组群积形成势、聚巧形而展势的一体浑然中，又具有洗练明快的层次，“远以观势，虽略而真”，得到了极为精当凝练的表现。而近景上矩形景框的肯定有力，更产生了很强的景框（窥管）效应，使远景上建筑群体雄浑崇宏的气势与魄力得以大大强化，因而更加引人入胜。

泰陵龙凤门的空间处理，使“近相住形，虽百端而未已”，同时又得“远以观势，虽略而真”，近形的丰姿与远势的气魄巧妙融汇，相因相甡，出神入化，予人丰富的视觉艺术感受，不愧是古代哲匠的精心杰作（图18）。

沿神道北行，逐渐临近龙凤门，在步移景易中，龙凤门的景框内又不断切入远景、中景和近景更为丰富的层次。峰峦叠嶂的远山被视野中不断扩大的明净澄澈的蓝天相映照，显现了富于自然美的韵律节奏并宛若腾龙起伏的优美轮廓线，也显现了山势的雄伟高大。龙凤门北笔直悠长的神道两侧夹道相列的苍郁青松，也以宁静、肃穆的天然美，从景框两侧切入并扩大。接着，门北按百尺为形的视距控制而建置的三孔白石拱桥，又在近景上映入眼底。当行至龙凤门，移行中渐渐失去空间限制作用的龙凤门的矩形封闭式景框，又接续由一个深邃的、屏蔽了视野两侧的凹字形夹景构图取代。这夹景，近处是石拱桥秀美的券形曲线组合着两旁雕栏玉砌的韵律节奏，分外优雅动人；往后是屏列神道两侧的松墙夭乔，生气发越，直至深远。这夹景，形成了较封闭的狭长空间，以强烈的导向性，将人们的视线引向这空间纵深处的尽端景观。而在这视线所归的远景中，在蓝天、紫色远山和苍松翠柏映衬下，陵寝后部建筑依然呈现为一体浑然之势，被突凸出来（图19，图20之1）。

越石桥北行，因视角渐变，夹景尽端的远景画面也呈现渐变。建筑组群底景紫色远山的山势，在竖向下降的趋势中，又同时朝两翼横向逶迤延展；建筑群的前后层次，也处在前景神道碑亭不断升高，后部隆恩门、隆恩殿及方城明楼渐次下降的竖向变化中；同时，在由神道彰明的中轴线两侧，保持着严整的对称格局，又有隆恩门两翼

图18 泰陵神道由曲展直的转折点北百尺开外的龙凤门，以及远势近形巧相融汇的龙凤门“过白”

图19 龙凤门的景框渐趋消失时，门北百尺视距处又由石拱桥构成新的夹景（参见图20之1）

1.**积形成势，聚巧形而展势**：石拱桥雕栏的夹景强化了远景的引导性及积形成势的组群效果

2.**形以势得，驻远势以环形**：在神道起坡处所见，碑亭与后部群体凝为一体之势

3.**形乘势来，动静阴阳，相牲为用**：坡道最高点所见。由2至3竖向轮廓线变化微小，呈步移景滞

4.**形结势薄**：降至坡道终点即广场起点，碑亭已从群体中迅速升起

5.**势止形就**：神道桥中点（距碑亭百尺）所见，后部群体已呈从属状态，托出碑亭的近形

图20　泰陵龙凤门北神道上行进中所见。风水形势说注重时空转换艺术效果的精辟理论，在此得到淋漓尽致的发挥运用，建筑外部空间的序列组织达到出神入化的境地，表现了极高造诣

红墙不断在横向上展开，墙内外东西对称布置的朝房、配殿，也渐次在神道两侧构成夹景的树影婆娑、绿叶扶疏中均衡对称地切入眼帘，使整个远景画面，由竖向、纵向构图而变为横向构图。建筑群体及其底景始终保持的一体浑然之势中，多层次的水平线条在眼底展开，一种统一性的内涵，一种非同凡响的稳定、宁静、肃穆和庄严的气氛，显现出建筑物同山川大地的紧密关系，得到了充分强调，予人以强烈感染。

在行至北距神道碑亭250米处，这种横向展开的远景景观，已突出夹景而充分显现。这时，在远景画面横展之势中，前景碑亭和其后的隆恩门、隆恩殿、方城明楼的檐口曲线，出现了重合；而在建筑群北面仍以天然之势有力发挥着底景衬托作用的远山轮廓线，也降至几乎与屋顶轮廓线相叠。水平线条在构图上的艺术效果，在这里得到了更有力的强调。

由此向北，一大段神道被培垫成徐徐升高的坡道，缓步行进在这段长长的坡道上，人们对远景感受的竖向视角，由于呈凹弧上升的坡度得到微妙调整，从坡底至坡顶，人们在时空中运动，而呈诸眼底的远景，却似蒙太奇的定格，变成了令人惊讶的静止画面：前此碑亭屋脊轮廓线的上升和后部建筑轮廓线及山脊轮廓线的下降趋势，都凝滞固定下来；远景的空间层次，始终保持了相互聚合、烘托、一体浑然的横展之势（图20之2、3，图21之1、3）。

同这种步移而“景滞”效果鲜明对比的是，在登上坡顶向北继续前行时，经过一段很短的凸弧形下坡，映下眼帘的远景画面呈现急剧变化：前景的神道碑亭，在其背景建筑群屋顶轮廓线以及远山轮廓线迅速下降之中，显著升高并最终超过了一直高突其上的方城明楼和隆恩殿的屋顶；而碑亭的檐口曲线，在浓重阴影衬托下，也从先前和隆恩门、隆恩殿檐口曲线的叠合中上升兀现出来。而这时，人们已进至碑亭前一个开阔广场的起点，纵贯广场中轴的白色御路石，在大面积铺砌的青色城砖海墁映托下，醒目地直伸向广场终端的三路三孔神道桥，把人们的视线，引向桥后已经突兀于建筑群前景的神道碑亭（图18，图19之4）。

当穿越广场而进至神道桥南端，在人们面前，神道桥楯栏的优雅曲线、精雕细刻的白色望柱栏板美丽的韵律节奏，又构成了一个十分精巧的夹景景框。就在这新的景框中间，神道碑亭在其后部建筑群的退隐殆尽中，完整而鲜明地兀突眼前。“形乘势来”，“势止形就，形结势薄”，建筑景观由积形成势、聚巧形而展势的组群性空间感受效果，一变而为极为纯净的单体建筑的巧形特写（图21之

图21　图20的局部特写比较。序为，左上：图20-1远景上积形成势的组群；左中：图20-2形以势得，碑亭融入后部群体；右中：图20-3形乘势来，碑亭仍隶属于群体；左下：图20-4形结势薄，碑亭从群体中升起；右下为广场终点、神道桥起点所见画面：势止形就，桥栏中凸显出一幅纯净的单体特写

5)。而沿桥面上升并近逼碑亭，桥栏景框逐渐消退，碑亭后方的隆恩门两翼红墙及朝房、配殿，又渐冉横陈在碑亭两侧，以一种对称均衡而又错落有致的水平构图，驻远势以环形，大大强化了碑亭特写的兀突，产生了仰崇感极强的空间艺术效果（图18之5)。而神道桥的空间布局，其中心至神道碑亭，正按百尺为形的原则，得到了近观视距上恰如其分的控制。

值得强调的是，泰陵神道这段空间序列的组织处理，使建筑群及建筑个体在远、中、近不同距离上的视觉感受，在步移景易和步移景滞中，动静相乘、形势相因及相互转换的种种妙趣都得以充分表现；而这种神来之笔，却精炼之极。事实上，即如“步移景滞”的绝妙处理，也只不过是在一条平面构图极简单的神道中轴线上，通过竖向设计的起坡来调整行进中视角变化，从而获得奇效。细心体验和分析其意匠所在，为古代哲匠的高度智慧和精湛技艺折服之余，也不能不获得良多启示和借鉴的。

这段空间处理，也表现了古代哲匠把握建筑个体与群体关系深思熟虑和裕如自然的非凡功力。例如神道碑亭，虽然功能类同陵寝前区的圣德神功碑亭，但在空间关系上，圣德神功碑亭处于开阔空旷之地，高度达到百尺之限，四隅还衬以华表来强化；而神道碑亭比邻隆恩门、朝房，以及后部殿座、方城明楼等，同属于一个完整的空间组群关系，既须在体量尺度上相互呼应协调，更须突出组群中心的隆恩殿和方城明楼。而隆恩殿及方城明楼既有百尺为形的尺度之限，不能一味夸张，因此，神道碑亭的规模就不能不受到更大限制。这样，神道碑亭虽如同圣德神功碑亭，也采用方三间重檐歇山顶，但面阔进深及通高均只有圣德神功碑亭的二分之一。而神道碑亭的尺度受到如此限制，为突出其重要性，则在陵区后部建筑群的布局上，置于引人注目的中轴线最前端。远观时，借助其后各建筑巧聚成势来烘托；由远及近，也始终控制它不失为整个建筑群的有机而重要的组成，并得到不断调整和强调，直到近景上成为特写呈诸眼底。事实上，泰陵后区从北距碑亭250米处将神道起坡来调整视角，使步移而“景滞”的处理，也正是着眼于神道碑亭较小的体量，使之在远近变化中得体地由组群关系获取“驻远势以环形”、“形以势得”、“形乘势来”的衬托，直至在中景、近景上“势止形就，形结势薄”，从群体中独立出来（图21之1～5)。

神道碑亭是陵区后部建筑组群的起点，建筑布局由此从陵区前部的疏朗、开阔一变而趋向紧凑、封闭，谒陵者的活动，就主要滞留在这后部建筑群体中。在单体建筑尺度及视距多以百尺为率控制的同时，细腻丰富的木作、石作、彩画装饰等，也充分施展开来。而周围砂山、后龙、仪树以及河桶桥涵均着力于敛聚向心，隔景、分景，屏绝尘嚣和视线干扰，形成更浓重的静穆、庄严气氛。同时在各单体建筑顺序展开的近景层次上，充分利用地势向北逐渐升高，利用风水“过白”方法形成重重景框，来强化空间感受效果（图22、图23）。

例如，步入高起在宽大月台上的隆恩门，在居中的分心石位置透过正门北望，隆恩门后檐明间的两根檐柱与上方横陈的额枋和雀替，以及下部台明，构成了一个线条典雅而又明确有力的景框，前方视野里，隆恩殿和月台、雕栏的完整画面就落在这景框中。由于逆光，景框深沉幽暗，同阳光映照下隆恩殿辉煌的琉璃顶、红墙朱扉、洁白的石基雕栏，以及背景澄澈明净的蓝天等十分明快的色彩，

图22　风水“过白”实例
上：自泰东陵隆恩门北望隆恩殿
右：自琉璃花门北望孝东陵方城明楼

1.自龙凤门前百尺处向北所见

2.神道桥的“夹景”强化了前景中心的隆恩门

3.自隆恩门中槛北望，稳重端庄的隆恩殿展现在完形性的优雅景框中

图23　慕陵风水“过白”又例

形成极强烈的对比，有力烘托出陵寝主殿的雍容恢宏。

值得顺便说明的是，在各帝、后陵及妃园寝，虽然距离隆恩殿或享殿远近不同，隆恩殿或享殿也各有体量大小及重檐单檐的差异，却均能恰到好处地完整纳入这样的景框。

这种景框，也用在方城明楼前的陵寝门即琉璃花门及二柱门。进入陵寝门，在道光朝以前的各帝陵，因院落纵深较大，均建有二柱门为方城明楼的屏门。近抵二柱门，当门扉洞开时，这造型简洁、色彩富丽的冲天式牌楼门，又成为方城明楼及前面石五供的完整景框。在道光朝以后的定陵、惠陵、崇陵及各朝后陵，均不设二柱门，陵寝门至方城明楼的距离相应缩短，并以前者的门洞构成后者的景框。冠表在陵寝建筑空间序列终点的方城明楼，就在这景框中兀现在谒陵者面前，显示出它的崇高和尊严。

帝、后陵的方城明楼的尺度，同样受限于百尺为形的基本原则，为凸显其纪念氛围特需的仰崇之势，除因借地势外，平面和立面构图更有精审的处理。在平面上，石五供前后为谒陵者北向方城明楼行礼的地方[79]，两礤间的视距严格控制在百尺之内；紧邻石五供，向北筑起宽硕的礓　坡道，升往高大的月台，崇弘的方城就耸立在月台中央；城两翼偏后横展红墙，反衬出方城凸突向前。在立面上，方城建置在地势最高处，月台高3～5米，方城更高达9米余，灰色城身下以白色须弥座承托，两翼横陈黄琉璃瓦结顶的面阔红墙，加上纵礤围合陵寝门内院落两侧的进深红墙向南迭落形成的透视效果，礓察斜面向上的强烈透视变形，凡此，使方城和雄踞其颠的红墙黄瓦、重檐歇山顶的高大明楼，屹立于△形立面构图的中心，强烈兀现出巍峨、凝重而端庄的视觉感受效果，形成“迫而察之，若仰崇山而戴垂云”[80]的崇高感，产生了“仰崇桥山”的浓郁纪念气氛（图24）。

作为完整的纪念性建筑空间序列，清代陵寝建筑的布局处理，不仅着意使谒陵者前行敬祀时，逐步被环境景观感染，并不断升华其纪念已故帝王后妃的情感；也注重谒陵者完成祭祀而循原路退回时，仍能始终保持着肃穆、庄重和恭谦的情感。这就是风水理论强调的“返顾有情”。而在这逆向的空间序列的艺术处理上，风水形势原理也在清代陵的建筑创作实践中有着上佳的运用，并取得了极高艺术成就（图12、图25）。

登临方城明楼向南返顾，透过明楼门洞券构成的景框，沿着陵寝中轴线对称布局的整个建筑组群，由近及远随着神道南向延伸；兀立在远景上的朝案山势，作为陵寝山向的天然对景，就瞩目地居于这轴线中心，收束着视线，也成为返顾的底景映托着相关建筑，

图24 崇陵方城明楼“仰崇桥山”的画面

构成“驻远势以环形”、“形以势得”的佳境（图2右、图4、图5及图25）。

在向南退出陵区的行进过程中，朝山案山也始终发挥着这种作用。典型如孝陵山向上朝南遥对的金星山，当沿着神道从昌瑞山麓的陵宫建筑群南返时，就曾以一种气势如虹的知觉群的连贯性，构成途中次第经过的龙凤门、神道石像生群、神功圣德碑亭、大红门、五间六柱十一楼石牌坊等空间序列的佳妙底景，并丝丝入扣地造就了不同场景的丰赡变幻，酣畅实践和展现了“驻远势以环形”、“形以势得”、“形乘势来”、“势止形就，形结势薄”等等风水形势说的藻思（图26、图27）。

其中，循神道向南逐步抵近龙凤门，天际远景中以“搢笏朝天之势”居中峙立为龙凤门底景的金星山，就会从“驻远势以环形”而高高凌表在龙凤门百尺倩形之上渐渐下降，直至在相距门北百尺的近观视距上，缩进龙凤门景框“过白”的画面里，在经历“形乘势来”、“势止形就，形结势薄”等一系列时空转换的景象之后，衍成接踵切入这景框的整段向南伸展的神道石像生的底景。越过龙凤门，门南相向而列的石像生，由前行谒陵时的夹道迎候，一变而为夹道恭送的仪仗，而这仪仗队的尽端，在横卧的案山影壁山上，又有更远的朝山金星山居中巍然耸峙，再衬以神道两侧屏列的松墙，这仪仗队虽地处易野，各像生体量差小，却仍不失于空旷和疏远感（图26及图27之1、2）。

嗣后，绕过影壁山南望，神功圣德碑亭百尺之形以外，又有金星山的稳重背影为“其远者、大者，则势与形胥得之矣”（图26之3）。

图25 清代样式雷：定陵神路地盘样（摩自中国国家图书馆）
图左孝陵以金星山为回望的底景，图右定陵则前对天台山两峰之间

1.自龙凤门北南望

2.龙凤门南的像生群变成向金星山归依的夹道相送的仪仗队

3.影壁山南由四隅华表烘托的大碑亭仍以金星山为底景

4.大红门以金星山为映衬背景，获得“驻远势以环形”的空间效果

5.大红门外石坊以金星山为依托，不失其小

6.在百尺视距处，金星山更托出了石坊的高大

图26　以金星山为天然底景的孝陵神道返顾

图27　孝陵神道返顾特写

1.以金星山为背景而“形以势得”的龙凤门

2.距龙凤门百尺处南望：居于神道轴线上的金星山成为“过白”画面的构图中心

3.距大红门百尺处南望，“过白”之下的石坊和金星山的完美画面

过神功圣德碑亭南行，神道再度指归金星山，在其山影下，大红门和两翼横展成卧龙之势的风水墙，虽远在千尺之外，其通高又远去“百尺为形”，却得以“形乘势来”，即因借金星山的山势而使“易野之气为之一收”，免失旷远和卑小（图26之4）。

直至大红门台基前，透过拱门构成的景框南望，240米外的五间六柱十一楼石牌坊，由谒陵时陵区入口的空间序列标志转换为返途上陵区出口的门屏，映入人们眼底，这体量、尺度均受到“百尺为形”原则严格控制的石牌坊，虽然空透轻灵，却被组织在同一中轴线上而远距其南1500米外的金星山崇弘巍峨而又端庄凝重的山势极好地映托，使其体量、尺度的视觉感受效果得到大大加强，不觉势单，也不觉力薄。最终使这谒陵礼毕的出口，仍以浓重的空间气氛予人心灵震撼激荡，对于故人展孝思而申爱慕、溯源笃本、承统守业的情感和意志，仍然能在此得到寄托：引起共鸣，予以抒发（图26之5、6，图25之3）。

注　释

1、31、39 Needham Joseph. Science & Civilisation in China. Vo1.4：3，Cambridge University Press, p.143

2 Bacon Edmund N. Design of Cities. Rev ed. London: Thames and Hudson. 1974. 20

3 Simonds John Ormsbee. Landscape Architecture. 3ed. 王济昌译. 台北：台湾台隆书店，1982，p.280

4、48、55 清档案：工科题本·建筑工程·陵寝坛庙. 乾隆七年六月初七日，相度胜水峪万年吉地折

5 清档案：内务府来文·陵寝事务. 道光二年秋七月，绵课等奏恭建万年吉地折

6 王先谦. 九朝东华录. 道光八年九月庚申条

7、47、54 缪希雍. 葬经翼

8 张岱年. “天人合一”自然观是一种全面的观点. 北京大学学报，1985（1）

9 周易·系辞上

10 刘向. 说范·巨术

11、14、15、27、28、29、33、44、54、71、72、74~78 管氏地理指蒙

风水术书相同阐述颇多，仅引《管氏地理指蒙》为代表

12 礼记·祭法

13 论语·雍也

16 司马迁. 报任少卿书

17 《左传·襄公二十四年》：“太上有立德，其次有立功，其次有立言，久不废，此谓之不朽。”“创业垂统”见《孟子·梁惠王》；“受其赐”见《论语·宪问》。

至于功德立于千载不朽，与山川配祀，如《左传》谓：“社稷山川之祀，皆有功烈于民者也。”《国语·鲁语》说得更为深入：“夫圣王之制祀也，法施于民

则祀之；以死勤事则祀之；以劳定国则祀之；能卸大灾则祀之；能捍大患则祀之；非是族也，不在祀典。昔烈山氏之有天下也，其子曰柱，能殖百谷百菜；夏之兴也，周弃继之，故祀以为稷。共工氏之伯九也，其子曰后土，能平九士，故祀以为社。”

可见，如《管氏地理指蒙》等风水术书谓葬者“一体于青山”，“遗骨与青山相配，从而祀之”，“虽形骸之已化，配江山之莫违”云云，正是中国古代敬祀先贤这一独特传统在陵墓主题思想上的具体传承。

18 比德山水，滥觞于孔子倡言的“仁者乐山，知（智）者乐水”，历来为古代士人重视，论述发挥极多。如《孔丛子》：“子张问：《书》云奠高山，何谓也？孔子曰：高山五岳定其差秩，祀所视焉。子张问：其礼如何?孔子曰：牲币之物，五岳视三公，小名山视子男。子张曰：仁者何以乐于山？孔子曰：夫山岿然高。子张曰：高则何乐尔？孔子曰：夫山，草木植焉，乌兽蕃焉，直而无私焉，四方皆伐焉，直而无私，兴吐风云以通乎天地之间，阴阳和合，雨露之泽，万物以成，百姓咸饷，此仁者所以乐山也。”

又如《荀子·宥坐》谓：“孔子观于东流之水，子贡问于孔子曰：‘君子之所以见大水必观焉者是何？’孔子曰：“夫水，大偏与诸生而无为也，似德。其流也埤下，裾拘必循其理，似义。其洸洸乎不淈尽，似道。若有决行之，其应佚若声响，其赴百仞之谷不惧，似勇。主量必平，似法。盈不求概，似正。淖约微达，似察。以出以入，以就鲜絜，似善化。其万折也必东，似志。是故君子见大水必观焉。”

此外如《孔子家语·三恕》、《大戴礼·劝学》、《韩诗外传》、《尚书大传·略说》、《春秋繁露·山川颂》、《说苑·杂言》等、亦有相类同的大量论说。

19 司马迁. 史记·孔子世家

20 圣祖（康熙）实录·卷二十五

21 世宗（雍正）实录·卷二十九

22 仁宗（嘉庆）实录·卷五十八

23 宣宗（道光）实录·卷十七

24 清代陵寝建筑之典礼制度，至今未发现明文规定，《大清会典》及《光绪会典·事例》也只按各陵寝建置实况载录，规定性的制度则鲜见记述。个中原因，本文所述“陵制与山水相称”，即因地时制宜，显然是至关重要的。

25、37 高宗（乾隆）实录·卷三十七

26 “陵制当与山水相称，难概同。”是明嘉靖朝工部尚书向世宗朱厚熜强调的明代帝陵经营的基本原则，见《明会要·礼十二》，中华书局1956年版，276页；另见《明史·赵璜传》和《明世宗实录》等

30 同[1]，p.77

32 李腾蛟撰.直隶遵化州志·卷一.乾隆五十九年刊本

33、37 在这方面，清代档案文献记载极多。略如道光朝营建龙泉峪万年吉地，董工大臣穆彰阿等在一份奏折中谈到该吉地即慕陵各建筑的配置情况：“……前述大殿、宫门、朝房、碑亭、三路三孔桥、石牌楼、一路五孔桥，及神厨库、罗圈墙等项工程，均就地势广狭酌拟丈尺，其石桥分位、去水方向，系就水势曲折酌定，以成天然形势。……龙泉峪外案山应砌围墙一段，据戴泽同等相度，以为有碍风水，不宜成砌。”（清档案：内务府来文·陵寝事务，道光十一年六月初五内阁抄出）

又例《工科题本·建筑工程·陵寝坛庙》乾隆七年《相度胜水峪万年吉地》，亦载“遵照典礼之规制，配合山川之胜势”，所有建筑配置“酌量地势修理”的具体规划情节。

至道光朝及以后各陵寝，则不仅档案文献，更有极丰富而直观形象的样式雷画样，记录了每一陵寝依据风水地形规划布局的具体情节。

[34、45] 王其亨. 光绪生前择定金龙峪万年吉地的史实. 故宫博物院院刊, 1989（1）

[35] 清档案: 上谕档. 咸丰二年壬子冬十月谕。并见中国国家图书馆藏样式雷画样有关定陵山向图。

[36] 见《世宗（雍正）实录》卷八十九载雍正帝谕：“今泰宁山太平峪万年吉地……一应所需工料等项俱著动用内库银两办理。规模制度务从简约。其石像生等件所需用石工浩繁，颇费人力，不必建设。该部遵行。”

[38] 乾隆十三年，张登高撰《易州志》付梓，内关泰陵制度，尚无石像生设置。而同年刊工部屯田司《工部则例》载泰陵置石像生，制度同景陵，共五对：文臣、武士、立马、立象、立狮各一对；又有望柱一对。由此可判断，乾隆二年曾因涉风水而不了了之的泰陵石像生事，又被乾隆皇帝提出并付诸实施，成为遗存至今的格局。乾隆此为，显然囿于典礼制度和孝道：而其时，他自己的胜水峪万年吉地正在大兴土木，如果其先考不设石像生，而自己的陵寝却安置八对石像生，势必失笑于人。

[39] 在这方面，颇具典型的例子一是北京景山的构筑。在《华夏意匠》中，李允鉌曾谈到：“北京的景山是城市构图的一个高潮，名义上是用来镇压元人的‘皇气’，相信，当时的总建筑师阮安，不运用这个‘风水’的说法而去大谈一番城市规划的理论，可能会上不容易得到明成祖朱棣的批准，下不足以动员人民劳师动众地去修筑这一座小山的。老实说，在建筑师的心目中希望能实现自己伟大的构想比起镇压前代的‘皇气’相信还会更感兴趣。”（见《华夏意匠》1982 年初版 p.167～168）

[41] 平安峪万年吉地工程备要，卷一. 咸丰八年十月十九日, 遵旨查勘平安峪吉地形势详较各陵制度谨拟规模丈尺绘具图说复奏折

[42、60、70、73] 见《郭璞古本葬经·内篇》：“目工之巧，工力之具，趍全避缺，增高益下，微妙在智，触类而长，玄通阴阳，功夺造化。”

[43] 倪化南辑. 地学形势集. 乾隆癸巳年强恕堂藏版）

[46] 见《惠陵工程备要》卷一《兴修次序》，《惠陵工程记略》第一册，北京大学图书馆善本部藏；关于培补惠陵后宝山及砂山，见中国国家图书馆尚存样式雷有关设计图样。

[49] 清档案:平安峪万年吉地工程备要，卷一. 咸丰八年九月初二日，复勘平安峪万年吉地各段规制复奏折

[50] 清档案：内务府来文·陵寝事务. 同治四年八月十八日。

[51] 清档案：菩陀峪万年吉地工程备要·元部，卷三. 光绪元年十月十六日. 奕䜣，奕譞等. 酌拟添建万年吉地东西南三面砂山增修前面横泊岸折奏

[52] 清代陵区内，管理各陵寝日常祭扫守护的内务府旗人，各按陵寝分建营房，外圈墙垣，称内务府八旗营房，帝陵内务府八旗营房称大圈，妃园寝内务府营房称小圈。

[56] 例如定陵工程，清档案《内务府来文·陵寝事务》同治四年八月十八日奏折：“定陵山势过于陡直，原估做法虽有沟渠数处，每遇大雨，势若建瓴，于工程大有关系。……禀请设法保护，计后宝山三面添修砂山一道，并筑挡水坝以分水势。……前面五孔桥引河因雨后水势过急，当经饬商接安石泊岸二道。”

[58] 见中国国家图书馆藏样式雷有关图稿。

[59] 日下旧闻考，卷八十. 世宗宪皇帝御制圆明园记

[61] 青乌先生葬经（题：金丞相兀钦仄注）

[62] 光绪会典事例

[63] 直隶遵化州志·卷二·陵寝

[64] 中国国家图书馆藏样式雷有关陵寝工程图稿中，就有大量植树形势地盘画样。不同树种的配植，及平面布局，均有周详设计。

[65] 例如咸丰朝改建慕陵妃园寝为慕东陵时，有鉴于后宝山“沟气冲风，正对宝城，拟培土种树以阻挡之”。见中国国家图书馆藏样式雷图稿《咸丰四年三月廿日呈览准底》。

[66、67] 清档案：内务府来文·陵寝事务．道光十六年十一月十五日．穆彰阿等奏折

[68] 见本书p.117 ～ 139

[69] 翁同．翁文恭公日记．光绪元年乙亥第四页．1925年商务印书馆影印手稿本

[79] 谒陵者在方城明楼前行礼祭祀，皇帝居于台石五供迤北，后妃、公主居台石五供南面，典制见《光绪会典·事例》。

[80] （汉）王褒．甘泉赋

清代陵寝地宫金井研究

王其亨

在清代各陵寝中，居于地宫核心位置即棺床正中央的金井，长期以来，一直是整个陵寝中最富于神秘色彩的地方。

关于金井，有许多神奇的传闻，主要可分为两类：一类说金井是选址时按“风水” 所点之“穴”，“直通地中，以交流生气”[1]；另一种说法则以“井”附会，认为金井有水，甚至是一股终年不竭不盈的泉脉[2]，等等。

从清代丧葬典仪方面的有关档案可知，金井，也曾是帝后们生前格外关注的地方，每每诚惶诚恐，施之以礼。例如，慈禧太后就曾亲赴清东陵菩陀峪万年吉地即为她自己预建的菩陀峪定东陵地宫（图 1），专门看视金井，并把价值连城的珍珠手串等投入金井；此外，她还屡派大臣前往定东陵，在金井中安放过大量金玉宝器[3]。

在帝后安葬礼仪中，围绕金井，还有极其隆重的仪式：棺椁入葬前，要由亲王或重臣将陵寝兴工时初掘的所谓金井“吉土”捧进

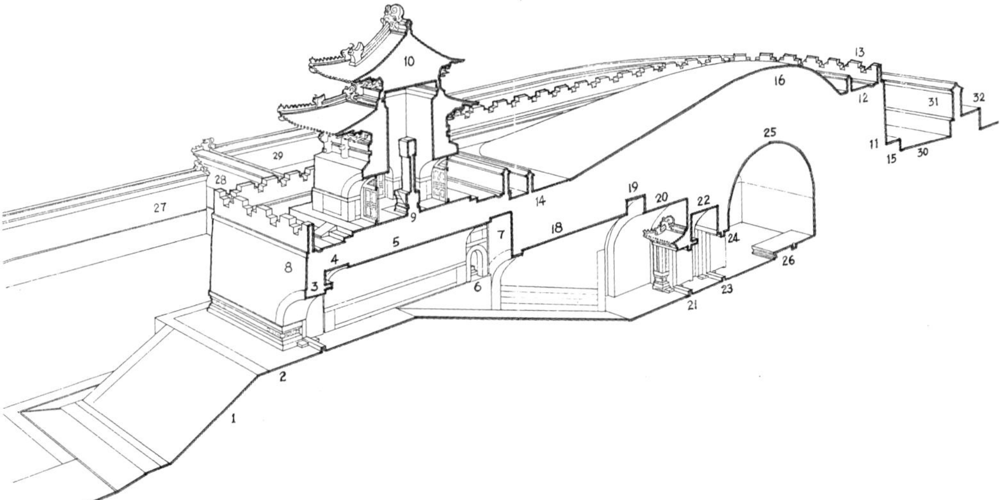

图 1　菩陀峪定东陵(（慈禧陵）地宫及金井位置

1.礓礤 2. 月台 3.方城罩门券 4.方城南门洞券 5.方城北门洞券 6.扒道券下券门 7.挡券影壁墙 8.方城 9.明楼碑 10.明楼 11.宝城 12.宝城马道 13.宝城垛口 14.宇墙 15.宝城泊岸 16.宝顶 17.隧道 18.隧道券 19.闪当券 20.罩门券 21.门洞券石门 22.门洞券 23.金券石门 24.金券闪当 25.金券 26.宝床及金井 27.花门院进深红墙 28.方城两边面阔墙 29.宝城院进深墙 30.宝城院 31.罗圈墙 32.更道泊岸

地宫，覆入金井，再将棺椁安放在金井上面[4]。

1980年，有关部门发掘、整理清西陵的崇陵地宫，曾在光绪皇帝梓宫下的金井中出土了金、银、珐琅质怀表，珠宝以及光绪皇帝生前脱落的一枚臼齿；还出土入葬时用黄绫布包着置入金井的黄土约半斤[5]。出土实物证实了清档案关于金井典仪的记载。

虽然金井在清代陵寝地宫中具有显要意义，但是，历史档案文献或有关的发掘报告和研究论著中，迄今尚未发现有对金井的完整描述和剖析。金井的构造如何？除了它所具有的典仪功能而外，在其“勾通阴阳、交流生气”的明显迷信色彩下面，究竟有没有其他合理的内容和实际功用呢？针对这些问题，笔者根据现存清代各陵寝有关工程籍本，主要是各陵寝地宫工程《销算黄册》的记述，结合各陵寝有关卜选吉地、设计施工的其他原始档案和样式雷图档，尝试进行推算分析、综合研究，其结果，对金井的构造及其在各陵寝工程勘察、设计及施工始末所起的实际功用，已获得认识，现以帝后陵寝为主介绍如后。

一、金井（穴中）：选勘陵寝基址的地质探井

清代各陵寝工程的经营，第一个环节是选勘陵寝基地，即所谓吉地。金井的形成和实际功用，一开始就是作为这个环节的中心出现的。

卜选吉地，例由皇帝钦派亲王和重臣,组织钦天监遴选的精通风水的堪舆人员[6]与负责陵寝规划设计事务的样式房匠人协同进行[7]。选勘工作以陵寝地宫的基址为中心,在风水理论指导下进行[8]，选择的标准，简单说来包括以下一些方面：

1.基址的方向即所谓山向，必须合于宗法礼制的需要，同周围已有陵寝建筑保持相宜的联系；并能统贯山川景物构成明显的主从、朝揖、拱卫等秩序，强化其礼制象征。

例如为慈安、慈禧太后选择陵址时，曾先后勘察过成子峪、普陀山、松树沟、羊肠峪等多处风水地势，其中如成子峪虽然有“龙旺穴真”的极佳条件，但“因不与定陵一脉，且在大西河以西，将来神路极难会合”而舍弃[9]。

又如普陀山、平顶山选定为慈禧、慈安万年吉地，最初拟定的山向，一为壬山丙向子午分金，一为壬山丙向兼子午分金，有高下之分，难以平衡慈禧和慈安之间的微秒关系，因此又统一调整为壬丙兼亥巳分金而趋平列（图2）[10]。

2.基址须具备良好生态及工程地质条件。例如“土厚水深”，

“避风避水”，即“所谓风者，取其山势之藏纳，土色之坚厚，不冲冒四面之风”；“所谓水者，取其地势之高燥，无使水近夫亲肤”等，从而达到“葬者，藏也，无风、蚁、水三者侵体之害”。即要求山川形势敛聚围合，负阴抱阳，形成藏纳之势而外，尚须地面径流详明，能在降雨量大时及时排除地面汇水；而地表以下，则须土性干洁，地下水水位不能过高，等等。

例如，清东陵平安峪、顺水峪之间“山中间羊肠峪来水沟一道，其地势低平，左右均无砂山，此来水沟往下一丈见水，此水每遇大雨时行水势太猛，而且散漫无定”[11]；其位置虽然离定陵最近，终不能立基为慈禧、慈安的陵寝。

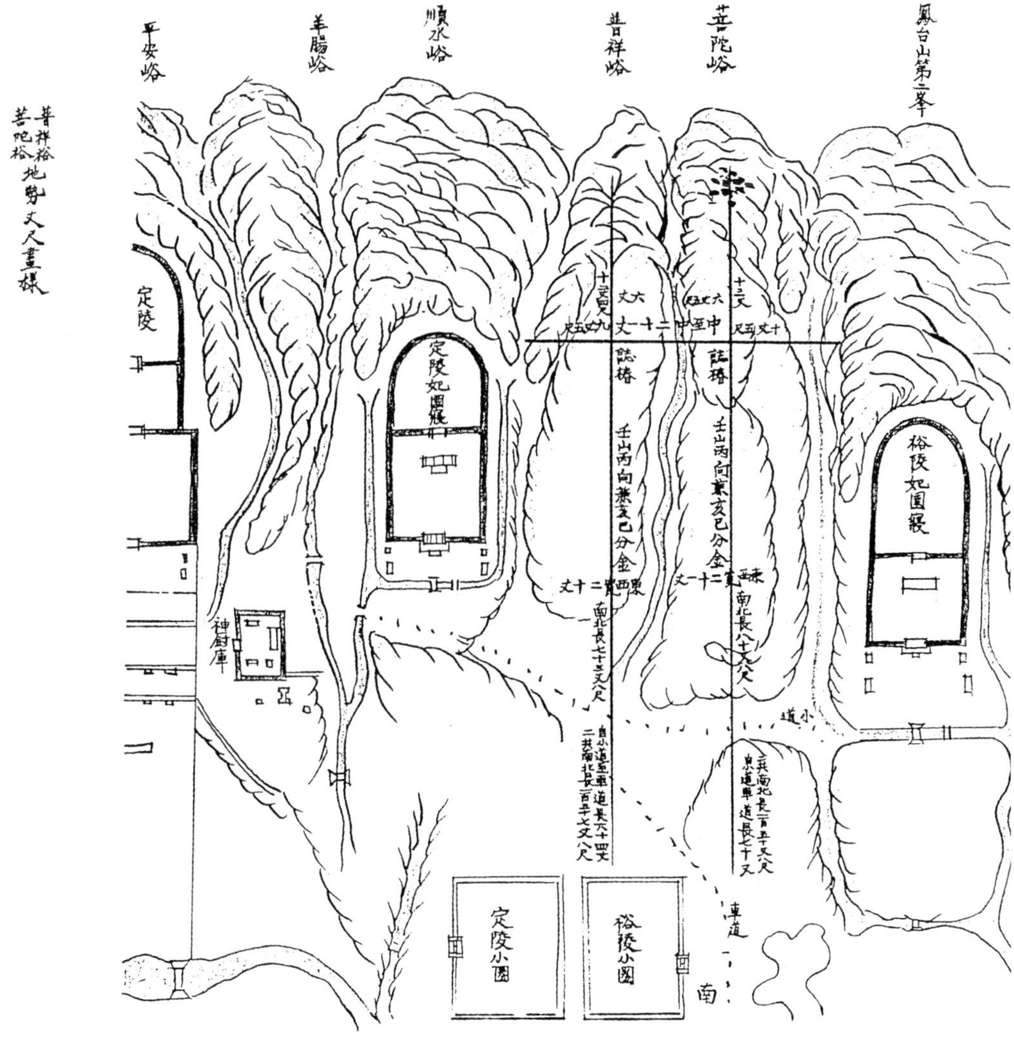

图2 （清）样式雷《普祥峪，菩陀峪地势丈尺画样》（摹自中国国家图书馆）

3.基址要具有完美的自然景观质量。要有所谓后龙、左右砂山、区穴或明堂、案山、朝山、水法及仪树等诸多自然景观配合，使山川形胜能与陵寝建筑群有机结合，形成“灵山翠薇，亿年安宅”和“功德穹碑，天日同光”的意境。

所谓来龙、后龙，就是聚结成陵寝后部屏障并构成其底景的山脉；来龙呈两翼横展之势向前降落，又称为大帐。所谓砂山即逶迤环抱陵寝两翼的山丘，东边称为龙砂或青龙砂，西面称虎砂或白虎砂。砂山缠护拱卫的所谓区穴也叫堂局或明堂，要地势高燥、平缓开阔，以利建筑的经营。堂局内外的地面径流即“水法”，要有条理，以利组织河槽桥涵。

在陵寝前方，要有浅岗或远山同后龙“主客相迎”，互相呼应，成为回视的对景，称为案山或朝山。案山、朝山同来龙相对，组成陵寝建筑群总体布局的中轴线，即所谓山向，使案山、朝山和后龙互呈明确的对景关系，从而“返顾有情”，取得景观的完整统一，景物天成地衬托出陵寝的主题，增强陵寝永恒、崇宏、庄严、肃穆的气氛（图3）。

此外，陵寝基址的土性要求沃润，不夹砂石，以利因势随形植树绿化荫护山陵，等等。

所有自然景观条件要宜于直接利用；或稍事填垫培补，即能完善。

由于陵寝基址要求极高，因此选址工作常有“三年求地，十年定穴”的慎重过程。

在勘察陵寝基址时，一项十分重要的工作是挖掘探井，以判明工程地质方面的情况，这就是所谓“点穴”（图4）。点穴工作的中心，是在根据山向、地势而准备选作地宫基址的所谓区穴中央，挖掘一个中心探井，称为穴中，亦即金井[12]。金井的挖掘深度，以能判明地宫地面所在水平面的地质情况为限；金井的下底标高，将作为地宫的地平设计标高。金井后部，另挖一更深的探井，又叫样坑，用以判明、确定地宫基础的合宜深度[13]（图7A）。此外穴中两翼地势低下处，也挖有探井。

经过周密的勘探，统筹考虑各项标准，适宜作为陵寝基址的，称为有穴，反之则称为无穴。有穴的基址又称为吉地。按方位、景观和工程地质条件综合评价，吉地又有上吉、中吉、下吉之分，帝后陵寝无疑都要选择上吉之地。而且，每一陵寝通常要选择几处上吉之地，以供帝后挑选择定。在点穴处的穴中前方一定距离树立标志桩，称为志桩[14]。穴中和志桩均慎加保护，直到钦定兴工[15]。

图3（清）样式雷《九龙峪吉壤形势图》（摹自中国国家图书馆）

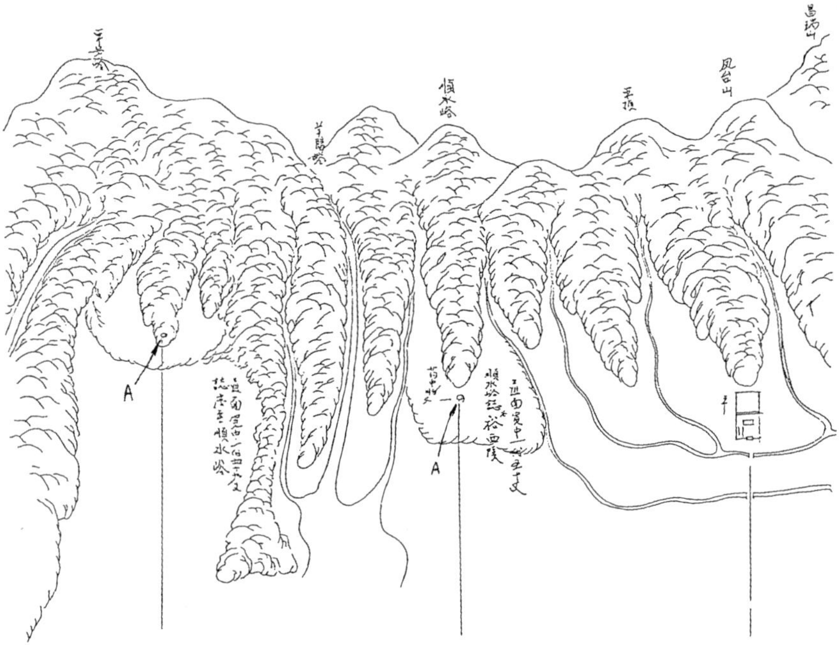

图4 （清）样式雷《平安峪、顺水峪点穴志桩图》（摹自中国国家图书馆），图中箭头所指A处均为穴中，西为定陵，东为定陵妃园寝

卜选吉地的最后成果，要由参与选址的风水官员和样式房匠人缮具文册，精心绘制山向定点穴地势画样，并贴签注说，呈奏皇帝御览。经皇帝钦定的陵寝基址，帝、后陵称为“万年吉地”；皇帝的妃嫔及其他皇室成员的园寝则称为“福地”。

二、金井（穴中）：陵寝建筑的设计基准

清代各陵寝建筑的设计，是由样式房匠人根据陵寝制度要求，结合钦定“万年吉地”风水地势丈尺及地质水文资料，按照“遵照典礼之规制，配合山川之胜势”即“陵制与山水相称”的原则，做出总体平面和竖向布局，以及各殿座、券座的单体设计。金井或穴中既作为控制整个地宫，也作为控制陵寝建筑组群布局的基准而展示在平面设计和竖向设计中。1

在平面上，居中为尊的对称构图，使整个陵寝建筑组群的中轴线的经营成为要事。这一中轴线按山向确定，并用罗盘标定方位，具体的平面位置还必须也只须由一个确定的点来控制；在设计中，卜地点穴时所确定的中心探井即穴中金井位置，转换为陵寝核心即地宫金券棺床正中的金井位置，就正是这样一个规定地宫中轴线和以地宫为核心而展开成整个陵寝中轴线的关键控制点[16]（图5、图6）。

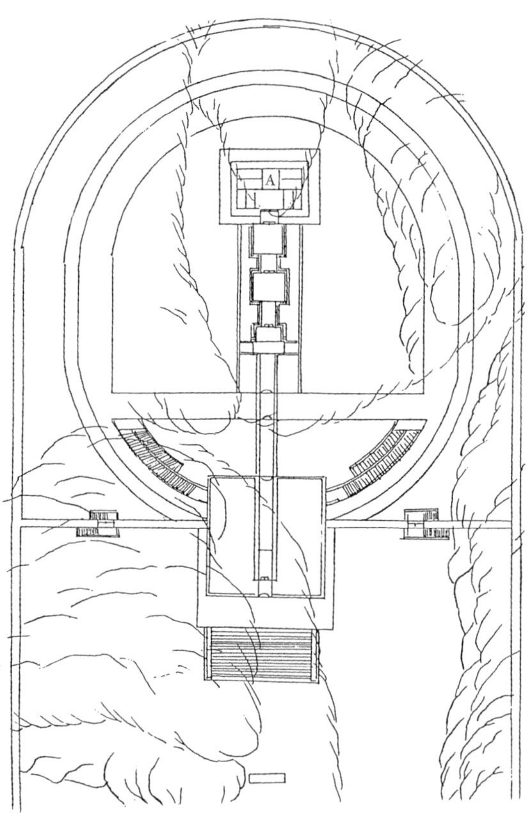

图 5 （清）样式雷《宝华峪万年吉地地盘样》（局部，摹自中国国家图书馆），图中标 A 处即金井

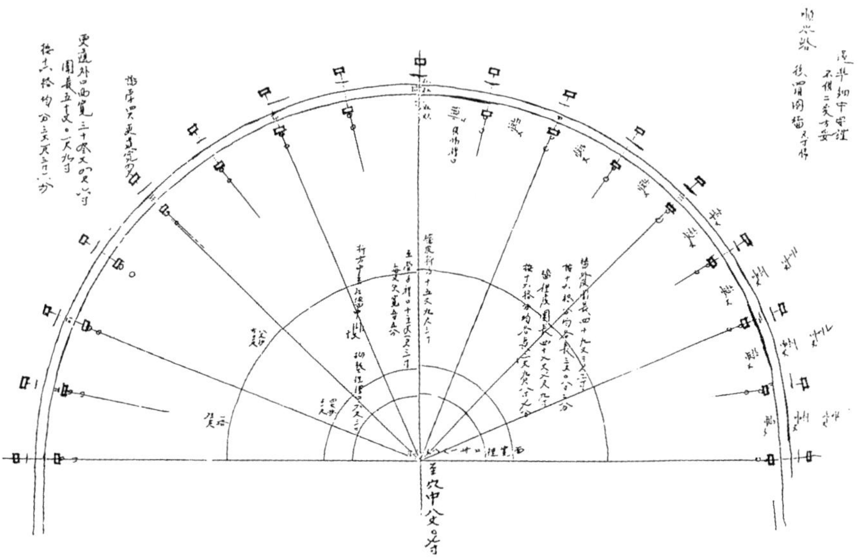

图 6 （清）样式雷《顺水峪后罗圈墙尺寸》（摹自中国国家图书馆），图中清晰可见，后罗圈墙设计尺寸及控制施工的线墩设置，均以穴中为基准点而展开

在竖向设计方面，地宫地面标高由穴中，即点穴时所掘中心探井下底标高为基准，并由此规定地宫基础挖深及基础结构层次，如基槽底标（称为大槽底）、灰土基础步数等等。整个陵寝地面高程、排水坡度（称为合溜尺寸）以及各殿座地基填挖高度，也全部依据穴中标高展开。陵寝中轴线上的地面高程，以穴中所在位置的原始地表标高为基准，称为穴中出平；地面高出穴中地平的，称为上平；低下的，称为下平。穴中出平，就是控制整个陵寝建筑竖向设计的基准[18]（图7C、图8、图9）。

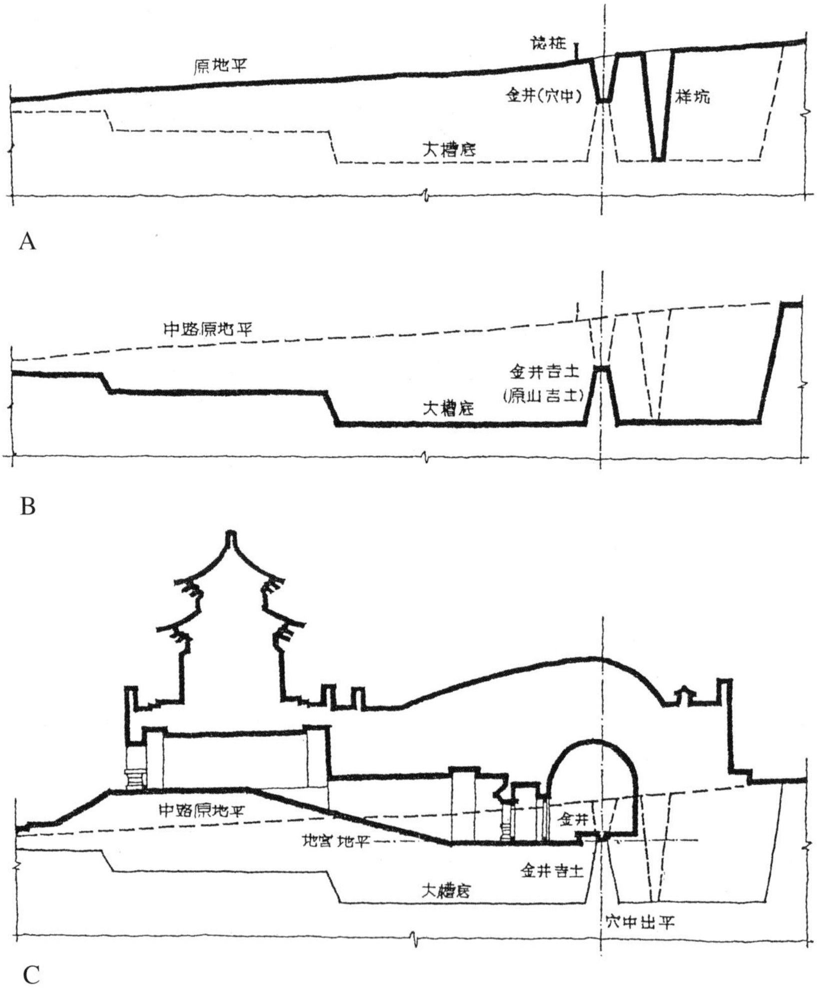

图7 金井及在陵寝建设各阶段的功用示意图

A.金井（穴中）：选勘陵寝基地的探井，用以判明工程地质情况

B.金井吉土，即穴中吉土、原山吉土：开挖大槽即地宫基槽后保留在穴中下方的中心墩

C.金井、穴中：陵寝建筑设计的控制基准。在平面上，决定陵寝中轴线；在竖向上，以穴中出平（穴中位置的原始地表标高）为整个陵寝竖向设计基准

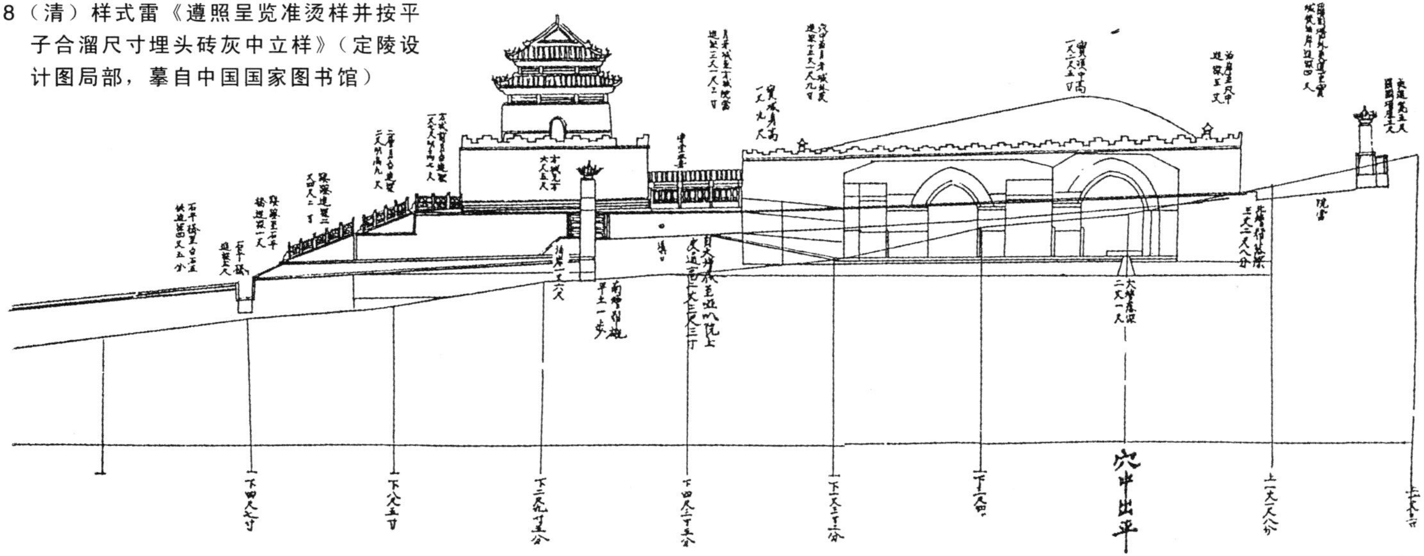

图8（清）样式雷《遵照呈览准烫样并按平子合溜尺寸埋头砖灰中立样》（定陵设计图局部，摹自中国国家图书馆）

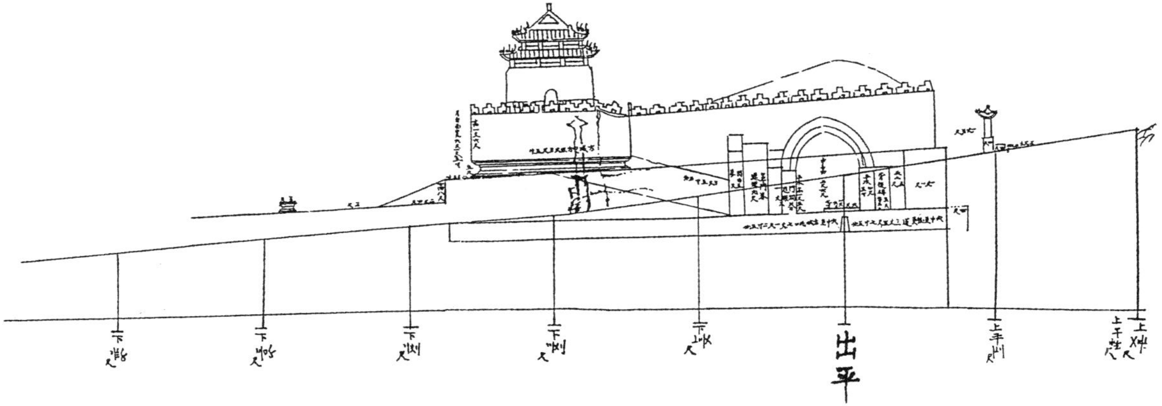

图9（清）样式雷《普祥峪自志桩出平中一路立样》（慈安陵设计图局部，摹自中国国家图书馆）

除了以穴中出平控制竖向设计以外，在勘测地势、确定灰线尺寸即施工放线时，还有用所谓志桩出平来权衡高程的[18]（图7A），即以志桩所在位置的原始地表标高为基准来权衡上平、下平。志桩出平，实质上仍是穴中出平的一种特殊形式，因为志桩本身就是根据穴中确定的，换言之，志桩同穴中的距离是确定的[19]，志桩出平和穴中出平可以换算。此外，施工中灰线放毕，大槽开挖，志桩即不复存在，志桩出平必须由穴中出平取代。

金井作为卜地点穴时的中心探井，继而作为规定地宫和整个陵寝设计的基准，其位置所以定在地宫尽端，也就是整个陵寝最后部的所谓金券中，原因之一，显然是金券在陵寝典制中的特殊地位，以及工程质量（包括防水）的特殊重要性所使然。另一原因是，地宫、宝城后部呈圆形，地宫内部各券座平面及剖面结构也较复杂，是设计和施工必须重点控制的所在。

三、金井吉土：施工定向、定平的中心墩

陵寝建筑设计呈览钦定后，由礼部钦天监刻漏科慎重选择吉日良辰[20]，并经皇帝批准定下兴工动土时日[21]。届时，行典礼，祭告山神、后土之神、司工之神[22]，然后破土开挖地宫基槽，即所谓大槽。陵寝工程自此进入施工阶段。

大槽开挖前，要用杉槁、席笆缚扎大罩棚荫护整个大槽。

大槽开挖后，志桩不再保留。点穴时挖掘的探井亦趋消失，惟在穴中正下方，自基槽原有土层中留下一个土墩，立于大槽中。这个土墩，在帝后陵寝，称为“金井吉土”，或“原山吉土”、“穴中吉土”，也称为“金井本山吉土”[23]（图7B；图10、图11）；妃园寝则称为“气土”[24]。

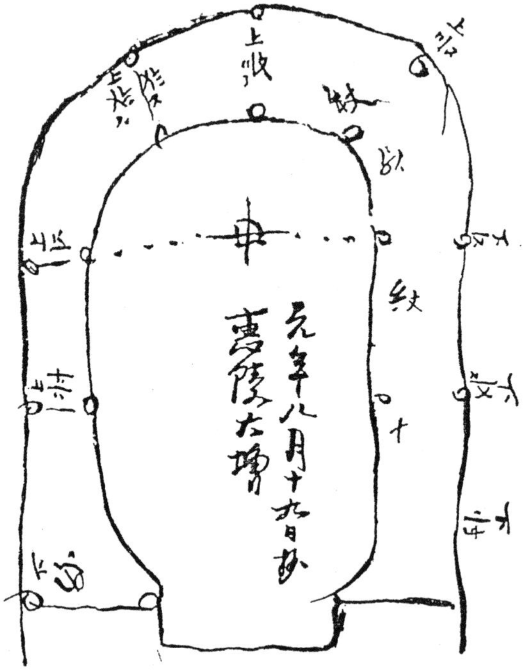

图10（清）样式雷《光绪元年八月十九日抄惠陵大槽草样》（摹自中国国家图书馆），图中画有十字的方墩，即保留在大槽中的原山吉土，或金井吉土，控制着大槽平面灰线和刨深尺寸

金井吉土的形制，为底大上小的方台，顶部有一小段呈圆柱状[25]（图11）。金井吉土的下底面尺寸，至迟在乾隆朝营建裕陵以前已

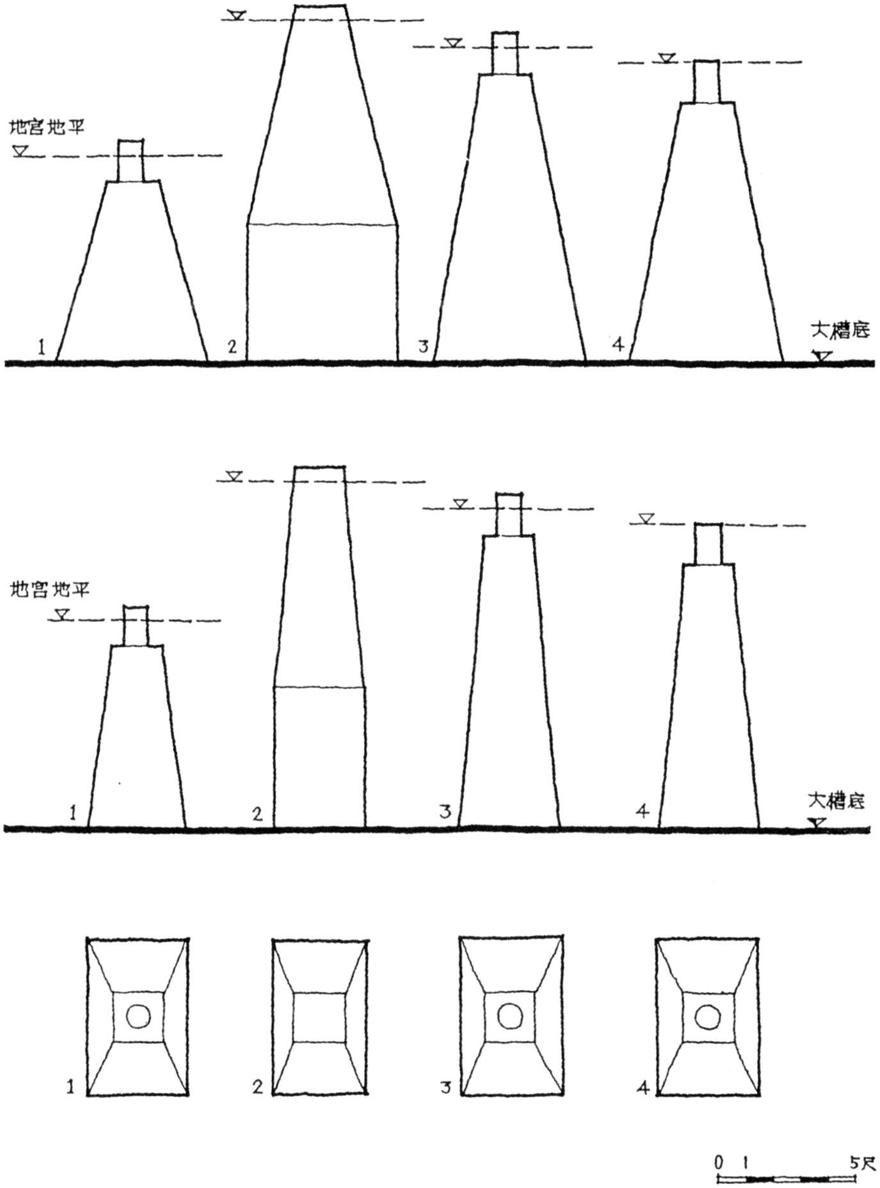

图11　金井吉土的形制（上：正面；中：侧面；下：俯视平面）

1.定陵金井吉土（据《定陵地宫土作销算黄册》推算复原）

2.菩陀峪定东陵金井吉土（据《菩陀峪万年吉地地宫土作销算黄册》推算复原）

3 惠陵金井吉土（据《惠陵地宫土作销算黄册》推算复原）

4.崇陵金井吉土（据《崇陵工程约估做法册·地宫土作》推算复原）

有定制，如乾隆七年六月工部议奏："臣等考之规制，其正中之处应留吉土长伍尺伍寸，宽三尺六寸以为金井。"[26]金井吉土的上皮正是穴中探井的下底，在设计中定为地宫地平控制标高（图7C）；而金井吉土的下底即大槽底的标高，由于各陵大槽挖深不同而有差别，因此金井吉土的全高，各陵不尽相同（图11）。

金井吉土是地宫基槽、也是整个陵寝建筑中轴线上自原土层中留下的惟一标志墩。这个中心墩，正是金井（穴中）作为设计基准的保留标志，在施工全过程起着定向、定平的控制作用。从量度大槽开挖深度、土石方量，到大槽挖齐后确定基础及地面工程各个构造层次的平面位置和高程，以及安设龙须沟[27]，砌筑各券定位线墩等等，均以金井吉土来控制，以达到设计要求（图10）；地宫以外，沿中轴线展开的各建筑物平面位置和高程，也有赖于以金井吉土控制而达到设计规定。

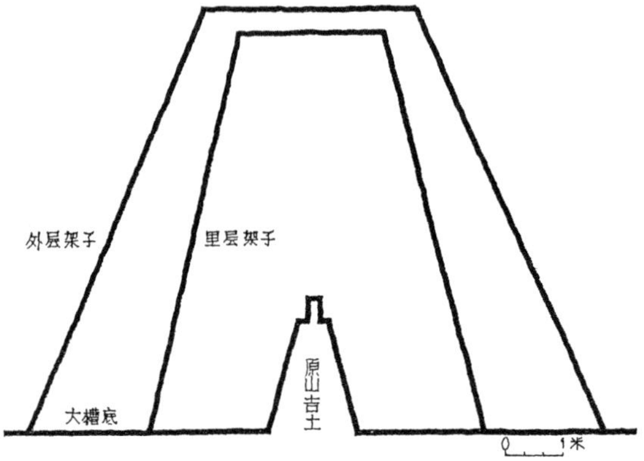

图12　保护吉土架子剖面图（据《定陵地宫搭彩作销算黄册》复原）

金井吉土在施工全过程具有举足轻重的关键作用。因此，自大槽开挖起，它便受到精心保护。大槽刨挖，向例由穴中向四外展开，金井吉土一经形成，就要专门缚扎所谓保护吉土架子，共两层，围以席笆[28]，以免刨挖大槽其余部分时受损（图12）。大槽刨就，在夯筑灰土基础前，大槽周帮和金井吉土四围，要抹上白灰并掸线[29]，还要在覆盖整个大槽的大罩棚内，用杉槁、席笆缚扎所谓的吉土罩棚，专门荫护金井吉土。该罩棚有里外两层，里层呈两坡顶，称为仔儿棚；外覆较大的歇山式罩棚，制作精细，还专门起脊，饰以雀替，开设门窗并挂以竹帘[30]，以昭重要（图13）。在冬季休工、等待来年处理基

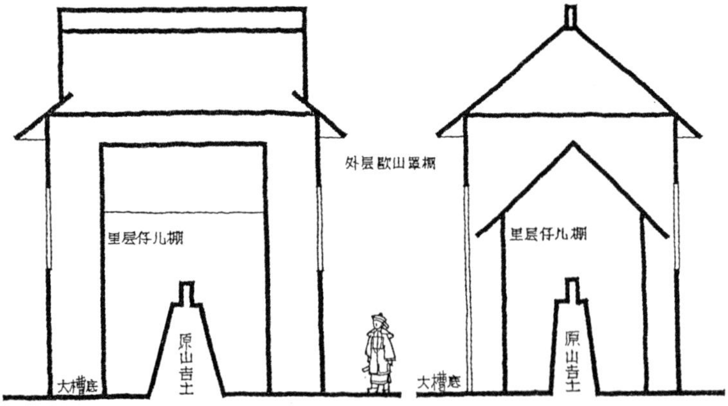

图13　吉土罩棚剖面图（比例尺及复原依据同图12）

础时，吉土罩棚能起到御寒、防止金井吉土由于冻融而损坏的作用。在这种情况下，金井吉土尚有用城砖临时围砌以资保护的[31]。

四、罩吉土金井的构造

大槽刨齐以后，在接踵进行的基础和地宫地面施工过程中，金井吉土渐次被各结构层所围合：下段掩埋在所谓山石掐当和灰土基础中，上段圆柱则套进在地宫宝床下的底垫石中央凿留的透孔中。宝床底垫石上平，同地宫地面为同一标高，也正是金井吉土的顶面标高。底垫上面安砌宝床，宝床正中央也凿留有圆形透孔，这就是最后形成的金井，也称为“罩吉土金井”（图 14）；透孔则称为金井透眼

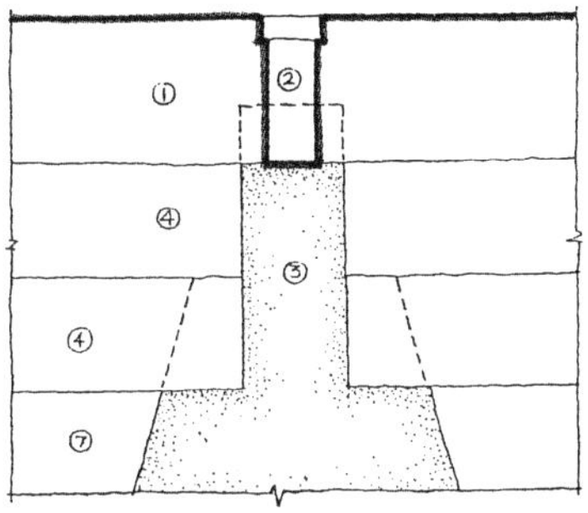

1.定陵地宫金井

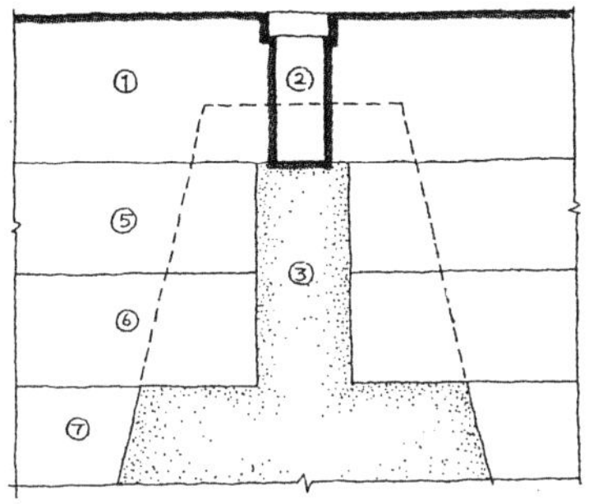

2.菩陀峪定东陵地宫金井

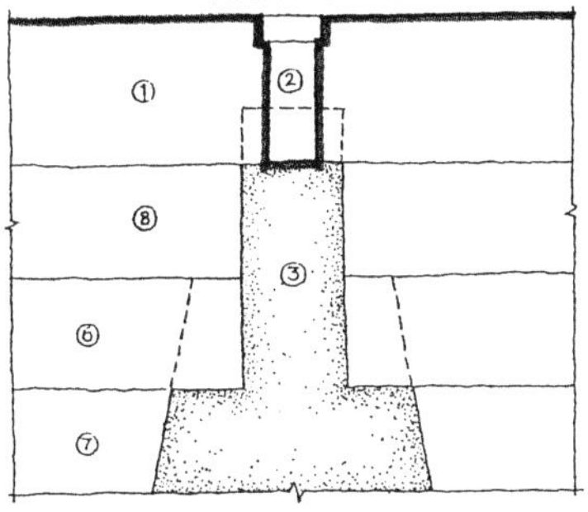

3.惠陵地宫金井

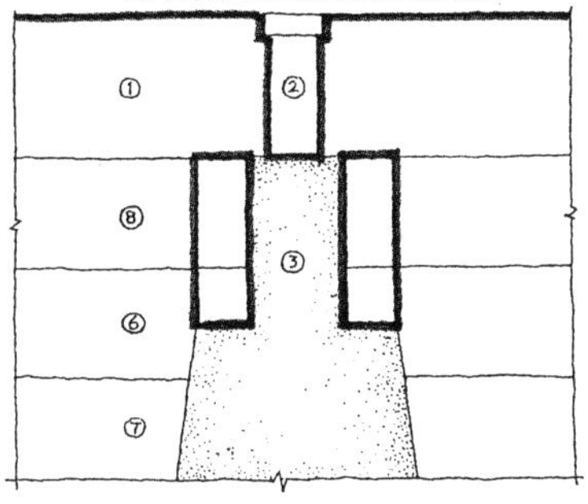

4.崇陵地宫金井

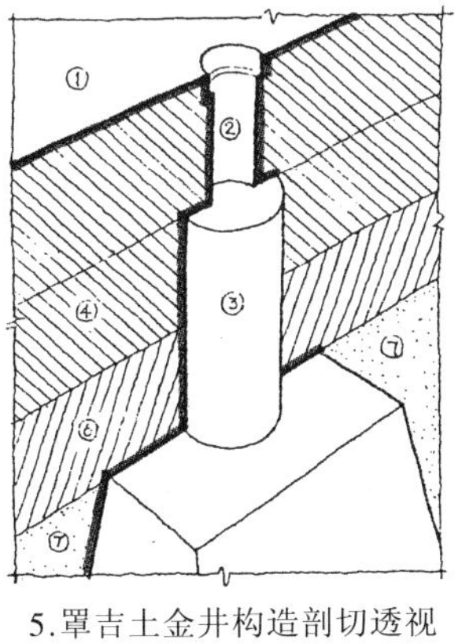

5.罩吉土金井构造剖切透视

图 14　各陵地宫罩吉土金井构造（据各陵工程籍本推算复原）

①青白石宝床
②金井透眼
③金井吉土（原山吉土）
④青白石宝床底垫
⑤青白石海墁
⑥海墁背底豆渣石
⑦小夯灰土
⑧豆渣石宝床背底

或穴眼。穴眼有盖，共两件，一件叫做穴眼盖或金井盖，一件叫穴眼浮盖、或金井浮盖，均用青白石雕制。金井盖凿作圆式，径与穴眼略同，上面凿流云、坐龙、出爪牙、剔鳞甲、撕鬃发，做工十分精细（图15）。金井浮盖为一正方形石板，六面做细占斧，上面及四围扁光，水磨光亮[32]。

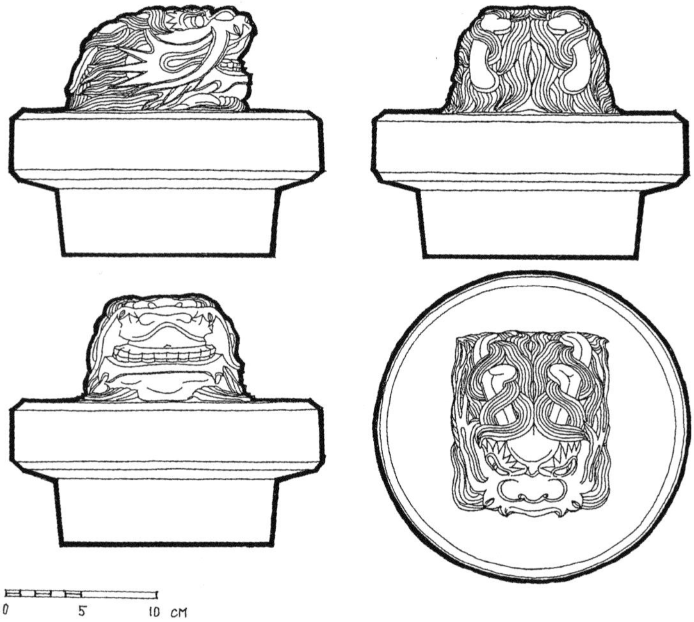

图15　崇陵地宫金井盖实测图

在地宫建成、帝后安葬之前，金吉穴眼用浮盖覆盖[33]。入葬时，金井内覆入点穴时初掘的吉土，并撤去浮盖，盖上金井盖，然后安奉棺椁于金井上方[34]。

金井、金井吉土，都是在陵寝工程卜地勘察、设计和施工全过程中形成的，构造并不复杂，但它作为陵寝工程的一个关键核心，在整个工程始终均发挥着极为重要的实际功用，搞清它的设计原理、结构和作用，对于我们研究清代陵寝的建筑设计、施工以及风水理论等都无疑是十分必要的。

事实上，关于金井，在风水术著述中一向就有很多论说，大多数也是涉及它在陵墓或其他建筑远址规划时，如何用于地质勘察及作为设计基准而发挥功能作用的。清代陵寝地宫金井的大量实际材料，不仅证实了风水的有关论述，也从一个不无重要的角度，说明了风水理论及实践的意义。对古代建筑研究包括考古发掘研究，如果予以必要的重视，相信可以获得更多的事实材料而进一步证明这一点[35]。

注　释

[1、12、15] 杜如松. 民初修建清室崇陵和光绪奉安实况. 载: 晚清宫廷生活见闻. 文史资料出版社 1982 年版。在众多风水书中也有这种说法，但更重于它在选址设计等方面的作用，如后文所述。

[2] 1956 年，清西陵北厂子村兴修水利，就有人认定村东端顺固伦公主园寝地宫金井内必有不竭不盈的好水，于是园寝变成打井工地，水最终未能引出，这处文物却被彻底荡平。

[3] 参见清档案：《菩陀峪金井安放账》；俞进化《清东陵与西陵》，北京出版社 1981 年版；于善浦《清东陵大观》，河北人民出版社 1985 年版；等。

[4] 清档案: 高宗纯皇帝（乾隆）大事档, 孝贞显皇后（慈安）大事档, 惠陵工程备要, 等等

刘敦桢. 易县清西陵. 载: 营造汇刊. V.5，No：3

[5] 保定地区文物管理所. 崇陵地宫发掘清理报告. 油印本，1980

[6] （清）李腾蛟撰. 直隶遵化州志. 乾隆五十九年，卷二引述《大清会典》：“凡相度风水，遇大工营建，钦天监委官，相阴阳，定方向，诹吉兴工，典至重也。”

光绪会典・事例・礼部・钦天监

[7] 例如清档案《内务府来文・陵寝事务》第 2978 包，同治十二年四月初九日抄：“……规定于本月初九日恭谒东陵复勘地势规模，须绘图烫样。……希即转传样式房匠人雷思起届期随同……前往普祥峪、菩陀峪，预备绘图。”

[8] 以风水理论指导卜选吉地的标准，系据下列资料综述：清档案《工科题本・建筑工程》，乾隆七年相度胜水峪万年吉地；中国国家图书馆藏样式雷图档《菩陀山吉地说》、《相度成子峪、菩陀峪，松树沟说帖》、《松树沟地势尺寸略节》、《羊肠峪之东地势尺寸略节》、《宝椅山地势尺寸略节》、《张各庄地势尺寸略节》、《九龙峪现定标志山向尺寸略节》、《金星宝盖地势画样》等；清档案《宫中杂件》补第 23 包，《风水官张元益等敬谨选勘东陵双山峪、成子峪、宝椅山、侯家山地势呈递说帖三件》。

[9] 中国国家图书馆藏样式雷图档，210 包，《相度成子俗、菩陀山，松树沟说帖》

清档案《宫中杂件》，补第 23 包，《风水官张元益等相度双山峪、成子峪、松树沟、宝椅山、侯家山说帖》。

[10] 见赵德洵《清孝钦后陵寝史料》录同治五年《张元益等说帖》，同治六年《江人镜等说帖》。

另见中国国家图书馆藏样式雷图档，183 包《普陀山、平顶山山向志桩图》；185 包《普祥峪、菩陀峪地势丈尺画样》等。

[11] 中国国家图书馆藏样式雷图档，210 包《羊肠峪之东地势尺寸略节》。

[13] 中国国家图书馆样式雷图档，366 包 0223 号《旨意堂司谕关于惠陵工程底册》，光绪元年“三月十二日午时，金井后开刨样坑，深二丈一尺，无水，大槽定为二丈一尺。”

[14、19] 见中国国家图书馆藏样式雷图档，187 包《普祥峪、菩陀峪中一路灰线尺寸略节》：“志桩中往后六尺，系石床一半、金井分位。”

[16] 已知情况中，乾隆帝的裕陵地宫中轴线较为特殊：金券中轴线同整个地宫中轴线即陵寝中轴线呈 8° 15′ 30″ 夹角相交，经实测分析，这可能是安奉棺椁的山向，同整个陵寝山向不一致所造成；棺椁山向正对北面大帐三相连山峰正中一峰，而陵寝山向却遥对南面金星山（补记：这一判断已在乾隆七年大学士鄂尔泰等有关胜水峪万年吉地即裕陵规制的奏折中得到证实，详见 2002 年中国紫禁城学会第四届年会论文）。此外，顺治帝孝陵经测绘，亦发现地宫外部宝城轴线偏向陵寝中轴线东北十余度，因地宫尚未发掘，情况未明。

[17] 见中国国家图书馆藏样式雷图档 184 包《平安峪万年吉地自大槽底出平尺寸立

样》，《平安峪万年吉地大槽落深二丈四尺接各座合溜尺寸中一路立样》；234包《平安峪万年吉地进深全立样》；183包《菩陀峪出平合溜丈尺全图》；186包《菩陀峪自志桩出平中一路立样》；184包《奏准普祥峪自志桩出平中一路画样》；234包《惠陵合溜尺寸立样》等。

[18] 同上，187包《普祥峪万年吉地二次抄平合溜尺略节》（同治十二年八月十二日详抄）；《菩陀峪万年吉地二次抄平尺寸略节》（同治十二年八月十二日详抄）

[20] 光绪会典·事例·礼部·钦天监

[21] 惠陵例外，系由两宫太后批准。见中国国家图书馆藏样式雷图档366包0223号《旨意堂司谕关于惠陵工程底册》：光绪元年“二月二十八日奉两宫太后懿旨，择吉于三月十二日午时惠陵取土……”

[22] 清档案《内务府来文·陵寝事务》，2942包，道光元年礼部奏：九月“初二日奉上谕：‘……建立吉地……诹吉于十月十八日卯时开工，钦此。’臣等恭查兴工吉期应遣官前往祭告后土、司工之神、昌瑞山神，所有遣派祭告各事宜由太常寺办；祝文翰林院撰拟……”

[23] 清档案《上谕档》，道光八年953（一），宋泗供词。

[24] 见中国国家图书馆藏样式雷画样各妃园寝地宫立样注记。

[25] 参见清档案《定陵地宫土作销算黄册》；《菩陀峪万年吉地地宫土作销算黄册》；《惠陵地宫土作销算黄册》；《崇陵工程做法约估清册·土作》

[26] 清档案《工科题本·建筑工程·陵寝坛庙》，第二包，《乾隆七年六月工部议奏》

[27] 龙须沟即地宫内向外排水的暗沟，其设置与否亦与风水相关。参见：王其亨.清陵地宫龙须沟.载:文物,1989年8期

[28] 清档案《定陵地宫大罩棚一座并各项棚座销算黄册》

[29] 如惠陵工程《样式房日记随工》记载：光绪元年九月十四日“大槽……周围帮上抹白灰，掸线。穴中吉土上抹白灰，将吉土尺寸掸线高八尺。”九月十五日“大槽掸灰线，吉土上掸石床。”中国国家图书馆藏样式雷图档368包239号

[30] 同[28]，清档案《定陵地宫大罩棚一座并各项棚座销算黄册》

[31] 见《惠陵工程记略》第三册《光绪元年九月十八日禀》，北京大学图书馆善本部藏

[32] 清档案《定陵地宫石作销算黄册》；《菩陀峪万年吉地地宫石作销算黄册》；《惠陵地宫石作销算黄册》；《崇陵工程做法约估清册·地宫石作》等。

[33] 由崇陵工程照片可见，金井浮盖外尚罩有斛形木盖。

[34] 见保定地区文物管理所《清西陵地宫发掘清理报告》：“光绪棺椁头部放置有一个汉白玉石质龙头，从尺寸核对，可以看出是盖金井用的，起镇墓兽作用。可能因稳棺石（按：应称龙山石）未凿出架槽，龙头无法置于金井上面。”

[35] 宿白先生《白沙宋墓》（文物出版社，1957）中的有关研究成果及其价值，就是一个典型。

山水画论与风水过从管窥

——兼析山水画缘起*

史 箴

一、“作画亦讲风水”的清代画论

1750年左右，清人高秉撰《指头画说》评及历代山水画，谓：“唐宋元明诸家画法，皆以下为主、上为客，近主远客；在下近处作树石屋宇，在上远处作峰峦沙岸；大家名家，皆不能逃此范围，至有阴起阳收、阳起阴收之说，尖刻辈以作画亦讲风水诮之。”

高秉乃清代著名画家高其佩的从孙。高其佩擅长指头画，高秉曾从有年，亲见其术，极力推崇，因撰《指头画说》专述之。惟其阅历浅，持一己之见，所论多有偏颇。评历代山水画法而援引尖刻辈“作画亦讲风水”讥诮之说，无非为衬贴显扬高其佩画法不落俗套，即所谓“数万指画、笔画，竟无一出此者”。褒贬之间，未免孟浪，不足为训，是显而易见的。

高秉与一些尖刻辈以为山水画不屑与风水为伍，讥诮之语，却道出了历代山水画法与风水相关的事实。其实也就在清代，从居于主流的诸多大家名家的有关画论来看，就非但不讳言风水，而且每每直接引鉴风水之说，来阐析山水画法要领。

例如，清初笪重光撰《画筌》三千余言专论山水，就率直主张，山水画家应谙于“形势宗”的风水，依其审辨山水之法，包括观照分析各峰峦方圆曲直锐之不同形态的所谓“五星（按，即五行）形体”法，以及审度山川来龙去脉大势的“寻龙望势”之法，来观察和剖析山川景观，并据以作画。他说：“分五行而辨体，峰势同行，谙于地理。”又强调，画中建筑诸景物的处理，应是“云里帝城，龙盘而虎踞；仙宫梵刹，协其龙砂；村舍茅堂，宜其风水；”等等，实乃倡言会心于诸般风水妙意而“逼出”绘事之“真境”。

论及山水画章法之要，他直接沿用了“主山”、“客山”、“祖峰”、“砂”、“水口”等诸多风水术语；而有关山水机理及其审美意象的阐发，也和风水之说略无二致。如其云：“主山正者客山低，主山侧者客山远。众山拱伏，主山始尊；群峰盘互，祖峰乃厚。”“峰矢矫以欲上，仰而瞰空；砂迤逦而同奔，俯而薄地。”

* 国家自然科学基金资助项目

“近阜以下承上，有尊卑相顾之情；远山低以为高，有主客异形之象。”“一收复一放，山渐开而势转；一起又一伏，山欲动而势长。”“全依远岫为屏，巨岭横开；还籍群峰插笏，一抹而山势超遥。”“山到交时而水口出。山脉之通，按其水径；水道之达，理其山形。”等等。

该《画筌》甫成，深为当时的画圣王翚（石谷）和恽格（南田）称赏，“相与纵谭生平所见唐宋元明诸大家流传真迹，幸篇中无不吻合者。遂参较评阅”并力怂“镂版以为初学者铅椠之助。”及今人评价，如俞剑华《中国画论类编》综述之，认为：“是篇荟萃历代画论，聚集百家画法，撷其精华，汰其糟粕，千锤百炼，字斟句酌，不特诸法俱备，而精微奥妙，不偏不倚，毫无门户之见，堪称艺苑南针，画道宝筏。”《画筌》能到这般境界，作者对风水以睿智态度择善而从，显然也是重要原因之一。

继《画筌》之后，旋有一代大家王原祁（号麓台）《雨窗漫笔》问世。无独有偶，这一画论名著，也径直以风水而论山水画章法。其论曰：“画中龙脉开合起伏，古法未备，未经标出，石谷阐明（按：似指王翚对《画筌》有关山水画章法评语），后学知所矜式。然愚意以为不参体用二字，学者终无入手处。龙脉为画中气势，源头有斜有正，有浑有碎，有断有续，有隐有现，谓之体也。开合从高至下，宾主历然，有时结聚，有时澹荡，峰回路转，云合水分，俱从此出。起伏由近及远，向背分明，有时高耸，有时平修，欹侧照应，山头山腹山足铢两悉称者，谓之用也。若知有龙脉而不辨开合起伏，必至拘索失势；知有开合起伏而不本龙脉，是谓顾子失母。故强扭龙脉则生病，开合逼塞浅露则生病，起伏呆重漏缺则生病。且通幅中有开合，分股中亦有开合；通幅有起伏，分股中亦有起伏。尤妙在过接映带间，制其有余，补其不足，使龙之斜正浑碎、隐现断续，活泼泼地于其中，方为真画。”

王原祁《雨窗漫笔》所论，亦为艺林称道，及今犹然。如郑午昌《中国画学全史》就认为“论龙脉开合起伏，启发微妙，尤足玩味”；“（龙脉）开合起伏为画之气势神韵所出，即画之生死关键，非常重要”云云。俞剑华《中国画论类编》则指出：“且原祁以后之论画者多受其影响。”

这影响，在王原祁弟子唐岱《绘事发微》中，就很典型地反映出来。唐岱工山水，康熙帝曾赐为画状元，乾隆帝品题其画甚多，还有“我爱唐生画，屡索意未已”之言，足徵其造诣非凡。唐岱所撰《绘事发微》廿四篇专论山水，举凡邱壑、皴法、著色、点苔、林木、坡石、水口、远山、云烟、风雨、雪景、村寺诸项，无不逐一析理阐发。要之，如郑午昌《中国画学全史》评述：“较之笪重光之《画筌》尤为详尽透澈。盖其论邱壑也，能得麓台（王原祁）龙脉开合起伏之秘；及所以能使龙脉开合起伏之势有关系者，如泉石屋木等，点缀之方法，亦颇详尽。”其所以藉风水论山水画章法并贯穿各篇，如其自谓，盖因“师麓台先生家学，师承渊源有自”而已。俞剑华《中国画论类编》更指出，其末篇《游览》所倡，“在临摩（古人）风靡之时代，而尚知画家应游历名山大川，则贤于其师远矣”。事实上，唐岱所主张的游览看山之法，与风水所谓“觅龙学步”之说，不啻声应气求，也更进一步说明了当时大家名家“作画亦讲风水”的事实。

二、郭熙及《林泉高致》同风水纠葛

历代山水画论同风水理论的不解之缘，并非仅彰显于清代。明代、元代不必赘说。北宋以前诸如梁元帝《山水松石格》、王维《山水诀》或《山水论》、荆浩《山水赋》，以及宋初李成《山水诀》和李澄叟《画山水诀》，虽皆各有反映，但十九皆伪，故暂置勿论。作为典型，仅以艺苑公认为真传的北宋郭熙《林泉高致》来分析，其与风水理论密切关联，就是显而易见的。

郭熙《林泉高致》向为艺林珍重，遵为画式，盖以其论山水画法平实周到而深切，纯为有得之言；此后画论虽多，殆无出其所论范围之外的。而在今天，其被视为我国现知最早的较为系统完备、具有代表性的山水审美理论，在画界、美学界和建筑界，向被推崇，殊多引徵阐发，影响弥深。然而正是这一画论名著，凡言体察山川形势，论其远近大小深浅、四时朝暮晦明之不同，以及诸如林泉、烟云、桥径、宅舍等等景物的经营布局，或直接援用风水术语及其审辨山水之诀，或会心风水意匠而解析其理，实是每在多有。例如其论山：

“身即山川而取之，则山水之意度见矣。真山水之川谷，远望之以取其深，近游之以取其浅。真山水之岩石，远望之以取其势，近看之以取其质。”

“山，大物也。其形欲耸拔，欲偃蹇，欲轩豁，欲箕踞，欲磐礴，欲浑厚，欲雄豪，欲精神，欲严重，欲顾盼，欲朝揖，欲上有盖，欲下有乘，欲前有据，欲后有倚，欲下瞰而若临观，欲下游而若指麾，此山之大体也。”

“大山堂堂，为众山之主，所以分布以次冈阜林壑，为远近大小之宗主也。其象若大君赫然当阳，而百辟奔走朝会，无偃蹇背却之势也。”

“山水先理会大山，名为主峰。主峰意定，方作以次近者、远者、小者、大者。以其一境之主于此，故曰主峰，如君臣上下也。”

“盖画山，高者、下者、大者、小者，脊脉向背，颠顶朝揖，其体浑然相应，则山之美意足矣。”

“山以水为血脉，以草木为毛发，以烟云为神彩，故山得水而活，得草木而华，得烟云而秀媚。”

“山有高有下者。高者血脉在下，其肩股开张，基脚壮厚，峦岫岗势，陪拥相勾连，映带不绝。……故如是高山，谓之不孤，谓之不仆。下者血脉在下，其颠半落，项领相攀，根基庞大，堆阜臃肿，直下深插可测其浅深。……故如是高山，谓之不薄，谓之不泄。”

诸如此类，不可殚举。略与《黄帝宅经》、《管氏地理指蒙》等早在唐代即已传世的风水术书中的有关论说对照比较，则明显可见，郭熙所论多与风水理论相似或吻合一致。远势近形、主客尊卑、朝揖顾盼等论说自不必言，仅如血脉毛发之喻，《黄帝宅经》云：“宅以形势为身体，以泉水为血脉，以土地为皮肉，以草木为毛发，以舍屋为衣服，以门户为冠带，若得如斯，是事俨雅。”《管氏地理指蒙》也说：“山者龙之骨肉，水者龙之气血，气血调宁而荣卫敷畅，骨肉强壮而精神发越。”《青囊海角经》有谓：“夫石为山之骨，土为山之肉，水为山之血脉，草木为山之皮毛，皆血脉之贯通也。”等等。

由此看来，郭熙《林泉高致》诸多论说，明显有源自或借鉴风水说的成分。而由《林泉高致》有关郭熙早年阅历的记述，以及由他诸多有涉风水事象的“有得之言”来分析，则极大可能是：郭熙曾执业风水地理而为方士，因此从风水术中汲取营养不少，至游艺绘事而发挥，遂成大家之言。

《林泉高致》实际上是郭熙偕子郭思“游泉石”时有关述说的记录，并非郭熙亲笔，而是郭思遵循父亲教诲，业儒出仕并显贵之后（郭思在元丰五年登进士，官至徽猷阁待制、秦凤路经略安抚使）追记而成。郭思在《林泉高致·序》中述此，并交待说：“先子少从道家之学，吐故纳新，本游方外。家世无画学，盖天性得之，游艺于此而得名。然于潜德懿行，孝友仁施为深，则游焉息焉。此志子孙当晓之也。”

显然，郭熙早年贫贱，与儒林仕途无涉。郭思既贵，于此辄有讳言，极力掩饰而致语多含混，仅模糊述及郭熙曾为方士的经历。按宋代“道家之学”或“本游方外”的方士之业，盖涵有医、卜、星、相诸伎，相宅相墓的风水地理之术亦包括在内，又泛称术数或艺术。其中惟有风水术，虽多为儒林鄙薄，却与山水绘事关联最切，非其他方伎可比。所以，由郭思的隐讳之言，或可看出，郭熙早年游于方外，实际正是操业风水。这一点，除前述郭熙论山水与风水观照俨然一致的事实外，由《林泉高致》其他诸多内容还可据以分析证实。

1 术数、艺术——山水画原始

郭思《序》云：“《（论）语》曰志于道，据于德，依于仁，游于艺，谓礼、乐、射、御、书、数、画之流也。《易》之山坟、气坟、形坟，出于三皇。山如山，气如气，形如形，皆画之椎轮。”这里的引经据典，意在说明术数或艺术——显然是风水地理之术，乃山水画之原始，是显而易见的。而郭思煞费苦心所在，不外为粉饰其父郭熙由绘事得名之前“本游方外”而执业风水地理，也就是孔儒倡导的“游于艺”。

2 相画

《林泉高致·山水训》有郭熙“相画”之说：“画亦有相法。李成子孙昌盛，其（画）山脚地面皆浑厚阔大，上秀而下丰，人之有后之相也。”有关此论，郭思恐怕也是循父说而不得不记述之，又深忧此语招致儒林非议，遂紧忙解释说：“非必论‘相’，兼理当如此故也。”尽管如此，物议始终难免，如今人俞剑华《中国画论类编》评价《林泉高致》，就责备画之“相法”纯属无稽“偏见”，为郭熙画论中“大醇小庇”云。

若以一般文人画家而论，“画亦有相法”概属谬见，也是难以理解的事。然而在风水地理术中，相度山水吉凶而兆验人事祸福，却是情理中事。郭熙原本未拘儒林规矩，积累了从事风水地理的丰富阅历和经验，于画论中述此，殊非偶然，而是顺理成章之事。

实际上，郭熙是深信“画亦有相法”的。沈子丞《历代画论名著汇编》引述张邦基《墨庄漫录》载郭熙逸事：“熙虽以画自业，然能教其子思以儒学起家。熙喜其子思登科，乃于县痒宣圣殿内图山水窠石四壁，雄伟清润，妙绝一时，自云‘平生所极得意于此笔矣!’后其子思既贵……”郭熙此举，自然不只是喜庆，竭其平生本事，以相画之意，祈其子郭思亨通显贵，恐怕是更主要的动机。

可顺便指出的是，除郭熙而外，相信“画亦有相法”的文人画家，也不乏其人。如《辍耕录》引元代黄公望《写山水诀》：“李成画坡脚须要数层，取其湿厚。米元章论李光丞有‘后代儿孙昌盛’，果出为官者最多。画亦有风水存焉。”

3 山水景物机理解析

《林泉高致》解析山川景物机理的有关论说，以深切细腻饮誉艺苑，人们多以为其精到处，“纯为山水画写生有得之言，与一般模糊影响者不同”。然而深入分析可见，郭熙所论很多事象，实际远远超出了画家“写生”所需要和所能体悟的境地，而深深涉入了风水地理的底蕴。

如其中的《画诀》云：“店舍依溪不依水冲，依溪以近水，不依水冲以为害；或有依水冲者，水虽冲之必无水害处也。村落依陆不依山，依陆以便耕，不依山以为耕远；或有依山者，山之间必有可耕处也。”

这岂是“山水画写生有得之言”!与传承悠久的有关择居的风水地理说相观照，它根本就是有关村落宅舍选址规划的理论概括。若非从事过卜地相宅之业、谙于风水地理之道者，是难于洞若观火，引得这般“画诀”的。而对于郭熙，其既精于风水，申说其理于绘事，自是理所当然和轻车熟路的事了。

更有甚者，郭熙还基于风水地理知识，在其画论中，对西北、东南不同的山川景观，作了地理生成机制的解析，有云：“东南之山多奇秀，天地非为东南私也。东南之地极下，水潦之所归，以漱濯开露之所出，故其地薄，其水浅，其山多奇峰峭壁而斗出霄汉之外，瀑布千丈飞落于云霞之表……纵有浑厚者，亦多出地上而非出地中也。”“西北之山多浑厚，天地非为西北偏也。西北之地极高，水源之所出，以岗垄臃肿之所埋，故其地厚，其水深，其山多；堆阜磐礴而连延不断于千里之外，介邱有顶而迤逦拔萃于四逵之野。……纵有峭拔者，亦多出地中而非地上也。”

这些解析的科学价值，不必深论，与地理学史著作中学者们常引述沈括《梦溪笔谈》有关西北、东南地形生成机理的论说略相比较，即可明了。重要的是，郭熙的这些解析，进一步证实了他的早年阅历，是比一般画家更深入地涉入了地理学领域，尤其是景观地理学的领域。而在古代，这正是风水地理学所最为注重和擅长的。

4 花置深坑、观其四面之喻

郭熙论山水观照，曾有喻谓："学画花者，以一株花置深坑中，临其上而瞰之，则花之四面得矣。"对此，画界常非议其"不合画道"。但实际上，郭熙无非以此强调山水观照须注重四至大势之远观或鸟瞰，即"欲山瞰而若临视"，这正是其画论显著特点所在，其实也正是长期以来传统山水画的基本特色所在。

对此，他曾反复强调："山水大物也，人之看者，须远而观之，方得一障山川之形势气象。""真山水之川谷，远望之以取其深……真山水之岩石，远望之以取其势。""真山水之风雨，远望可得；而近者玩习，不能究其一川径隧起止之势。真山水之阴晴，远望可尽；而近者拘狭，不能得明晦隐见之迹。""山，近看如此，远数里看又如此，远十数里看又如此，每远每异，此所谓山形步步移也。"等等。郭熙著名的"山有三远"即"高远"、"深远"、"平远"之说，向为艺林称道，也正出自这种对"山水大物"登临俯瞰式的远观方式。

郭熙所论所喻，对传统山水画论而言，如史家评论，是观照山水方法的大演变。但以风水观照山水之法来审视，却是传承久远的基本方式。汉代"形家""大举九州之势以立城郭室舍形"毋庸细说，《黄帝宅经》就说："宅以形势为身体。"《葬经》指出："占山之法，势为难，形次之。"《管氏地理指蒙》则喻云："势如根本，形如蕊英。英华则实固，根远则干荣。"等等。盖因风水审辨山水注重"寻龙望势"，古人授受，辄以沙堆拨山形，使学步者"临其上而瞰之"，俾得体悟山川大势的观照方法。显然，郭熙既曾执事风水一业，故能谙于其审辨山水之法及授受之法，竟致积习成为心理定势，在山水画论中有意无意地表现出来，或引类譬喻，或引申发挥。其得失咎由，如临深坑观花得其四面之"偏见"、"小疵"，据此而论，就不是很费解的事了。

5 山水必取可居可游之品

郭熙在《山水训》中曾云："世之笃论谓，山水有可行者，有可望者，有可游者，有可居者。画凡至此，皆入善品。但可行、可望不如可游、可居之为得。何者?观今山川，地占数百里，可游可居之处十无三四；而必取可居可游之品，君子之所以渴慕林泉者，正为佳处故也。故画者当以此意造，而览者又当以此意求之，谓之不失本意。"

郭熙此说，乃发挥"世之笃论"，为艺林推崇成为名言。其所倡者，实际与前述清代笪重光《画筌》的主张，即会心风水择居的意象而“画出”绘事“真境”，可谓全无二致，只是言辞更婉约，又以“君子”之“渴慕林泉者”比附之，但这竟或也是其子郭思修饰者，亦未可知。

事实上，自然山水并非处处皆可安顿人生宅居，从人的生产生活需要与精神需要包括审美心理需要而言，好的山水，会显示一种可安居的形相，具备人与自然两情相洽的景象，这正是经久以来风水择居时审辨山水并据以创造理想居住环境的主要标准。

《黄帝宅经》云：“夫宅者，乃是阴阳之枢纽，人伦之轨模。”“宅者，人之本，人以宅为家，居若安，即家代昌吉……坟墓川岗并同兹说。上之军国，次及州郡县邑，下之村落署栅，但人所处，皆其例焉。”凡此言“宅”，盖如汉刘熙《释名》：“宅，择也，择吉处而营之也。”这种宅居选择标准，如《葬经》概括者，是为“来积止聚，冲阳合阴，土厚水深，郁草茂林，贵若千乘，富如万金”云云。

由于风水长期致力于创造美好生活环境的追求和实践，土肥水美、景物天成的山种形胜之地，遂多被选择为宅居或游观的场所。在“人因宅而立，宅因人得存，人宅相扶，感通天地”（《黄帝宅经》）主张下，还刻意开发，使之成为“通显一邦，延袤一邦之仰止；丰饶一邑，彰扬一邑之观瞻”（《管氏地理指蒙》）的胜境。这种风水意匠之高明所在，以谙于风水并精于山水绘事的郭熙而言，岂能无所会心？其予以强调，引申发挥“世之笃论”，主张山水“必取可居可游之品”，“画者当以此意造，而览者又当以此意求之，谓之不失本意”，显然就是因此而发。

三、“作画亦讲风水”原委试析

历代山水画论与风水理论相关联，由前文所论，已可辨明其为基本事实，其他更多事例已毋需赘引。然而深究起来，为什么会有“作画亦讲风水”？换言之，山水画论为什么会与风水之术相通？其原委、因素很多，就笔者管见，则如下方面可能是最为主要的。

1　在山川自然的审美观照上相通

不晚于唐代就已传世的风水名著《管氏地理指蒙》曾云：“寻龙之术者，称之曰山水之士。”风水地理盖又称为山水之术。无独有偶，山水绘事也有此称。如宋代韩拙《山水纯全集》论及山水画，也称之为“山水之术”，山水画家则为“山水之士”甚或“术士”；而论及山川引类譬喻之属，及其观照和表现方式，也无不吻合于风水术。

风水地理家与山水画家称名相同，自非偶然巧合。虽然风水家侧重于现实人生宅居环境的选择和经营，而山水画家、尤其是文人画家则推崇以形媚道，游目骋怀、人情开涤的抒发和艺术塑造；然而，两者皆注重“外师造化，中得心源”，即以山川自然为观照对象。以此为本，其审美追求与审辨方式，遂多有通同之处。而这种通同，在古代山水文化的背景上加以审视，显现出天人合一宇宙观、人生观的深刻影响；显现出儒家化理观念、礼制观念以及山水比德、比道之乐的审美理想的深刻影响；显现出道家返朴归真、道法自然以及释家出世思想的影响；盖表现为一种历史发展的必然，就不必细说了。

略如《管氏地理指蒙》云：“积气应星，相江山而择吉；晓人有法，因形势而命名。指山之磅礴兮，则有山龙之号；指水之罗绕兮，则有水城之称；来历则曰祖曰宗，原其本始……是皆以意逆意，以情度情。”注云：“以人之意逆山水之意，以人之情逆山水之情。初非有绳墨之可据者，要非心目双清，未易臻其妙矣。”又如《地学简明》所谓“察地者有三会：理会、意会、神会”；“究二气中和之妙，察五行制化之微”，“山川向背来止聚散之情性”；观照山川，“精神妙于意表，而契于理先”。风水观照山水之意，诸多术语如龙、砂、穴、水、主山、客山、水口等等由来，由此可知。而与此通同的，在山水画论以及文人山水美学的其他论述中，也所在多有，不备殚引，前文引述的一些有关画论，就足可见其一斑。

由于风水与山水绘事在观照自然美的审美理想与方法上有着通同之处，两者的关联，因此臻于密切，致有兼事风水与山水画者，也并非鲜见。

除前文所述外，如唐代王维作为一代山水画巨匠，晚年经营其辋川别墅，又自绘《辋川图》，“山谷郁盘，云水飞动，意出尘外，怪生笔端”，淋漓尽致地表现了这座名园的风水意匠，尤为世所称赏。或许正是这种风水意匠和山水画意境的珠联璧合之美，卜之，营之，居之，画之，诗之，裨益王维达到了“诗中有画”，“画中有诗”的神品境界。如《宣和画谱》所评：“至其卜筑辋川，亦在图画中，是其胸次所存，无适而不潇洒，移志于书画，过人宜矣!”事实上，王维曾与当时以“善山水”、“易卜”并精于“地理”见称的名画家张諲、郑虔过从密切，恐怕就并非偶然，至少，也可说明王维与其绘事之友是不乏风水地理知识的。

宋代赵希鹄《洞天清禄》记述米芾的绘事经历，也颇有趣地说明了这一点："米南宫多游江浙间。每卜居，必择山水明秀处。其初本不能作画。后以目所见，日渐模仿之，遂得天趣。"大名鼎鼎的米癫，原来也是由注重宅居天人两情相洽的形胜之地，观照之，模写之，以其天资涉入山水绘事并以"得天趣"而饮誉画坛的！而正如前文所引述，这米元章，也恰是深信"画亦有风水存焉"的！

2 风水胜境引发山水画家钟情

和山水绘事相比较，风水的追求，不仅止于"以人之意逆山水之意，以人之情逆山水之情"的审美观照，也不只在以"外师造化，中得心源"的诗画写意来抒发和寄托情怀，而尤重于"人因宅而立，宅因人得存，人宅相扶，感通天地"的追求，在择吉而营居、安顿人生的实践中，以其理论与技艺观照山川自然并审慎选择，巧加人工裁成，经营从城市到宅舍的各种建筑，俾能达到自然美与人文美的高度谐调与合同。而且，风水实践较诸山水绘事，历史尤其悠久，影响也更广泛深刻，"但人所处，皆其例焉"，就艺术境界而言，自然不乏造诣精湛的神妙之品。

惟因此，文人们寄情山水，游目骋怀，以求得精神超越，同时又须面对现实，置身自然而得到安顿的人生需要和追求，往往都能在风水实践所造就的诸多胜境中得到完美观照；而会心其意境，则对山水诗、山水画的艺术创作，也往往能获得颇多启迪和借鉴。像前述笪重光《画筌》"云里帝城，龙盘而虎踞；仙宫梵刹，协其龙砂；村舍茅堂，宜其风水"的见地，郭熙《林泉高致》"必取可居可游之品"，"画者当以此意造，而鉴者又当以此意穷之"的倡导，都相当典型地说明了这一事实。

这类事实是相当普遍的。以山水诗而论，如东晋中叶以降，曾有陶渊明、谢灵运等巨匠推进山水诗发展呈现高潮，成就了中国山水文化的灿烂篇章。而陶、谢两人的创作，都不乏讴歌与自然谐合的宅居环境的题材。这种宅居环境，一如风水所追求的，既是栖身的生活环境，具有优越的生态条件，也是畅神的游赏环境，具有优美的景观构成，物质生存和精神寄托，无不由此得到很好安顿。陶渊明脍炙人口的《桃花源记》，就典型反映了这种理想宅居环境及人生追求；而其为现实生活中风水宅居意象的典型艺术再现，也是十分明显的。

至于画家身临其境，即景会心，动情于风水意象，而着意表现、甚至是情不自禁而挥毫作画的情况，像清代王原祁《麓台画跋·题画仿王叔明长卷》的生动记述，就是一个很典型的例子。王原祁写道：“都城之西，层峦叠翠，其龙脉自太行蜿蜒而来，起伏结聚，山麓平川，回环几十里，芳树甘泉，金茎紫气，瑰丽郁葱，御苑在焉。得茅茨土阶之意，而仍有蓬莱阆苑之观，置身其际，盛世之遭逢也。余忝列清班，簪笔入直，晨光夕阳，领略多年。近接禁地之清华，远眺高峰之爽秀，旷然会心，能不需毫吮墨乎!有真山水，可以见真笔墨；有真笔墨，可以发真文章。古人如是，景行而私淑之，庶几其有得焉。”

3 山水画的缘起与风水地理相关

关于山水画早期史实，唐末张彦远《历代名画记》的记述品评最为翔实中肯，为后世公认。其云：“魏晋以降，名迹在人间者，皆见之矣。其画山水，则群峰之势，若细饰犀栉，或水不容泛，或人大于山，率皆附以树石，映带其地，植列之状，则若伸臂布指。详古人之意，专在显其所长，而不守于俗变也。国初，二阎擅美，匠学杨、展，精意宫观，渐变所附，尚犹状石则务于透雕，如冰澌斧刃；绘树则刷脉镂叶，多栖梧宛柳；功倍愈拙，不胜其色。吴道玄者，天付劲毫，幼抱神奥，往往于佛寺画壁，从以怪石崩滩，若可扪酌；又于蜀道写貌山水，由是山水之变，始于吴，成于二李。”

嗣后，宋代郭若虚撰《图画见闻志》，以《历代名画记》绝笔唐末，续为裒辑，述及五代至北宋熙宁间。其于山水画的发展，“论古今优劣”，认为：“若论山水林石，花竹禽鱼，则古不及近。”尚言及五代以来关同、李成、范宽之山水，胜于唐代李思训、李昭道父子及王维、王熊、王宰的山水。

由张彦远与郭若虚的品评可见，山水绘事但在唐代吴道子及二李之前，尚属稚拙，其后发展直至五代及宋，才日臻成熟。当然，不仅绘画技巧如此，画家观照山川自然的审美方式及理论思维方面，也是如此，综观山水画论的发展历史，这是十分明显的事，已毋庸赘述。

比较起来，山水画及其理论发展为独立体系的历史是较晚的。而同以山水自然为观照对象，择吉而经营宅居环境的风水地理的“山水之术”，其实践与理论的发生、发展和成熟却要久远得多。在这种情况下，山水绘事沿用或借鉴风水，受其深刻影响，以致“作画亦讲风水”，当然是情理中事。

事实上，风水地理的山水之术，由于古代居住环境的选择和创造的现实需要，至少在传说时代就已应运而生，而至迟在秦汉之际，已形成为内有不同流派传承的学术体系，如沿着地理学系统发展成秦汉的“形法”（即唐宋以后的“形势宗”），沿着巫术占卜系统沿革而为秦汉的“堪舆”（唐宋以后“理气宗”的先声）等。在风水地理的发展沿革中，无论是远古先民基于万物有灵观念而形成的山川崇拜，或是后世哲人基于现实理性而倡导的山水审美观照，都曾被汲收融会，并着意在其实践中予以表现，具有景观地理学的美学内涵。风水的这一性质，不仅在其对山川自然选择的审辨方式与理论阐述中反映出来，也在其“大举九州之势”“图画山川”景观的风水地理图或景观地理图上表现出来。而这两方面，都不能不深深影响了魏晋以后日益勃兴的山水绘事。

实际上，近年来学术界探析山水画渊源，业已有人指出，山水画的产生发展，与古代地理学、尤其是地图学，是密切相关的。钱鍾书在其《管锥篇》中指出，就技法而论，六朝山水犹属草创，“想其必採才测绘地图之法为之”。张驰在其《制图与绘画——中国绘画史研究笔记》中更分析论证说：地图学乃“山水画之父”。还特别指出，古代“地图科学对山水画的影响恐怕主要表现在它所描绘的景观范围方面”。

这些见解，显然是有道理的。从古代画论、画史及地图学史的大量有关材料来分析，也正可清晰判断，山水画的缘起与风水地理相关，或质言之，风水地理景观图乃为山水画的先声。对此，容略作钩沉如后。

四、风水地理景观图：山水画的先声

在画史上，一般认为南朝刘宋之王微《叙画》最先提出了山水画的“移情”价值，同时强调了山水画的审美与地理图不同。他说：“夫言绘画者，竟求容势而已。且古人之作画也，非以案城域、辨方州、标镇阜、划浸流，本乎形者，融灵而变，动者心也。”

但仔细分析王微所论，有两点值得注意。其一，当时并不乏人把地理图与山水画等量齐观，否则王微不会无的放矢。其二，王微排斥的地理图，按古代地图功用及表现形式言，明显是行政区宇、郭邑等重在人文的地图，以计里划方和符号标志等方式绘制，而并未包括“本乎形者，融灵而变”，即以写形为本，又“以人之意逆山水之意，以人之情逆山水之情”，象形而写意，以山川景观为主的地理图，或谓景观地理图。所以，王微会在同文中说“披图按牒，效异《山海》”，指出《山海图》就具有与其所排斥“案城域、辨方州”一类图牒完全不同的审美移情价值。而这《山海图》，或谓《山海经图》，容后文详述，作为中国最古老的风水地理景观图，正以其“古人之作画也……本乎形者，融灵而变”，曾引发后代诸多山水之士或山水家“动心”，并宗奉其为包括风水和山水绘事在内的“山水之术”的先肇。

比王微更进一层，宋代郭熙与韩拙论画，也提出了山水画与地理图的区别。郭氏《林泉高致》说：“何谓所取之不精粹？千里之山，不能尽奇，百里之水，岂能尽秀？太行枕华夏而面目者林虑，泰山占齐鲁而绝胜者龙岩，一概画之，版图何异？”韩氏《山水纯全集》则云：“若不从古画法，只写真山，不分远近深浅，乃图经也，焉得其格法气韵哉？”

由郭、韩所发，无疑可说明“版图”、“图经”中，自古确有图画山川之形的景观地理图，或即王微所说的山海图之类。而这类地理图，原与山水画联系密切，惟因宋代山水画、尤其文人写意山水大兴并臻于成熟，更较前代注重审美意境的完美艺术表现，于是，较诸王微之时，对景观地理图，便有了进一层的扬弃。

由郭熙与韩拙所论也可明显看出，他们仍没有把写照山川而取景既精粹、画面又远近深浅表现得宜、“得其格法气韵”的景观地理图排斥在艺林之外的意思。而综观中国古代地图学史，尤其是古地图遗存实物，这种具有审美表现的景观地理图，也是客观存在的。

事实上，就中国古代地图学史而言，景观地理图或景观式的地理图，曾是传统最为悠久的地图形式，并因为社会现实需要，历来发展未辍，一直及于近代。在实例方面，也可见到各式不同功能、内容的景观地理图或景观式地理图。其基本特色抑或基本方法，同前述以计里划方和符号标志方式绘制的地图相比较，是把山川等景物形象绘于图中。

第一类，如著名的《郑和航海图》，图中概括绘有海路所倚大陆、岛屿上识别性强而又具有方位标志意义的地形地物。航海中据以对照航船所处实地景物，俾能判断航船位置并选择正确航向。这种满足方位识别之用的景观地理图，常称为“对座图”或“对景图”。

第二类，如南宋学者黄裳的全国总舆图《地理图》，与内容相同的舆图，如宋代的《华夷图》、《禹迹图》等比较，后者采用的是计里划方、符号标志等方法而绘制，而黄氏《地理图》却绘出山脉、森林的立体形象，采用了景观式的表现方法。虽无“对景”识别意义，但这景观式地理图，显然比《华夷图》、《禹迹图》要富于形象性，富于立体感，成为特色。

当然，无论是《郑和航海图》这样的景观地理图，或是黄裳《地理图》这样的景观式地理图，由于其内容和功能所限，写照山川，是不可能也无必要精于取景，并考究其远近深浅等格法气韵的。惟因此，郭熙、韩拙等把这类图画山川的景观地理图与山水画区别开来，显然是合理的。

然而还有第三类景观地理图，即数量更多，也更常见的山川形胜图，或涉及城市、村落、宫宅、寺观、园囿及陵墓等建筑选址的风水形势图。这类地理景观图，在古代地理方志、家谱、族谱、风景名胜地碑刻等等中间多可见到，而皇家图档如清代内廷图档也为数甚众。其写照山川，非“千里之山”，“百里之水”，而多是一方山水精华。其表现则既重写真，有“对景”识别之用，又尤其注重景观审美移情，具有写意性。惟此，其与山水画相较，常常略无二致；而由画家手笔为之，也是所在多有。以王微、郭熙、韩拙之意而言，这类景观地理图当不致被排斥在山水绘事之外的。

见诸历史记载，这类景观地理图，由山川崇拜、观览和宅居环境选择之需而产生并不断发展，可谓源远流长。《山海经图》之外，有案可查，周初即有应用。如《诗经·般》述颂周武王灭商后巡祭川岳，有“于皇时周，陟其高山，堕山乔岳，允犹翕河”章句，汉郑玄笺注：“犹，图也”，“皆信案山川之图而次序祭之”；《尔雅·释言》也说“犹，图也”。这意味着，周初使用的这种地图，是具有景观地理图特征的。此外，如《尚书·洛诰》载周初周公向成王献相宅洛邑之“伻来以图”，则是当时用以表现城市选址意向的风水形势图。见载《周礼》，其时还有其他建筑选址的风水形势图，如“冢人掌公墓之地，辨其兆域而为之图”，是陵墓选址风水图。对此，郑玄注：“图，谓画其地形及丘垄所处。”唐代贾公彦疏：“未有死之时，先画其地之形势，预图出其丘垄之处。”该注疏既说明了周代风水形势图重在写照地形亦即山川形胜的特点，实际也反映了郑、贾赖以观照而作注疏的汉唐陵寝风水地势图的特点。如郑樵《通志》载，贾公彦时就有《唐九嵕山昭陵建陵合为一图》，应为以善工艺、丹青饮誉于世，身兼宫廷画家和工部尚书，并曾受诏主持昭陵设计的阎立德所绘。而郑、贾所见所述风水形势图的特点所在，也与至今传世的清代御苑、陵寝选址等风水地势图一致，表现为一种悠久历史传统。

这种传统的景观地理图或风水地理图，无论济用宅居环境的品评选择，或是应用于山水景观的游览观赏，山水胜境写形写意的表现，都需要一定的审美能力和绘画技巧，历经数千年不辍的发展，遂能达到很高造诣。正因此，它可以说是古代山水画的滥觞，亦即山水画独立成为画品之一的先声。另一方面，这种传统山水景观地理图的绘制通常需要画家参与，山水画的发展也促使这类地图更臻表现完美。两者之间，正为相得益彰。

事实也是如此。见载史籍，魏晋以降山水绘事日兴一日，而山水画家以艺参与地理图绘事的事例，就并非鲜见。

例如，南朝刘宋之名画家谢庄，曾“制木方丈图，山川土地，各有分理，离之则州别郡殊，合之则宇内为一”。事见《宋书·谢庄传》。

嗣后，又有南朝萧梁之大画家张僧繇绘制古地理图经《山海经图》事，见载《玉海》、《中兴书目》：“《山海经图》十卷，本梁张僧繇画。咸平二年，校理舒雅诠次馆阁图书，见僧繇旧从尚有存者，重绘为十卷。”

历隋唐五代而迄北宋，事例更多。除画史和建筑史上著名的宇文恺、阎立本、阎立德等外，如《宋会要辑稿·职方》载，淳化四年（993年）“令画工集诸州图，用绢百匹，合而画之，为天下之图，藏秘府”，即著名的宋初全国舆图《淳化天下图》。又《玉海》载：景德四年（1007年），诏翰林院遣画工到各路调查山川形势，绘成《山川形势图》，“纳枢密院，每发兵屯戍，移徙租赋，以备检阅”。熙宁四年（1071年），又诏中书省秘书赵彦若与画院画工绘制《十八路图》，历时两年而成。

画家参与地图绘制，上溯到魏晋山水画独立为艺事之前，也早有传统。如东汉大学者兼画家张衡就曾绘有《地形图》。又如《拾遗记》载三国时吴国孙权夫人善绘，尝因孙权为灭蜀魏而一统天下，特进“写江湖九州山岳之势”的一幅军用山川地势图，也一向在画史著述中被引为典型事例。据载，这位赵姓夫人还对孙权说：“丹青之色甚易歇灭，不可久宝；妾能刺绣，作列国方帛之上，写以五岳、河海、城邑、行阵之形。”用丝帛刺绣为地图，在绘事上，也是十分鲜见的事。

正因为地图往往为画家绘制，其被列为艺术作品而载述于画史论著中，就并非偶然。如直至王微《叙画》把景观地理图以外的地图排出山水绘事后，在唐代最大的画史家兼画论家张彦远著名的《历代名画记》卷三中，就仍然把诸如《山海经图》，张衡《地形图》、裴秀《地形方丈图》，《区宇图》，杨佺期撰、宇文恺画《洛阳图》等数十幅地理图，以“述古之秘画珍图”而收列。卷四又记载了前述孙权夫人"写江湖九州山岳之势"地图事。

总之，综观画论、画史和地图学史方面事实如上文述略，山水画的缘起与地理图既密切关联，但又并非所有的地理图表现形式，都与山水画的产生和发展相干。主要的，还是在实用之外，又具有审美价值、尤其是观照山川自然美并具有艺术表现力的景观地理图，才会在审美移情和表现技巧方面，成为山水画独立为艺事的先声。古代经久传承的风水地理，既具有这种美学渊薮，其衍生或促进了山水画的形成和发展，就是很自然的事了。

在这方面，最典型的事例，要属前文多所提及的《山海经图》及其影响。按《左传·宣公三年》记载："昔夏之方有德也，远方图物，贡金九牧，铸鼎象物，百物而为之备。"据历代史家考证，夏禹铸制的"九鼎图"，盖以山川地形为主要内容，还有草木兽禽、神人鬼怪诸图像。其功用，如《左传》谓，乃大禹欲"使民知神、奸。故民入川泽、山林，不逢不若。螭魅罔两，莫能逢之。用能协于上下，以承天休"。历商周而至秦，九鼎湮没无存，而九鼎图象为人摹制并注以说明文字，仍经久流传，图即《山海经图》或《山海图》，图注文字则为《山海经》。这沿革，如明代学者杨慎《山海经补注》所述："则九鼎之图，其传于终古，孔甲之流也，谓之曰《山海图》，其文则谓之《山海经》。"

在《山海经图》的形成时代，先民的观念中，山川人文混蒙为一，即物质与精神、现实与幻想、自然与人的区别尚未如后世分明，于是，作为地理图，除地形、物产外，也充满了神异、巫祀以及政教伦理的色彩，实际上真切反映了先民们视山川自然为人类母亲的质朴情感。因此，在它具有地理学的价值而外，又富含审美价值；在历史上，也一向既被人们视为古代地理学经典，又被视为古代山水神画滥觞；既对地理学、包括风水，也对神话传说、文学艺术以及山水绘事，都曾产生了极其深刻的影响。

在汉代，班固《汉书·艺文志》就曾把《山海经》列为其时"大举九州之势以立城郭室舍形"的"形法"，即风水地理的经典。与班固同时代的著名水利专家王景，据《后汉书·王景传》载，由于其精于风水地理（王景曾"参纪众家数术文书、冢宅禁忌、堪舆日相之属适于事用者，集为《大衍玄基》"），又善治水，永平十二年（公元70年），曾被急于治理黄河水害而议修汴渠的汉明帝召见，"问以理水形便。景陈其利害，应对敏给，帝善之……乃赐景《山海经》、《河渠书》、《禹贡图》及钱帛衣物。夏，遂发卒数十万，遣景与王吴修渠筑堤……"从汉明帝赐书，以及王景主持治河功业有成的事实看，《山海经》在当时实为具有实用价值、也备受重视的地理经籍，正可略见一斑。

至于《山海经图》的审美价值，在魏晋以降，则对山水诗、山水画的发展，无不产生了深刻影响。特别是对山水画的沿革而言，无论其由魏晋山水诗的画意表现发展而来，还是经由汉代神仙栖存山林川谷的山水神画系统、历经后代道释画的沿革而脱胎，或者直接沿着《山海经图》所代表的写意风水地理景观图的传统派生而出，《山海经图》的深刻影响，都是不可忽视的事实。

例如，前曾述及的一代山水诗大家及《桃花源记》作者陶渊明，就常由《山海经图》获得灵感。其《读山海经十三首》诗，因有“汎览周王传，流观山海图”；“俯仰终宇宙，不乐复何如”之说。南朝张僧繇摹绘《山海经图》事已如前述，而其于山水绘事，因有建树成为一代绘画大家。如其于素缣上以青绿色先图峰岳泉石，尔后染出邱壑巉岩，即后世青绿山水画先范。在张僧繇之前，曾有东晋著名山水画家戴逵之子戴勃，《述画记》称其艺事胜于顾恺之，而戴勃的力作《九州名山图》、《朝阳谷神风水图》，仅以画名而言，盖取材《山海经图》或受其深刻影响，也是显而易见的。至于王微《叙画》，在强调山水画艺术与一般地理图不同的时候，指出“披图按牒，效异《山海》”，也恰恰以《山海图》为例，来说明“古人之作画也……本乎形者，融灵而变，动者心也”的审美移情论，事实上正充分肯定了《山海图》的审美价值。

传承至今，《山海经图》已亡佚，只留下了晋代风水大师郭璞作注的《山海经》及其《山海经图赞》。但是，与此一脉相承的古代地理方志的山川形胜图、风水地理图，却仍有大量遗存。虽然其中由于后世的理性自觉，已失去了鬼魅神怪一类的图形内容，而更偏重于山川审美境界的艺术刻画；但由风水“喝形”而来的诸多山川名目，诸如青龙、白虎、朱雀、玄武，如日、月、辅、弼，如狮、象、凤凰，如宝鼎、华盖、宝椅、玉斗、三台等等，却明显保留了自《山海经图》以来先民们视人与自然两情相洽的浓郁传统色彩。在今天各地方的山川名目上，也仍然可以看到这种历史文化的淀积和影响。

五、结　语

以上篇幅有限的分析，尽管不够充分，甚或失之片面，但至少从历史脉络上，已可看到山水画与风水密切相关的不少基本事实，其中也包括山水画论发生发展的原委。而由这些分析，至少还可以看到，具有显著美学性质的风水理论及其实践，对于中国传统山水文化的发展，实有不可低估的作用。这对于重新审观风水的历史价值，以及对于进一步深化认识中国传统山水文化，当然具有并非无足轻重的意义。

事实上，现代以来，由于种种原因，风水理论及其实践曾一直乏人发掘研究，在学术界，基本上是被视为传统文化的糟粕而被鄙薄和摒弃的。其结果，非但形成了传统文化研究的空白，而且很多重要的学术问题，也未能得到符合历史本来面目的深入揭示，若明若暗、似是而非乃至讹误偏见的情况，都并非鲜见。其中传统山水文化，包括山水美学的研究，就比较典型。

在建筑界，情况尤其被动。虽然人们公认，中国传统建筑文化精神，在人文美与自然美的结合上，显现了别具风格、造诣精深的鲜明特征，辉耀世界建筑文化之林。但就其理论本源的探析研究，却一向困窘，以致不得不转靠引借传统文论、画论特别是山水画论来弥补或诠释之。实际上造成了中国传统建筑文化除造园、营造而外缺乏理论思维的明显误解。

现在，由于风水理论及其实践的研究不断深入，不仅使风水的历史真相得到揭示，其与山水画及画论过从密切的关系，也已有了初步认识。一方面，已可充分肯定，由于风水与山水绘事相通，两者在历史上本来存在着渊源传承及互补的关系，那么，在研究传统建筑思想与理论时，借鉴传统山水画论，当是符合历史本来面目的，而非牵强附会。而另一方面，也可充分肯定，风水既曾为古代建筑理论与实践的重要构成，并对传统山水文化做出了有益贡献，产生过深刻影响，所以对其进行发掘研究，则既能裨益弥补传统建筑思想与理论研究的空白和缺环，也必能裨益于整个传统山水文化包括传统山水绘事的研究，使两者相得益彰，正如历史上曾弥久经历的那样。

当然，不无重要的是，从当代世界建筑思潮发展的角度来审视，深化这种研究，对继承和弘扬我国古代优秀文化传统，探索发展具有中国特色的现代建筑创作理论，并走向世界，也是具有现实意义的。

值得指出的是，与中国传统文化相比较，在西方，发现和认识自然美，曾是很晚的事。在文艺复兴以前希腊、罗马的文献典籍中，言及自然美并予以观照的，犹属凤毛麟角。19世纪末英国美学家鲍桑葵《美学史》就曾认为："无生物界的神态，从来就没有映入希腊艺术家和批评家的眼帘。"西方最著名的古代建筑典籍，罗马时代维特鲁威的《建筑十书》，在涉及建筑选址与规划设计的论述中，谈到过空气、阳光、温度、风、水以及地理、地质等环境因素，却无一字提及自然景观，更说不上审美观照及艺术处理了；相反，对当时世俗宅院墙上描画自然风景的“新习尚”，甚至还颇有微词。而至中世纪，基督教的神权至上，使人们更“把山、泉、湖沼、树林、森林看成为恶魔所造”，在一片愚昧黑暗中，既无人性的自觉，自然美的观照移情也就更无从谈起了。

在文艺复兴后，同基督教神权相对立，文化发展表现出“人为一切的中心”的精神，被称为人本主义或人道主义。这时期，人们开始意识到自然美，却又深深陷入了人与外在自然关系的分裂与对立，以至于直到一代哲学大师黑格尔那里，虽然把自然美分出来做了简单的论述，却“只用了几句话讨论风景景色”；在讨论人类的艺术创造即绘画艺术的时候，“才比较充分地讨论到风景景色”。而且，正如鲍桑葵《美学史》所指出的那样：黑格尔“对山脉形势、云层或水流运动的性质和意义也没有任何感觉”。

19 世纪以后，西方工业革命带来人类生存环境、尤其是城市环境的急剧恶化，形成尖锐社会危机。旧时代田园风景的情趣，大自然的美好，遂被人们留恋珍重。这不仅诱发了英国水彩风景画的时兴，而经由其时的艺术评论，更把这种回归大自然的社会意识升华到理论思维的高度，使之日益深入人心。如鲍桑葵申言：“我们对于体现为山水风景的外部自然的欣赏……类似于一场革命的变化”，应当“归功于本世纪的英国艺术和批评”。

同时，在建筑领域，许多学者、建筑师和规划师，不断探索，大胆尝试，试图解决人类生存环境质量日趋恶化的危机。这时期兴起的“都市美运动”（City Beautiful Movement），瑞恩（C.Wren）的伦敦改建，奥斯曼（G.F.Haussman）的巴黎改建，霍华德（E. Howard）在其《明天——一条引向改革的和平道路》中提出的著名“田园城市”的规划理论，等等，无不反映了当时人们开始注重建筑、城市与自然共存的取向。在美国，19 世纪中叶还萌生了“景观建筑学”（Landscape Architecture）这样一门新型综合性建筑科学，使被重新发现和认识的大自然，包括其生态与景观，开始摆到了应有的主体地位。

20 世纪中叶以来，西方工业发达国家再度经历了所谓“人口爆炸”、“环境污染”、“资源枯竭”的危机，同时由于自然科学和社会科学的巨大进展，如信息论、控制论、系统论、耗散结构论、环境工程、生态工程等等，遂使人与自然和谐共存的思想，更较以往有了深度广度上的更大发展。在建筑领域，景观建筑学日臻成熟；“生态建筑学”（Acologies）或“建筑生态学”（Arcology）也应运而生，“生态学”（Ecology）的概念与方法由此被引植到建筑规划设计中，并日益深入人心；1981年国际建协（UTA）华沙宣言强调建筑学是为人类建立生活环境的综合艺术和科学，把传统建筑学引入“环境建筑学”的阶段；此外，还有“场所”理论、“建筑现象学”理论等等，方兴未艾。而所有这些发展，无不反映了这样一种思潮：重视整体思维，重视人与自然的有机联系应是和谐共存而不是对立。

在这种学术思潮中，中国古代文化传统中凝聚的优秀遗产，尤其是整体思维方式，其自然哲学与自然观，被西方学术界视为人类智慧结晶，视为人类共同财富，而加以珍重，予以借鉴，予以发展，见诸西方学术著述，可谓沸沸扬扬。其中，对中国传统山水文化，包括风水理论与实践的发掘研究，引鉴于当代建筑规划设计理论和实践，既显现出巨大热情，也形成积极成果。典型如美国景观建筑学权威西蒙德（J.O.Simonds）的名著《景观建筑学》，就对中国传统哲学、美学及相关建筑文化遗产推崇备致，并大量引植在他的理论中。

同西方比较，我国传统文化在关于人与自然、人文美与自然美，在认识论、方法论以及实践上的造诣方面，千百年来，凝聚了众多人民和贤哲的深沉智慧，形成独特体系，表现出强大持久的内在生命力，因此能够成为当代世界的共同财富，并受到应有珍重，这无疑是值得我们自豪的事。但另一方面，和西方近现代以来的长足进步相比较，我们却又处在举步维艰的被动落后局面：如至今也没有自己的现代化的景观建筑学、生态建筑学理论体系；事实上，民族虚无主义、视一切传统为现代化桎梏的偏见，至今仍深深影响着很多人。在这种情况下，冷静地分析思考，立足现实而开拓建设具有中国特色的新文化，并正确地、深入地认识、借鉴和弘扬古代优秀文化遗产，走向世界，为人类做出新贡献，无疑是我们无可推卸的义务与责任。

主要参考文献

1 沈子丞编. 历代画论名著汇编. 新一版. 北京：文物出版社. 1982
2 俞剑华编著. 中国画论类编. 第2版. 北京：人民美术出版社，1986
3 郑午昌编著. 中国画学全史. 上海：上海书画出版社，1985
4 葛路著.中国古代绘画理论发展史. 上海：上海人民美术出版社，1982
5 陈高华编. 隋唐画家史料. 北京：文物出版社，1987
6 陈高华编. 宋辽金画家史料. 北京：文物出版社，1984
7 古今图书集成·艺术典，卷651～680. 上海中华书局影印铜活字本，1934
8 胡经之编. 中国古典美学丛编. 中华书局，1988

9　徐复观著. 中国艺术精神. 沈阳：春风文艺出版社，1987

10　卢良志编. 中国地图学史. 北京：测绘出版社，1984

11　中国科学院自然科学史研究所地学史组主编. 中国古代地理学史. 北京：科学出版社，1984

12　陆心贤等著. 地学史话. 上海：上海科学技术出版社，1979

13　张驰. 制图与绘画——中国绘画史研究笔记. 载: 美术. 1988（2):56～63

14　陈履生. 山水画成因新探. 载: 美术. 1988（5):58～64

15　李亮. 黎明时期山水诗山水画与诗画同源的早期形态. 载: 吕梁学刊. 1990（1):21～43

16　[英]李约瑟著. 中国科技技术史. 翻译小组译. 见：中国科学技术史，第五卷，地学. 北京：科学出版社，1976

17　十三经注疏. 中华书局影印本，1979

18　廿五史. 上海书店，上海：上海古籍出版社影印本，1986

19　[英]鲍桑葵著. 美学史. 张今译. 商务印书馆，1985

20　[意]贝尼季托・克罗齐著. 作为表现的科学和一般语言学的美学的历史. 王天清译. 北京：中国社会科学出版社，1984

21　朱光潜著. 西方美学史. 北京：人民文学出版社，1979

22　迟柯著. 西方美术史话. 北京：中国青年出版社，1983

23　沈玉麟著. 外国城市建设史. 北京：中国建筑工业出版社，1989

24　[美]H.H.阿纳森著. 西方现代艺术史：绘画・雕塑・建筑. 邹德侬等译. 天津：天津人民美术出版社，1986

从辨方正位到指南针：古代堪舆家的伟大历史贡献

史箴

1 指南针、磁偏角与"方家"

研究指南针发明史，有两项重大发明和发现，一是人工磁化钢铁、制器以指向，二是磁偏角（磁体指向与地理子午向有偏角）及磁倾角（磁体指向与地平面呈倾斜角）的发现，具有划时代意义，使指南针获得实用价值而被普遍应用。

一般认为，有关指南针的发明和磁偏角发现的最早可考文字，见于北宋大科学家沈括约在1088年开始撰写、1166年付梓的《梦溪笔谈》："方家以磁石磨针锋，则能指南，然常偏东，不全南也。"而早在1044年成书、宋初军事科学家曾公亮主持编修的《武经总要》，则记录了利用地磁场磁化铁片制备"指南鱼"的"世传"辨向方法，不仅涉及磁偏角，还对磁倾角做了描述："若遇天景曀霾，夜色暝黑，又不能辨方向……或出指南车或指南鱼以辨所向。指南车世法不传。鱼法以薄铁叶剪裁长二寸、阔五分，首尾锐如鱼形，置炭火中烧之；候通赤，以铁钤钤鱼首，出火，以尾正对子位，蘸水盆中，没尾数分则止，以密器收之。用时，置水椀于无风处，平放鱼在水面令浮，其首常南向午也。"其中"没尾数分"，表明了磁倾角的认知和应用；"其首常南向午也"，则指明了磁偏角的存在。

按《梦溪笔谈》记载，提示有两条重要线索：一是人工磁化钢针为指南针，并发现磁偏角，在沈括之前即已传世，一如《武经总要》所述"鱼法"，也是"世传"之法；第二，此法出自"方家"。那么，循此线索探究，能否进一步深化指南针的发明史研究？

有学者解释沈括所谓"方家"，认为是指古代医药学家。从古代医药家常以磁石配伍入药，或直接用于医疗实践的大量史实看，他们发现磁石及人工磁体特性并加以应用，可能性不容排除。如东汉大史学家班固撰《汉书》，在《艺文志》中评述医经之道，就譬喻为"犹慈（磁）石取铁，以物相使"，其用心未可轻视。但在事实上，循此方向阅检医家故籍，除沈括死后20年即1115年，寇宗奭《本草衍义》袭文《梦溪笔谈》一节（详后），迄未更多发现有助澄明指南针发明史的重要史料。

也有人解释沈括所谓“方家”为古代堪舆家，即风水家。按考，迄宋代，方家并非特指医家，而为从事卜筮、相、疾、医之类方术或方技之士的泛称。从后世风水家以罗盘相地的大量实践活动看，循此方向探究指南针发明渊源，应不无道理。但遗憾的是，盖因风水迷信色彩过重，或为当今学者鄙薄，或深恐涉嫌研究迷信活动，在国内，追索风水之“方家”沿革而深化指南针发明史研究的工作，并未得到应有重视，罕见进展。直至近年来，学术禁忌消融，这方面工作有了初步深入，旋即发现，恰恰是在古代风水术书中，留下了涉及指南针应用和磁偏角认识的最为丰富的历史材料，可使指南针发明史的研究面目一新。而且，研究证明，追踪古代风水活动的历史，也恰恰可以发现，指南针实际正是古代堪舆家在其实践活动中发明并应用的。同时，还必须看到，古代堪舆家的这一伟大历史贡献，也曾一向被古代人民敬重，以至在相关民俗中敬祀为仙师伟绩。

例如在我国明清之际航海家中流传的《顺风相送》和《指南正法》两种海道针经里，开篇各有《地罗经下针神文》、《定罗经中针祝文》，记录了当时出海远航前置备指南针的隆重祭祀礼仪，人们“谨秉诚心，俯伏躬身”，馨香祷祝，“奉请历代御制指南祖师”、“前代神通阴阳仙师”及“历代过洋知山水形势、知深浅、知礁屿、识湾澳、精通海岛、望斗牵星、古往今来前传后受流传祖师”，“伏以奉献仙师酒一樽”，“乞赐降临”、“祈保平安”。其中所奉请的仙师如东晋郭璞、唐代李淳风、袁天纲、杨救贫（杨筠松）、五代末陈抟（字希夷）等，都恰恰是宋代以前的风水大师（详见向达校注《两种海道针经》）。从具有历史活化石性质的这一民俗传承看，其研究价值，无疑不能以偏赅全，视为迷信而弃之不顾的。事实上，它至少可以说明，解释沈括所谓“方家”为古代堪舆家或风水师，应是更符合历史真实的。

2　风水、辨方正位和指南针

客观地探析风水或堪舆术的发展历史，无论其流派如何错综复杂，内容如何玄奥晦涩和混乱，迷信色彩如何浓重，但其主旨却一脉相承，十分明晰，不外相土尝水，辨方正位，“大举九州之势以立城郭舍形”（班固《汉书·艺文志》）。而如李约瑟《中国科学技术史》评价的那样，风水理论及实践曾对中国古代建筑形成了深刻的影响：“再没有其他地方表现得像中国人那样热心于他们伟大的设想‘人不能离开自然’的原则……皇宫、庙宇等重大建筑物自然不在话下，城乡中无论集中的或散布于田园中的住宅，也都历来呈现出一种对于‘宇宙图案’的感觉，以及作为方向、节令、风向和星宿的象征主义。”他还强调：“风水对于中国人民是有益的。……虽在其他方面，当然十分迷信，但它总是包含着一种美学成分；遍中国的田园、居室、村镇之美，不可胜收，都可以由此得到说明。”

除了美学成分，风水对于生态环境的细腻探究，也形成了地理学上有关地形、地质、水文、土壤、植被、小气候等生态环境方面的系统缜密的经验总结和理性思考。对城镇、宫宅以至陵墓等座向秩序适合天时、地利、人和的无微不至的追求，则从“辨方正位”的长期探索中，直接引出了指南针的发明应用和磁偏角的发现，在人类历史上做出了伟大贡献。

在6000多年前的西安半坡遗址上，发现较完整的房屋遗址有46座，门都朝南；这种一致性充分说明，我们的先民在当时已掌握了测定方位的方法。中国古代传说折射着这时期的历史真实（图1），对先民们选择聚落基址、辨方正位、规划经营的活动，也多有记述。例如《轩辕本纪》说：“黄帝始划野分州，有青乌子善相地理，帝问

图1 《书经图说》中的《夏至致日图》。为上古传说时代羲叔在夏至日用景表土圭测量日影，以辨方正位、定时令

之以制经。”《抱朴子·极言》也说黄帝“相地理则书青乌之说”。盖于其时，已经有了地理家即后世所谓堪舆家或风水家的活动，后世风水术又称做青乌术，即出自这一传说。

在经籍里，《尚书·盘庚》“盘庚既迁，奠厥攸居，乃正厥位”；《诗经·公刘》“既景乃冈，相其阴阳”；《诗经·定之方中》“定之方中，作于楚宫。揆之以日，作于楚室”；《尚书·召诰》“成王在丰，欲宅洛邑，使召公先相宅……厥既得卜，则经营……攻位于洛汭”（图2）；《周礼·地官》“惟王建国，辨方正位，体国经野。……以土圭之法，测土深，正日景，以求地中。……地中，天地之所合也，四时之所交也，风雨之所会也，阴阳之所和也，然则百物阜安，乃建王国焉。……凡建邦国，以土圭土（度）其地而制其域”等等，记载了殷周之际城市、宫宅或聚落选址规划和建设中测定方位的活动。在风水术书中，既称这些典故为“卜宅之文”的滥觞与“经旨”，也宗为风水家辨方正位之圭臬。

《盘庚》之“乃正厥位”，《召诰》之“攻位洛汭”，其辨方正位之法无载。而《定之方中》之“定之方中，作于楚宫”，历代注家及现代天文学家都解释为准星以辨方正位，即在周代，星空中被称为

图2　《书经图说》中的《太保相宅图》。反映周初选址规划成周洛邑时“体国经野、辨方正位”的活动，即“卜食洛邑”、“攻位洛汭”

定星的四颗星，其中心每在立冬前后初昏时出现于正南方，这时农事已毕，天气未寒，正可兴作土木，因此定星又称“营室”（盖房子）。如汉儒郑玄说“定星昏中而正，于是可以营制宫室，故谓之营室”；《尔雅·释天》“营室谓之定”；郭璞注：“定，正也，作宫室皆以营室中为正。”《国语》“营室之中，土工其始”，就是这个意思。

至于《公刘》“既景乃冈”，《定之方中》“揆之以日”，《周礼》“土圭之法”等，实际都用“立竿见影”的方法来辨正方位。测影立竿，古籍中称为景、表、圭、晷，也称为槷、臬、髀、椑、碑等等，记载诸多，除用于建筑的定向，也用于定地域、定节令、定时刻。后来出现的不少专用测量仪器如晷仪等，就是从这一古老的测向、测时工具发展而成的。

有关这种立竿见影定向方法的具体记载，最早见于《考工记》：“匠人建国，水地以悬，置槷以悬，眡以景。为规，识日出之景与日入之景。昼参诸日中之景，夜考之极星，以正朝夕。”其中“水”即水准、水平。“置槷以悬”即以绳悬垂重物使木竿即“槷”垂直于水平地面。然后以槷为圆心作圆，即“为规”。“眡”即视，“景”即影，就是日照于槷而投在平地的日影。日出与日落时的槷“景”与“为规”之圆周相交的两点连线，便可得出正东西方向，即“以正朝夕”。再参考正午时的槷“景”或夜晚北极星的方向来校正。这一方法，在《周髀算经》里还有较简明的记载：“以日始出，立表而识其晷，日入复识其晷。晷之两端相直者，正东西也。中折之指表者，正南北也。”北周甄鸾注《数术记遗》对此述说尤为明晰：“当竖一木为表，以索系之表，引索绕表画地为规。日初出，影长，则出圆规之外；向中，影渐短，入规之中。候西北隅影初入规之处，则记之；乃过中，影渐长，出规之外。候东北隅影初出规之处，又记之。取二记之所，即正东西也；折半以指表，则正南也。”（图3）

这种“置槷以悬”的“正朝夕”方法，后来长期成为辨方正位的典故，及至指南车或以天然磁石制备的指向仪器“司南”发明应用后，测向一语仍谓“端朝夕”。如最早记载司南的《韩非子·有度》即说：“先王立司南，以端朝夕。”此外，由于这种方法简便准确，甚至在司南及指南针发明应用后很久，仍然一直沿用着。

如《淮南子·天文训》：“正朝夕，先树一表；东方操一表却去前表十步，以参照日始出北廉；日直入，又树一表于东方，因西方之表，以参望日方入北廉；则定东方两表之中与西方之表，则东西之正也。”用了一个固定的和两个游动的表，是汉代正朝夕之一法（图4）。

到北宋，李诫《营造法式》引述了“辨方正位”、“以正朝夕”典故，还载录有“自来工作相传，并是经久可以行用”的“取正之制”：景表板、望筒、水池景表等仪器和方法，反映了辨方正位方法在宋代的传承发展（图5）。值得注意的是“景表板”形制：“圆板径一尺三寸六分，当心立表高四寸、径一分。”用法是“先于基址中央日内”平置景表板，“画表景之端，记日中最短之景，次施望筒于其上，望日、星以正四方”。以此比对在我国很广范围出土的数具秦汉石质晷仪的形制（图6，见方约秦汉尺一尺二寸，略同宋代景表板尺寸），两者间表现出很大相似性，显然有传承关系。证以两者间曾有隋代袁充“短影平仪”制作应用相类同（《隋书·天文志》），或可认为，宋《营造法式》的景表板，正是秦汉晷仪经历隋代短影平仪，沿革至宋时“自来工作相传、并是经久可以行用”的测向工具。据此，或有助解决关于秦汉晷仪是平置测向还是斜放与赤道面平行以测时的不同推测和争议。清末天文数学家周暻见出土秦汉晷仪未标出南北方向，曾说：“其无南北方向者，以南北必测而后知，难预定也。”（端方《陶斋藏石记》卷一《测景日晷》）这一解释，如果参证宋《营造法式》景表板合同望筒以测向的使用方法，是很有道理的。

在中国古代，城镇、宫宅、园林、寺观、陵墓以至道桥河渠的选址布局和营造，辨方正位不仅为良好朝向和建筑艺术创作所

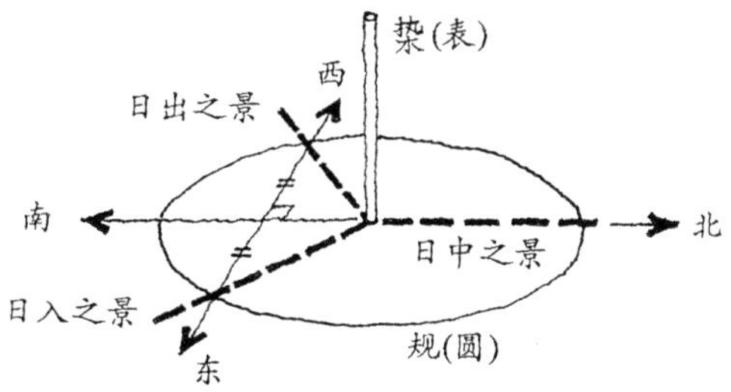

图3《考工记》“正朝夕”方法示意图

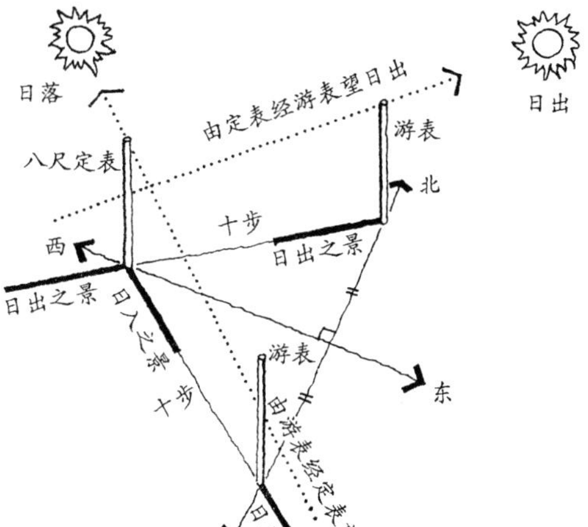

图4《淮南子·天文训》立表“正朝夕”方法示意图

必需，更衍为礼制及伦理观念的述求。小到普通住宅也视为“人之本，人以宅为家”，乃是“阴阳之枢纽，人伦之轨模”（《黄帝宅经·序》）。帝王居所则更须“天子择中而处”（《管子·度地》）；“王者必居天下之中，礼也”（《荀子·大略》）；“古之王者，择天下之中而立国，择国之中而立宫，择宫之中而立庙”（《吕氏春秋·慎势》）；“其宫室也，体象乎天地，经纬乎阴阳；居坤灵之正位，仿太紫之圆方”（班固《西都赋》）；“辨方而正则”，

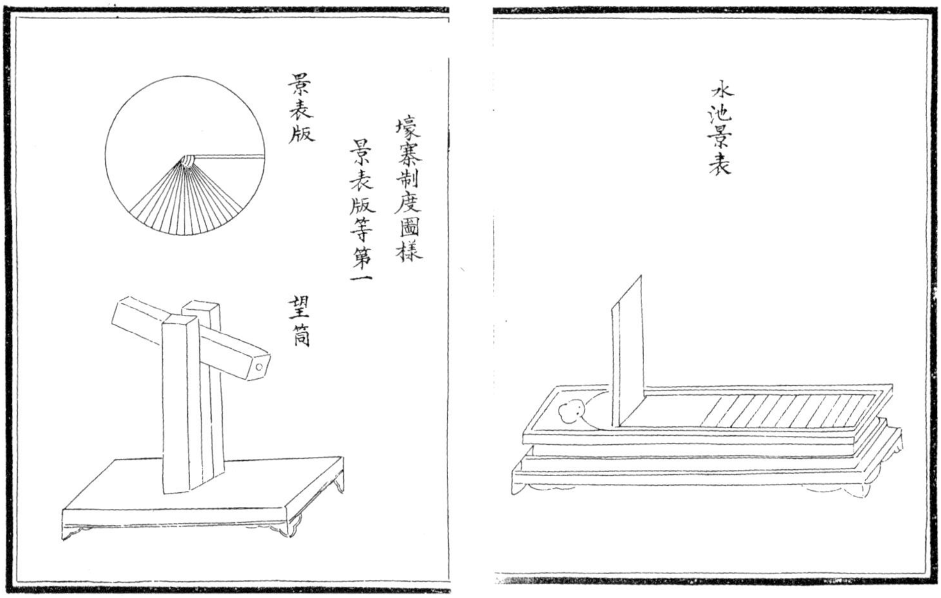

图 5　宋代《营造法式》“正位”用景表板、望筒及水池景表图

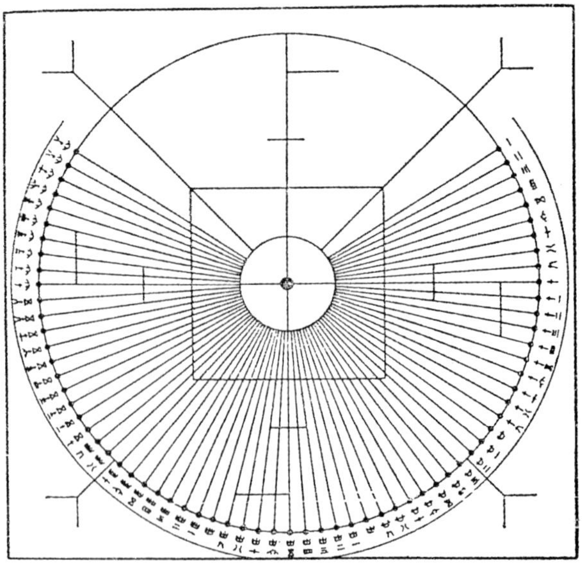

图 6　汉代日晷图。实物约 28.5 厘米见方，尺寸略同宋代景表板

“土圭测景，不缩不盈，总风雨之所交，然后以建王城”（张衡《东京赋》）；“立朝廷、宗庙、社稷、官府、库庾，以居兆民，辨方正位，井井有序，以为子孙万世帝王之业”（虞集《大都城隍庙碑》）；等等。

正因为社会观念的渗透、淀积，职能原本较为简单的辨方正位，在风水各流派中发端于原始巫术、专司占卜空间方位与时辰吉凶的堪舆家那里，逐渐融汇了其他前兆迷信以至阴阳家、五行家等的方术和理论，如阴阳五行、八卦象数、星命、谶纬等等，演变得每形内容玄晦、流派芜杂了，“纳甲”、“纳音”、“分金”等等，常常成了辨方正位的代名词。

然而，也正是在这历史融汇中，门派众多的风水家队伍中，除了迎合世俗需要的江湖术士外，也汇进了许多鸿儒和科学家。例如自汉代以降，张衡、王景、管辂、郭璞、萧吉、吕才、李淳风、一行、杨筠松、王洙、朱熹、蔡元定、刘基，迄于清代有魏源、翁同和等等历史名流，均曾与风水为伍或涉足风水。在学术的高层次上，自王充《论衡》之《四讳篇》、《难岁篇》、《诘术篇》问世以后，风水流派中的唯心迷信成分一向成为诸多贤哲的抨击对象。另一方面，也不断有新的科学技术成就注入其中。世俗文化与士文化的融合，则又使风水跻身社会上层。例如《旧唐书·吕才传》：“太宗以阴阳书近代以来渐致讹伪，穿凿既甚，拘忌亦多，遂命才与学者十余人共加刊正。……才多以典故质证。”在吕才、李淳风、一行奉敕编修“地理书”后，宋代又有王洙等奉敕修书。历代国家机关如司天监或钦天监，常由皇帝诏选阴阳者司事风水，如《大清会典》强调：“凡相度风水，遇大工营建，钦天监委官，相阴阳、定方向、诹吉兴工，典至重也。”

在这过程中，早期堪舆占卜的栻盘同圭表合而为一，衍成日晷或晷仪，表象着宇宙时空的关联，定方向，也定时辰，以致中国古代天文学史上，时空划分竟会留下堪舆的印记。这种栻占地盘（图7），四周刻有象征天象的二十八宿，包括角、亢、氐、房、心、尾、箕等东方青龙七宿，斗、牛、女、虚、危、室、壁等北方玄武七宿，奎、娄、胃、昴、毕、觜、参等西方白虎七宿，井、鬼、柳、星、张、翼、轸等南方朱雀七宿；还合同乾、坤、巽、艮等四维，甲、乙、丙、丁、庚、辛、壬、癸等八天干，以及子、丑、寅、卯、辰、巳、午、未、申、酉、戌、亥等十二地支，来标示空间和时辰方位，称为二十四向（最早见载《淮南子·天文训》）或二十四时，运用在风水中也叫二十四山或二十四到。

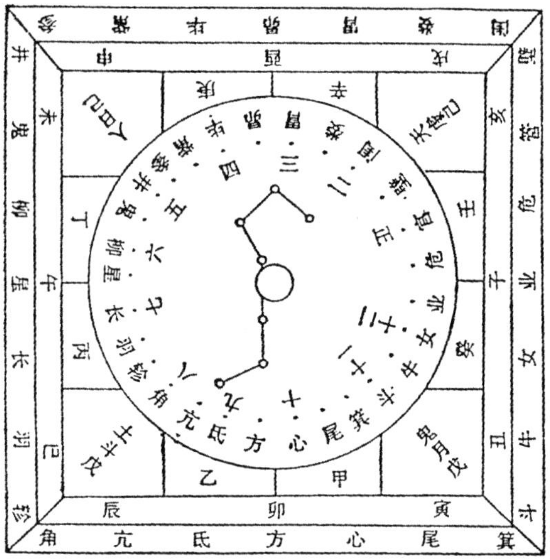

图7 汉代栻盘图。标示了廿四向及廿八宿对应方位（右图）

图8 汉代司南复原模型（下图）

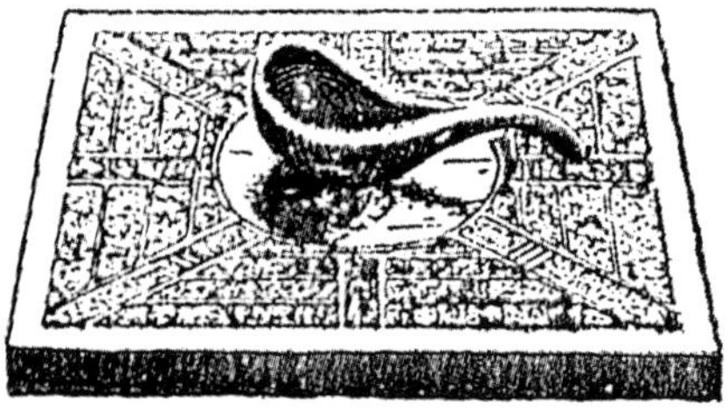

辨方正位与堪舆占卜的融合，这地盘又同天然磁石制备的司南合而为一，演出早期罗盘即司南，从《鬼谷子·谋篇》“郑子取玉、必载司南，为其不惑也”的语焉不详，到王充《论衡·是应篇》的“司南之杓，掷之于地，其柢指南”，已趋彰明（图8）。而葛洪《抱朴子外篇·嘉遯》所云“舞司南导其返回”，“直谅之针”“指南以自反”，实际已宣示了指南针的脱颖而出。而从圭表或日晷的地理子午方位观测，比校司南或指南针的地磁南北方向，磁偏角的发现，也是情理中事了。

3　杨惟德《茔原总录》关于指南针和磁偏角的记载

阅检风水术书，除了不少专论“罗经渊源”、“罗经奥旨”的籍本外，散见其他传世之作而涉及指南针发明应用历史的材料，可谓俯拾皆是，为其他类古籍所不能比拟。虽因历史汉漫，相关术书亡佚、传讹以及托伪甚伙，致使廓清史实尚须精研覃思，淘砂铄金，但根据这些材料，仍可直接引出不少重要结论来。

例如，有确切纪年即北宋庆历元年（1041年）三月，司天监杨惟德向宋仁宗赵祯上表进献有关选择陵地的风水专著《茔原总录》（中国国家图书馆藏，元刊本，原书十一卷，存卷一至五，一册，缺页并残损。台北国立图书馆藏同书五卷，二册，缺杨惟德的进献表），其中的《主山论篇第八》，就明确提到了指南针和磁偏角（图9）：

“客主的取，宜匡四正以无差，当取丙午针，于其止处中而格之，取方直之正也。盖阳生于子，自子至丙为之顺；阴生于午，自午至壬为之逆；故取丙午、壬子之间是天地中，得南北之正也。丙午约而取于大概。若究详密，宜曲表垂绳，下以重物坠之，照重物之心，圓（旋规画圆）而为圖，一如日月之晕，绳以占號，二晷渐移，逢晕致槷，自辰巳至于未申，眡槷两旁，真东西也。半折之，望墜物之下，则知南北之中正也。”

杨惟德为宋初天文学家，生卒年代待考，约在1010年～1060年供职司天监，精于天文历象和星占，也精通风水，生平撰进著述甚多，除《茔原总录》而外，尚有《铜浑仪法要》十卷、《宿曜度分域名录》一卷、《天文明鉴占》十卷、《景佑乾象新书》三十卷、《景佑遁甲符应经》三卷、《黄帝奇门遁甲图》一卷、《景佑太一福应集要》十卷、《景佑六壬神定经》十卷、《景佑三式目录》、《景佑七曜神气经》二卷、《崇文万年历》三十卷等；另外，杨惟德还曾奉诏参与了前述曾公亮主持的《武经总要》的相关编撰。

在我国以至世界天文学史上，杨惟德也曾做出重大贡献。如《宋会要辑稿》记载：“至和元年七月二十二日，守将作监致仕杨惟德言：伏覩客星出现，其星上微有光彩，黄色。……初，至和元年五月，（客星）晨出东方，守天关，昼见如太白，芒角四出，色赤白，凡见二十三日。”这就是当代天文学界极为珍视的1054年金牛座超新星爆发时的原始记录，其遗迹现为蟹状星云，1967年在其中心发现脉冲星、中子星后，促发了相关研究热潮，对推动恒星以至宇宙演化、高能天体物理、相对论天体物理等科学的发展，做出不可磨灭的贡献。而这一被天文学界尊称为“中国（超）新星”的发现者和忠实观察记录者，正是杨惟德。

之忌若天敗天殺在神前在等后此類為凶不必論矣
主山論篇第八
凡論主山之法宜在精密審詳无使纖毫失悞明辨主山以定局法主山
定則局法亦定若山差則局法亂而雜駁今俗工言山者徬[illegible]此而來止
曰艮也傍西而来亦曰兌也其艮兌多称之曰貴龍人之所愛姑此求唐
也然之艮或兌為丑為寅丑謂兌或兌為庚為辛艮也若不辺寅甲則庚
辛兌也著金也庚辛屬土屬水此猶姓之有張趙王李同為一家可乱也
既雜乱吉凶難可拘也皆如有山不明其主此類[illegible]哉既乱其主禍福
皆有不應戀也若然則主之豈不為撥詳之弊耳將丑寅誠謂為艮將寅辛
誠謂為兌則又加愚而固不將弊害歸於一途此辨主山不可不審也客
主的取正匡四正以无差當取丙午針於其上处中而格之取方直之正
也盖陽生於子自子至丙為之順陰生於午自午至壬為之逆故取丙午
壬子之間是天地中得南北之正也此丙午針約而取於大概若究詳密
宜曲表垂繩下以重物墜之照重物之心圓而為圖一如日月之暈繩以
占號二晷漸移逢暈致槷自辰巳至於未申眡槷兩旁真東西也半折之
望墜物之下則知南北之中正也其論正中之說凡京都州縣廨宇以公
[illegible]為正中佛之祠以大殿為正中家宅以心為正中[illegible]中心之也凡

图9　杨惟德《茔原总录》中有关指南针和磁偏角的记载

此外，我国至今所存截至明末记录星数最多的星表，也是杨惟德及其司天监同事周琮等人在景祐、皇祐年间（1034～1053年）应用新制仪象等勤谨观测的成果（《宋史》、王安石重修《灵台秘苑》等），为今人提供了证认古代星官的直接资料。天圣八年（1030年），多才多艺的燕肃制成莲花漏进献皇帝，这一在中国古代计时器漏刻发明史上具有划时代意义的新型漏刻，司天监及内阁曾有不少守旧官僚大加反对，而杨惟德奉诏参与检验，力证其“并合天道”，即符合天文实际（《宋史》、《玉海》），使之大行于世。

至于杨惟德撰进宋仁宗的《茔原总录》，虽为风水术书，但仅以其中有关指南针和磁偏角的记述而论，在科学技术史上的价值和意义也无疑是举足轻重、弥足珍贵的。事实上，这不仅是目前所知有关指南针和磁偏角的最早和最确切的记述，还可据以纠正以往相关研究中的不少讹误，并可为这些研究的进一步深化发展提供重要思路。

第一，杨惟德有关指南针及磁偏角的明确记述，比目前引述最广的沈括的记载，要早半个世纪以上。就该记述分析，指南针的发明应用和磁偏角的发现，至迟也应在宋初之前。

第二，杨惟德指出，指南针的指向“取丙午壬子之间是天地中，得南北之正也”，即当时汴梁（开封）的磁偏角为南偏东7.5度。这无疑比沈括“然常偏东，不全南也”的记述更为准确；和1115年寇宗奭《本草衍义》“以针横贯灯心，浮水上，亦指南，然常偏丙位”的记载相比较，也同样更为明确。另一方面，1174年～1189年曾三异的《同话录》提到：“地螺或有子午正针，或用子午丙壬间缝针。天地南北之正当用子午；或谓今江南地偏，难用子午之正，故以丙壬参之。”类同杨惟德的记录，磁偏角也是南偏东7.5度；这样，过去曾把时值杨、曾之间的寇宗奭“常偏丙位”的记述解释为偏东15度，就显然说不通了。这种解释，实际误解了寇文原义，其原话是说磁针指南，却又偏移正南而趋向丙位，但并未指在丙位。所以，寇文的含混，和沈括“然常偏东，不全南也”并无二致。寇宗奭在言及“常偏丙位”后又随即用五行相克解释道：“盖丙为大火，庚辛金受其制，故如是，物理相应耳。”也只说明磁针是受制而趋向于丙位。事实上，这也是曾三异“故以丙壬参之”的意思。

第三，杨惟德的记述确切表明，磁偏角一经发现并测定了确切的角度，指南针也因此足以作为准确指向的仪器单独使用了，同立表测影以正朝夕的传统辨方正位方法相比，用指南针测定方向，当然更便捷得多。指南针应用方法被他列在传统测影方法之前，就正说明使用指南针作为指向仪器与方法的独立性。同时，两种辨方正位方法前后序列，也正说明了其间的内在联系。以“丙午针”定向“约而取于大概”，而立表测影以正朝夕则可“究详密”，实际充分说明，磁偏角被发现和准确测定，正是以圭表测向来检验指南针定向的必然结果。在这个意义上讲，也正是辨方正位的传统方法，解决并促进了指南针的实际应用。此外，所谓丙午针“自子至丙为之顺……自午至壬为之逆”等语，还表明了当时指南针的指向方位，是按二十四向划分的，显然为王充《论衡·是应篇》所述司南以栻占之盘为“地”、而划分二十四向的历史传承。

第四，在杨惟德《茔原总录》这部风水书中，辨方正位方法记载在《主山论篇》，致用于选择陵墓山向，据此分析指南针与风水的密切关系，也可谓雾散廓清。事实上，杨惟德供职司天监而修撰风水著作进献皇帝，也正因司天监担负着国家建筑工程“相度风水……相阴阳、定方向、诹吉兴工，典至重也”的职责，这也是司天监常有堪舆家供职的原因。

例如，在杨惟德撰进《茔原总录》的当年，宋仁宗曾诏选风水家，曾有江西堪舆名流吴景鸾被举荐至司天监，《江西通志》言及此事：“庆历辛巳，诏选阴阳者，郡学举鸾至京。入对称旨，授司天监正。”（引自《古今图书集成·艺术典》卷679《堪舆部名流列传》）该吴景鸾还曾在宋英宗治平元年（1064年）撰有《先天后天理气心印补注》传世至今。

此外，沈括《梦溪笔谈》曾记载，一李姓术士“本善历术……以微贱不能自通，始以机巧干荆邸”，以一木制机器人“舞钟馗”献于荆王，被荆王“即日表闻”皇帝，“诏送司天监考验”，嗣后“李与判监楚衍步日月食”；其时，也正在庆历年间。

按沈括的经历，精于堪舆的方家荟萃司天监，指南针为其应用的事实，他是不可能不知道的。实际上，据《宋史·沈括传》、《东都事略·沈括传》及《梦溪笔谈》等记载，沈括早在宋英宗（赵曙）治平三年（1066年）就奉命在京城参与研究浑天仪，与杨惟德供职司天监相去不过十年。此后沈括又长期职守司天监，在律历、象数，包括天文观测研究、仪象制造方面取得卓绝成绩。显然，正是在同司天监内精于星占、堪舆的“方家”长期交往中，沈括了解了指南针，并将见闻述诸《梦溪笔谈》，还纳入自己的试验研究心得。如此说来，沈括所谓“方家以磁石磨针锋，则能指南。然常偏东，不全南也”，既补充了《茔原总录》未涉及指南针制备方法之阙，另一方面，也可明确结论的是，沈括所谓“方家”正指堪舆家。

总的说来，杨惟德《茔原总录》的有关记载，对于指南针发明史的研究，价值是十分重大的，这不仅在于根据这些记载可以引出上述重要结论，还在于通过这些记述而引出一些值得思考和进一步研究的问题。例如：

第一，指南针的发明应用和磁偏角的发现应早于1041年。那么，可不可以从风水术的研究中进一步澄明这个问题？

第二，曾公亮等纂修《武经总要》，曾记述“世传”指南仪器，而该书编著也有杨惟德参与，又和撰进《茔原总录》同期，但为什么《武经总要》只涉及指南鱼而未涉及指南针？

第三，为什么在杨惟德后半个世纪，即绍圣四年（1097年）杰出建筑家李诫奉敕重修熙宁元年（1068年）编纂的《营造法式》，仍以圭表或照准极星测向方法衍生的景表板、望筒、水池景表等为定向仪器，却未涉及早已发明应用的指南针？而与此相对照，元末明初成书、包含了很多宋元手法、在民间流传很广的《鲁班营造正式》或《鲁班经》，又只以罗经即指南针定向，却不涉及圭表、望筒之类？这是否是各派匠家承袭的风水流派不同所致？

第四，杨惟德所述“丙午针”，如何制备？如何构造？是浮针还是旱罗盘？

等等。相信澄清这些问题，无疑会有助于使指南针发明史的研究更为深入。

4　宋及隋唐间其他风水术书的记载

前曾述及，据《古今图书集成》卷679《堪舆名流列传》记载，在杨惟德撰进《茔原总录》的同年，曾有堪舆家吴景鸾应诏选入司天监，按该列传所载堪舆名流师传授受情况，较吴景鸾稍早或同时，有谢和卿（字班斋，号玉元子）撰《神宝经》和《天宝经》；较吴景鸾稍晚或同时，又有孙伯刚（名毅臣，号纳斋）著《璚林国宝经》。这几篇堪舆著作，比《茔原总录》流传更广，被辑入《古今图书集成·艺术典》。阅检这几篇著作，其中就确有当时应用指南针于风水择葬的相关记述。

谢和卿《神宝经》开篇即说：“尝观择地之要，必当明理为先。故知旁道支离，遂使正宗湮没。或用针盘而定向坐，或执卦例而谈吉凶。何殊胶柱调弦、刻舟求剑，承讹接舛，析绪分端。”文中又提到：“穴泥星辰，岂能移其板脚。”注谓：“星辰，罗盘方位之星辰，今人泥此点穴。”明代顾乃德及徐试可编辑《地理天机会元》，集有谢和卿《至宝经》，其中亦有谓："挂定线分为正脉，断然不用使罗经。"

孙伯刚《璚林国宝经》则在篇末述谓："世俗葬术，多因针盘以定座向，指卦例以言吉凶，此大谬也。学者其慎之哉。"

在这些述说中，作者显然由于派别不同，对世间流行针盘定向的择葬之术，采取了批判甚至鄙薄的态度，竟未能记述指南针的形制及用法（如《茔原总录》"丙午针"之类），但由此也确实说明，宋初乃至更早以前就有指南针流行于风水择向的事实，同时也证实了《茔原总录》载述的可靠。在这层意义上说，他们留下的记述仍然是宝贵的。

此外，《古今图书集成·艺术典》所辑《管氏地理指蒙》中，曾留有宋初著名堪舆家王伋的一段重要注语："虚危之间针路明，南方张度上三乘。坎离正位人难识，差却毫厘断不灵。"（《管氏地理指蒙·释中第八》）按《堪舆名流列传》引《处州府志》载，王伋，字肇卿（即注语中的"王赵卿"），又字孔彰，其祖父王处讷曾在五代后周时会同著名天文学家王朴参与制历，则王伋生平早于或同时于杨惟德是可以判定的。而王伋的重要注说，不仅提到了指南针，也明确提到了磁偏角。这磁偏角的角度，显然是以汉代栻盘上二十八宿方位，即以北方"虚"、"危"宿之间或"南方张（宿）度上三乘"来表示的。这又清晰透露了汉代栻盘和指南针发明史的不解之缘。如果按二十八宿星位循王伋所述而画出"虚危之间针路明"的方位角来（图10），则在北偏西或南偏东7度左右。这又正与杨惟德《茔原总录》"取丙午壬子之间是天地中"很好吻合，足见两者的记述是相当忠实，也是相当可贵的。

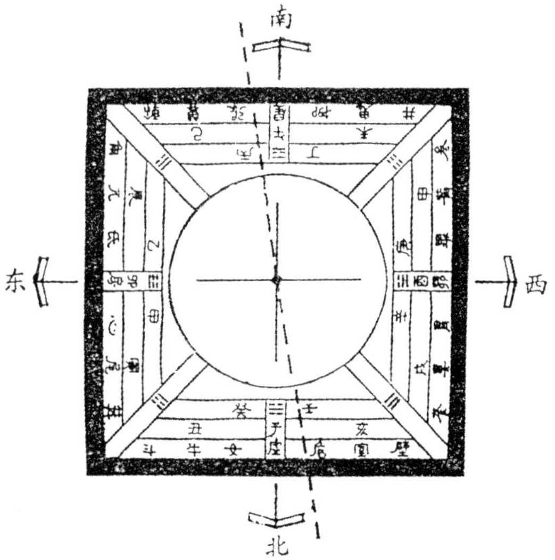

图10　宋初王伋记述"虚危之间针路明"所示磁偏角的方位。
图中廿四向和廿八宿方位为汉代栻盘（又一类型）标示，虚线即王伋所述磁针指向方位

循着堪舆家的传承关系上溯，阅检相关传世著述，还可以发现，指南针的发明应用和磁偏角的发现，既早于杨惟德《茔原总录》的记载，也早于王伋的记述。

例如按《堪舆名流列传》及元代曾葛谿《俯察要览》所载，

五代至宋初，有堪舆名家廖瑀，号金精，其传世之作《泄天机》即《金壁玄文》，就曾明确述及指南针的运用：“先于穴星后分水脊上用盘针，定脉从何方来；次于晕心标下下盘针，定脉从何方去；又于明堂中流水处下盘针，定水从何方来、何方去。”又有诗云：“八卦支干各有方，古人测影费推详；南针方士常偏定，丙午中间妙用长。”更特别论及指南针发明和磁偏角发现的历史：“古者辨方位，树八尺之臬而度其日出入之影，以正东西；又参日中之景与极星，以正南北。《周礼·匠人》之制度繁难，智者用周公指南车之规制，以木为盘，外书二十四位，中为水池，滴水于其间，以磁石磨针锋，浮于水面，则指南。然后以臬影较之，则不指正南，常偏丙位，故以丙午间对针，则二十四位皆得其正矣。用此以代树臬，可谓简便，真万古不灭之良法也。”（明代徐试可《地理天机会元》及徐善继、徐善述《地理人子须知》辑廖瑀《泄天机》）

这中间，廖瑀“以磁石磨针锋，浮于水面，则指南”等语，既与前引沈括、寇宗奭等涉及指南针制备的文字惊人雷同，而所谓“以丙午间对针，则二十四位皆得其正矣”，也同杨惟德《茔原总录》“故取丙午壬子之间是天地中，得南北之正也”的说明略无二致，即由于磁偏角的存在，磁针所指，须对位罗盘上二十四向刻划的丙、午方位之间，则罗盘子午方位才能标示地理子午方位而非地磁子午方位，这样，罗盘上其他方位也皆合于地理方位。至于其云“以臬影较之”而测定指南针磁偏角，则既与杨惟德“曲表垂绳”校验指南针定向的意象一致，却更难能可贵地清晰说明了磁偏角被发现和准确测定的实际理路。凡此，对指南针发明史的研究，其价值和意义之重要，当是不言而喻的。

早于廖瑀，还有卜则巍《雪心赋》提到指南针。按《堪舆名流列传》所载，晚唐至五代时有“濮都监，字则巍、号昆仑子，世居赣，荐太史，不就，为黄冠师，作《雪心赋》。”濮则巍即卜则巍，其《雪心赋》也是流传很广的风水名著，其中说到指南针的应用：“立向辨方的以子午针为正。”而“子午针”一语和《茔原总录》相同，隐含了磁偏角问题。

至于更早，则有晚唐风水大师杨筠松的堪舆名作《青囊奥旨》，即《宋史·艺文志》所谓“曾、杨一《青囊经歌》二卷”、郑樵《通志·艺文略》云“杨、曾二家《青囊经》”。该著由杨筠松撰文，门生曾文迪（遄）作序，故有杨、曾之说；到明初，刘基又曾为该著加序并备为推崇，后辑入《古今图书集成》及《四库全书》。而《青囊奥旨》中说到："先天罗经十二位，后天方用干支聚。四维八干辅支位，母子公孙同一类。二十四山双双起，少有时师知此义。"此外，在传世杨筠松名著《疑龙撼龙经》中，同样提到了"地罗"："坎山来龙作丁午，却把地罗差使转。"又有"不比寻常格地罗"云云。

按《堪舆名流列传》引《江西通志》：杨筠松，"窦州人，僖宗朝国师，官至金紫光禄大夫，掌灵台地理事。黄巢破京城，乃断发入昆仑山步龙。一过虔州，以地理书行于世，称救贫仙人是也。卒于虔，葬虔中药口。"如是，则在9世纪末叶，罗经用于风水择向已是很流行的事了。

当然，仅以"罗经"、"地罗"等语，尚无以判断是否用磁针指南；"二十四山双双起"等句更含糊不清，也难做出磁偏角的具体判断。不过，据杨筠松高徒厉伯韶（见《堪舆名流列传》）传世诗文所云"先将子午定山岗，却把中针来较量"（见明代顾乃德《地理天机会元》），似可明为指南针，并涉及磁偏角。

至于杨筠松《青囊奥旨》申明"先天罗经十二位"，对指南针发明史的研究，也别具重要意义。例如王振铎《中国古代磁针的发明和航海罗经的创造》述及日本"旱罗经"，转载奥替斯·柯雷《日本基督教史》所绘清雍正时（1723～1735年）的日本罗经图（图11），就恰以十二地支标示方位，正属所谓"先天罗经十二位"之制。综观古代日本曾深受中国文明影响，也有很多中国古代事物传承至今，从"礼失而求诸野"的角度判断，日本旱罗经或为我国古代"先天罗经"的遗制，也许并不过分。当然，也不容否认日本人民的创造和贡献，至少，迄今为止，可考的历史是，日本旱罗经在16世纪中叶传入中国，风水家和航海家经久沿用的传统水罗经，即浮针于罗盘以指向的指南针，才逐渐被取代。

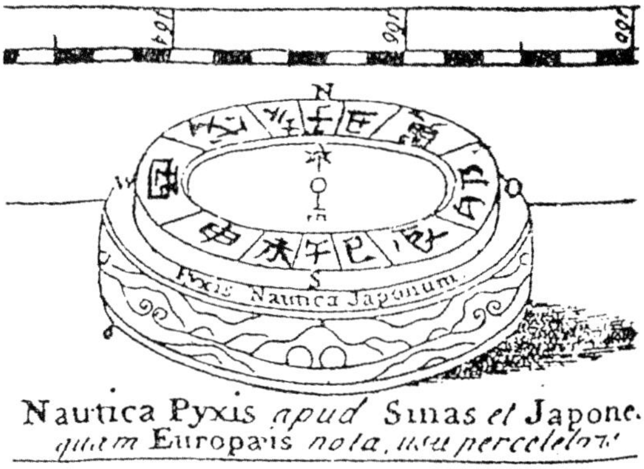

图11　以地支标示十二方位的"先天罗经"。奥替斯·柯雷《日本基督教史》所载清雍正时日本旱罗经（据王振铎《中国古代磁针的发明和航海罗经的创造》）

明隆庆四年（1570年）李豫亨《推篷寤语》指出："近年吴、越、闽、广屡遭倭变，倭船尾率用旱针盘。""但其针用磁石煮制……不若水针之细密也。"其《青乌绪言》又说："至嘉靖间遭倭夷之乱，始传倭中法，以针入盘中，贴纸方位其上，不拘何方，子午必向南北，谓之旱罗盘。”这些记述，大体说明了日制旱罗盘传入我国的过程，但其中也不能不考虑中日文化交流史上的许多反馈现象。略如明末宋应星的名著《天工开物》就曾云：“凡倭缎，制起东夷，漳、泉海滨效法为之。”而这“倭缎”，实际却是我国早在西汉已生产的漳绒（古称天鹅绒）。准此，旱罗盘的发明是否也有这种反馈现象？深入追索中日间指南针的交流史，澄清真相，应是有其重要意义的。其中，除了“先天罗经十二位”的标示法，尤其值得重视的是，从沈括《梦溪笔谈》置磁针于“指爪及碗唇上皆可为之，（运转）尤速”的实验，到南宋陈元靓《事林广记》关于“指南龟”制作运用的载述，旱罗盘的发明思路乃至先型，均已清晰显现；而凡此著述，也早在日本广为流传。

进一步钩沉风水著述，可以发现，比晚唐杨筠松记述含混的“罗经”还要早，指南针的发明和磁偏角的发现至少可追溯到隋唐之际以至更早。例如明代顾乃德《地理天机会元》汇集唐宋时风水论著，就提到“昔金陵得石碑于江中，载李淳风《针石论》，亦谓子午为中道格。”如果此说可以证实，则唐初已运用指南针并涉及磁偏角。

在《古今图书集成·艺术典》辑录的堪舆著述中，有篇幅最大的《管氏地理指蒙》，据载为曹魏时最著名的堪舆家管辂（字公明，《三国志·管辂传》曾详述其生平事迹）撰著并自序，还有隋代萧吉、唐初李淳风、袁天纲及宋初王伋等注释。其中，有多处文字述及指南针与磁偏角，并阐释了磁针指向的机理。例如《望势寻形第四十七》提到：“顿格定针而偏中何的，易节转宫而分野多讹。”《逾宫越分第六十八》则开篇即说：“针指坎离，定阴阳之分野；格偏壬丙，探僭越之津涯。”注云：“针指子午，万古不易，阴阳之定位也。格偏壬丙者，非天也。盖子之西属壬，午之东属丙，以子午而较之，则有壬子，有丙午，五行各异。其用其原，出自上古，非后世所可臆度者。或谓臬影较偏于壬丙，纷纷争论，不知此羲和之术，所以正四时，而移之推地气则谬矣。”

这“针指坎离……格偏壬丙”句，或可澄清嗣后杨筠松的罗经以磁针为用；比较沈括或寇宗奭所说，也实为一辙。注释中所谓“臬影较偏于壬丙”，也说明了磁偏角的发现确为磁针指向与臬影相校验的结果。而对磁针偏于壬丙，《释中第八》还用阴阳、天地之道来阐释其机理：“惟壬与丙阴始终而阳始穷，惟子与午阳始肇而阴始生。探阴阳自始至终之蕴，察天地南离北坎之原。磁者母之道，针者铁之戕。母子之性，以是感，以是通；受戕之性，以是复，以是完。体轻而径所指必端，应一气之所召，土曷中而方曷偏。……是以磁针之所指者，其旨在斯。”这种阐释与杨惟德《茔原总录》有关解说通同，也类似王充《论衡·乱龙篇》“顿牟掇芥、磁石引针，皆以其真是不做他类”，盖因“气性”同而“相感动也”等相关阐析，也切近东晋学者兼风水大师郭璞《山海图经赞·磁石赞》“磁石吸铁，琥珀取芥，气有潜通，数亦冥会，物之相感，出乎意外”的推测，对电磁场的存在、磁性的本质，做了虽然朦胧却难能可贵的理论思考。

从《三国志·管辂传》、管辰《管辂别传》的记载看，并未提到管辂撰有《管氏地理指蒙》一书。但从《隋书·经籍志》、《宋史·艺文志》所载当时大量风水书传世的情况以及隋萧吉、唐李淳风、袁天纲、宋王伋作注来分析，该书即便为后人托伪，其成书于隋唐之际或稍晚，或是可以判断的。再参证前述唐代杨筠松著述中有关罗经的记述，在隋唐之际，指南针配位二十四向应用于风水选择活动，并有磁偏角的认识，或是不宜轻易否定的。

5 天盘、地盘、人盘与正针、中针、缝针

综观“辨方正位”方法的沿革，既曾以八方、十二向、二十四向来划分方位，又曾以表象天、地、人合同协调关系的八卦、天干、地支、二十八宿以至十二律吕等来标示方位，再加上定向、测时、占候、观星等，一器数用，还有纳甲、纳音、象数、星命、谶纬等理论和方法的深刻影响，到发现磁偏角，又须在指南针方位标志中反映出磁子午线与地理子午线在不同时期、不同地域的不同差异，以便实用，这就在很长时间里，引起了罗盘、针盘、罗经或地螺即指南针运用中有关针盘划分的混乱和纷争。真知灼见与臆断附会，改革创新与因循守旧，鱼龙混杂，泥沙俱下。相关术书中有关指南针“天盘”、“地盘”、“人盘”，以及“正针”、“中针”、“缝针”的不同划分和阐释，正充分反映了这一历史真实（图12）。

例如，被《古今图书集成》编者断为早期风水论著总汇的《九天玄女青囊海角经》，开篇有《浮针方气之图》和《图说》，提到：“玄女以太阳出没而定方所，夜以子宿分野而定方气。因蚩尤而作指南，是以得分方定之精微，始有天干方所，地支方气。后作铜盘，合局二十四向，天干辅而为天盘，地支分而为地盘，立向纳水从乎天，格龙收砂从乎地。今之象占以正针天盘，格龙以缝针地盘；立占圆者从天，方则从地，以明地纪。”而篇中的《论

气正诀·理气篇》又指出：“地以八方定位，正坤道之舆图，而以正子午为地盘，居内以应地之实。天以十二分野，正躔度之次舍，故以壬子丙午为天盘，以应天之虚。”两则论说都明确涉及磁偏角发现后指南针盘面刻划方位的问题，述及天盘、地盘和正针、缝针。参考前述卜则巍《雪心赋》所谓“立向辨方，的以子午针为正”，以及南宋曾三异《同话录》所云“地螺，或有子午正针，或用子午丙壬间缝针”，这两则有关正针、缝针的早期记述，其含义或可得到解释，即正针标示地理子午线，而缝针表示磁子午线，其间差异即磁偏角。但在这两则记述中，天、地盘同正、缝针的对应关系却全然相反，就是很费解的事了。

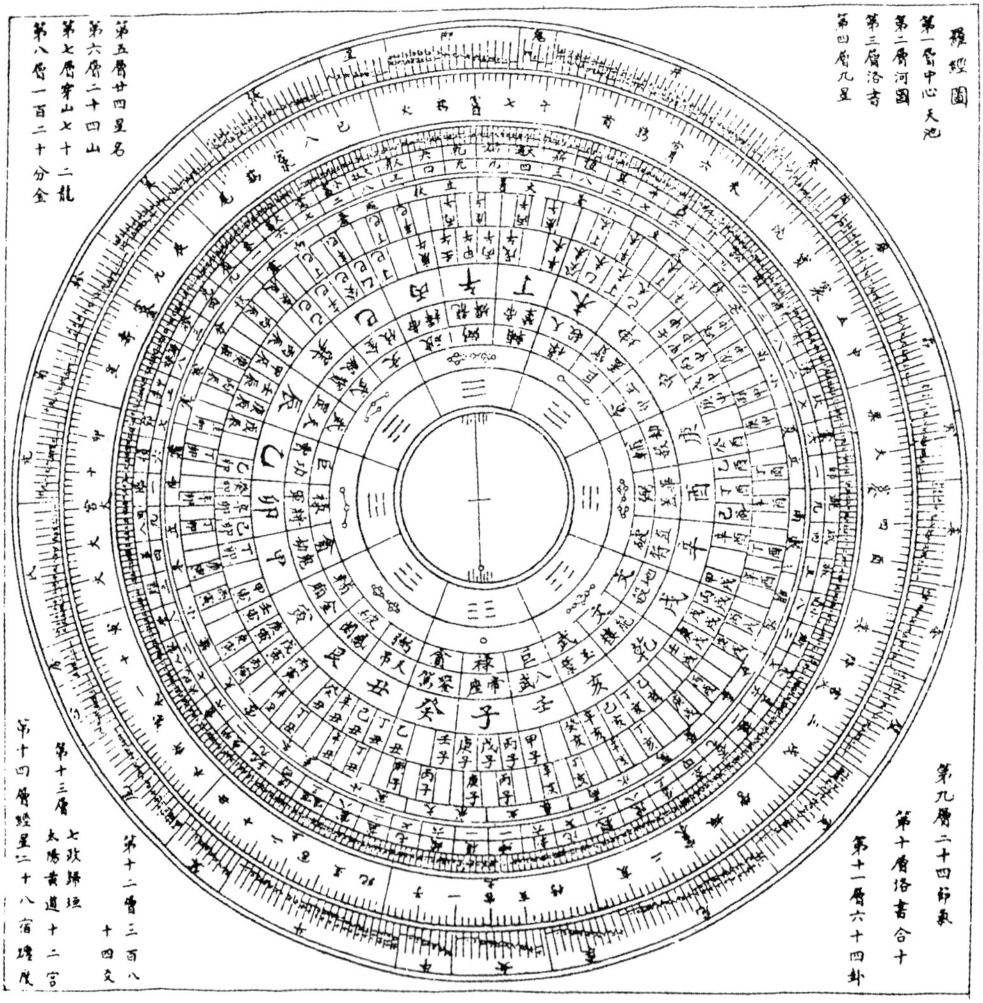

图12　一器多用的罗经图：明清时期罗经的复杂刻划情况之一

在明清两代大量流传的风水著述中，同天盘、地盘及正针、缝针相并行，又出现了“人盘”和“中针”的记载（术家云：人盘中针传自宋时赖文俊即世称赖布衣者，鼓又称赖公中针），针与盘的对位关系更形纷杂。台湾现代风水名师王德薰《阳宅理解》分析自明清传承至今的风水罗盘时说到：“罗经的三盘，一是正针，一是中针，一是缝针。所谓正针，是磁针指于地盘正午的方位；中针，是磁针指在地盘正丙的方位；缝针，是磁针指在地盘丙午两字的中间。以正针为主的廿四方位，称为地盘；以中针为主的廿四方位，称为天盘；以缝针为主的廿四方位，称为人盘。”依其说，则正针、缝针古谊未变，多一中针正指丙位，但正针、缝针及中针与地盘、天盘及人盘的对应关系，则又全与早期记述不同了。

明清之际正、缝、中针和天、地、人盘对位应用，曾有不少风水著作叙及。如清代乾隆年间，连同其著述被举荐入朝的金陵堪舆名流倪化南，其《地学形势·罗经渊源》说：“子午正针二十四位，分定二十四方之阴阳五行，乃后天方位之五行，名曰地盘。子午中针二十四方位，乃历家分月令之气候，名曰天盘。子午缝针二十四位，乃历家分太阳中气过宫之月令，名曰人盘。”又说：“罗经，盘为体，针为用；体法璇玑，用法玉衡。璇玑随天转运，以玉衡纪其方位度数；顺水随地转运，以罗经定其方位度数，下有方位，上有天机也。”关于指南针的针、盘关系，此聊备一说，足见指南针针盘方位刻划及应用，早不是单一以定向为目标了。如果稽考传世早期风水著述的有关内容，这一点是很清楚的。

显然，由于指南针沿革的错综复杂，由于一器多用，更由于历代记述指南针的风水述著亡佚、传讹以至托伪严重，要依据这些传世术书中的有限材料来澄明指南针的所谓正针、中针、缝针和天盘、地盘、人盘的产生机制，并循以追踪磁偏角被发现后在不同时期、不同地域的不同差异乃至精确值，其可能性恐怕是比较渺茫的。但是，从整体上考察指南针发明史上的这一奇特现象，综合多方面的材料加以分析研究，则仍然具有重要意义。至少，各种迹象显示，这问题的发生，的确出于磁偏角的发现，其时间则集中在隋唐之际，所涉及的重要人物，则是继李淳风之后的唐代大天文学家兼大堪舆家的僧一行。

前引晚唐杨筠松《青囊奥旨》提到：“先天罗经十二位，后天方用干支聚；四维八干辅支位，母子公孙同一类。二十四山双双起，少有时师知此义；五行拨配二十四，时师此义何曾记。”透露了当时指南针针盘划分的变革和在风水师中引发的混乱，却未说明这一变革的细节。到后世，曾有不少风水著述考证并记述了这一情节，多认为“罗经之制，相传出于九天玄女，以七十二龙加于十二地支之下，曰穿山；以六十龙加于穿山之下，曰透地；一阴一阳，纳音相对。唐时，丘公不象天机，妄扦大地，于是诏一行著《铜函》、《灭蛮》等经，变乱穿山、透地，增入八干四维，隐其实旨，以愚中外”（倪化南《地学形势·罗经渊源》）。

此所谓丘公，即丘延翰，唐高宗至玄宗时（约650～740年）大风水师，前述吴景鸾补注的《理气心印》即丘延翰原著。《堪舆名流列传》引《山西通志》：“丘延翰，闻喜人。永徽时有文名；游太山，于石室中遇神人授玉经即《海角经》也。洞晓阴阳，依法扦择，罔有不吉。开元中，为县人卜葬地，理气交见。太史奏曰：河东闻喜有天子气。朝廷忌之，使断所扦山，诏捕之。大索弗获，诏原其罪，诣阙陈阴阳之说。以《天机》等书进呈，秘以金函玉篆，号八字天机。拜亚大夫之官，祀三仙祠。”据《堪舆类纂》载，宋庆历元年吴景鸾承诏进献丘延翰《天机》及《理气心印》二书，同时撰进《阴阳天机书》，也提及此事。而丘延翰“不象天机，妄扦大地”诸事，其时正在开元中，即僧一行供职司天监之际。

如《旧唐书》、《新唐书》、《宋史》、《通志》等记载，在此期间，一行曾奉敕编修“地理书”，撰《五音地理新书》三十卷，直至宋仁宗诏王洙编纂《地理新书》前，极为流行，北宋皇陵一再据以卜地。与此同时，一行还研究并撰著了有关六壬、太乙、遁甲等术书。所谓六壬、太乙、遁甲又合称“三栻”，都是应用栻盘判定方位时辰吉凶的占卜术，也都与指南针的起源沿革密切相关。一行的相关研究与著述，或许正是针对当时指南针针盘划分上产生的混乱而展开。尽管这些著述多已亡佚，但前人考据此事，或应有可稽材料。如迟至19世纪中叶，在华西人威烈（A.Wylie）在其《中国的学术》（Chinese Researches）中，曾引述一本中文“有关日规的小书”的材料，明确宣称一行曾考察并记述了指南针磁偏角的存在。而参证前引李淳风《针石论》遗碑之说、杨筠松《青囊奥语》、卜则巍《雪心赋》，以及《管氏地理指蒙》、《九天玄女青囊海角权衡》等有关记述及历代注说，这一事件也不宜轻易否定为传讹或无稽之谈的。

尚可参证一行与指南针应用重要变革有关的事实，目前至少还可列举如下两点重要情况，一是二十四分法与二十四时制，确曾在唐以后发生了重大转折；二是与此有关的赤道式日晷的发明，现知最早的确切记载，也是依“一行遗法”而制造的土圭。王立兴《纪时制度考》（《中国天文史文集·第四集》）曾详细论证了这两点重要史实。

关于二十四分法，古代曾既用以定向，也用以纪时。二十四时作为一种纪时制度，名称与时序，全同罗盘上的“二十四山”即二十四向或“二十四至”、“二十四到”。这种纪时制度在魏晋南北朝的天象记录中尚常用及，但到唐代，就只用于风水选择，流行于民间风水术士中；而在天象记录中则只用十二辰，即以十二地支序分一昼夜为十二等分，以至嗣后二十四分法竟被一些学者弄错。如东汉张衡等用“古浑仪法”，在浑仪赤道圈上“署以维辰”，即以四维、八干、十二辰，合分二十四时刻划；又在地平圈上以“方位维辰”即二十四向表示地平方位；二十四分法既纪时，又标向。到唐以后，这种情况竟被误解，以为古浑仪地平圈上的“方位维辰”也是时间刻度，直到北宋周琮及沈括时才被纠正。而在流传于世的风水术中，自唐以降，二十四分法用以刻划仪器以指向、纪时，却从未间断。而且，除按罗盘二十四向的子午中线取作正山向，即所谓“正针”取向法而外，又把罗盘上丙山（即丙时）和午山（即午时）的分界线，作为取向的正中心线，称为“应先天之气”的“前缝针”，使太阳到方较“正针”取向法在时刻上提前30分钟。此外还有所谓“应后天之气”的“后缝针”取向法，即以罗盘上午山与丁山的分界线作为取向的正中心线，这一取向法又使二十四时较之“正针”取向法延迟30分钟（图13）。这种“正针”、“前缝针”、“后缝针”流行于风水术，也始自唐代，延续至明清以降。

关于“一行遗法”的赤道式日晷，据《安徽宁国府志》记载，唐大中五年（851年）曾造一“土圭”，为一圆形石盘，其用法“春视其面、秋睨其背，以（春秋）二分为断，盖一行遗法”。这“土圭”，显然为赤道式或称二分式日晷，类同南宋曾敏行《独醒杂志》记述北宋宣和间（约1120年）曾南仲所制木质日晷：“以木为规，四分其广而杀其一，状如缺月，书辰刻于其旁，为基以荐之，缺上而圆下，南高而北低。当规之中植针以为表，表之两端，一指北极，一指南极；春分已后视北极之表，秋分已后视南极之表；所得晷景与漏刻相应。……其最异者，二分之日，南北之表皆无景，独其侧有景。以其侧应赤道，春分已后日入赤道内，秋分已后日出赤道外，二分日行赤道，故南北皆无景也。”两则记载比较，前者虽有失过于简略，但实质并无二致。可贵的是，前者不仅为我国古代赤道式日晷的最早记载，同时明确记述“一行遗法”，时间相去一行也不过百余年，较少传讹、托伪可能。这表明，赤道式日晷即或早在一行之前就已发明，而一行对这种在各类日晷中最为准确的太阳时指示器有重大创造或改进，则是无可置疑的。事实上，这种日晷在唐代以后已作为一种轻便计时器而大行于世（图14）。清代天文学家、数学家梅文鼎《勿庵历算书目·日晷备考》就指出：“吾郡日晷依赤道斜安，实为唐制。”说明了它的流行。南宋学者王应麟的《小学绀珠》，也把这种圭表列为当时四种计时器之一。而这种赤道式日晷与罗盘结合，终于演进为后世最为流行，尤其在风水师中流行的典型中国式便携日晷（图15）。在这类仪器发明史上，一行的功绩为后世风水家景仰，并载述青史，是无可争议的。

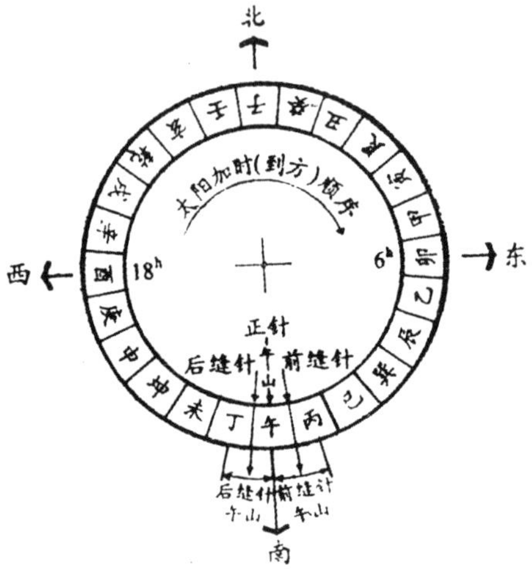

图13 唐代正针与缝针对向图

图14 赤道式日晷

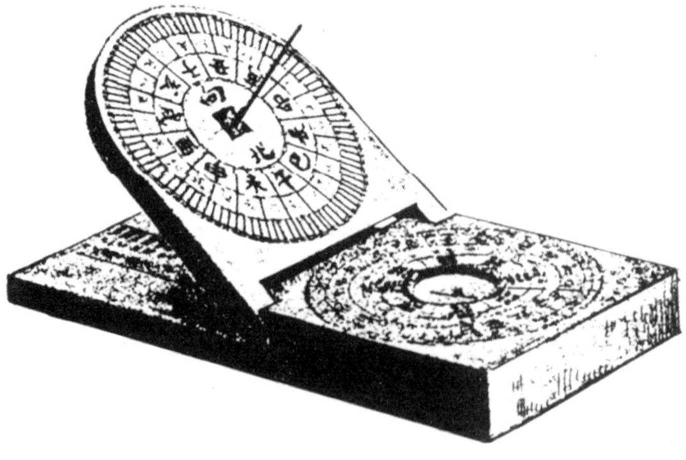

图15 便携赤道式日晷。日晷的活动板可依不同纬度或节令调整，板面向北并与赤道面平行，立表针指向天极。日晷水平板装有指南针，供定向用

6 结　语

在我国古代堪舆家发明指南针和发现磁偏角的时候，他们当然并没有意识到这一伟大发明和发现的力量，他们只是在传统的辨方正位方法上完成了一次变革，作为新工具，继续用在相地卜宅看风水的活动中。然而，这种新工具很快成为古代航海家征服海洋、并远播中国古代文明于世界的利器，他们馨香敬祀曾对这一伟大发明做出卓越贡献的历代风水大师，并把这一发明传向四海。

就在沈括《梦溪笔谈》成书之际，指南针用于航海已成史实。北宋宣和元年（1119 年）成著的朱彧《萍州可谈》，记有元祐五年（1090 年）至崇宁元年（1102 年）他父亲在当时世界贸易大港广州服官时的见闻："舟师识地理，夜则观星，昼则观日，阴晦观指南针。"这是目前所知关于指南针用于航海的最早记载。不久，即宣和五年（1123 年），徐竞《宣和奉使高丽图经》又明确提到"航海用指南浮针"："是夜洋中不可往，惟视星斗前迈。若晦冥则用指南浮针以揆南北。"到南宋，宝庆元年（1225 年），赵汝适《诸番志》又提及他任职泉州市舶提举司使时的见闻："舟来舶往，惟以指南针为则。昼夜守视唯谨。毫厘之差，生死系焉。"至咸淳间（1265～1274 年），吴自牧著《梦粱录》也有谓："风雨晦冥时，惟凭针盘而行，乃火长掌之，毫厘不敢差误，盖一舟人命所系也。……全凭南针，或有少差，即葬鱼腹。"

在由当时世界贸易大港广州、泉州等通向印度洋及阿拉伯和地中海的海上丝路和陶瓷之路上，航海用指南针迅速传播开来，并深深留下了中国人的印记。据研究，13 世纪初，阿拉伯文献中出现了指南针的确实记载，如阿布·菲达的《地理志》，据说在 1180 年罗盘已成为"水手之友"。1281 年贝拉·基布吉奇《商人宝鉴》问世，亚历山大里亚到印度洋的海员都已熟知航海用指南针，即以磁针置木片上浮于水面，或用磁铁制指南鱼以头尾指南北。波斯、阿拉伯航海家还都按中国传统划分方位，即二十四向正针缝针合为四十八向；所称指南针方位的 Khann，也正为泉州话的"针"字语音。至于欧洲，在拉丁文献上出现指南针的记载，是 12 世纪末或 13 世纪初的事，可以看到这一伟大发明西传的迅速。例如，约于 1200 年，法国皇帝弗雷德里克一世的宫廷乐师古约特在其诗中提到，用磁石摩擦铁针，作水浮指南针。1207 年英国修道院院长奈康记述白天云遮太阳，或夜间黑暗不辨方向时，使用磁铁摩擦铁针，针停时指南北，同时也留下西方应用指南针于航海的最早记述。嗣后，法国百科全书派学者拉蒂尼、意大利著名诗人但丁，都在他们的著作中讲到航海中应用罗盘。1269年，炼金术士派勒尼格在他的研究中又发现了磁偏角，但一直鲜为人知，结果人们都认为是哥伦布在1492年于航海中才首次在西方发现了磁偏角。而磁倾角迟到1544年由哈特曼，1576年由诺曼分别独立发现（见宋德生等《电磁学发展史》）。

指南针的发明，成为中华民族对于世界文明做出的无数伟大贡献之一，它的迅速传播和广泛应用，曾深刻影响了人类社会发展的历史进程。约在1600年，英国伟大的自然哲学家弗兰西斯·培根在他的《新工具》一书中曾十分热情而中肯地指出："我们若要观察新发明的力量、效能和结果，最显著的例子便是印刷术、火药和指南针了。这三种发明都不为古人所知。而它们虽然起源于近代，但却是模糊不清和未受到应有的荣誉。这三种发明将全世界事物的面貌和状况都改变了，又从而产生了无数的变化：印刷术在文学；火药在战争；指南针在航海。历史上，没有任何帝国、宗教、或显赫人物能比这三大发明对人类的事物有更大的影响力。"200多年后，卡尔·马克思更从人类社会变革的历史高度，对我国古代的三大发明给予了深刻精辟的评价，认为它们是"资产阶级发展的必要前提"（《马克思恩格斯全集》30卷）。他还强调："火药、罗盘、印刷术——这是预兆资产阶级社会到来的三项伟大发明。火药把骑士阶层炸得粉碎；罗盘打开了世界市场并建立了殖民地；而印刷术却变成新教的工具，并且一般地说变成科学复兴的手段，变成创造精神发展的必要前提的最强大的推动力。"（马克思《机器·自然力和科学的应用》）

长期以来，指南针发明渊源确定是模糊不清的。然而在今天，探索古代前兆迷信与准科学结合物的堪舆术，却打开了"探索中国对科学最伟大贡献的史料之门"（李约瑟《中国古代科学技术史》第4卷、3分册）。虽然还有待更多钩沉发覆的工作，但轮廓已经显现，这就是：正是在古代堪舆术的历史发展中，孕育了指南针的发明和磁偏角的发现；正是在古代堪舆家不懈探究"天时、地利、人和"深刻内蕴的职业活动中，完成了这一对于人类文明的伟大历史贡献。虽然带有浓重的迷信色彩，甚至沦为迷信的奴婢，堪舆术作为一种古代学术门类，仍是值得深入发掘和研究的。相信，摒弃历史偏见，认真地从事这一学术研究，将一定会引出更多有科学价值的成果。

参考文献

1 王振铎.中国古代磁针的发明和航海罗经的创造.北京：文物出版社，1978（3）

2 蔡宾牟，袁运开.物理学史讲义·中国古代部分.北京：高等教育出版社，1985

3（宋）沈括.梦溪笔谈.文物出版社影印元刊本.北京：文物出版社，1975

4 陈国庆.汉书艺文志注释汇编.中华书局，1983

5 向达校注.两种海道针经.中华书局，1961

6 李约瑟.中国科学技术史（J.Needham. Science and Civilisation in China）.第1卷，第2卷，第4卷

7（晋）葛洪，王明校释.抱朴子内篇.中华书局，1985

8（清）阮元校刻本.十三经注疏.中华书局，1979

9 诸子集成.中华书局，1954

10 缩印百纳本二十四史.商务印书馆，1958

11（宋）李诫.营造法式.商务印书馆，1954

12 中国天文学史整理研究小组编著.中国天文学史.北京：科学出版社，1981

13 李鉴澄.晷仪——现存我国最古老的天文仪器之一.见：科技史文集（第1辑）.上海：上海科学技术出版社，1978

14（梁）萧统.文选.中华书局，1981

15（宋）杨惟德.茔原总录.中国国家图书馆，台北国立图书馆藏元刊本

16 古今图书集成.博物汇编艺术典堪舆部（卷651～卷680）.上海中华书局影印铜活字本，1934

17（明）顾乃德汇集.徐试可重编.地理天机会元.台北：台湾武陵出版社，1987

18（清）永瑢.四库全书简明目录（卷11），术数类.上海：上海古籍出版社，1985

19 王立兴.纪时制度考.见：中国天文史文集（第4集）.北京：科学出版社，1986

20 沈福伟.中西文化交流史.上海：上海人民出版社，1985

21 宋德生，李国栋.电磁学发展史.南宁：广西人民出版社，1987

古今相地异同浅述

朱光亚

风水理论之庞杂，连古人亦深知“若不遍求，即用之不足”，何况今日。对于庞杂的风水理论中能否筛选出科学要素，今日学界似已不大怀疑。探讨其价值，及其运用的可能性等问题，自然也成为学界的研究课题。余试以相地，即踏勘选址这一环节的古今异同，提出浅见，权作引玉之砖以就教同行。

1980年，应江西景德镇市政府之邀，潘谷西教授率多人前往，承担瓷都陶瓷博物馆规划任务。市府原拟于明代御窑旧址上新建博物馆，惜场地狭窄，拆迁任务又巨，遂计划另觅新址，潘谷西教授去后的第一件事就是确定选址。第一处在远郊，驰车前往，只见场地开阔、风光秀丽，而踏勘之后，潘师却沉默良久，叹谓：“不理想”。余未曾询及原委，但显见交通不便，供水不易，且难形就相对独立的小环境。后又驱车到各处踏勘，凡二日，潘师皆不以为然。第三日，几已山穷水尽之时，途经市郊共产主义劳动大学附近，偶见一片空地，左右两山夹峙，潘师极感兴趣，决计下车一看。俟步行入内，反复踏勘，甚觉可意。问曰，地下有水吗？答谓，此地红壤，地下水少，但山后有水库，可引流至此。又问，征地困难吗？答曰，此处为本市所属共产主义劳动大学的生产用地，可调用。潘师颔首曰：此处离城近，交通便利，又有水源，环境尤好，建议在此建置博物馆。于是勘测、规划、设计、建设第次展开，遂成今日景德镇市之陶瓷博物馆（图1）。该馆设明代工艺之瓷窑生产

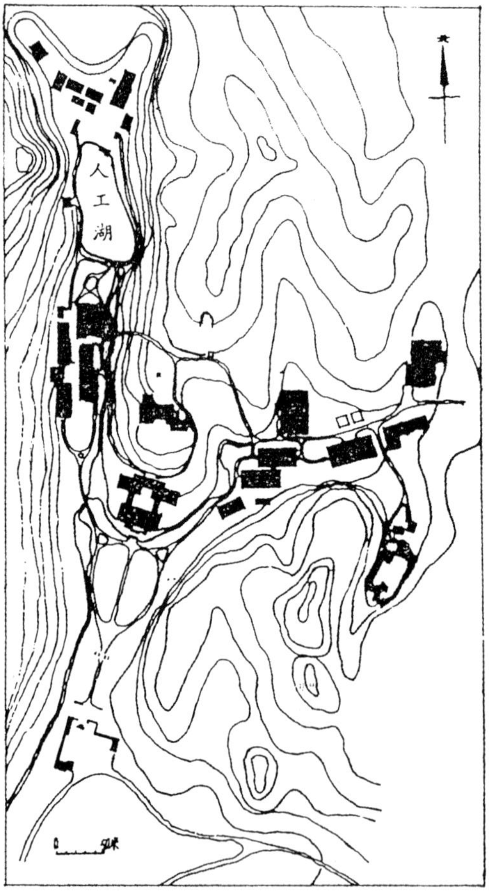

图1 景德镇古陶瓷博物馆及游览区地形图

线，又拆迁部分明代住宅集中保护，形成古街一条）。视当日我等所作规划，竟从未想及风水，将主体建筑置于正对山口的高岗上，古街、瓷窑分置两侧，只觉恰如其分。及后，余赴晋、豫诸地考察古建筑，每见绝胜处，寺庙立小岗上，后倚大山，左右有沟壑缠回，极似景德镇博物馆之选址。细分析之，此等选址，因近水（地面泾流或地下水）又处高坡，水用足且便利，沟防省而无水患之虞；北障高峰，既御风寒，迎纳阳光，更平添一处天然屏障成为建筑群的底景，洵为丽瞩。俟研习后，始悟此格局，乃传充风水中“二龙戏珠”之模式。再三玩味，尤觉把握此格局环境意象，“龙”、“珠”之喻，既形象，又赅约，实属精辟之至。

1983年，应绍兴市政府之邀，余从潘谷西教授规划兰亭。景区不大，顷刻便走一遭，其意境却极雅，潘师连声赞叹：“阳春白雪”。绍兴同志陈说：游人日多，为保护古建，须辟新景区，兰亭迤北有空地，环境极好，可一看。遂过小桥，至兰渚山下。果见东、西、北三面皆山，中为空地，仅农舍数间，又不时见残砖碎瓦，南面尚有小土岗一，将此格局略略围合。众山环护的空地内，有涓涓清流，皆出山脚泉眼；山麓大片毛竹林，山上皆为松林与杜鹃花，一如《兰亭序》中“崇山峻岭，茂林修竹”之意境。潘师连声称赞，曰“世外桃源”。又询及其余事宜，遂决计于此开辟新景区，陆续开始规划与设计。嗣后，余悉绍兴古人对此类地势亦有称谓，曰“聚宝盆”，其用语精当，诚不虚也。旋经考证，始知宋时兰亭既在兹地，朝廷为护持兰亭，特建一寺于斯，赐额曰“天章”；孰料寺僧日多，寺庙日大，反客为主，竟不显兰亭，遂有明代迁兰亭于寺南之举，演成今日兰亭之格局。初迁时，以地势过于空阔，寺僧乃堆土为山曰“锡杖山”，再成为围合状（图2）。这大抵是依风水之法，然终究人工不如天成，时有水患，何如当年背山面水之形胜。

1984年，余赴安徽采石矶作规划，公园主任喜竹，欲搜寻各地名竹辟一景区，余虑采石矶滨大江，天寒风冽，南国之竹恐难成活，主任却云：君只知其一不知其二，此处有空地一区，小气候极佳，种竹必能成活。遂至该处踏勘，始见地处山谷之间，谷口狭，入内反宽，北、东、西三面岗峦环抱，阻挡风力，俨然如聚光镜，时值初冬，而谷内阳光和煦，如同秋日，且谷内地势高爽，排水甚便。身临如此宝地，对公园主任懂风懂水，殊非我等仅凭气象资料所贸然结论者，不由备感钦佩，遂同意置竹景一区。后名之曰“万竹坞”，不数年竟已竹影摇曳，名实相副了（图3）。

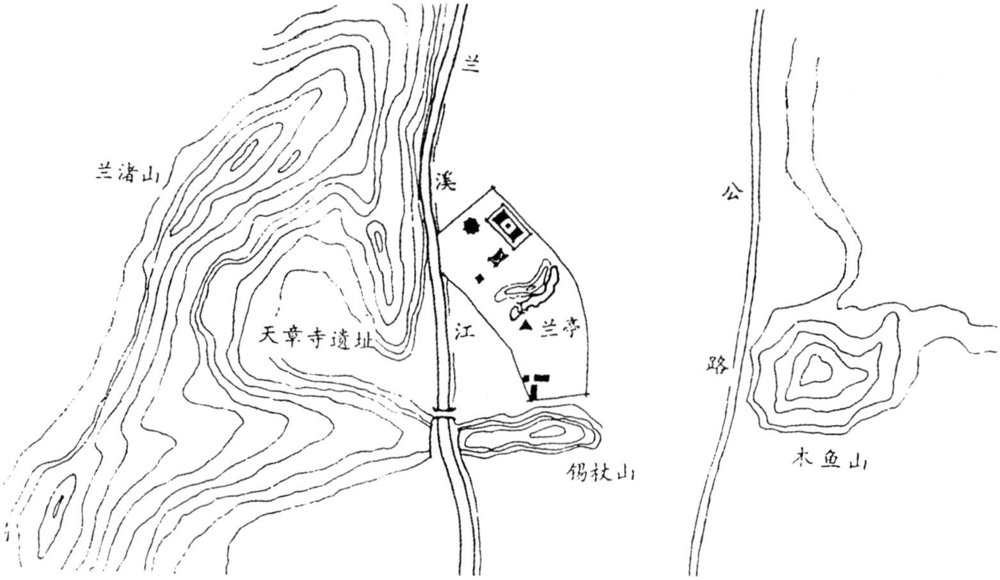

图2　兰亭及天章寺附近地形环境

1986年，余尝受托作重修绍兴王阳明墓方案。该墓文革中碑毁冢破，片石无存，现场踏勘，勉强寻得墓冢，环视远望，则皆为荒草荆棘所阻，沿山坡寻，见东西有两小冲沟。余凭对周围环境空间的感受与把握，窃以为若按“二龙戏珠”之法，定墓道于二沟之间，似为合度，遂依此完成方案。翌年，绍兴同志告余谓，场地已清理，荒草杂树已伐净，且查明故有墓道正在所定分位，尚可睹旧时鹅卵石墁地残迹。俟地形图测毕，果然得见墓道略高出两侧，并显现墓道所向，有远处小山为回顾之对景，则风水朝案之山是也。据《王文公全集》载，此墓地为阳明先生亲自预卜，所倚之山名仙虾山，南有水曰洪溪，昔日乃缠绕山脚而过（解放后修水利，改道南移数十米）。乡民称此处风水格局为“抖水仙虾”，盖仙虾遇水，生机勃勃之意象也（图4）。

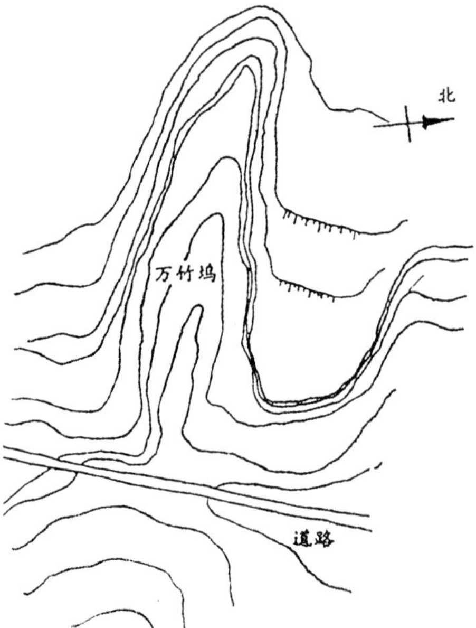

图3　采石矶万竹坞平面图

以上四例，选址、定位皆为当代建筑师、园艺师筹划，与风水本无瓜葛，但他们从自己多年的实践经验及修养出发，加上认真的调查研究，所得最佳选择，竟与传统风水说不谋而合，包括空间的围合、限定，景观的构成，得水与放水，等等。诚可见，风水理论自有合理成分，值得发掘研究，也是能够运用于现实规划设计工作中的。

然四例毕竟无以概全，古今大不同处，亦所在多有。若以今日城市及大中型建设项目的选址，与古之风水相比较，除包括气象、地质、生态、景观、交通等要素，还涉及人口预测、资源前景、能源需求等诸多重大问题。至若分析之深度，尤非昔日可比。以水而论，今人“尝水”之法，以化验为手段，详列有细菌数、含碘量、重金属盐类含量、酸碱等等数据，并依相应卫生标准作明确结论；洪水排泄，则计算汇水面积，依暴雨公式推出泄水量及排水管径。以土而论，今人“相土”之法，则依地震提出设防烈度的分区，又作钻探，提出地耐力、含水率、变形模量种种数据。其定性、定量分析，可比、可靠、可经实验充分验证，皆明确可信。相形之下，古之风水，重直观体验，整体把握，定性结论偏于模糊，定量分析则远远不够，若再夹杂种种有理无理的禁忌，更使之易堕唯心乃至迷信的泥坑。

纵然如此，我们毕竟不能苛求古人。而综观当代规划理论，源出西方文化体系，以人与自然对立的人本主义及形式逻辑的思维方式为基础，长于从分析的角度和个体的关系角度来研究现实，也曾一度因其忽视人与自然的有机联系，即整体性的协调协同关系，偏执于人力和机械力量，片面强调“征服自然”，终致造成自然的加倍报复，演为20世纪下半叶以来人们谈虎色变的一系列环境危机，而高工业化高科技化的社会又导致人际间感情的疏离。相比较而言，古之风水脱胎于中国传统农业文明，其前提是天人合一的宇宙观和实用理性的整体思辨，注重人与自然的和谐共生，主张顺应自然、利用自然和有节制地改造自然，包括观照自然、寄情山水、游目澄怀的审美，亦注重人伦的和谐并节制个人的非分欲望。这种种观念，与西方观念适成互补关系。因此，时值当代西方世界面临环境危机与社会危机之际，遂有学者瞩目中国文化传统，竟至兴起风水热，冀借鉴风水学而调整和完善其既有环境规划及设计理论和方法。不少西方学者的有关著述，论及风水，洋洋洒洒，溢美之辞甚至予人言过其实之感。然而，这趋势，

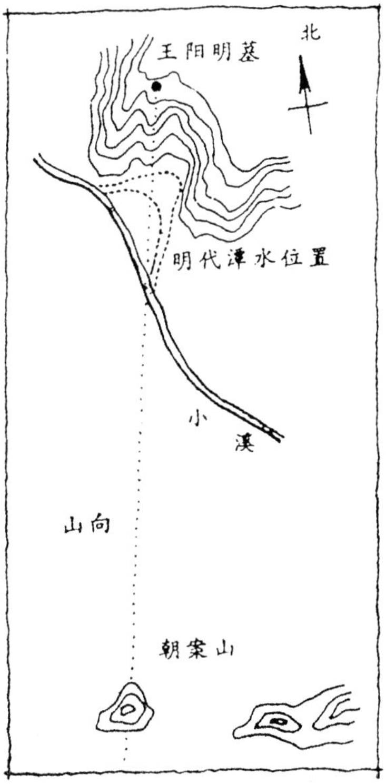

图4 王阳明墓风水形势图

也明显表徵着当代规划理论并非尽善尽美。而立足现有理论，兼收并蓄，包括汲取传统的智慧、营养，补足既有理论体系之缺环，自环境、建筑观到方法论，予以调整充实，完善其总体与深层结构，既是发展当代规划理论的合理态度，也是继承和弘扬传统文化优秀遗产的良好方略。

实际上，权衡我国现代以来的规划理论与方法，一向倚重于西方体系，而鄙薄于传统文化优秀遗产的发掘和借鉴，也未尝没有出现偏颇与失误。以余之管见，我国近几十年来的规划理论与方法至少有三不足，一是缺少第二层次微结构的分析，如微地形、微环境、小气候及生态、景观的探讨；二是轻视自然，轻视人的社会、文化、心理追求，如轻易改变地形地貌不计总体后果，急功近利而绝不作“阴阳之枢纽、人伦之轨模”、“家代昌吉”之想；三是专业分划过细过密，分割有余而综合不足，致使易为经验主义和长官意志取代。20世纪70年代余投身三线建设，体会深矣。反思过去，也瞻顾当代世界学术氛围的变革，窃以为，学习国外先进经验，也理应学习他人向前看却不轻蔑传统、而认真发掘和汲收其中营养，丰富和完善其理论体系的明智态度。研究风水，去粗取精，去伪存真，引为发展我国规划理论与方法的借鉴，探索具有中国特色的现代建筑创作之路，也是应取的立场。

古之风水，原有诸多流派传承，如“形势宗”与“理气宗”的分野。比较而言，前者更重自然环境的审辨，包括生态与景观诸多因素的讲究，原其所起，即其所止，专注山川形势及其构成要素的配合，少有无稽拘忌，因而其学较盛，成为风水之主流。而后者即理气宗，则注重天地人的种种感应，主于阴阳、八卦、五行诸说，辄言吉凶祸福生克，历来受到达者的激越批判，只在浙闽粤诸地较为流行。沿革至今，如在港台，流行有“现代风水”，虽有现代内容之眼线，究其实质，却未脱旧时理气宗的窠臼。如摩天高楼上桌子、电视机等如何摆布，亦须风水师道以利害吉凶方能择位安座之类。这种学术传承，纵有现代之名，也多为学者不屑。但其存在发展，也有社会基础，即如固有文化心态，怯祸求福、趋吉避凶等世俗心理。一如相面、测字、算命，居然也可以电脑、心理学为幌子而招摇于市。目前，值我国大倡改革开放，这所谓“现代风水”，也有拂扬之势，则不能不有所警戒，避免泥沙俱下，鱼龙混杂。对此，古人尝有“达者玩之，愚者信之”之说。今之达者，似可不必为愚者过虑，毋宁取研究针灸、气功等之法，也对其内涵予以重新审视，扬其合理精华，弃其迷信糟粕。

景观建筑学、生态建筑学与风水理论辨析

戚 珩　丹 宇

对事物和谐关系的领悟，可以令人产生愉悦的体验，更能产生美的经验。美不在它本身，它是结果，是一种现象，这种现象，只有当人们观照某事某物在某时某地所涵构的关系臻于和谐时，才会发生。

回顾历史，农业文明与工业文明的盲目发展，都曾给人类本应与之和谐共存的自然环境造成了巨大破坏，危及了人类的生存，违背了人类的初衷。面对人与自然环境冲突的挑战，审视自然造化万事万物的和谐，沉思人在其间的位置，于是激起了人们心底的呼唤，一个古老而又年轻的和谐的追求：“天—地—人”。应运而生，异曲同工，在古代中国，遂有风水理论的悠久传承；在当代西方，则有景观建筑学和生态建筑学的方兴未艾，共响为这一追求的谐音。

比较当代西方的景观建筑学、生态建筑学和古代中国的风水理论，分析其自然观、环境观和对自然环境的审美意象，我们就会在了解到景观建筑学和生态建筑学的基本精神的时候，更清晰地看到风水理论的价值取向，看到其所深厚蕴涵的古代自然观和环境科学艺术真知的智慧灵光。由此而架构起理解的桥梁，我们还将能跨越地域、跨越民族、跨越历史，沟通东方与西方、古代和当代，从人类文化历史的脉络中，寻索到瞻望未来发展的共识。

一、景观建筑学

19 世纪，西方社会面对着工业革命招致的自然的报复惩罚，自然观、环境观曾发生了深刻转折。伴随着注重自然美的社会意识觉醒和追求，兴起了都市美运动（City Beautiful Movement），城市规划以及建筑领域，都表现出注重建筑、城市与自然环境共存的取向，并提出了城市规划建筑设计的有机性问题。这意味着不再把规则和不规则分开，不再把几何形和生态形分开，不再把整体和局部分开，不再把建筑与自然分开。

19 世纪中叶，在美国，又出现了一门结合科学技术发展，适应社会需求包括人的心理需求，致力于保护利用自然环境以改善建筑

与城市环境、提高生活环境质量的新型综合性建筑学科，它就是景观建筑学（Landscape Architecture）。

至20世纪，尤其是50年代以来，在西方工业发达国家一度面临所谓“人口爆炸”（Population）、“环境污染”（Pollution）、“资源枯竭”（Poverty）的“三P危机”的严重困扰，在再度审视人与自然关系的反思中，景观建筑学曾得到更大发展。其众多的理论著述和卓有成效的实践，无不显示出，在科学技术领先的西方，已更臻自觉地注重于自然环境的审美观照，追求自然界固有的和谐美，顺应之并有节制地加以修饰，利用风景景观于建筑空间的组织规划中，使之成为整体环境的有机构成。

美国学者西蒙德（John O.Simonds）所著《景观建筑学》一书，作为当代西方景观建筑学的代表性权威著作，对这种面向自然的现代规划设计理论与方法，进行了透彻的论述。从中我们可以了解到景观建筑学的基本取向，以及其具体运用，包括景观品评、基地选择、空间组织及环境规划等方面的要旨，略如下述。

1 基本取向

西蒙德指出：西方现代规划设计的显著特点，不是建筑尺度，不是发展范畴，而是人们对自然的断然蔑视，以及对地形、覆土、气流、水流、树林与绿野的轻侮；而现在，我们必须知道大自然的力量（形式与特点），尊重它，回应它，并把它用到适于它自身的目的之上，我们必须重新发现自然。

西蒙德强调说：俯视我们的地球表面，或向任何方面跨越运动，我们会发现，在众多的地区，充满着显然的和谐，或于所有自然因素中，充满着统一性；这不仅是地面形式，岩石组合及花草树木如此，就连动物的生活也是一样。大自然的每一程序，从植物的根、茎、叶构造到细胞组织乃至晶体的结构，均有其必要的形式；都处在以最小的抵抗和最经济的努力法则调整并适应环境的过程中，周而复始，永恒不息。所有一切技术形式，都可由自然界的各种形式中推演出来。

西蒙德引述弗郎西（Baoul France）的话说：“假如人仅运用生物向有用目标奋进时所采用的一切原则，那么他将发觉，他所有的资本、力量与天才，可于未来的若干世纪中，得以充分的运用。一草一木都能教育他、忠告他，并启发他发明无数器械和工艺用品。”

西蒙德的书中，还着力比较了东西方文化传统，对东方传统自然观、环境观及其面向自然的规划设计意象和造诣，给予了极高评价；并极力推崇，作为“重新学习旧日的真理”，介绍了东方的大量优秀创作实例为引鉴。凡此，成了他这一权威论著最突出的特色之一。

2 景观品评

1. 景观品评

自然景观本身，可分为许多类别，即：山、平原、草原、沙漠、沼泽、山坳、山谷、峡谷、溪流、湖泊、河流、海洋及树林，等等。此外，自然景观的“风景美”，又具有许多不同的品质，诸如：优美的、纯然的、轻妙的、精巧的、宁静的、田园情调的、奇怪的、庄严的和豪放的、等等。

2. 主要景观因素

有很多自然风景形式、特征或力量，我们很少能够加以改变；我们必须接受它们，并使我们自身以及我们的规划适应于它们。这些无法改变的因素主要包括：山脉、河谷、平原、湖泊、海洋，以及雨、雪、霜、雹、冰、大雾、水位及季节气温等特征现象，还有显示自然能力量的风、潮、洋流、气流、冲蚀、生长、阳光、辐射、闪电及重力等等。

3. 次要景观要素

我们规划师能够加以修饰的，如：小山、丛林、小溪与沼泽等等。

4. 景观的修饰

在开发自然风景的过程中，应竭尽所能地保持并加强其原有风景的特性。着眼于此，而删除错乱的事物并引进新事物。具体可条理为：

1）消除不相称的部分；

2）强化某一景观因素；

3）将某一有特色的景观因素作为风景的因素；

4）局部风景的组织；

5）经过规划的风景；

6）对比手法的运用。

3 基地选择

1. 理想的基地（抽象的概述）

在大自然中生根，从大自然中萌芽，与大自然共同生长，并成为大自然的一部分。

2. 基地分析

首先，要对有关地形进行详细的测量，对自然环境景观的构成因素进行体察（包括资源及土地利用等）。然后，绘图分析基地自然因素：

1）最佳景色、不良景色、令人生厌景色；
2）树林中哪些保留，哪些移走？
3）洪水水位；
4）基地中建筑用地合理的进出口；
5）基地以外的讨厌物及评价、处理方案；
6）日照；
7）强风与微风；
8）霜的研究和低凹地区的空气闭锁（通风问题）；
9）局部小气候；
10）基他特殊有关因素。

在此基础上，结合环境分析，从新技术、新材料、新构想着眼，利用并开发景物，使方案既富想像力又具完整性。

3. 行动方案

任何风景区或景物的开发均有四种可能行动方案（以山为例）：
1）保全自然形式（保全山的风景性质以免改变）；
2）自然形式的破坏（改变山的坡度，或凿隧道，或分裂山丘）；
3）自然形式的改变（山顶平台、植被等）；
4）自然形式的强化（如强化山的崎岖、陡峭，以显其高大）。

4 空间组织及环境规划

景观建筑学在这方面有更多的具体内容，但基本上是从有关形式美学的原则、视觉上的效果、风景予人心理上和精神上的感受等方面着眼，来探讨设计方案，以顺应自然、保护自然并使自然美同人为美结合起来。

相比较而言，景观建筑学所注重的，是如何保护和开发利用环境固有的景观美；虽然涉及了自然资源的分析，但主要是着眼于自然特色的保护和修饰，范围较小，还未能从更广的视野上和更深的层面上明确地从自然环境的整体系统上，去关注人与环境的谐调共生。于是在这个方向上，应运而生，出现了生态建筑学。

二、生态建筑学

生态建筑学（Acologies）或称建筑生态学（Arcolgy），是立足在研究自然界生物与其环境共生关系的生态学（Ecology）思想与方法上的建筑规划设计理论与方法，也就是探索地球上生命活动能够均衡持续发展的生态学延伸于建筑学科领域的一个分支，反映出当代建筑思潮的价值取向。

生态建筑学的产生，以1969年美国学者麦克哈格（Ian L. Mchang）著《自然设计》（Design with Nature）的出版为标志，曾有一个十分复杂而深刻的社会性背景。

在20世纪50、60年代，世界上的工业发达国家，曾接踵发生了诸如英国伦敦“杀人烟雾”、美国洛杉矶“光化学烟雾”、日本“水俣病”、“骨痛病”等等因为环境污染引起成千上万人死亡、受害的惨剧，震惊了世界。1962年美国生物学家雷·卡逊（Rechel Carson）出版了《寂静的春天》（Silent Spring），更进一步揭露了人类滥用技术导致生态环境破坏的可怕前景。警钟之下，生态环境，人类生存发展的基础，成了全人类关注的紧迫问题。1972年6月5日联合国召开第一次人类环境会议，通过《人类环境宣言》，确定6月5日为世界环境日，标志了全人类的共识。

在建筑领域，包括城市规划，人们除了从传统的视觉艺术角度继续探索创作之路外，还从人类学、社会学、行为心理学及生态学等多维视野进行了更为深入，更为广泛的理论及应用研究。而社会科学、自然科学的巨大进展，从信息论、控制论、系统论到环境工程、生态工程等等，也极大促进了建筑思想的重大转折，日益注重整体思维，注重人与自然的有机协和。于是，在保持自然与人工环境的平衡和城乡协调发展的方向上，出现了比景观建筑学更广义的概念——“大地景观”（Earthscape）；于是，引申出把人类聚居场所视为生态系统的组成部分，从区域、乃至国土的范围来加以研究的多学科领域交叉渗透的“区域科学”（Regional Science）；等等。

正是在这种发展趋势下，生态建筑学产生了。自从被誉为生态建筑与规划方面的经典即麦克哈格的《自然设计》于1969年问世以来，这一新兴的当代建筑学术领域，吸引了众多的学者，进行探索研究并付诸实际创作，取得了卓有成效的发展。

关于生态建筑学这个崭新学科的基本取向、环境分析主旨、环境设计法则及其发展等方面，从麦克哈格及随后很多学者的著作中可以获得较透彻了解，下面略摭其要加以介绍。

1 基本取向

麦克哈格指出，生态建筑学的观点是革命的，它包括对人类行为如何影响自然生态系统的了解，建筑规划设计要建立在把自然生态视为一个具有其结构和功能的系统的基础上。

从生态角度讲，建筑是生态系统中人的元素组群的外延。由于人的非凡能动作用，从自然生态系统其他元素组群中解脱出来的元素，在人的元素组群外延构成了一个新的组群。这个组群在人的观念下实施建立，用以满足人的活动场所或空间的需要，被称为建筑。

生态建筑学的研究对象，是由人、建筑、自然环境和社会环境组成的人工生态系统。在这一人工生态系统中，人的建筑活动，引起了周围环境有社会意义的变化。所以，该系统也称为建筑（空间）环境，其中包括村镇、城市等各种聚落形态。

对于人和建筑环境并重的人工生态系统而言，完善的自然生态系统，不但是这一人工生态系统在动态平衡下存在与发展的物质基础和先决前提；而且，自然生态系统的稳定与平衡，提供了一般性原理；同时，适宜的自然环境既符合于人乃至整个生物界的生理本性需求，对人类来说更具有心理上审美愉悦的功能作用，构成人类精神需求的风景环境，从而成为建筑环境所不能缺少的一种“文化资源”。

由此，生态建筑学确定了其基本取向，就是运用生态学的原理和方法，以人、建筑、自然和社会谐调发展为目标，在现有条件（既成事实）下，争取对自然的最优关系，利用并有节制地改造自然，顺应并保护自然生态的平衡与和谐，寻求创造适宜于人类生存与行为发展的各种生态建筑环境的有效途径与设计方法。

2 环境分析主旨

实际上，这体现为指导生态建筑设计的基本哲学观点。自然生态系统包含诸如气象、地质、地形、水、土壤、动物、植被等基本因素。分析研究的关键，是其间的关系，重点在于生物同其他因素的关系，首先要作为一个整体有机、具有结构和功能的系统来看待。同时还必须考虑到如下一些方面。

1. 自然优先

人是自然中的一部分，人的一切活动，都应当服从于自然。历史经验已经证明，如像通常那样以人的利益优先，置经济于首位，付出很多代价，最终反将危及人类自己的生存。

2. 自然体现为各种自然的作用

1）水循环作用；

2）侵蚀沉淀作用；

3）营养循环作用；

4）大气循环作用；

5）地质变动作用；等等。

3. 自然的内在价值

人们常认为只有人才有价值。但事实上，自然也具有其内在的固有价值，自然亦有其固有的“规划”。人们进行“开发”事业时，应正视自然的内在价值，发现自然的规划，发现自然本身的目标是什么，并积极适应之，仿效自然生态系统，而创造与自然生态系统整体有机谐调的人工生态系统。

3 生态设计

1. 生态设计的二重性

生态规划设计首先要制作两种模型。一种是建立于所有相关科学提供有关地区情况最先进的科学信息基础上，研究实体生态，按照自然生态系统，还原为自然过程与自然作用，即建立自然生态模型，并使之社会价值化。另一种是按照人工生态系统的相关信息目录，制作人工生态模型。

这两个模型，前者代表地区的固有条件，后者代表预期要求，特别体现着随时间变化而变化的土地利用方式。

因此，生态规划设计，既是自然生态设计又是人工生态设计，是这两者的统一过程。

2. 生态设计与经济规划

麦克哈格指出：“生态规划与经济规划是密不可分的，它们是同一事物的两个方面，就像一枚硬币的两个面那样，是相互依存的。”具体而言，是要在进行“开发”事业的时候，“问自然”：“怎样，在哪里利用自然资源，可以用最小的自然与社会消耗，取得最大的自然与社会效益，并根据这些来确定选择合适的土地、地点，使一个地区在多方面适宜的基础上‘最优化’。”

3. 能量流与物质流

在仿效自然生态系统而创造人工生态系统的时候，应实现能量流和物质流的平衡，即生态平衡原则。

能量流，即能量流动，包括太阳辐射能的平衡，温度的平衡及风能、水能的集聚与转化等。如建筑耗能方面，在提高传统能源利用率的同时，应在更高一级层次上利用太阳能、风能、水能这一类既可再生，又取之不尽、用之不竭的无污染能源；同时，从节能及保护生态环境出发，对生态建筑空间如覆土建筑、地下空间的开拓，都是这方面振奋人心的尝试。

物质流，即物质循环。保护和合理开发自然资源，特别是土地资源，完善生态建筑环境，应实现其物质循环的完整性，实现生态平衡，提高生态质量。

为此需要注重于技术。一方面，利用技术，通过对自然生态系统要素及关系的监测与分析，从而达到对自然环境的全面深入的理解，并利用其影响建筑设计，减少对人工调节的依赖；另一方面，大力发展新技术，满足生态建筑如地下空间开发与诸如太阳能利用的需要。

4. 环境评价

1）生产力评介；
2）经济价值标准；
3）优美视觉质量标准；
4）健康与安全标准；
5）稀有性标准；
6）人文价值标准；
7）长寿标准。

4　生态建筑学的发展

生态建筑学产生以来，一直处在方兴未艾的发展中，其基本精神，已渗入更广泛的设计领域。在这一发展方向上，近年来正在形成的“生物学设计法则”（The Principles of Biological Design）就颇具典型。它以生态学为基础，向所有设计领域延伸，所以称为设计学（Design Science）。该法则认为，设计学不仅靠精确的仪器与蓝图，更要靠一个全方位的深邃设计思路，一个实体模式和一个针对设计难题思索世界运作的出发点。其要旨，可概括如下：

1）生物界是所有设计的源泉；
2）设计必须反映生物地域性；
3）设计应以生命系统的整体性为根据；
4）设计应与自然界共同进化；
5）设计应以可再生能源、资源为基础；
6）设计应服从于神圣的生态学原则；等等。

不难看出，在这一发展方向上，生态学的价值准则、原理和方法，均被进一步高扬了。

三、中国传统风水理论的回归

当代西方景观建筑学与生态建筑学的发展，使不少学者以反思的精神投向了历史，投向了“人类的本能”和“旧日的真理”。结果，人们注意到，在东方，在古代中国，曾有一门延绵发展了数千年的学术，其环境观与自然观，竟正与当代思潮回响为历史的谐音，这就是中国传统的风水理论。

西方学者对风水理论的关注与历史认同，在众多的著述论说中，略如美国学者托德夫妇（Nancy J.Todd，John Todd）出版于1984年的《生态学设计基础》（Bioshelters，Ocean Arks，City Farming：Ecology as the Basis of Design）一书中有关“风水世界观”的概括评价，就可得到较典型的观照。

作者引述1982年纽约太阳村会议上孙保罗（Paul Sun）的报告指出：风水世界观可溯源于对天文地理的仰观俯察，也包含着深奥的精神感应。这是一种堪天舆地，与大自然和谐、协同的方法，从而使居住者及其子孙能在其聚居处拥有平实的生活。风水明确肯定，房屋建筑、园林乃至墓地等，要择地选址，要与地形地貌、风和水的运作相联系。在所谓潜在的凶兆威胁后面，风水的鲜明生态实用性，被包上了迷信外衣。而这迷信，却使风水成为限制愚昧农民滥用土地的权威。

在述及风水和现代太阳能建筑、覆土建筑及地下建筑等生态学建筑形式种种相同的意向之后，作者指出，风水含有深邃的智慧，使之完全成了对大自然谦卑、恭顺行为的指南。它作为一种世界观，对一个稳定的文化提供并指示了一个普遍原则的解释。

众多西方当代学者对风水理论予以积极的评价，既非无知妄说，更不是好奇非分，或简单为着批判西方当代文明弊端而以异质文明作为武器的功利动机所使然。从本质说，植根于中国传统文化深厚土壤中的风水理论，揭开其迷信外衣，原本饱含着历史的真知，饱含着同当代景观建筑学和生态建筑学基本取向、原则与方法相吻合的丰富内容。以历史眼光客观地审视和评价，在一定意义上说，当代景观建筑学、生态建筑学，实际上正不啻为中国传统风水理论追求人与自然谐和精神的转世回归和新的升华。

1 基本取向

风水理论的基本取向，特别关注于人—建筑—自然的关系，即“天人”关系，同左右中国古代数千年文明的“天人合一”宇宙观，有着根本的一致。

基于悠久农业文明的历史经验和理知的淀积，风水理论认为，自然有其普遍规律即“天道”，它的存在与运作，乃“作天地之祖，为孕育之尊，顺之则亨，逆之则否。”（《黄帝宅经》）而“山川自然之情，造化之妙，非人力所能为”（《葬经翼》），质言之，即“天不可得而为之”。“盖古有寻龙之伎术，而无造龙之匠工。功高大禹，导洪水必因山川”（《管氏地理指蒙》）。

在风水理论看来，人是自然的有机组成部分，人伦道德或行为准则即“人道”，亦应与天道一致：既不能违背天道行事，更不能仗持人力同自然对抗，却可以而且必须认识、把握和顺应天道，并以之为楷模而巧加运作，参与并促进自然的演化，最终达到合天人的至善境界，满足人生需要。有论谓：“人与天地并立为三，非天地无以见生成，天地非人无以赞化育。”“寻龙择术，天道必赖于人成。”（《管氏地理指蒙》）“阴阳变化，自然之道也，循而穷之，虽山川诡异，莫能逃焉。”（《葬经翼》）“目工之巧，工力之具，趋全避缺，增高益下，微妙在智，触类而长，玄通阴阳，巧夺造化。”（《葬经》）“工不曰人而曰天，务全其自然之势，期无违于环护之妙耳。”（《管氏地理指蒙》）等等。

基于此，在风水理论看来，人类生存基本行为之一的居住环境经营，概称为“宅”，其作为人与自然的中介，“宅是外物，方圆由人，有可为之理，犹西施之洁不可为，而西施之服可为也”（《答释难宅无吉凶摄生论》）。《黄帝宅经》申明风水理论作为“宅，择也，择吉处而营之也”（《释名》）专门学问的大义，强调：“夫宅者，乃是阴阳之枢纽，人伦之轨模，非博物明贤者未能悟斯道也。”并指出：“宅者，人之本。人以宅为家，居若安，则家代昌吉。”“人因宅而立，宅因人得存，人宅相扶，感通天地，故不可独信命也。”

风水理论认为，宅居环境的经营，最根本的就是要顺应天道，以自然生态系统为本，来构建宅的人工生态系统。略如《黄帝宅经》强调：“宅修造，唯看天道。天德，月德，生气到即修之。不避将军、太岁、豹尾、黄幡、黑方及音姓忌宜，顺阴阳二气为正。”“宅以形势为身体，以泉水为血脉，以土地为皮肉，以草木为毛发，以舍屋为衣服，以门户为冠带。若得如斯，是事俨雅乃为上吉。”

在人与自然谐调合同即“天人合一”的人生理想追求中，在中国古代，外在自然的天被赋予了肯定性的价值和意义，并比类人事，成为具有道德意志以至情感内容的天。由此，人与自然两情相洽的审美观照，很早便成为现实生活的重要内容；自然美的发现认识，充分发展而升华为自然美学，也成为建筑艺术哲学的重要构成。作为“山水之术”的风水理论，更倡言“而乃怡情山水，发其所蕴，以广仁孝于天下后世”（《地理天机会元》）。其“以人之意逆山水之意，以人之情逆山水之情”，以“人心巧契于天心”（《管氏地理指蒙》）地观照山川自然，细心审辨与选择，更因地制宜且“如画工丹青妙手，须是几处浓，几处淡，彼此掩映，方成佳境”（《青囊海角经》）地巧加经营，遂使中国古代建筑以其景观人文美同山川自然美的有机结合，显现出意象隽永，美不胜收，形成鲜明特色。

在“崇效天”（《易传》）的理想追求中，风水理论还竭力按照中国古代阴阳、五行、八卦、九宫一类的宇宙图式来把握和经营宅居环境，来表象天人合一或天人感应的信仰，由此而形成了中国古代建筑的显著性格或基本精神：“皇宫、庙宇等重大建筑当然不在话下，无论城市里集中的或是散布于田园的房舍，都常常显现出一种对‘宇宙图案’的感觉，以及作为方位、节令、风向和星宿的象征主义”（李约瑟《中国古代科学技术史》）。

在这种追求中，由于社会历史的局限，中国古代认识论方面表象宇宙万物及人世等序列联系和类比感应的许多粗陋的、牵强附会甚至荒谬怪诞的成分，使风水理论及其实践蒙上了浓重的迷信色彩。但其诸多无稽说教和消极的影响，既曾招致众多有识之士的激越批判，而这种批判，也使风水理论的合理内涵终究未被其迷信外衣完全掩蔽和禁锢。在历史发展的长河中，及于今天，涤除其迷信糟粕，真理的光彩已再次辉映，当代相关科学技术的返照和回应，则使蕴涵于风水理论中的深邃智慧，成了宝贵的历史遗产。

2　风水选择意向

如《阳宅十书》申言：“人之居处宜以大地山河为主，其来脉气势最大，关系人祸福最为切要。若大形不善，总内形得法，终不全吉，故论宅外形第一。”在风水理论看来，山川自然也并非处处皆可安顿人生，宅居外部环境的选择，能否处在“阴阳之枢纽”这样一个良好的自然生态系统中，是至为关键的。而这样的阴阳枢纽，即风水格局的理想模式，被喻称为“穴”。这正如《青乌先生葬经》的精辟概括：“内气萌生，外气成形，内外相乘，风水自成。”注称：“内气萌生，言穴暖而生万物也；外气成形，言山川融结成形像也。生气萌于内，形像成于外，实相乘也。”意谓良好的风水格局，既须有山川聚结，形成内敛的外部空间围合并具有优美景观，更要有维持生命存在及决定其变化的“生气”充盈其间，从而具有生态良好的内在环境质量；两者相辅相成，“宅”遂能处在“山水相交，阴阳融凝，情之所钟处也”，即处在对自然的最佳关系中。

这种格局的选择，需要通过很多具体而微的方法和过程，就是风水所谓龙、砂、穴、水等“地理四科”的审辨，察验“生气”和辨方正位等等方法和过程。概略说来，其中既包括仰观俯察、穷究天地感应关系的“分野”，对山川大势来龙去脉的宏观性勘察，即寻龙望势或觅龙捉脉；也包括对微地形、小气候、水土及植被资源与质量等涉及生态和景观构成要素的详情细节的审度，叫做观砂、察穴、相土尝水和望气等；最后还要根据山川融结形成的内敛围合之势，对其阴阳向背、高卑离合及景观上底景、对景与侧景的主从秩序和呼应关系等等，统筹权衡并抉择所勘定基址的朝向方位，使宅基处在对自然的最佳关系之中，谓之辨方正位或分金立向。

这种缜密细致的选择方法和程序，历经数千年传承不辍的丰富实践经验与理知的深厚积累，从而在其本质上兼容了合符现代地理学、地质学、气象学、生态学、心理学、景观学与建筑学等多方面的合理内涵。其与当代景观建筑学与生态建筑学分析和选择环境的主旨比较，更有惊人的相似或一致。综观有关风水论著，也并不难看到这一点，这里就不再一一殚举了。

当然，如同所有古代学术，风水理论及其运作方法不仅存有大量迷信糟粕，其合理内涵也毕竟未能在整体上达到当代相关科学技术的水平。尽管如此，重要的是，其自然观、环境观、审美观以及诸多符合科学的内涵，终究能引为今天相关科学与技术发展的历史谐音，从中获得有益的借鉴与启迪。此外，它还从多个侧面鲜明反映了中国传统文化的本来面目及其特色，也是不容否定或轻视的。

例如风水理论的思维方式，类同传统中医对人的辩证施治，注重从整体角度去分析认识和把握环境的各种构成要素及其同人的有机联系。这种整体思维，尤富朴素的辩证法和系统论的特质而与当代思潮合拍，已不必赘言。

及至其表述方式，诸如龙、砂、穴、水等大量风水术语，盖以“山川之情性不一……位置各殊，因形立名，顾名思义，贵夫近理”，以裨益“相江山而择吉，晓人有法”（《管氏地理指蒙》）；其引类譬喻，凝练之中，尤具极强的直感形象性和象征隐喻性，表现出丰富而生动的联想力和浓郁的审美情趣，很多深刻的哲理也寓意其中。这种表述方式，反映了中国古代整体思维以至诗性思维的特质，反映了中国传统文化的特色，也是引人瞩目的。

略如风水术语中虽无“生态”一词，但相关概念却有“风水”、“生气”等语所涵构。事实上，通览有关术书，则不难看到，所谓“风水”，实质就是对影响地球生物圈最为要切的大气圈作用的“风”和水圈作用的“水”的整合运作机制的集中概括。而所谓“生气”，作为风水理论关于审辨、选择和经营宅居环境的要髓，既含有维持生命存在并决定其发展变化的环境系统的意义，不啻为现代“生态”的同义语，更具有“良好生态”、“生生不息”和“生机盎然”等意象，反映了中国传统文化的价值观和哲学、美学取向。

3 宅的经营意向

风水之所谓“宅”，有生人居住的城市、村落、宅院等，概称“阳宅”；还有作为死人归宿场所的“阴宅”即坟墓。风水选择，既须使宅处于“来积止聚，冲阳和阴，土厚水深、郁草茂林”（《葬经》）的良好自然生态系统中，而进一步经营宅居环境，更应仿效自然生态系统，构建宅的人工生态系统，并同自然生态系统有机谐调。

例如，对于所谓井邑之宅，即处在城镇聚落中的宅，其四周屋宇、墙垣、道路等等，虽多属人为环境，却仍具有自然生态系统中龙、砂、水、穴及生气等环境构成要素的意义。观照于此，遂有论谓：“万瓦鳞鳞市井中，高屋连脊是真龙，虽曰汉龙天上至，还须滴水界真宗。”（《阳宅集成》）“一层街衢为一层水，一层墙屋为一层砂，门前街道即是明堂，对面屋宇即为案山。”（《阳宅会心集》）等等。

这一意向，如《黄帝宅经》所说：“坟墓川岗并同兹说，上之军国，次及州郡县邑，下之村坊署栅，乃至山居，但人所处，皆其例焉。”即各类型宅居环境的经营，无例外地都应观照并仿效自然，以其“阴阳之枢纽”的最佳模式而形成同构，呈外部围合重重关拦而内部空间敛聚内心的“藏风聚气”的格局。正出自这一意向，形成了中国传统居住形态的普适性同构特点。

除了这种形态同构，在风水理论看来，宅的经营，无论其座向方位，规模大小高卑，内外空间的界合与流通，都要同自然环境相称，通过对“生气”的迎、纳、聚、藏等等细腻处理，来接受或调节自然环境的影响，使之参与到宅中，进而使宅的人工生态系统同自然生态系统有机协同地运作，萌人养物，安身立命，“人宅相扶、感通天地”。

其具体处理，有诸如宅外形、宅内形、宅元福德、九宫飞星、穿宫九星、截路分房以及三要六事，五实五虚等等方法的讲究，可参见《阳宅相法简析》一文，不必在此备叙。这些方法，大都本着阴阳、五行、八卦、九宫之说，程度不同地掺杂着许多牵强附会乃至迷信无稽的成分。但总其核心，就是尊重、顺应并与自然相谐，使自然直接参与；追求天时、地利、人和诸吉咸备的居住生活条件，使人的生理和心理需求，都得到具体而微的关照。

在宅的经营中，风水还倡言对其所选择的自然环境加以有节制的改造，以“趋全避缺，增高益下”，俾能“发其所蕴”。如《青乌先生葬经》举例：“草木郁茂，遮其不足，不觉空缺，故生气自然。草木充塞，又自人为。”但这种人为，须有前提，即“因其自然之性。损者益之”，“工不曰人而曰天，务全其自然之势，期无违于环护之妙耳”（《管氏地理指蒙》）。

在因地制宜地经营宅居环境时，风水理论还主张以“人心巧契于天心”，结合自然环境包括其山川胜景，巧加人工裁成并“通显一邦，延袤一邦之仰止，丰饶一邑，彰扬一邑之观瞻”（《管氏地理指蒙》）。正是在这一意向下，遍布中国的城市、村落、宫宅、园囿、寺庙以及陵墓等等，深深植根并融会于各地方文化中，无不鲜明显现出建筑人文美与山川自然美有机结合的隽永意象，成为中国传统建筑文化的显著特色。风水功不可灭，以此而论，当是不言而喻的。

四、结　语

由上面有关西方当代景观建筑学、生态建筑学及中国传统风水理论的概略解析，不难看到，在本质上，它们都是以关注与人类生存密切相关的自然环境及其处理为基础的。

相比较而言，景观建筑学对生态诸因素的探讨，侧重自然景观的品评与修饰，对自然的风貌特色加以保护和利用，在较小范围内，涉及自然资源的粗略分析；在具体的环境规划中也偏重于形式美、视觉心理上的探析，尚未能从自然生态系统整体存在及运作的角度来考虑环境的立意，具有局限性。

而生态建筑学，建立在人类对于自然更宏观也更深刻的认识基础上，从整体有机联系上以生态规律来揭示并协调人、建筑与自然环境和社会环境的相互关系。其实施手段，更以当代科学技术的物质条件为重，来实现人在自然生态系统下构建人工生态系统，以其间具体的、物质的交流，争取达到最优关系。

对中国传统风水理论及其实践而言，虽因古代自然科学及技术水平的局限，在尊重、顺应并有节制地改造和利用自然方面，远未具备当代生态建筑学所掌握的先进科技手段，但在基本追求上却相谐一致。而在人与自然生态环境的交流中，风水尤注重于精神方面的两情相洽，在中国传统文化的化育下，追求人与自然协调与合同的意境，登上了天人合一的审美理想的高峰。这使传统风水理论既具有关注生态环境的生态建筑学的属性，又具有审美型的景观建筑学的属性，虽具有历史局限性，仍不失为景观建筑学与生态建筑学的兼容。

在科学技术高度发展的今天，风水作为传统文化的历史回归，并非出自简单的对于旧物的猎奇与展玩，而是当代社会人类理智深沉的辩证归复，即追溯人类历史并展望未来，从中寻觅人类曾一度丧失，却又为人类所必须的和谐追求："天·地·人"。正是在这一共识的基础上，当代景观建筑学和生态建筑学，成了传统风水理论的精神内涵的延展和物质技术手段的充实；而传统风水理论在这一意向下，也终将为当代景观建筑学与生态建筑学在中国的移植与发展，增添历史文化的民族精神内核。

参考文献

1 沈玉麟著. 外国城市建筑史. 北京：中国建筑工业出版社，1989

2 ［美］J.O.西蒙德著. 景园建筑学. 第3版. 王济昌译. 台北：台湾台隆书店，1982

3 Ian L.Mchang. Design with Nature. San Francisco：Sierra Club Books， 1969

4 ［美］R.卡逊著. 寂静的春天. 吕瑞兰译. 北京：科学出版社，1979

5 ［美］G.E.赫钦逊等著. 生物圈. 华北农业大学植物生理教研组译. 北京：科学出版社，1974

6 UNESCO. Ecology in Action： Programme on Man and the Biosphere (MAB). 1987

7 Nancy J.Todd，John Todd. Bioshelter，Ocean Arks，City Farming —— Ecology as the Basis of Design. San Francisco：Sierra Club Books，1984

8 古今图书集成·艺术典，卷651～680. 中华书局影印铜活字本，1934

9 （清）林枚著. 阳宅会心集. 嘉庆16年刻本

10 （清）魏清江撰. 阳宅大成. 清乾隆间序刊本

生态与风水环境意向：生态居住方案介绍

糜丹宇　白智平

对传统建筑文化的发掘，最终目的还是为了使当代建筑规划与设计汲取其养料，并开拓新建筑的处女地。作为将生态、风水环境意向运用于建筑设计的一次尝试，我们构想了一个生态居住建筑设计方案，探讨内蒙古乌兰察布盟某镇的城镇发展（方案承荆其敏、王其亨教授指导，获台湾“财团法人洪四川文教基金会”1990年“建筑优秀人才奖”）。

该方案一开始的立意就是想以覆土建筑为硬件，以生态与风水为软件结合进行。内蒙古乌兰察布盟某镇被拟定为本方案地点所在。

1990年3月，在当地同事的陪同下，我们对乌盟该镇及其附近地区进行了覆土建筑、土质、水文、气候、地形地貌以及经济、交通等状况的调查，并在有关方面的协助下，获得该地区大批宝贵的资料；同时，我们也拍摄了大量有关照片。

尽管这里自然条件较恶劣，但在迁徙不可能也不必要的今天，如何因地制宜地优化有利因素，削弱或避免不利因素，改善人居条件，同样是风水与生态的出发点。

经过综合分析，我们最后确定了以该镇为核心，来探讨其未来城镇发展趋势的总构思。同时，基于该镇现有的城镇总体规划方案，大胆地提出以覆土居住建筑为主体的未来生态乌托邦（Ecological Utopia）构想。在此构思下，设计工作便逐渐拓展开来。

设计方案及其说明

建筑理想的作用乃是通过从事规划与设计工作直接裨益于社会，甚至促进社会的改造，进而使建筑的美好因都市涵构的烘托而彰显，都市涵构亦因满眼是合理美好的建筑而能发挥大环境应有的运作功效。

都市化过程，简言之，就是随着社会经济发展，人口不断集中，而出现城镇面积不断拓展，市政建设不断扩大的过程。

在这种过程中，那些巨大的城市和工厂把草原和森林铺上了沥青和混凝土，使土壤脱离了阳光，雨水不能直接入地，生物逐渐消失、死亡。

虽然，人们已经认识了破坏自然生态将会把人类带到不可挽回的灾难之中。但是，建筑师、规划师、工程师、开发者、主管建设的官员们，仍旧不顾一切地指挥着压路机沿着错误的方向碾过去。难道建筑师的专长势必要违背大自然的规律去“改造”世界吗?

当前，作为建筑师肩负着服务于全人类的崇高职责，应该把热衷于现代建筑风格方面的争论扭转到如何解救地球的生态危机和环境恶化方面来。现实要求我们积极投身于发展创造与大自然和谐的“文明建筑”（Gentle Architecture）。

可喜的是，古代人类覆土建筑艺术以及中国传统“天人合一”的哲学思想，和与此相应的风水理论及实践给我们提供了许多启示。这些古老的建筑及哲学在利用和顺应环境的条件方面，做出了典范。我们要学会适应自然，去建造现代化的人类居室与城市。我们要促进大规模的城市逐渐解体，走向生态化，建筑要乡土化……这些都是当今全世界建筑师面临的新课题。我们要研究一种尚未被完全认识的价值，这种价值即建筑艺术的新领域之一：生态建筑艺术（Ecological Architecture）。

本方案旨在探讨乌盟某镇在都市化过程中，如何在规划与设计中，因地制宜地表达出人与自然、生态与建筑之间的密切关联，讨论用最经济、最天然的手段，达到抵御各种不利因素，并获得舒适居住生活空间的目的，进而形成所谓的“生态建筑”（Acologies）。

（一）乌盟该镇的概况

该镇位于东经113°，北纬41.8°，镇及所辖地区总面积209km^2。

该镇属于干旱性半沙化草原，海拔高度在1 350～1 800 m之间，为大陆性季风气候，年降雨量250～370 mm，年蒸发量2 487 mm，年平均气温2～3℃，多年极端最低气温－35℃，极端最高气温43℃；这里风沙很大，多年平均风速4.6 m/s，多年最大风速在30 m/s。

为了防风固沙，当地大量造林，规划在公元2000年造林覆盖率达到30%，其中以灌木为主，林草兼种，乔、灌、草结合。

该地区地震烈度是6°区。全区大部分地带地表属灰褐色土壤，约2～3 m以下则为红黏土层，地基承载力为13 t/m^2。

该镇毗邻铁路线，交通便利，是该地区商贸、物资、文化交流的中心。

该镇地区的地下水资源丰富且水质良好；同时，深在2～3 m以下的丰富且易开采的红黏土层，可作为生土建筑材料；另外，长年盛行的季风也大可利用。

（二）方案选址说明

该镇交通便利，是该地区商贸中心。随着该镇经济不断的发展，会带来周围地区经济的振兴，并不断向四周辐射。

1989年，由乌兰察布盟建设处主持完成了该镇总体规划，并依照其中的详细规划，该镇的市政设施建设初具规模，已经显现出都市化的趋势，形成了未来都市的雏形。

本方案选址以现已确定的总体规划为依据，选择了规划上将用于未来居住区发展的一处用地，来进行“居住社区”的设计。

（三）与主题有关的问题的发掘

（1）考虑与既有都市环境的相关性

本方案设计，充分考虑了都市发展地区自然环境的特点，刻意表达人、建筑、自然和谐共融的关系。同时，方案自身对于所谓生态居住建筑乃至生态城市构想的展望，使其既是我们的新型城市的缩影，又是我们的未来都市的具备普遍意义的组成部分，从而对未来都市涵构的形成与发展施以可能性的影响。

（2）中国传统哲学思想的发掘

风水或堪舆，是中国独树一帜的文化现象，乃是集古代科学、哲学、美学、伦理学、心理学、民俗乃至生态观念于一体的有关建筑及其环境处理的综合性理论。

风水认为天地人相感应，“天地合气，万物自生”。风水术简言之即为优化选取一定条件下的有益于万物的生气。这种无形无声的生态或吉气可以优选，也可以强化，或者在一定条件下弥补。

城镇为一方政治、经济、军事、文化的中心，选址要探求其适中的地理位置，即“择中观”。所谓“择中”，也就是选择一处最适合人们生活、居住的理想环境和地点。古人云：“物之美本乎天。”选址乃至规划，正是在顺应天理，使人与自然相和谐统一的一种追求。其结果则是使大自然的天文、地理、水文、气候等情形正好适合人们的要求，使人们乐于在此居住、生活和繁衍下去。从而，在人被动地受支配于大自然的情况下，主动地寻求人与自然的共同之处，使大自然的运作与人产生共鸣，以达到“天人合一”的最高境界。

这里，暂不去探讨风水理想的深邃与玄妙，而只把它认定为一个古典营造领域的百科指南。可以说，它是一部建筑与规划方面的方法论集。其实，风水术提供了一个在建筑与规划过程中应普遍遵循的法则，一种解决问题的一般方法，这就是“因地制宜”，“从实践中来，到实践中去”的思路。从而，建筑与规划设计，就是努力达到把人的需要与现实中的自然联系起来，消除冲突，获得人与自然共融、和谐的最终理想。从某种意义上讲，仿佛可以看到一种从整体上思维，从大自然出发，系统地处理人与自然的冲突的现代生态思想。

在人类面对人口问题、能源问题、环境污染破坏问题的时候，我们才开始意识到保护大自然的责任，维护生态平衡的重要。从而，促使了人类物欲的贪婪在与自然共融之中得以收敛。故此，在现代建筑与规划中，考虑到生态，对自然环境客观地分析，避免与之宣战的思路及方法已经兴起，这好像是传统的风水理论乃至“天人合一”哲学的回归与升华。

（四）建筑设计与规划的拟定

本方案从生态角度出发，在进行该居住社区规划设计时，尽可能做到“因地制宜”，充分利用大自然恩赐的一切有利因素，尽量避免对人类生活居住不利的因素，在此基础上，以达到“人居质量”的改善和不断提高。

（1）生土建筑

当地以烧砖作为主要建筑材料，从耗能上讲，很不经济。但是，在其干燥气候下，随处可取的黏土，为生土建筑提供了经济实用的材料。

应当指出，生土建筑不仅可在较贫困地区发展，同时也是一种“因地制宜”的发展构想。在较贫困地区，随着当地经济状况的改善，生土建筑不会被取代，而是仍在不断完善的过程中进一步提高。所以说，它并非权宜之计，而是具有远大前途。

（2）地坑院建筑形式

该地区气候条件恶劣，冬季寒冷，夏季燥热，长年刮大风。故而，从保温、隔热、防风沙等角度讲，采用下沉的地坑院建筑形式为主的半地下生土居住建筑，应较为合理，这样将具有经济、节能的优点。

（3）新型生土建筑技术

由联合国UNESCO资助的国际生土建筑中心，在技术上对改进生土建筑方面做出了可贵的贡献。该中心首先在南美秘鲁试验性地进行工作，发明了一种体积不大，易搬运又便于农民手工操作的制坯机。

该机运用杠杆原理，由操作者以手压制各种规格空心土坯砌块。这种砌块原料就是各类黏土并加入少量麦秆，其强度不次于烧砖，价钱却很便宜。它极适合廉价劳动力过剩而资金不足的地区。

在秘鲁，这类新型生土建筑已大获成功，不仅大量廉价住宅不断建起，而且出现了生土的公共建筑，如小教堂、小型图书馆等。

在UNESCO及秘鲁有关方面的大力支持下，中国生土建筑中心已在天津大学建筑系成立并展开了初期工作。联合国援助的技术设备已由中国生土建筑中心分发到有关地区作为试点。依照秘鲁的经验，新型生土建筑可望以一种崭新的面貌出现在中国大地上，服务于人民。

（4）居住社区

四户构成社区的一个基本邻里单元，其间有砾石自行车道分隔。社区广场利用丰富的风能集中发电以供居民各户使用；利用现有机井建设起服务于该社区的供水网。

居住社区南端，诸居住组团好似“触角”深入邻近蔬菜地，增添了居住社区的自然田园气息。同时，社区的布局在“秩序”中又洋溢着一种自由的氛围。

（五）生态居住建筑单体设计

本方案系统生态空间的评价，是通过六个功能机制的综合效应的说明和评价来完成的。

（1）光能利用

穿透采光天井的阳光，解决了较大进深空间的低照度采光，同时也增加了空间形象的光塑造。底层水池的光反射及日光色散效应，促进了光辐射向热能及生物化学能的最后转换。

（2）风能利用

被动式风塔与主导风向相对应，利用室内外温差把户外空气导入地下风道。在入风口处形成一定的压力和风速，以满足入风需要，同时利用集聚院内的雨水来湿润通过风道的户外干燥空气。在排风塔口，经过聚热处理的塔顶促进了空气在排风塔中的上升。通过这一过程，完成了空气的新陈代谢。

（3）热能利用

热能通常是众多能量形式相互转化的最终状态。热能有效利用是节能的重要措施。炉灶连接火墙、火坑，利用炊事余热取暖；另外，利用被动式太阳能热水器把热能转化到循环水中，使之通过二层楼板形成热地板；循环热水还可在卫生间使用并再补充。

（4）蓄热效应

底层平面全部位于地下，二层处于半地下，顶部覆以生土。土壤具有有效热容量，能够在日间高气温的热量峰值时期吸收热量，而在夜间低气温的热量谷值时放出热量，起到平衡缓解和稳定室内空气温度的作用。

（5）循环效应

提高物质之间与能量之间的循环率，是地下空间系统取得高效的前提。本方案刻意维护大自然的空气循环、水循环以及由此引带的热循环。

（6）视觉效应

采用传统四合院下沉式院落环境，空间层次丰富。与地平相差不多的范围使人们越发感受到世界原生的可爱与可贵，以及渴望同世界万事万物共融的心愿。古老的风水表明，生态的观念不是我们今天才建立的，却是我们今天不可再忽视的。

建筑单体面积指标附表：

住宅基地面积：372 m^2

内院面积：92.5 m^2

苗圃面积：62 m^2

建筑面积：202 m^2

使用面积：116.5 m^2

（六）理想的生态居住社区及生态乌托邦构想

在特殊地域内、特殊条件下，创造出一种新型的聚落形式，它“因地制宜”，利用当地有利自然条件，用最经济、最天然的手段达到抵御各种不利因素，并获得舒适居住生活空间的目的。进而形成“生态建筑”，它不会与自然宣战，企图征服之，而是顺应自然，融于自然的“文明建筑”。

在中国，北起黑龙江，南至陕西、河南，西抵甘肃、宁夏，均属生土覆盖层，分布着形形色色传统式生土建筑，其居住人口超过一亿。我们的设计方案就是旨在大声呼唤生土居住者的春天。

古往今来，有着一个永恒不变的话题，那就是“天·地·人”。在记忆之中，古人可以自发地去认识自然，顺应自然；而在人类文明迅速进步的今天，我们是不是能够自觉地去认识自然，去顺应自然呢！

生态居住

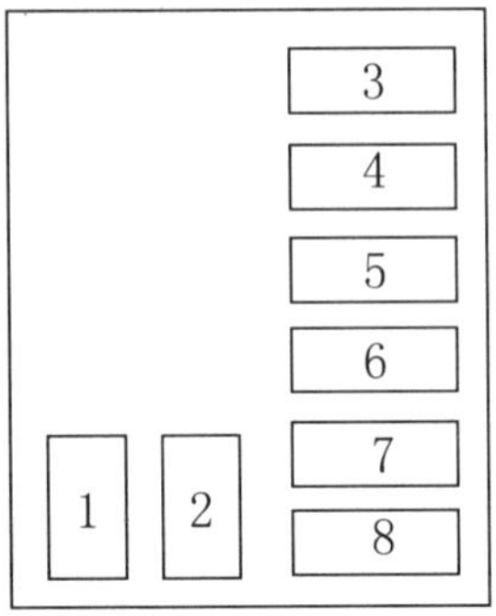

1 城镇外围的生气
2 民间利用风车发电
3 生土自然聚落
4 未来都市的雏形
5 “金、木、水、火、土”
6 蓝天、白云、黄土
7 “万物共融”
8 城镇发展的动脉——铁路

发挥大环境应有的运作功效

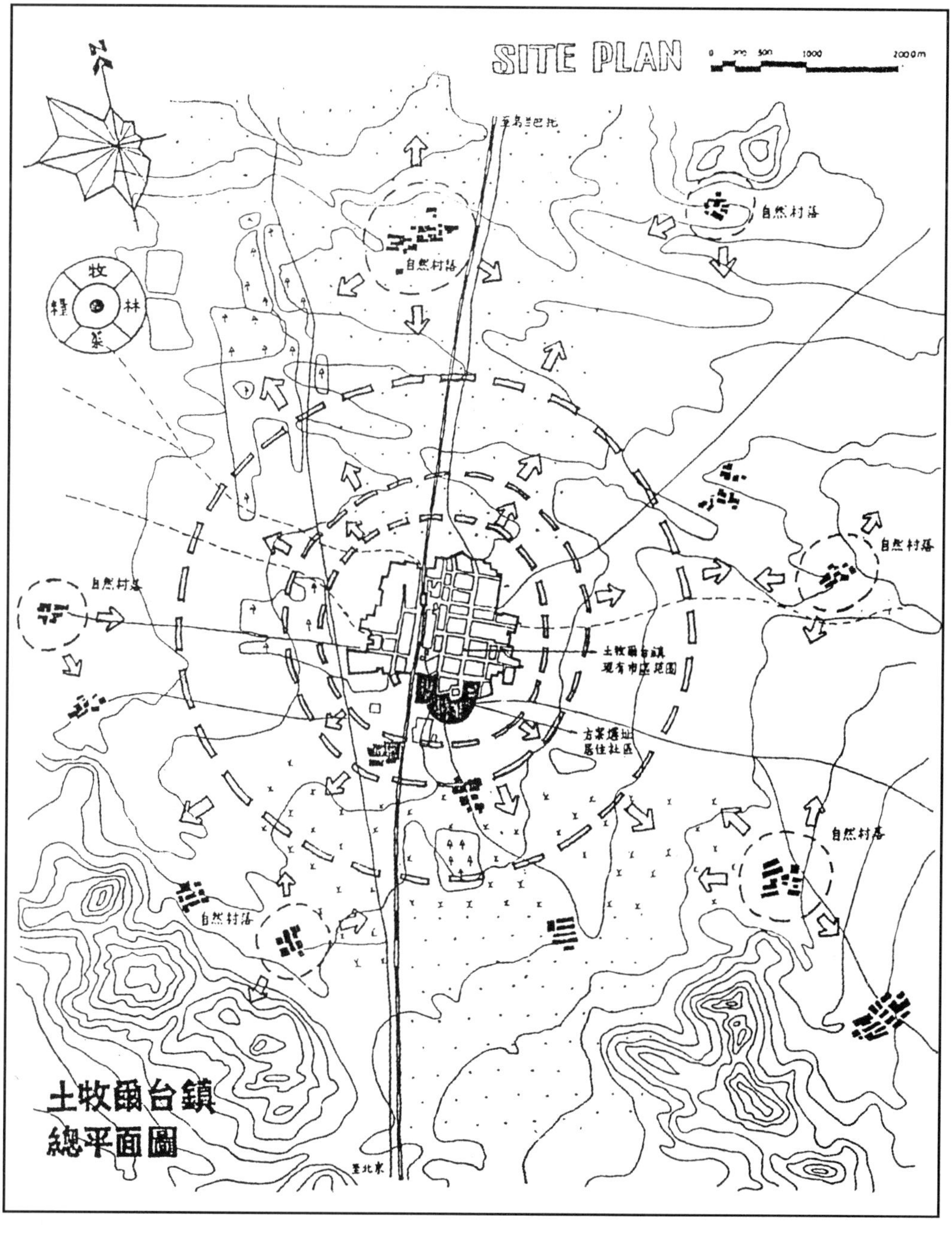

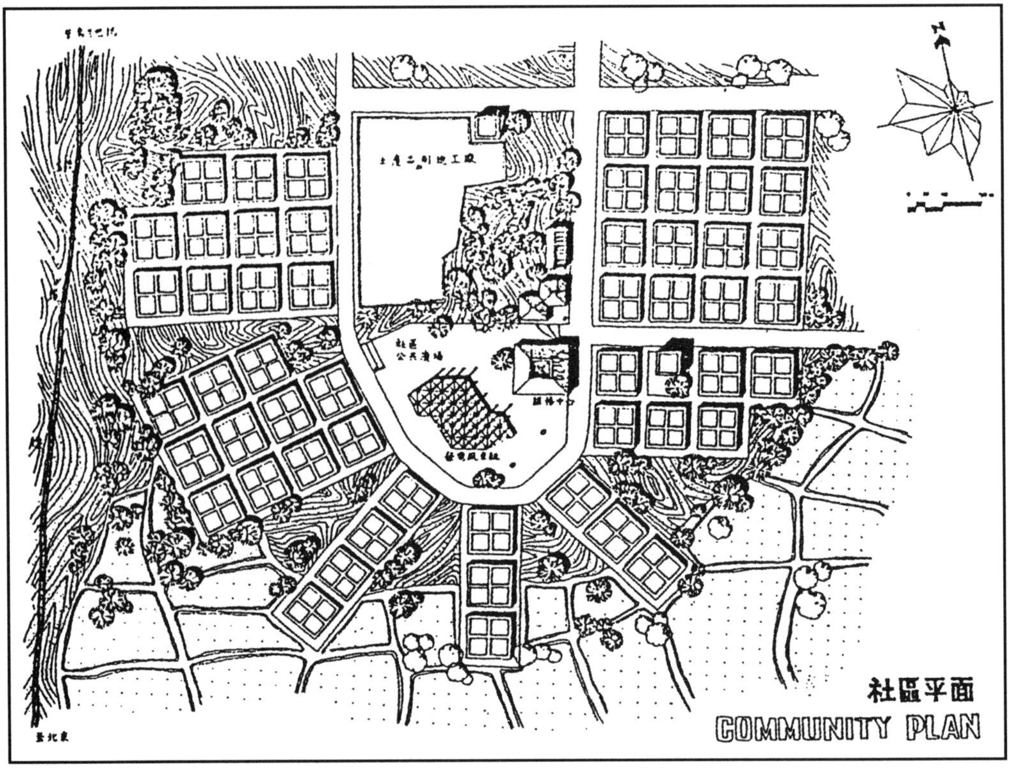
社區平面
COMMUNITY PLAN

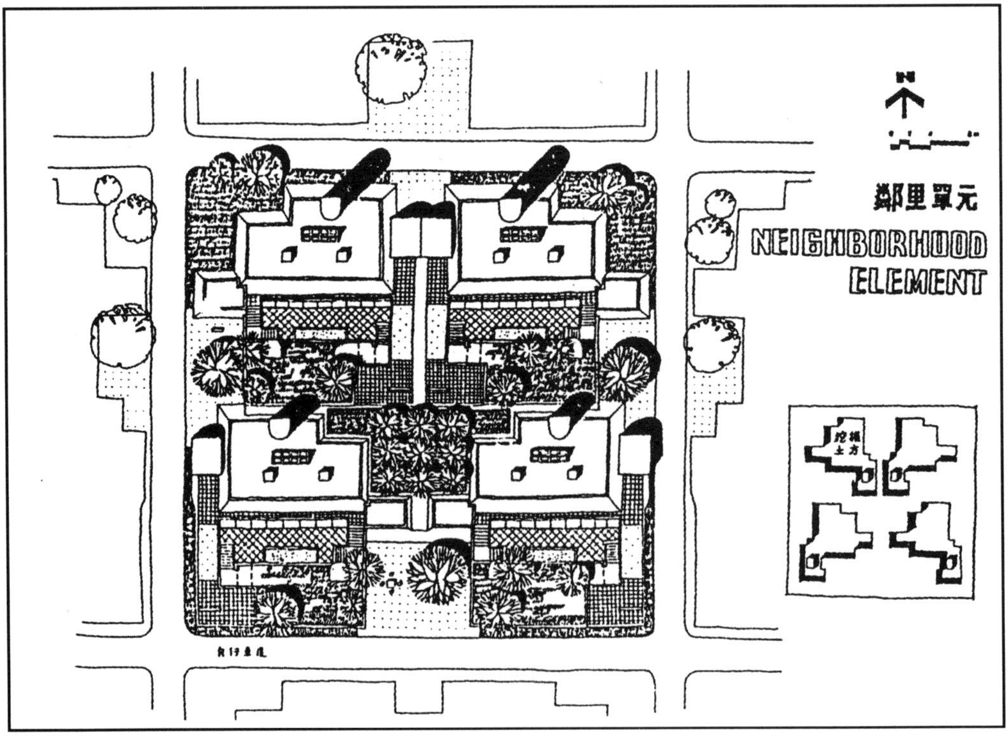
鄰里單元
NEIGHBORHOOD
ELEMENT

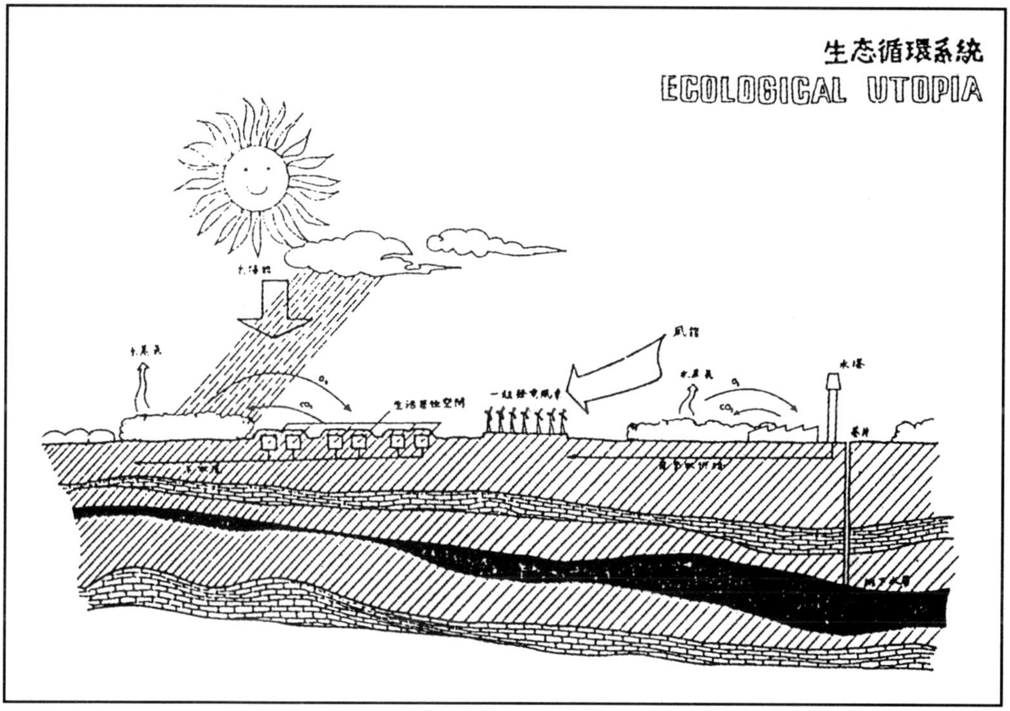
生态循環系統
ECOLOGICAL UTOPIA
風管
水塔

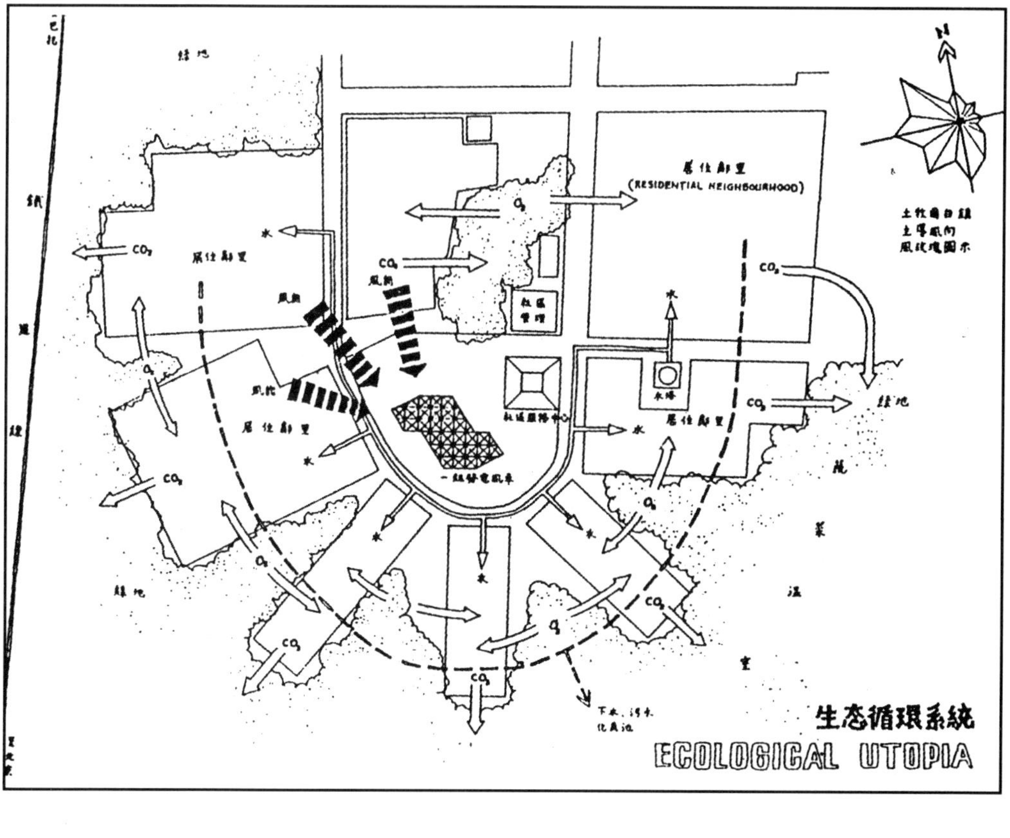
居住鄰里
(RESIDENTIAL NEIGHBOURHOOD)
社區管理
水塔
社區服務中心
一組發電風車
綠地
生态循環系統
ECOLOGICAL UTOPIA

物之美
本乎天

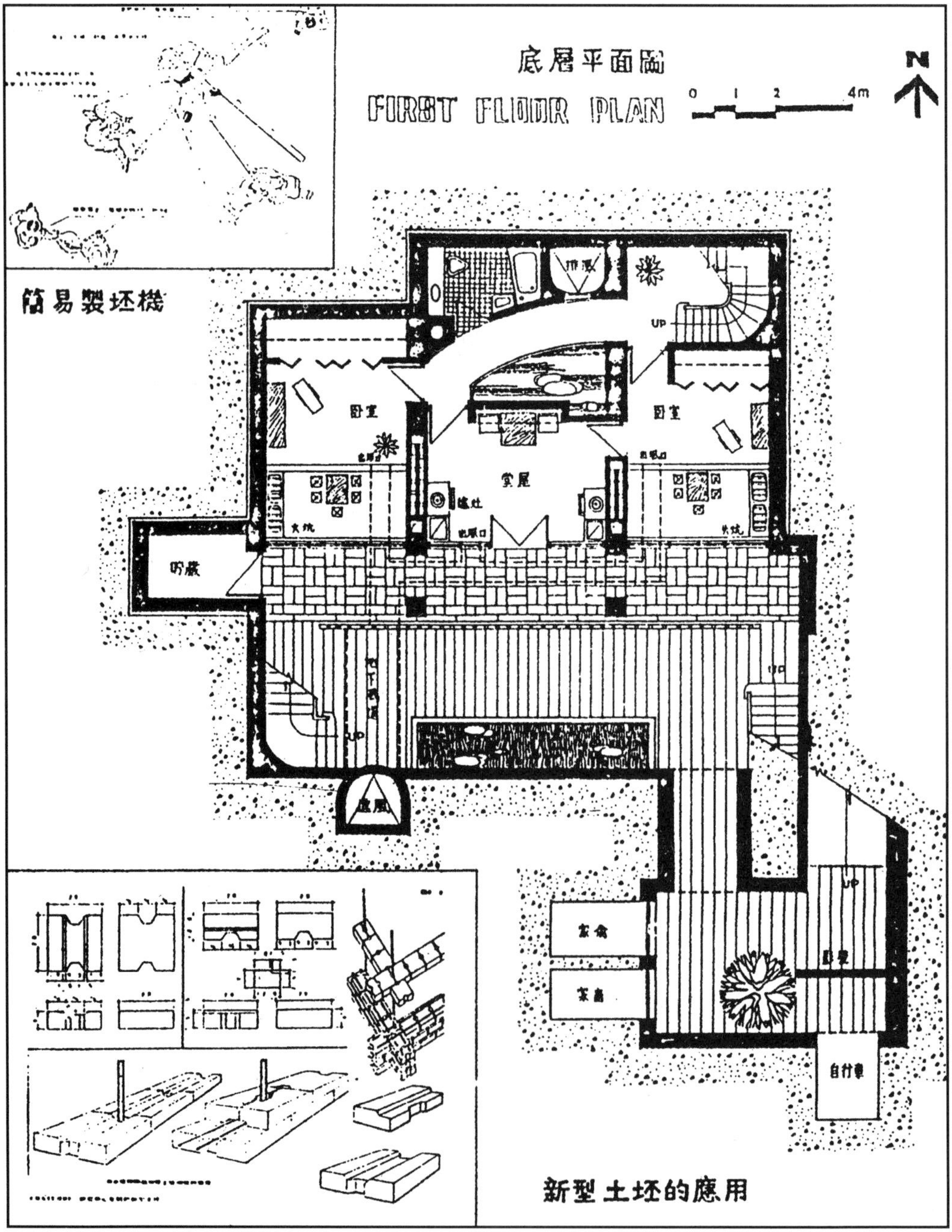

院落环境
经济天然

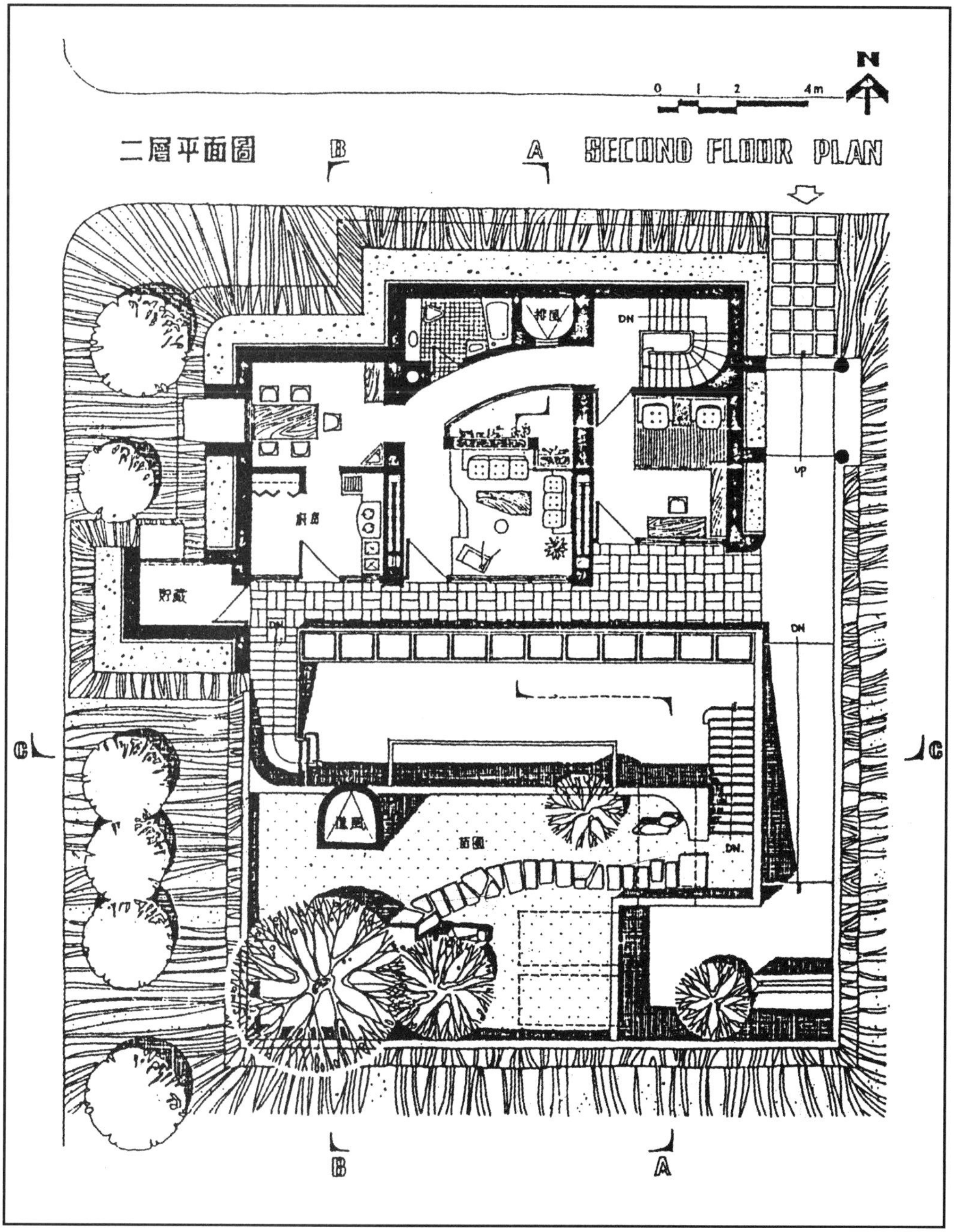

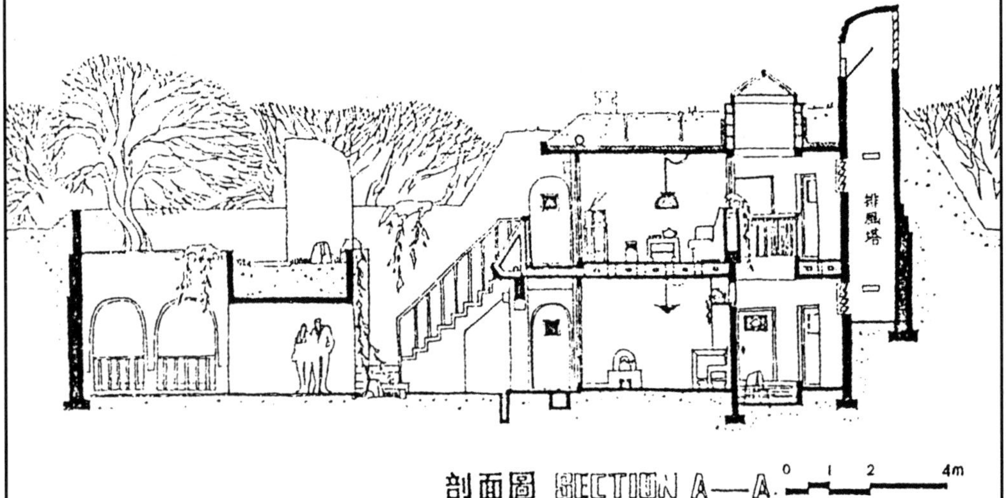

剖面圖 SECTION A—A

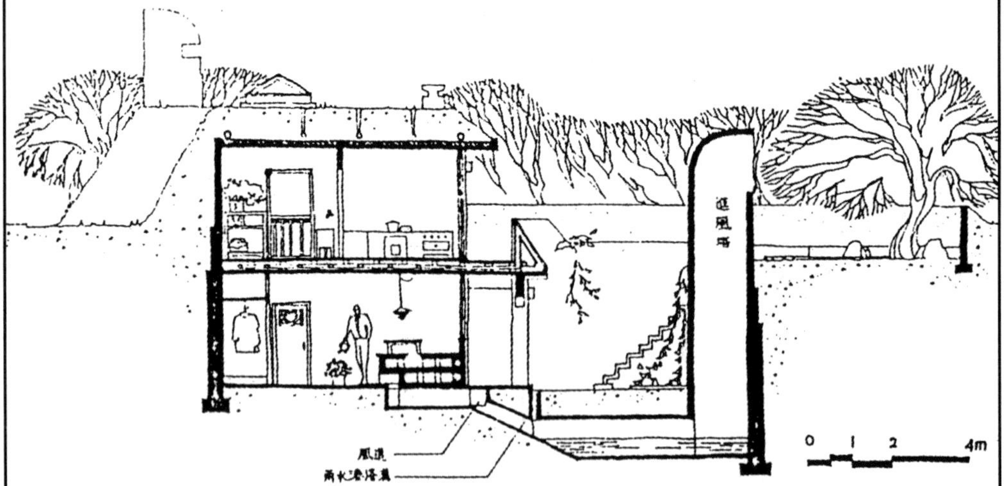

剖面圖 SECTION B—B

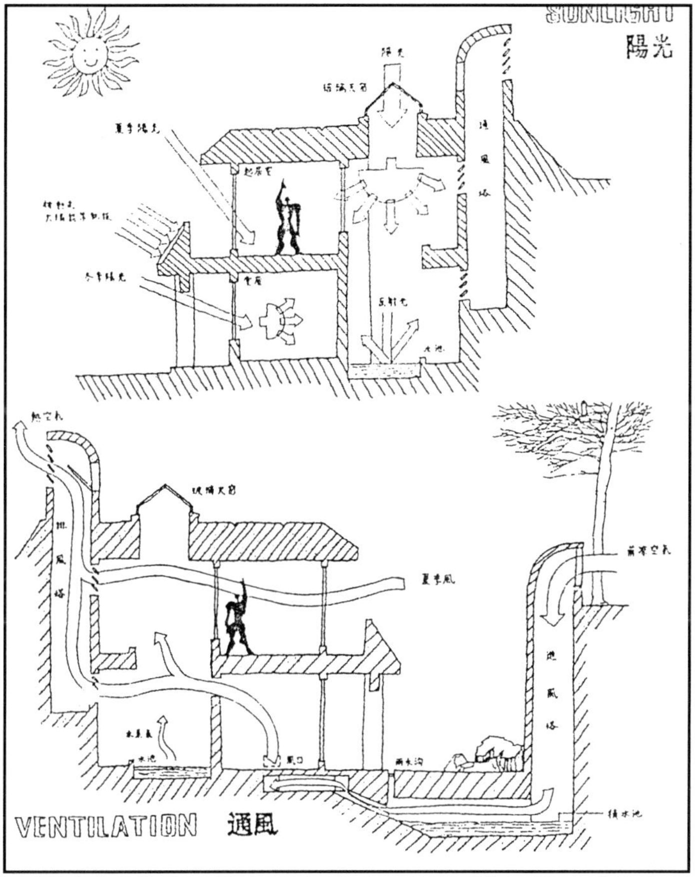

天地合气
万物共融

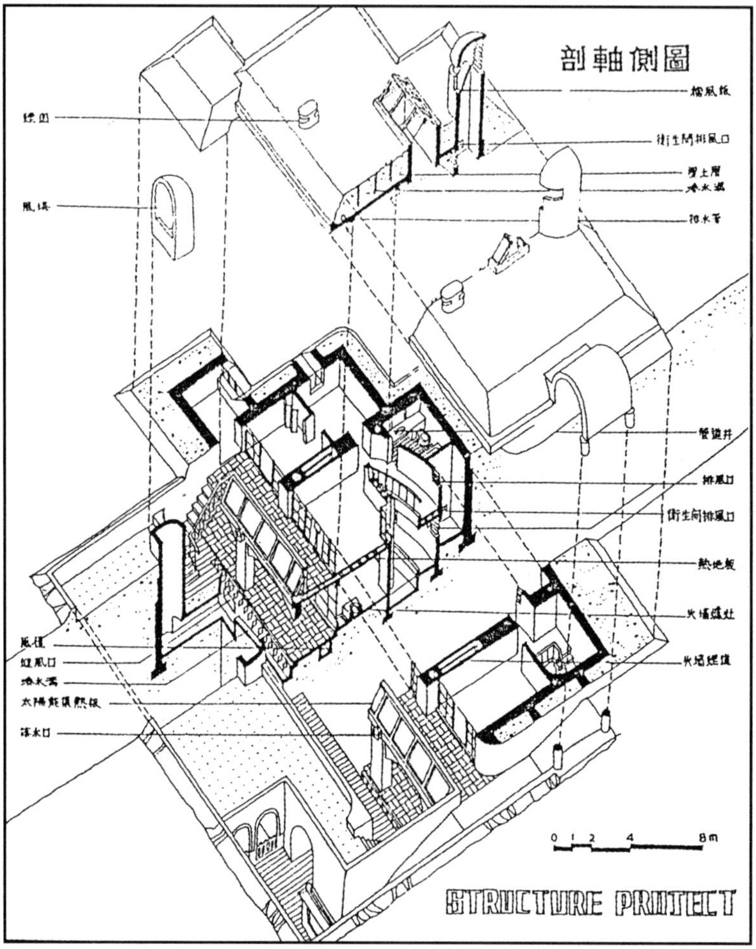
剖軸側圖
衛生間排風口
管道井
排風口
衛生間排風口
熱地板
火墙爐灶
火墙煙道
進風口
0 1 2 4 8m
STRUCTURE PROTECT

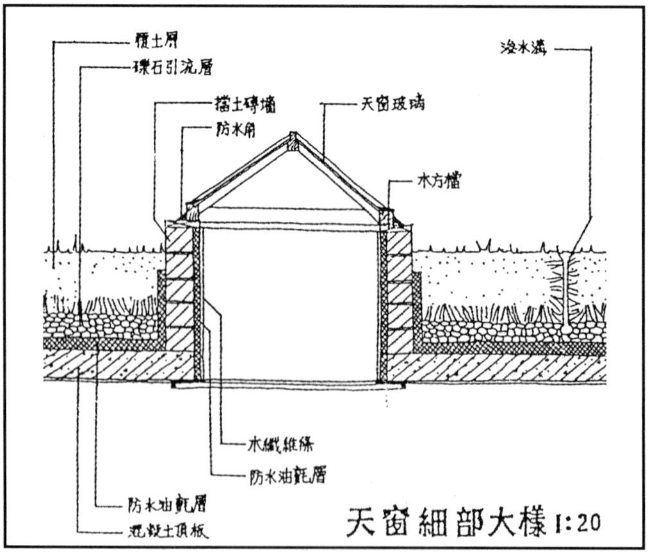
覆土層
礫石引流層
擋土磚墻
防水角
天窗玻璃
木方檔
水纖維條
防水油氈層
防水油氈層
混凝土頂板
天窗細部大樣 1:20

剖透视图 THE INTERIOR PERSPECTIVE

透视图 THE PERSPECTIVE OF THE NEIGHBORHOOD ELEMENT

毁誉交加说风水
——［英］E.J.伊特尔《风水：古代中国神圣的景观科学》评介

王蔚　戚珩

多少年来，风水这一指导中国传统建筑活动的基本观念及其实践手法，在它发源的国度里，一直是一种神圣或邪恶的禁地，或不能触犯，或不屑研究，或不敢探析，使风水经历了正反两个方面的禁锢，或其迷信得不到有力的批判，或其科学内涵得不到合理的发掘。

倒是一些西方学者以局外人的身份，先中国人一步，在19世纪就开始了从近代科学的角度对风水理论加以研究。例如英国基督教传教士伊特尔（Ernest John Eitel，1838～1908年）1873年初版的《风水：古代中国神圣的景观科学》（FENG-SHUI The Science of Sacred Landscape in Old China），就是这时期一部系统分析中国传统风水理论，并把它介绍给西方读者的典型著作。

实际上，早在16～17世纪，中国传统的风水观和作为其理论基础的中国自然哲学，就已引起了来华西方人的注意。例如，1582年从意大利来华的天主教耶稣会士利玛窦，在其著名的《利玛窦中国札记》中，就曾记述了中国人按风水行事的一些见闻，并就有关文化背景介绍中国儒家学说："肯定整个宇宙是由一种共同的物质所构成的，宇宙的创造者好像是有个连续体（corpus continuum）的，与天地、人兽、树木及四元素（按：指西方传统观念承自古希腊的地、水、火、风四元素）共存，而每桩个体事物都是这个连续体的一部分。""根据中国人的理论，整个物质世界——人、动物以及混合体——都是金、木、水、火、土五种元素构成的。"由于当时的耶稣会，虽然注重科学和艺术的素养，但在宗教立场上，却极端守旧，竭力卫护罗马天主教廷的神学教义和政治权益，既以其宗教观念和可借以附会的西方古代科学成就，否定被视为异教徒的其他文明，更顽固地反对当时风行欧洲的宗教改革，因此作为这个教会的成员和传教士，利玛窦还不可能以更客观的理性眼光来审视中国这种异教徒的自然观，而是嗤之以鼻地全部视为迷信，予以了否定。

作为一名传教士，伊特尔来华，本来也是以传播西方教化为己任的。但在19世纪，由于西方社会的变革和近代科学的巨大进展，伊特尔的思想信仰已和利玛窦有了很大不同，是宗教改革后接受了近代科学而有较大宽容精神的基督教新教思想；虽然认为基督教和这一文明圈内的科学进步是解决精神世界和自然世界中一切问题的唯一真理，但在伊特尔审视事物时，毕竟比利玛窦更多了近代西方科学与哲学的眼光。

在这种立场上，伊特尔对中国传统的风水，作了在当时来说，堪称较为全面的审视和批判。在他著作的引言中，展示了在19世纪西方科学面前，在西方列强对中国的横暴侵略面前，迂腐的中国官僚和未经科学启蒙的下层民众的愚昧，种种事实，令人叹惜。然而，伊特尔看到，中国人如此普遍而固执地坚持风水原则，而且不少中国人还认为，许多西方人的做法表明西方人也很懂风水并依其行事，由此，伊特尔感到，风水中“肯定有什么意义”，并由此开始了他内心充满矛盾的研究。借助近代科学的眼光，他在一定程度上揭开了风水的本源，在毫不留情地批判风水的欺人、迷信的同时，也竟至违背宗教感情地承认了风水理论赖以建立的中国古代科学基础。经过多年的资料搜集和分析，伊特尔在他的书中写道：“在我看来，风水无论如何是自然科学的另一种名称。”

在分析中国风水理论的自然哲学基础时，伊特尔对应于风水理论中的“理”、“数”、“气”、“形”，把这一体系归纳为“自然的法则”（The Laws of Nature）、“自然的数值比”（The Numerical Proportions of Nature）、“自然的气息”（The Breath of Nature）、“自然的外形”（The Forms and Outlines of Nature）四个命题，展示了风水所依据的自然观的基本面貌：

1.万物都处在一个天地相应的整体关系中。古代中国人很早就发现了太阳、太阴（月亮）、28星宿及金木水火土五大行星的运行规律，发现了它们同地球昼夜节令变化和灾情间的关系，在把天象当作世界的真实的观念下，试图通过它来打开认识自然之门。这在宋代，被朱熹发展成为一套完整的哲学体系，制约万物的是“理”，它以一定的规律，不以人的意志为转移地运动着，由最初的混沌，产生了阴阳，进而演化出天地及一切自然事物。

2.宇宙天体的存在和显现，时空交替，类型各异，它们能够和谐地共存，是由于处在适当的位置，有着一定的量和轨迹，使各种相互作用达到平衡，它被归结为“数”。地球上的自然事物也反映着数的平衡，考虑到阴阳的不停运动，这种数的平衡也是动态的。

3.遵循着“理”，在一定“数”的平衡中，推动世界形成并作为一切存在物生命过程的能量，而且释放出来相互影响的，被称作“气”。

4.“理”、“数”、“气”都不是可以直接看到的。而大地上的一切事物，则以其外在形象潜在地反映着理、数和气。通过地和天的对应比较，可以发现其“形”，从中把握一定的理和数之下的气的作用。对自然平衡的破坏，将受到气的报复。

伊特尔认为，这些基本观念，就是在中国古代建筑活动中运用的风水理论及相应手法的本原。世界万物相互作用，人也不能超乎其外，他们生存中的任何活动都要吻合于自然，因而要避免在不利于人类生存的气息下生活，建筑活动要利于自然的和谐。与此同时，又肯定平衡不是静止不变的，在通盘考虑周围环境的前提下，仍可以改造环境，使之与人类共同达到新的平衡。

在分析风水的科学意义的同时，伊特尔也赞美了它对中国风景景观的作用。他指出，中国人在使自然面貌吻合于五行应有的位置与比例，使自然气息良好运行、为人类带来安宁的前提下，除了被动地发现和选择以外，也可以假以人工去改善不利的环境。“假如一座山由于显示了木星的轮廓而破坏了环境的和谐”，人们可以“改变其峰顶的轮廓，使木星变成为金星”。可以用植树、堆山、开河以及建造塔、庙宇和房舍等来改变与人类不相适应的地形，使之臻于完美。

伊特尔分析说，风水这一古老的中国自然科学，有着有机整体的自然观，物质世界不是处于万物彼此无关的静止结构中，而是“呼吸着的生命机体”，包括人在内的各个环节，是相互作用的。然而，中国传统上重哲学思辨轻科学实践的思想观念，却阻碍了对自然界各种事物及其相互关系和运动规律的切实研究。中国古代圣哲仰观天文、俯察地理所发现的宇宙奥秘，被神圣化、情感化，成了不容置疑的理性原则。从初步的真实中进行推理，演化出一套形而上学的模式，从天体的存在和运动，同地球上时间、季节更替的对应，导出地上一切事物以至人的命运都是上苍的反射的结论。

伊特尔比较了中国和希腊这东西方两大文明，指出了它们认识世界的相似之处：“一种精神生命的金带，运动于所有存在物之中，并把它们连结为一体。”事实上，在古代科学发展的初始时期，几乎各民族都有类似的观念，大量的未知事物使科学与迷信或宗教相混杂，宗教迷信掩盖了这些观念的可贵科学性。

和西方自希腊以后的科学发展相比较，伊特尔指出，风水命题下的中国自然科学，在一代代的传承中，不再去通过实践分析来解剖自然，或者说真正科学性的研究一直未得到应有的地位。从初始的基本观念同自然的相对吻合，风水用一定的模式无限推广开来，去把握自然世界及自然中的一分子——人类的命运。传统的封建观念，祖先崇拜观念，道家出世无为和佛家的宿命观念，更局限了中国古代科学的发展，推动了迷信的发展。初级真知和手法的形而上学无限推广，使真理变为谬误，糟粕掩去了精华。伊特尔写道，风水在中国“成了一种法术，并且，那些精于此道并以此为生的人，为了自身的利益，使风水变得像欧洲炼金术和占星术所伴随的幻想一样神秘”，它沦为“一种迷信体系，告诉人们应在何时何地建造坟墓和住宅，以保证他们所关切的永恒幸运和快乐”。

在伊特尔的书中，他还把中国的传统自然哲学与西方近代科学发现相比较，迷信的外衣被层层剥离，中国风水体系的基础展现在他的读者面前：这是一种缺乏精确科学实验，未能发展成熟的古老科学理论。

伊特尔站在19世纪英国传教士的立场上，以那个时代的西方自然科学和自然哲学的眼光，去审视中国古老的风水术，去审视当时展现在他面前的风水理论及其实践的面貌，一面在古代科学的意义上肯定了风水的科学本源，一面结论说：“风水是可以被称作宗教与科学的完全混合物的东西。……从科学的角度看，我们迄今为止只能非常宽容地说，中国物理科学是对自然粗浅猜测的凝聚物，被怪诞地运用幼稚的模式而发挥了。”“以人的思辨和迷信而不是对自然的精确研究为基础的风水体系，显然是陈腐的和要消亡的。”

时隔不到一个世纪，被伊特尔审判为随着科学发展注定要消亡的中国古老的风水理论，非但没有为现代科学湮没，而恰恰是在西方，方兴未艾地再次兴起了风水研究热。不少西方学者在他们的著作中，洋洋洒洒地论说风水，溢美之辞，屡见不鲜：“在风水下所展开的中国风景，在曾经存在的任何美妙风景中，可能是构造最为精美的。”“（风水）总是包含着一种美学的成分，遍中国的田园，庐舍，村镇之美，不可胜收，都可籍此得到说明。”“在东方，经过四千年连绵不断的传统，土地规划与组合的艺术和科学，业已发展到有力而微妙的程度，而这种程度，在欧美的实验开拓计划中，均属罕见。”美国当代城市规划权威开文·林奇在他的名著《都市意象》中说到西方不少国家的这种风水研究热，“教授们组织起来，予以研究推论”，“专家们正在这个方面谋求发展”，他甚至赞叹说，风水理论是一门“前途无量的学问”。而正是在这种气氛中，伊特尔的《风水：古代中国神圣的景观科学》一书，也受到学者们的重视，“自1973年以来，已是第三次出版”。这肯定是伊特尔始料所不及的事。

与伊特尔在一个世纪前的结论相悖，20世纪中叶以后，风水理论研究在西方国家的复苏，当然不是宗教迷信的再一次回潮，而恰恰是在西方工业社会和科学技术高度发展之后，在更高层次上出现的有关自然哲学的一种必然的辩证的历史归复。从根本意义上说，正是同当代科学与哲学发展相吻合的古代中国的有机整体的自然观，以及处理与自然关系的实践方式，具有打开未来科学之门的钥匙的价值，才如此深深吸引了众多的当代学者。

进入20世纪以来，建立在西方经典科学技术上的现代科学技术飞跃发展，给西方带来一个高速运转的工业社会，连建筑和城市规划领域，也曾充满了以技术和物质功能为主题的革命热情，人们曾自豪地认为，现实世界中的一切物质和心理的社会与个人需要，都可在现代工业文明中寻得解决的可能。但由于从根本上忽视了自然界本身及人类同它的生命联系，终于导致了一系列人们始料未及的严酷问题：工业高速发展中的严重环境破坏；现代工业社会造成高度物质文明的同时，又导致了人们精神情感上的空虚，激烈竞争中的紧张以及对前途缺乏信心；人类自然本性的异化；等等，都导致了人们的反思，开始重新致力于传统文化研究，试图从中获得现实生活与心理上的平衡。这样，在消极意义上，便为世俗风水观及其手法的现代运用提供了基础。伊特尔著作20世纪70年代后第三版的前言、后记撰写者米切尔就提到：一些现代经济生活中的公司也要请风水先生来选址和定向，以其玄妙理论中的科学内涵，风水谐调着一些当代人生活工作环境同自然的关系，而同时，又迷信地使人宽慰于生活与事业的未来。

在另一方面，由于当代科学技术与哲学的巨大进展，从信息论、控制论、系统论、模糊学、耗散结构、生态学、环境工程等等，整个学术思潮也较之以往发生了重大转折。人们意识到，西方的传统观念中人与自然分离的概念，从分析的角度和个体关系的角度来研究现实的世界观和方法论，已无力解决当代演化发展的难题，即如何从整体的角度来理解和处理世界多样性的发展。而正是由于世界古代文明的整体有机的自然哲学，在这一点上更优于近代科学，因此引发了西方当代学者的历史反思，寄望于历史上曾经存在的辩证思维，以从中汲取智慧，寻得借鉴和启迪，去开拓未来。这样，在积极的意义上，便为中国古代风水理论的“重新发现”和不断深入地探讨其合理内涵提供了基础。

美国学者格林伍德和爱德华兹在他们著名的《人类环境与自然系

统》一书中说道："古埃及、古希腊和其他早期文明国家，对太阳系以及地球和太阳系的关系都形成了准确的概念。……地球在环绕太阳的轨道上有规律的运动和由太阳供给的能量，完全控制着我们星球上的生命潜势和某些像大气之类的维持生命存在的非生物现象。""我们必须认识到，虽然人类社会体制是依靠自然系统的，自然系统可并不依靠人类社会体制。一旦社会经济崩溃了，自然仍然继续正常进行。可是，经济发展如果给自然系统造成不可挽回的损害，则迟早要产生严重的后果。"正是由于有着虽然缺乏科学的发展却在根本上与此相通的观念，中国古代风水理论在传统人类生存环境创造中具有的重大价值，受到了当代学者的赞誉。美国城市规划及设计专家戈兰尼教授认为："在历史上，中国十分重视资源保护和环境美，中国的住宅、村庄和城市设计具有与自然和谐并且随大自然的演变而演变的独特风格。"肯定人的自然性，从主宰世界到寻找在这个世界中人类恰如其分的位置，是今天重新探讨风水合理内涵的重要原因之一。

科学及其理论思维方法本身的发展，是风水所依据的自然哲学再次受到重视的另一原因，也许是更重要的原因。虽然有如伊特尔曾指出的那样，中国古代自然观，曾由于年代久远而苍老，更由于风水的迷信色彩而衰退，经不起近代科学的一击；但也正由于他所指出的风水命题下的中国自然科学"对自然粗浅的猜测"，富涵了辩证思维的天才智慧，富涵了事物演化发展的整体有机观念，并以此指导处理现实问题，因此能在科学发展到更高阶段的今天，使人们注意到它的价值。这在曾一再给予中国传统学术思想以高度评价的西方当代杰出科学家普里高津那里，就不难得到典型观照。

《第三次浪潮》的作者托夫勒在为诺贝尔化学奖获得者普里高津《从混沌到有序》这一名著撰写的前言《科学和变化》中，曾强调指出："在当代西方文明中得到最高发展的技巧之一就是拆零，即把问题分解成尽可能小的一些部分。我们非常擅长此技，以致我们竟时常忘记把这些细部重新装到一起。"而普里高津"花费了他一生的大部分精力，试图'去把这些细部重新装到一起'，这里具体地说，就是把生物学与物理学重新装到一起，把必然性和偶然性重新装到一起，把自然科学和人文科学重新装到一起。"当代学科走上了从细致分科在更高的层次上向综合化回归的道路，强调作为一个整体运动着的自然世界各种内部联系以及同人类的关系。作为一个大系统的世界，不仅要靠每一单独学科对世界某一方面的阐述机械相加来解释，它更需要整体把握的思维方法。先进的科学家正在整体中寻找分离事物相联系的多重线索；从系统的运行中寻找反馈的作用；从似乎偶然的现象中发现概率的必然；从精确规定性的偏差中发现高层次的“模糊”规定……。对风水认识世界的自然哲学方法在当代实验基础上重新发掘，必然对科学的未来发展提供有益的启迪。

建筑界对风水理论的探讨有着得天独厚的条件，传统风水观的有益实践主要体现于建造活动中。从这一角度，既有利于系统地展示传统自然观的外延，也有利于发掘中国传统的环境处理手法及美学原则，直接服务于人类生活环境的创造。然而，发展未来科学应是研究风水的更重要任务，否则风水理论的再现也只能是一次亡灵显像，不可能对人类未来起到积极的作用，相反，迷信的愚昧会再次抬头，我们现在已面对着这样的现实。

19 世纪伊特尔的著作和今天的世界，使人深深感到，对风水的种种毁誉，正在于它真理的光彩与迷信的阴影交织在一起，正在于认识世界的历史无限性和各阶段的有限性。当以科学的态度无情地批判风水糟粕而发扬其精华时，它可能成为打开未来科学之门的钥匙之一，最终还自然及人类以应有的面貌，建立如米切尔所说的，“使有生机的土地的最高利益同她的所有居民的最高利益得以谐调的科学”。

参考文献

1 利玛窦，金尼阁著. 利玛窦中国札记. 何高济等译. 中华书局

2 开文·林奇著. 都市意象. 宋伯钦译. 台北：台湾台隆书店

3 格林伍德，爱德华兹著. 人类环境与自然系统. 刘之光等译. 北京：化学工业出版社

4 普里高津著. 从混沌到有序. 曾庆宏等译. 上海：上海译文出版社

5 恩格斯. 自然辩证法. 北京：人民出版社

李约瑟论风水

中国人不仅根据天象来占卜，也由相土或风水（字面意义为“风和水”）来卜地。风水所产生的深远影响，已比占星术更为近代学者所注意。风水与占卜不同，从罗盘的发明，可以认识风水的重要性。查理（Charley）为风水下过定义：“这是使生者与死者之所处与宇宙气息中的地气取得和合的艺术。”其基本思想是：如果生者的居室与死者的坟墓不置于适当的地方，各种灾祸将殃及居者与墓中死者的子孙；反之，吉地将带来禄寿与福祉。每个地方都有其特定的地势，局部性地制约着各种自然之气，人们根据当地的地势，调节选择的位置，以获得所想往的和谐。由于“风和水”的影响而形成的山岳形状、水流方向，是最重要的。建筑的高度与形态，道路和桥梁的方向，也是有一定意义的因素。此外，不可见的气的力量与性质，时时为天体的位置所左右，所以，从当地观察的天体方位也必须考虑在内。位置是极重要的，对不吉的位置，人们可以通过挖穴、堆丘或其他措施来调整风水，改善它。

这套思想很古老，至少可追溯到公元前四世纪，由前引《管子·水地篇》，可窥知地气有如人和动物的脉络流通。两个世纪后，风水说已广泛普及。王充时代，已很发展，或在汉初已为人们认可。《史记》提到一类占卜者，即堪舆家（堪为天道、舆即地道的占卜者）。《汉书·艺文志》著录了《堪舆金匮》与《宫宅地形》两书，但都已失传。王充同时代的王景似曾研究风水术，显示出当时已和修河渠、治水发生相当的关联。风水说真正自成体系，似始于三国时，管辂有《管氏地理指蒙》（管氏是风水先生）。其后郭璞有《葬书》，王微有《黄帝宅经》（今存），唐代杨筠松有《青囊奥旨》，明代刘基有《堪舆漫兴》。《古今图书集成》所载的风水专家，郭璞之前有三人（管辂除外），一为战国时代的樗里子，二为秦代的朱仙桃，三为汉代作《葬经》的青乌先生。

存在于大地上的阴阳二气，与春天出现于星空东方的青龙七宿、秋天出现于西方的白虎七宿相对应，二者都以地势来象征，青龙位于坟墓或居室的左方，白虎居其右，犹如双臂弯抱，庇护着坟墓或居室。然而，这仅是复杂的开端，高耸的峭壁被视为阳，圆形的高地被视为阴，在可能的情况下，须由地址选择来平衡这些（山灵）影响，取阳的3/5，阴的2/5。人们还必须考虑到与此交织在一起的八卦、天干地支与五行。由于所有这些因素的影响，堪舆家格外偏爱蜿蜒的道路，迂曲的墙壁与波折多姿的建筑物，力求其适合山水景色，而不是支配它们，他们避免了直线型与几何性布局，认为孤立的巨石也是不吉利的。在许多方面，风水对中国人民是有益的，如它提出种植树木和竹林以防风，强调流水近于房屋的价值。虽然在其他方面十分迷信，但它总是包含着一种美学成分，遍中国农田、居室、乡村之美，不可胜收，都可藉此得以说明。

毋庸置疑，罗盘的发明应归因于风水，它最初为堪舆家的盘，即所谓“栻”。栻盘分成两层，上盘为圆形，象征天，下盘为方形，象征地。北斗七星标在上层圆盘上，盘两层都刻着有关罗经点的符号。这种堪舆家的栻盘，可远溯到公元前3世纪，而且很明显与测定方向有关，即使阴天时也可用它。但罗盘发明的全过程延续到了较晚的时代。也有证据说明，堪舆家的栻盘与棋弈有关，它最早的使用，好像是一种往棋盘上掷类似骰子形的棋子来占卜的方式。

——节译自《中国的科学与文明》

中国磁罗盘的发明，缘于宫廷术士的占卜术。而其后的应用发展，乃在农业的大陆而非主要是航海的文明。它的用途，却又局限于准科学的道家的堪舆术（风水术）。明乎此，我们不难了解这一重要的发明之所以传播得这样慢的原因。

堪舆术在各种占卜术中，是最深植于中国各代文化中的。它发展于战国时代，各派阴阳家哲学、邹衍学说的全盛时期。《管子》中形容水是大地的血和气。《史记》中也提到某些占卜师为堪舆家。由王充（一世纪末）的批判，可知在汉朝堪舆术已相当发达，到三国时，就更加巩固了。

罗盘的兴起，似乎使堪舆师自唐代后就分成两派。江西有“赣州先生”，以杨筠松为首（公元874～888年），提到占星术而未涉及罗盘的使用；另一派为福建派，宗奉王伋（生于公元990年），认为罗盘对地形预兆极为重要。1786年赵九峰的《地理五诀》记述了如何使用罗盘选择坟墓和住宅吉地的详细方法。

不幸的是，许多书籍都散失了。1602年，精于堪舆术的李应试加入天主教，竟将满满三箱精心收藏的高价手抄书（堪舆占卜及天主教的教律禁书），当众焚烧了。三年后入教的瞿太素，也焚毁了三、四担各学派的印本及待印手抄本。这愚昧之举，关闭了探索中国对科学最伟大贡献的史料之门。

中国的堪舆罗盘，极为复杂，包含八卦，天干，地支，二十四个方位等。到了航海的罗海，则简化为十二至八个方位。

丘延翰（唐代堪舆师，公元713～741年间）时天文子午线方位的术语为“正针”。杨筠松（公元880年）以当时的磁偏角（北方偏东7.5°），在罗盘又加一圈，称为中针。磁偏角随时变易的记载，见于范宜宾的《罗经精一解》（公元1736～1795）。

——节译自《中国的科学与文明》

清楚的是，中国磁罗盘虽然可能是在用作堪舆（尤其是宅地墓穴定位向用）数世纪后才用于航海，但是中国水手比他们的欧洲同行们使用磁罗盘至少早一个世纪，而且更可能是早两个或三个世纪。

晚唐时期（约800年）的堪舆书《管氏地理指蒙》首次明确地提到了磁偏角。这是以磁针为前提的，实际上是专门的叙述。在《九天玄女青囊海角经》（约900年）中含有关于磁偏角的含蓄的资料，因为书中谈论了“正针”和“缝针”。如果我们看一下近代的中国堪舆罗盘，就会发现罗盘上有三个同心圆：外面两个同心圆是重复了最内层一个圆上的24等分点，但是和内层圆的等分点是错开的，一个向东偏7.5°，另一个向西偏7.5°。按天文学南北方向的叫做“正针”，采用向东磁偏角圆周方位的叫做“缝针”，而偏西的叫做“中针”（很可能因为这个圆在三个同心圆的正中间）。每样事实都表明了，这三个圆是磁偏角在中国顺序地向东和向西那时候保留下来的，像化石般的痕迹仍体现在罗经盘上。实际上，中世纪的史籍生动地描写了堪舆家们之间因此而争论对宅地和墓地位置，哪一个是更正确的方位。终于，1174年曾三异在《同话录》中提出了一种理论来详细地解释磁偏角。因此无疑可以肯定，当欧洲人甚至连（磁针）指向性都还没有听说时，中国人就已在为磁偏角的起因而操心了。

——辑自《李约瑟文集·中国对航海罗盘研制的贡献》

范 为 编译

风水：中国的环境设计

[日]郭中端　等

中国的风水相当于日本的“家相”。

风水术起源于墓葬，人们相信墓地选择的好坏,关系到子孙的繁荣。所以墓地的选择,比住宅更注重周围环境和地势，而且更加认真细致。从中国的住宅与环境景观的关系看，建筑物的方位，都是按照风水理论来“堪舆”的，这种方法一直影响着住宅、宫殿、陵墓的建筑布局和城市规划，甚至还关系到建筑物的细部装修和庭院中的花木栽植。如果抛开风水理论，就很难以理解中国传统建筑的真正奥妙所在。

风水术相对于环境景观设计而言，还是一种宇宙论的解释，也就是说，它并不单纯是关于环境景观的学问。一般地说，它是在建造住宅、宫殿、寺庙和陵墓时，用以满足人们的心理和行为需要的一门学问，是在象征的意义上，了解并运用从地理环境中所观察到的天地宇宙的本质。而选勘风水，则是为了使家庭和子孙后代在将来能够福禄绵长，财源茂盛。所以，为了选择好风水，就很有必要观察地理环境的空间形象，四季的变化，以及日月星辰的运行规律等，并依据空间和时间的情况，来选择最有利的地理位置。

在中国，人们对风水多少都有所了解，重要的建筑都由专门的风水先生来勘察。风水理论分为很多派别，建筑物的布置，也是多种多样，总括起来，有如下一些重要原则。一是坐北朝南，面迎阳光。二是背依大山或丘陵，左右两侧有小丘陵。三是靠近河流和水塘，但忌讳背水。

风水是古代中国环境规划的理论，它对于自然的地质、地貌，景观特征，风、雨、云的形态，四季气候的变化，以及水的环境等，都做了深入的观察和研究，所以说风水也是一种科学。日本的“家相”受中国风水理论的影响很大。但是，这种本来源于对自然现象进行研究和利用的学问，逐渐发生了变化，以至到后来变得越来越玄幻迷信了。

实际上，中国的风水就是寻觅适于建造建筑的用地——“明堂”和“龙脉”。这需要很长时间才能找到，首先要在较大范围内，观察周围环境和土地的自然状况，然后逐渐缩小范围；在寻找“明堂”和“龙脉”时，对“龙穴”的寻求就需要更多的时间。在基本上选好一片较大的地形之后，还要对小范围内的自然环境进行更加深入、细致的观察研究，最后才选择最主要的“龙穴”。从这些情况来看，中国的风水理论也的确存在着一些有价值的东西，而正是这些，诸如风水理论的渊源、内涵和风水空间的构成等等，才是现在研究风水理论的真正中心。

1 中国人的环境观

中国人认为，自然的基本要素是“气”。所谓“气”就是一种力，一种场，气的存在是不断流动着的，重浊的气属阴，轻清的气属阳，阴阳相对，生成万物。中国人还认为，物质都由金、木、水、火、土以流动着的气的轻、浊状态，构成天地万物，而这种所谓“气”构成天地，生成万物的观念，就是所谓“天人合一”、“万物一体”的思想。中国人认为，天地（自然）的运动直接与人相关。这种“天人合一”的思想，与现代的“生态学”对自然界的理解和认识是一致的。

“气”是类似空气那样的东西，所以是动态的。但从地理上讲，又是静态的。因此，用什么样的手段在固定的地理环境中，在固定的地点能够得到山与水的“气”，乃是风水中重点考虑的东西。专业的风水先生看风水时，最重要的是寻找“峦头”。所谓“峦头”，就是地理环境中的多种重要因素，如山岳、河流、草木、空气和它们之间的相互关系，以及这些因素又组成一组什么样的状态等等。重重叠叠的山的走向和环绕形成的空间，与水的弯曲、高低、流向等，都涵构了“气”的运动状态；在山的环绕之间，包含着“气”（风）的停留，形成了所谓“藏风、聚气”的理论。高山上落下的流水，越接近地面，水流就越缓慢，冲积出平原，形成三角洲，这样的水有利于农耕，是理想的水。而直接冲下，急湍和反跳的水，都是很不好的风水。

风水先生对地理环境好坏的探索，对理想的地理环境的描述，在很多风水书中都有阐述。据《入山观水口论》记载，“入山观水口”，是很重要的。所谓探寻两山之间的水口，从地理环境来看，就是观察寻找一种环境与另一种环境的接合点。“水口不通舟”也是很重要的，水口的两岸是悬崖绝壁，只有一道山峡使水通过，沿着这样的山川，通过水口，就出现群山环抱的原野，水在原野中形成弯弯曲曲的河流，这里便是风水最好的地方。

风水书中把广阔的平原称为“明堂”，用“明堂容万马”形容平原的广大。这种理想的自然环境概念，在中国的山水画和陶渊明的《桃花源记》以及古代的诗词中，都有具体的描写。

前面说了水流和水口，现在再说一说山势。风水中各个流派，都有所谓山势“环抱”的说法，在风水理论中，山就是“龙”，山的起伏、高低、逶迤，就是“龙”的形态变化。山的这种蜿蜒起伏，形成了运动的气势，所以将山脉称为“龙脉”。这种似乎活了的“龙”，被认为是可以“藏风聚气”的。而且地理环境的好坏，由山的环抱层次而定，同时，水口外部的树林，也十分重要。这种树林称为“案”，后面的山称为“祖山”。具备上述这些条件的地方称为“龙穴”，“龙穴”就是风水理论中认为最适于建造住宅和墓地的地方。

中国民居中的“正身”（正房，祭祖的地方）就设在“龙穴”上。所谓“正身”，就是龙的本体，两侧的栋是保护“正身”龙的，所以名为“护龙”（厢房）。中国传统的四合院住宅，正房称“正身”，厢房称“护龙”，中庭称“埕”。

“祖”是中国山脉的宗祖，指昆仑山脉。这个山脉的支脉，伸向四面八方，三条脉在中国，其他五条伸向了国外。风水书中对“祖山”和支脉有这样的论述：“祖山为木之干，风水为木之果实，而干上不见果。”所以说，好的风水并不在“祖山”（干），而是在它周围的小山岳（枝）的附近。由于有山的存在，水就必然在山脚下汇集，而水流的存在就必然有山。这是一种非常抽象而又难以理解的理论。这种山与水的理论，就是所谓“峦头”最主要的概念。

2 风水的历史

在从黄淮平原上发展起来的中国农业文明中，人们的生活、耕作、收获与天地间的关系非常紧密，这种天、人之间的关系，并不局限于克服自然界的影响，进行再创造，而是逐渐地产生了对天地万物的信仰和向自然学习的生活态度。从这种概念出发，便产生了中国人的独特的哲学思想和价值观念，而风水理论，就是这种思想观念的代表，或者也可以说它是中国人对于自然的一种主观的心理模式。

风水概念起源很早，据说伏羲氏时期就有了萌芽，至少在《诗经》、《仪礼》、《周礼》、《孝经》里，以及选择住宅和墓地的卜筮术与相地术中可以看到。周朝时，风水术大为发展，但正式的记载始于汉代，而至六朝时代，风水理论的哲学基础又进一步得到巩固和发展。

现在所能见到的最早的风水书，是晋代郭璞（276～324年）写的《葬经》。这本书的主题是“得水藏风”，“风水”一词，即源于此。唐代的高官杨筠松，为了打败蛮人，写了一部有关风水的《灭蛮经》，当时广为留传。在他退官之后，又曾试图以风水术来解救百姓的贫困与疾病，故被世人称为“救贫先生”。他的弟子曾文遄后来又写了一部名为《龙水经》（青囊经）的风水书。而以《葬经》为首的这三部书，则是后世研究风水的鼻祖。

汉代重视孝道，墓葬讲求奢华，所以风水理论开始受到重视，并逐渐扩展至其他类型建筑的选址和建造方面。两宋至元明，文化中心南移，从而使得这种观察地形的学问有了实际意义。明清时期，风水理论就应用得更为广泛了，北京紫禁城和天坛，以及整个北京都城的建设，都很明显地运用了风水理论。而这些风水理论，对日本的“家相”界又产生了很深的影响。

3 风水空间的构成

中国人对自然环境有着独特的见解，这从六朝以后的绘画和文学作品就可以看出。中国文人所描绘的自然，并不是自然本身，绘画和诗只不过是作者对自然的一种主观意念而已。具体来说，中国的传统山水画，并不是对外在物体的客观描写，而是由画家的思想所构成的风景。文学作品也是采用这种手法描写自然的，陶渊明写的《桃花源记》就是一个突出的例子，它是中国文人对居住环境的一种乌托邦的描写。“林尽水源，便得一山。山有小口，仿佛若有光，便舍船从口入。初极狭，才通人。复行数十步，豁然开朗。……”前面所述《入山观水口论》一书，就与绘画、文学作品中所描绘的自然观相一致。也就是说，这种自然环境的观念与风水理论是一致的。桃源乡的地理环境，就是由山围合而成的要塞型，与风水书中的“环抱”相一致，是一种出入口很狭窄的利于防卫的空间形态。

日本的所谓“四神相应”的环境，实际上不过是中国风水理论所描述的环境的一种。然而这种理想的地理环境，在中国也并不是很容易找到的，所以为了能够寻找到理想的地理环境，风水术也就广泛地为官方和民间所接受。这样，即便是没有理想的土地，也还是可以利用风水理论来进行改良，通过植树，挖池、改变入口等等，创造理想的地理环境。

风水并不单纯是自然环境之间的关系，在邻里间位置的关系上，也同样非常重要。在乡村中，建筑可以自由地选址、定位和改良周围的环境，各家之间的这种相互关系，使得村落的范围越来越大，而由于风水内容的存在，则又使得邻里之间建立了一种特殊的空间关系。这种情况在许多村镇中都能见到，很多用途不明的空间，从纯粹的建筑学和规划学的观点来看，是很难理解的。但在较大的城镇中，由于土地利用率和经济条件的制约，风水理论就仅限于建筑方位的选择上，至于入口的位置，以及建筑物之间相对关系的调整，则只好采用一些降福除灾的装饰物和悬挂小镜子的方法来加以解决。

《桃花源记》中所描绘的地理状况，是一种有利于防御的很好地形。台湾开拓初期的村落，都有由住宅建筑群围合形成的中央广场，各住户都面向广场开门，街道入口处通道很窄，这都是为了形成了一种有利于防御的空间形态。但是，这样一来，建筑物之间，街道之间，以及村落之间相互关系就很成问题，所以便利用塔和庙来改善风水。于是村落之间相互竞争，竞相建造庙和塔，而塔与庙的建立，则又改善了街道景观，起到了象征作用。

风水理论不仅研究具体地形、地貌及其周围的环境，而且，它还研究人们的视线所见不到的、非常遥远的地方的地理形态。下面以几个实例来进行分析：

例一、三台玉带格

三台玉带格在江苏省承天府的东北部。龙（山脉）发源于大洪山，其特征是龙脉旺盛，像屏风一样横列，其中有若干支脉伸出，内外明堂（山间的平地）很紧凑，脉的末端是玉带砂（湖旁的山丘），内部聚气，而且能远眺秀丽的三台峰。外阳在很宽的有生气的北湖，溪水在周围环绕，四方气势庄重，满足了三阳的要求，龙脉很旺盛，能够藏风聚水，是很好的地形。

例二、金土眠牛格

金土眠牛格在浙江省杭州，俗名江头九曜山。龙——九曜山逆生，龙脉潜入田间，渡过峡谷，形成了屏风一样的地面，并且中间有蛇一样巧妙地弯曲的一脉，结成了金土穴，穴星的两手横展，形成一块平地，构成两手托明堂、中有龙穴的地势。这种地形，虽然看起来较散，但是，山的右手延伸数十里，在江头有镇，尽管这种横向的龙脉一般认为不太好，但实际上，这里的风水还是十分有利的 。

风水理论中非常注重建筑物和基地的方位，及其与大自然的融洽关系。其中最重要的就是山与水的组合。根据风水理论，平缓的山坡和弯曲舒缓的水流，都是自然形成的良好地理环境。自然弯曲的水的形态，能够产生很美的景色，是吉利的水。所以，从这种观念出发，现在日本的风水师就认为那种直线泻下、流得很急的河流是凶水，应予以改造。从景观构成的原则出发，建筑物可以建在山顶，也可以建在山腰或山脚下。但是，建筑物建得越高，对景观的影响也就越大。中国的建筑，由于风水理论的影响，所以一般都建在山下，或沿着山建造。因此，对周围地理环境景观的影响，也就比较小。借助自然景观来保护山的美，同时也衬托出建筑物的美。

风水的主要目的，是把凶相的地形改善成吉祥的地形。例如把不吉祥的水塘埋掉，在其上造林，控制洪水和潮湿的沼泽地，使阳光得以充分照射，或为便于交通而修筑道路。虽然这些改变，最初的目的是为了改善凶吉，但是后来重点渐渐地转移，而更多地从改进景观的角度出发了。为了使环境能够平衡，给人以较好的景观感受，所以常在村落中建塔，来调整景致的平衡，或在相反的方向建另一座塔，以此来补救自然的不足。风水的实质，实际上就是如何有效地利用自然，与自然相平衡、相协调，保护自然，使建筑物和自然相融合。风水也叫“地相”，它和“家相”、“手相”、“面相”等有着共同之处，是从直观上来了解环境的面貌。所以，从直观上看很美的地理环境，就可以被认为是好风水。

中国南方的民居前面，常有一个池塘，背后是一片树林，这种情况，在农村中就更为常见，被称为“风水池”和“风水林”。从风水理论来讲，这是为了留住“气”，但这多少也起一定的防御作用。同时，挖掘水池，也是为了填垫在慢坡的地形中，造出一块较为平坦的宅基地，并满足人们对水的需求。

日本的潮来十六岛的村落，都是在低洼地区建设的。当时，为了水上行舟方便，挖了很多的渠，使水都流到渠中，挖出的泥用来垫地，上面建造房屋。这和现代的土方平衡、垫地不同，它所强调的不是地形的平坦化，而强调的是高低不平，在较高的地方建建筑物，挖出水面来养鱼、养鸭，从景观的角度来看，这是一种很有意味的手法。“风水池”可以养鱼、养鸭、种莲藕，或灌溉土地、蓄藏雨水、排干宅基地的积水。而“风水林”则可以遮挡北风，防御对人、畜的侵害，以及生产木材和竹笋等等。

各地的孔庙（文庙）前一般都有半月状的水池，叫“泮池”。而中国的许多民居前也有半月状的“风水池”，所以也可以认为半月池即是“风水池”的原型。

风水理论最初肇源于《葬经》和《山海经》。《山海经》在描述了许多奇特动物之后，末尾记载了一些古代的神话传说与现实地形相结合的地理内容。这种记述，来源于古人的山川崇拜，认为山川中的动物具有神秘的力量，从恐怖的概念去崇拜那种神秘的力量，并且认为山川是兴风造云、产生各种自然现象的根源，相信有许多神灵在山川中居住。所以，《山海经》实际是把古人对山川的信仰、对动物的崇拜，象征化、具体化和形象化了的一部分。它对后来的风水理论影响很大，以至于现在市面上见到的风水书，很多都把地形环境比喻为动物、植物和人来进行解说，风水书中所描绘的地势图，也都采用一种非常有机的表现方法。

“龙脉”这个词，实际就是自然的山脉、水脉的神秘化和形象化。在乡村中建造住宅时，首先要看“龙脉”，实际上，这种看“龙脉”就是观察住宅背后的山脉，以及踏勘生活、生产所必须的水源情况，就是分析山川地势。由此可见，古人对地表的起伏很感兴趣，除关心地形环境之外，还强调了许多精神上的感受。

中国人的人生观认为：人间的住宅分为两部分，活着的时候住的是“阳宅”，死后住的是“阴宅”，所谓“阴宅”就是坟墓。中国人认为，人的生存时间是短暂的，而死后的世界却是漫长的。所以，对阴宅的建造，就比阳宅更注意环境的选择，由此便产生了选择地形的风水术。因此，在建造陵墓时，位置的选择就要从周围的空间环境来统筹考虑。墓室的位置，一定要选在相当于龙穴的位置上。最初中国的坟墓是在宅地之内设置的，但在后来，由于人们认为阴宅比阳宅更为重要，更注重选择有利的地形，而且日趋奢华，所以慢慢地，墓葬也就另择吉地而建了。

一般的风水书中，没有道理的东西很多，但任何毫无道理的东西，都是不会长期存在、长期为人们所信赖的。尽管风水理论带有很浓重的迷信色彩，但在一定程度上，它还是建立在科学的基础之上的，是以实用性为目的的，否则它就不可能流传至今而不衰败。从这点出发，我们至少可以从风水理论的一些合理性的东西中，发掘出某些适合于现代建筑设计和规划的理论。风水实际上是：地理学、气象学、生态学、景观学、规划学和建筑学的一种综合的自然科学。现在重新研究分析它的思想内容和它考虑具体问题时所采用的方法，对于我们今天来说，仍然是一件非常有价值的事情。

秦　笠　节译自郭中端等著《中国人の街づくり》（日本相模书房昭和五十五年出版）

风水思想和中国的城市
——以清代城市为论述中心

［日］堀込宪二

风水一词在日本并不普及，较多使用的是宅相、墓相。但宅相、墓相仅是风水思想中的一个组成部分，并不代表它的全体。这是因为，宅相和墓相的鉴定，比较而言，只重视对象本身吉凶与否，而在地貌景观环境的观察方面则不太着力。相反，风水的鉴定必须将地貌景观同建筑物视为一个整体，在极其广大的区域内对环境进行勘定和观察。

风水观念源远流长，据认为传说时代的伏羲时期就已存在，至迟也是始于周代。这时期开始，由于人们定居于天地自然之中，抱着享受自然赋予恩惠的愿望，试图人为地调整环境，以保持人与自然的调和。在晋代，已有郭璞所著，被称为风水经典之宗的《葬经》；到了唐代，出现了杨筠松等一大批风水名家。影响日本奈良、平安时代都城建设的风水，大概也是从这时传入的，不过所用的方法，似乎总是停留在确定四灵的水平上，或许当时的风水理论并不那样复杂。但是，被认为成著于明清两代的风水书籍，几乎谁都认为极其复杂难解，这或许是宋代以后，逐渐吸收容纳了各代流行的种种风水学说，及其他被认为有利于风水解说的思想，再加上风水师引申发挥，终于构成了繁杂而奇妙的体系。另外，到宋、明两代，京都南迁，周围出现了复杂的地形，这或许也加剧了风水思想的变化。

如果要对这一复杂而庞大的风水思想下一个定义，可以这么说：“当人们在构筑都城、住宅、坟墓等建筑物时，对构成所择地点环境的大地自然的形势、方位，流泉的有无以及它的形态，地表下的精气（龙脉）的优劣吉凶，整个局面的阴阳调和程度等，进行观察判断，寻求各种条件尽可能优良的佳境胜地,包括上述种种理论和方法的思想的体系，即是风水思想。”[1]牧尾良海的这一定义，把握住了整个风水思想。进一步说，风水的本身目的，就在于试图凭借所选定的佳境以招致富贵、平安、健康、长寿、子孙繁荣等幸福。

一、地方志上所载及的风水

在中国清代及民国初年纂修的府志、县志等方志中，可以发现有关风水的记述，中国的城市（设城墙的都市）大多采纳风水的构想来选地。例如，福建省《莆田县志》记载，由于在山河襟带之地建城，才智之士辈出，可见所谓“地灵人杰”的思想与城址选择的关系了。此外，在记载山川的地理条目内，可以发现不少风水常用的专门术语，即用祖山、少祖山、主山、青龙、白虎、案山、朝山、水口山等术语，来说明城市内外的形势（参阅图5）。风水也称为堪舆，专门从事这种鉴定的术士称为“风水师”或“堪舆家”，由于观察构成环境的大自然的形势，有时也称为“形家”。因而地方志中不少地方接受并记述了风水先生的建议和劝告，如“堪舆家言……”或“形家谓……”，等等。有关风水的这些术语和记述，在中国的方志中，中部、南方较北方为多，特别以福建、广东两省为甚。据此可以推测，在清代，风水之说在南方远比北方流行。不过，北方的地方志中也使用主山、案山等术语，河南省《邓州志》中尚引用形家之说，如“灵山……形家谓之主山”。

本文拟对清代及民国初年地方志中有关清代城市与风水思想之间关系的记载，作一番论述，同时，将指出过去作为民间风俗被载于官撰地方志中的一些风水事例。

二、关于龙脉思想

风水的基干思想之一，是龙脉思想。所谓龙脉，是指山的起伏连绵。自古以来，中国以昆仑山为天下的主山，由昆仑山发端出五支龙脉，其中有三支在中国，两支往欧洲方向延伸出去。中国的三支是北干、中干、南干（图1）。北干沿黄河通过北部地区（青海、甘肃、山西、河北及东北各省），终止于朝鲜半岛；北京、天津等城市即处于北干之上。中干通过黄河与长江之间的地区（四川、陕西、河南、湖北、安徽、

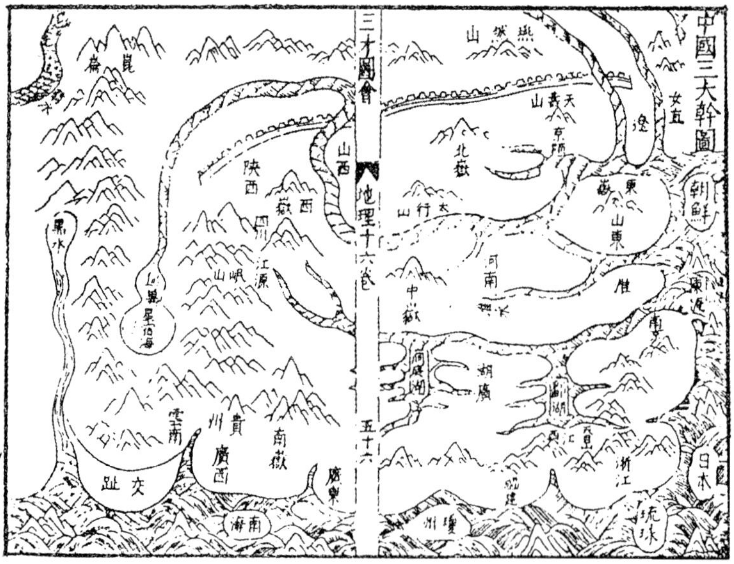

图1 中国三大干图（明代王圻纂辑《三才图会》地理16卷）

山东），西安、洛阳、济南等城市处于中干之上。南干沿长江通过南部地区（云南、贵州、广西、湖南、江西、广东、福建、浙江、江苏）；香港、广州、福州、南京、上海等城市处于南干之上。据认为，龙脉也从福建省起，渡过台湾海峡抵达台湾岛北部。风水认为，龙脉的各个干脉派生出支脉，支脉又生出支脉，如是繁衍，恰如人体的血管和神经系统一样，龙脉遍布于中国全土。

龙脉的行进、终止，有这样的基本原则："夹于山脉（龙脉）有川（水），夹于川有山脉；水流，则山行，水合，则山止。"根据龙脉思想，蒙受沿龙脉流行于地中的"生气"，可以招来幸福，因而必须寻求生气充溢永驻之地。水汇而龙止，而且生气不因风而散，所以，这种地点的构成，是周围环山的山河襟带之地。在河川汇合处或水边建立城市，并不限于中国，世界各地也自然随处可见。这些城市的选定或其自然形成，是出于防御或水利、平地的利用，当然不是风水理论的应用。但是，似乎人们反而认为，风水思想是以占据了防御、水利等地利而加以发展的城市建设经验为其理论基础的，并纳入了一个体系中。至于风水中的其他原则，如果按照上述观点注意考察，则可以发现不少符合这一理论的成分。

三、龙脉的保护

流经龙脉的生气，其停驻、融结的位置，即修筑陵墓、城池的建筑物的位置，被称为"穴"；紧靠着该穴后方的山，称为"主山"，是龙脉通过的主要之山。中国南方城市几乎都有这种相当于四神中的玄武的主山。地方志中载述了这一主山以什么样的脉络与干脉、支脉相连。

例如，形家认为，福建省光泽县城的龙脉，发端于南干，经邵武县的马岭而来。福建省永安县城的龙脉，经祖山的紫云洞，少祖山的天斗山，终至城东侧的东山，这一东山相当于主山，城墙横跨此山。东山是县城龙脉的入脉处，居民中有人想浴福这里的生气而在此造墓，但据认为造墓有伤龙脉，因而被严加禁止。在地方志中，为保护这种龙脉所经行的山或主山，禁止开掘、采石、伐木等，不乏其例。广东省香山县城，将入脉要地月子山用围墙圈定起来，以防居民建造临时性房屋等事态发生。这些措施，都是担心龙脉被损伤或切断，使生气不畅。

四、龙脉和风水山的补修

据认为，被挖掘而损伤了的龙脉，借助于填埋等补修处置，可以使其生气再行流畅。此外还不止于填补，而且进一步积极地培土垒石，整治山的形状。这类事例大致可分为以下几种：

1 使被挖掘的山返本还元

福建省莆田县城曾对被海盗挖掘而遭到损伤的主山（太平山）立即做了补修。安徽省婺源县城的船槽岭峡，曾经有居民在此采石，因为这里是龙脉所经之处，知县（知事）于是予以严禁。福建省顺昌县城的龙脉要地崎龙山，一部分隶属他县，由于该县居民采掘陶土，损伤了龙脉，顺昌县即以向采土者索赔的方式来禁止采掘，同时对地脉加以补修。连绵延伸的龙脉，当其远离县外，完全有可能在不知其究竟的情况下被切断，这一事实表明，对某县至关紧要的龙脉，对他县则没有关系。

2 回填护城河

在广东省东来县城，曾在疏浚城东北侧的护城河时，把被挖掘的龙脉部分加以回填。由于设置护城河易伤龙脉，于是加固城墙来代替，以增加防御能力。广东省石城县在修建北护城河时，曾挖掘城北之山，形家认为这伤了地脉，知县接受了此说，于是令其填塞。以上事例似乎表明，开掘护城河易伤龙脉，特别是开掘龙脉入脉处的后部，风水上认为是不利的。

3 使山形整治清秀

广东省东莞县城的壬峰，是县城后山，宋代时被整治成三峰形状。广东省高要县城的沙岗，是该县的来脉处，山顶曾被居民略为挖削，后来曾为明代知县予以补修；嗣后，该县居民又将这山垒砖整修为三峰状。具有这种三峰形的山，也称为三台山，这种形状在风水上备受注目。此外，山的高度或尖瘦不足也要进行补修。

4 山顶建塔，以求均衡及象形

福建省福宁府城的马鞍山，面对着府治的学宫，山的两峰有一略低，形家劝修一塔。明代，学宫内的学子们开始积石修建，塔修了一半，府城东发生了火灾，居民们归咎火灾发生的原因是修建此塔，于是群起，登山捣毁了这座塔。这就是说，为改良风水而兴起增修补建之劳，是会有利于此而为害于彼的。这种情况尤其以各地建立的风水塔为最甚，当时人们相信这种观念，影响很深，常常人为破坏后，又再度建造。福建省仙游县城的天马山（天马山有高低不同的二峰，形状像马背），山脊部分是增补后形成的。这是根据象形的说法，比拟于贵人乘马之形。现在，增补部分已经毁损，未见修复。这种种都是象形信仰的例子，即所谓造山以形似于某物的形象。

5　规劝植树，改良童山（无草木的山）

地表裸露的山，在风水上被视为不吉，这是因为山不葱郁，则生气不通畅的缘故。广东省四会县城的金岗山，是这座县城的主山，明代的一位县令曾在这山上修筑了一座亭子，别的知县又曾叫居民在山上遍植松树。到了清代，甚至用县里居民的捐款来补植松树。

以上所举由于风水而修补重要山形的事例，采纳风水先生的话，做出决定并实施补修的，都是各个府县肩负最高责任的知县或当地知名士绅。用今天的观点来看，这简直近于儿戏，但在当时，处置实施却都是非常严肃认真的。这种情况不止是对于山，对于河川的流向也常常加以变更，这并不是为了水利，而是为了有利于改良风水。例如广东省的琼山县城，根据形家认为巽方之水不利的说法，曾把河道堵塞，结果在后来，因为耕田被水淹没以及给居民生活造成不便，又重开了河道。

五、案山的重视

案山，相当于四神中的朱雀，位置居前，因为它与主山相对，也称为“宾山”；离得较近又不太高的称为“案山”，离得远些而又高些的，则称为“朝山”。案山虽然有以城为主体的案山和以某一建筑为主体的案山之别，但都以山形清秀或特异的作为选择对象。例如：几案、笔架、横琴、玉带、娥眉、三台、天马等都是好的形状。以某一建筑为主体的案山，对于县治署衙、学宫说来，特别被重视。学宫的案山因为涉及“地灵人杰”，关系很深，所以都有案山。案山的山形每每选择象形于文人学士的用具或有关物品，如笔或笔架形，其中又有“笔峰”、“文峰”、“文笔塔”等等名称。

台湾省台湾府城（现在的台南市）学宫的案山，为南城外的魁斗山（别名三峰山），山形为三峰（三台）。清代乾隆年间（1736～1795 年）的《重修台郡各建筑图说》，收录有台湾府学宫图，图的南端（最下部）即绘有三峰形的魁斗山（图 2）。该图中，学宫与案山被绘为一体，足见其关系弥深。

广东省高州府的大成殿（学宫祠，为祭祀孔子之庙），于嘉庆二十四年（1819 年）改建，原来的座向偏东南，后来根据形家的说法改朝正南，所以这样，是因为能同案山的笔架山中峰正相对峙。

福建省长泰县城有两座案山，即城内的登科山和城外的鼎山。学宫还另有一座案山，叫做石岗山。学宫的案山一角曾因居民开掘而崩塌，士绅们赠款补填，后来又在这山顶上建造了文昌阁，被视之为文峰（图 3）。

从上述各例可以知道，在当时，如果把风水看成是愚不可及的迷信，一定会被士儒们所不取。学宫作为士儒一流的宫城，它的配置和建设，对风水一定是格外优容的。

以下，是各府县城、学宫及其案山的事例（加 * 号的，为建有文峰或文笔塔的山）：

1.三峰、三尖、三台形的案山

- 福建省漳平县城　　　　三尖山
- 广东省广宁县城　　　　三台山（图4）
- 广东省高州府及茂名县学宫　笔架山
- 广东省西宁县学宫　　　笔架山
- 台湾省台湾府学宫　　　三峰山

2.天马、马鞍形的案山

- 广东省饶平县城（朝山）　天马山
- 广东省感恩县学宫　　　天马山
- 安徽省歙县学宫　　　　马鞍山*

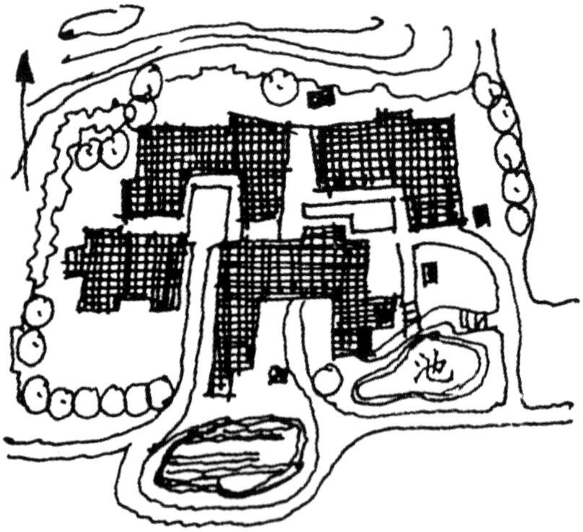

图2　台湾府学宫图。图下部城门（大南门）旁所绘学宫的案山为魁斗山（（清）蒋元枢纂《重修台湾各建筑图说》）

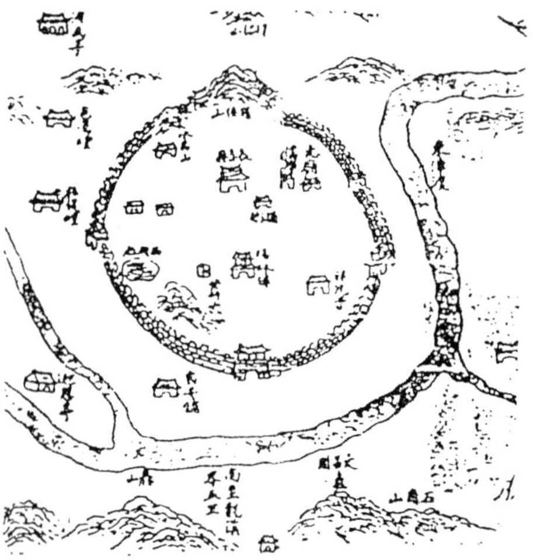

图3　福建省长泰县城图。县城的案山为登科山（城内）、鼎山（城外）；学宫的案山为石岗山（《长泰县志》，（清）乾隆十三年修，民国二十年重刊本）

3. 华盖形的案山

- 安徽省舒城县学宫　　　　　　华盖山

4. 几案形的案山

- 安徽省绩豁县城　　　　　　　玉几山*

5. 笔（文笔、文峰、文笔塔）形的案山

- 广东省东莞县城（朝山）　　　黄岭；文笔峰
- 广东省和平县学宫　　　　　　文笔山
- 福建省龙岩州学宫　　　　　　锡帽山*
- 浙江省奉化县学宫　　　　　　文笔山
- 江西省广信府学宫　　　　　　琅琊山*
- 江西省丰城县学宫　　　　　　猴峰；文笔峰
- 湖南省宁远县学宫　　　　　　鳌头山；文峰

隔海的半岛或海上的岛屿，也可以构成为案山。如广东省电白县城的案山，为位于海中的蓬头山。又如台湾省澎湖厅总镇署的案山，是位于隔海半岛上的纱帽山，为了增高山势，还在山上建了塔。

六、青龙、白虎的位置与城的座向

根据龙脉思想所述，清代城市每每位于河川汇合处，而且多位于面向河川（以及湖、池等）的前侧。这与龙脉的来向有关，常以龙脉抵达的主山一侧为城的后方。城的座向，要看守护其左右、相当于“青龙”、“白虎”的山处在什么位置决定。青龙、白虎的位置本来有固定说法，即东为青龙，西为白虎。然而风水仅有左青龙、右白虎（后玄武、前朱雀）之说，并未固定它们的东西南北方向[2]。青龙、白虎被视为左右腕，又常叫做左臂、右臂或左翼、右翼；称为左辅、右弼或护、障等，也是常有的（图 5）。

以下所列举的，是左右山（青龙、白虎）的实例，所示的取向，只是大致方向，并不是正确的东西南北向。

1. 南向的城

- 福建省漳平县城　　　　东山（东关山）为“左臂”
  　　　　　　　　　　　西山（龙停山）为“右臂”
- 江西省玉山县城　　　　东山为“左辅翼”
  　　　　　　　　　　　西山为“右辅翼”
- 广东省西宁县城　　　　东山（文德山）为“左辅”
  　　　　　　　　　　　西山（武功山）为“右弼”

2. 东南向的城

- 台湾省凤山县城　　　　西南山（蛇山）为“左肩”

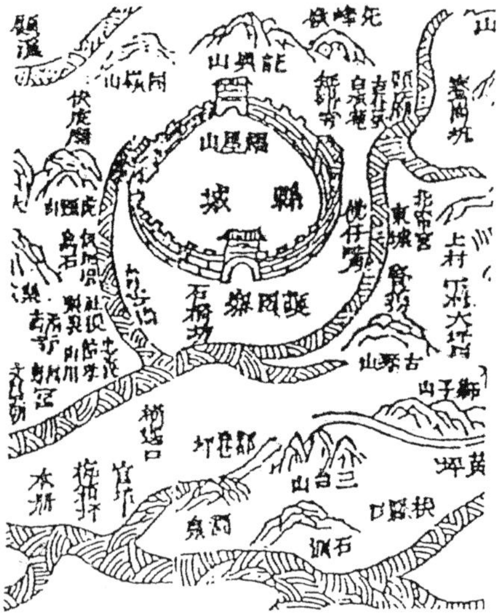

图 4　广东省广宁县城图。城南的三台山为县城的案山（《广宁县志》（清）道光四年修，民国二十二年重修刊本）

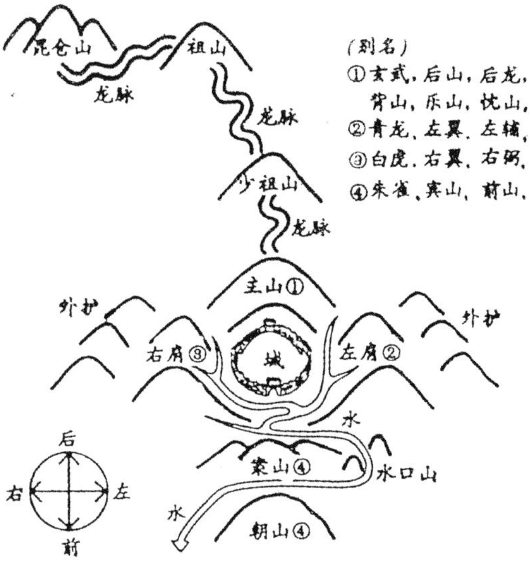

图 5　从风水思想出发所见中国清代城市的基本形势（山的配置与风水术语据地方志载，并参考各府县城的图籍）

东北山（龟山）为“右肩”

3. 西向的城

·福建省宁洋县城	南山（麒麟山）为“左”
	北山（玉岗山）为“右”
·台湾省恒春县城	南山（龙銮山）为“青龙”
	北山（虚头山）为“白虎”

4. 北向的城

·广东省大埔县城	西山（新矶山）为“左辅”
	东山（崖鹰山）为“右弼”
·福建省光泽县城	西山（旗山）为“左翼”
	东山（九龙峰）为“右翼”

以上仅是地方志中以文字载录的东西，从图籍上看，各种朝向的城池都有，比起东西南北的方向，更重视地势方面的情况。

七、关于水口山

水口山是指众水汇流的出口处的两岸之山。河川两侧如果没有使水口迂回曲折的山，那么水奔流直下，生气就会散失殆尽。水流幽缓曲折，在山间迂回，被视为大吉，因此以“犬牙交错”的水口为最佳。为使这意愿得遂，使水口紧密，水口山多冠以“狮象”、“龟蛇”一类成对的动物名称。

福建省明溪县的水口，位于城的东面，河右畔有象山，左侧有狮山，两山相对，镇视着水口。形家称此为狮象交牙。福建省归化县和马巷厅的水口，均有狮象二山相对峙把持。另外，湖南省益阳县的水口山为蛇山与龟台山。

八、城门位置的变更

城门位置及城防设施的变更，并非都是为了便于交通及实际防御的需要，通常是按照风水问题行事的。

广东省惠来县城的北门，开设位置恰与龙脉的脊背相当，形家以为不利，便依这种说法予以堵塞。其后，为居民方便着想，另外开了新北门，比原来的北门略为偏东（图6）。

广东省茂名县城，曾根据形家之言，重启旧东门，而闭塞了新东门。福建省政和县城四座城门中的西门，长期关闭，虽然重开过一时，后又依堪舆家的风水说而再行关闭。广东省石城县城城东北角及西北角曾建有炮台，后来，某知县以风水不利为由予以拆除。这乃是风水观更重于城的实际防御。同前述为保护龙脉而回填护城河的举动相合，当时人们对风水被破坏是何等的恐惧，由此可以想见。或许当时人们深信，风水是可以捍卫他们的安全的。

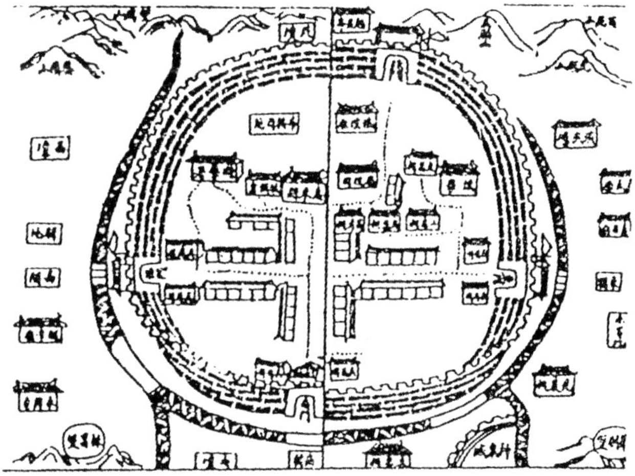

图6　广东省惠来县城图。北门为避开龙脉的山脊而稍稍向东偏移（《惠来县志》（清）雍正九年刊本，民国十九年重印本）

原　注

1　牧尾良海著. 风水思想と仏教. 载: 仏教文化论集·第二辑. 昭和五十二年一月，川崎大师教学研究所编

2　郭璞《葬经》"左为青龙，右为白虎，前为朱雀，后为玄武"之说，并未固定东西南北向。

又：台湾省恒春县城，四神也并非以东西南北向固定。

文　炯　译自［日］《建筑杂志》1985年11月号（Vol.100，No.1240）

方位与建筑环境

[英] 西蒙·J. 盖尔

一、方位法则以前的建筑

气候对早期日本建筑的影响，导致了对建筑方位的选择；民居的建筑布局，是对当时气候条件和可利用材料的合理处理手法。下面是几个有关的实例。

1. 在日本，最早的建筑类型之一的原始时代的民居，它们基本上是穴居，室内外高差约 40 厘米，直径在 4～6 米之间，尽管是由泥土、草和树枝搭成的简易建筑，但其开口（门）的方位，还是表现出一种回避冬天寒风和接收夏日和风的意图（图 1）。

2. (在北海道的民居中也可以看到同样的现象，只是在形式上进一步增加了人体象征。北墙是人的后背；南墙是人的前身；东墙象征人的头部；西墙象征人的脚部。南方象征温暖和吉祥（北墙象征寒冷），是这种方位配置的动机。东边的窗子被称为“神窗”，阳光可以通过它射入住宅，由于神能给人们带来平安，所以很多吉利的词语都被附会于此窗；南墙东侧的门窗近似于人的眼和鼻子。这个例子是迷信、气候和地理环境等因素综合的结果（图 2）。

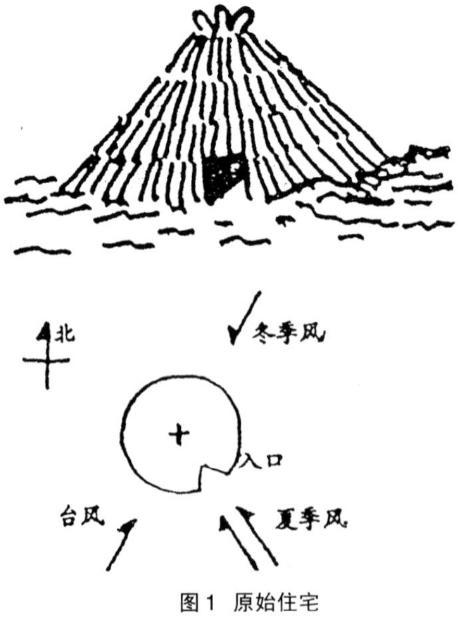

图 1 原始住宅

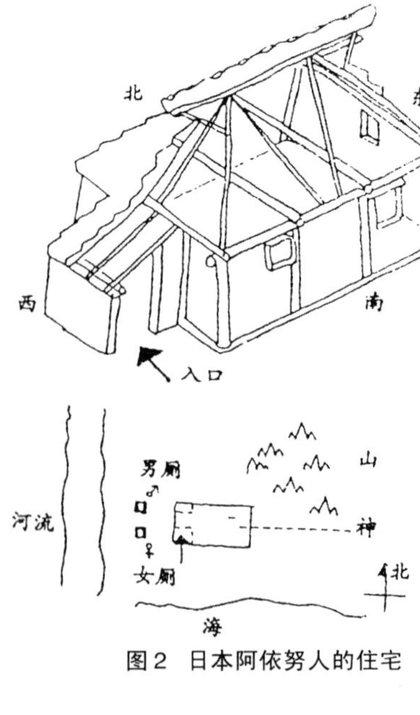

图 2 日本阿依努人的住宅

3. 古坟时代包括了弥生和平安时期的日本历史，因为天皇和部落首领的坟墓而得名。其形式通常为键形，并一定要以水环绕（图3）。一种解释认为，这象征着死后异性的结合，也表现出遵循某些未知的和非视觉方位的特征。古坟时代晚期（尤其是公元6～7世纪）倾向于东西方向的轴线设计，试图表现安闲和钦明两个天皇的功勋。关于那时方位的象征性，现在众说不一，很难说明其准确的含义。

4. 神社建筑产生以前，人们大多崇拜自然，以后又发展为下意识的不明确的地理方位图释。自然崇拜的主要对象是山。最早的例子是奈良正仓院（图4）。祈祷场所是由三颗树形成的，方向与山脉（人们认为那里是山神出现的地方）构成直线，日本神社建筑的演化可以追溯到此（图5）。

这四个例子说明了日本早期建筑方位和原始崇拜的一些情况，各因素之间既无联系，也没有固定的方位法则。

由于中国文化的影响，方位原则大约在公元6世纪传入日本，最初影响了城镇和庙宇的布局，而后很快扩展到其他建筑形式，甚至日常生活中。直到公元16世纪在《匠明》一书中，方位法则才被简要地记载下来，特别是其中的“万象释义”一卷，主要规定了方位、结构以及量度的各种标准。以后这些法则被世代相传，它们被如此广泛地接受的原因之一，也许是因为这些法则适合日本的气候特点。

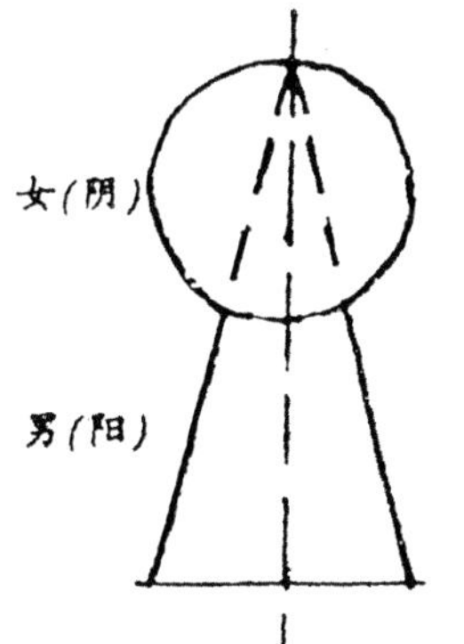

图3 前圆后方的古坟

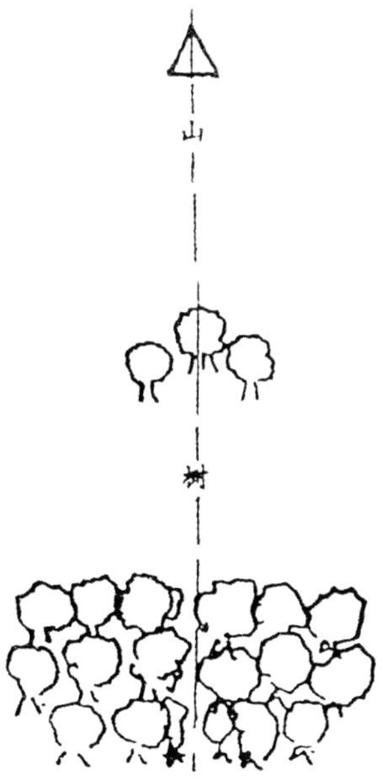

图4 正仓院环境示意

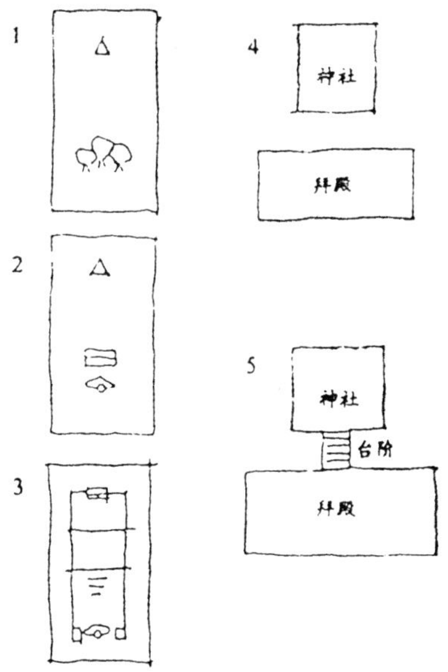

图5 神社建筑形态的发展

二、方位的基本概念

1　中国的方位观念

方位法则大部分理论产生于传说，它的产生归于伏羲——相传为中国文化的奠基者，自从数学（八卦）与伏羲的名字发生联系后，他的地位显得尤为重要。应用于城镇规划的数学与阴阳学派的哲学观念有着密切的关系（图6）。

阴阳概念越来越复杂，逐渐成为早期城市要点。阴阳存在于万物，两者相辅相成，既相互联系又相互控制，导致了发展上的循环论。由于有了这种连续性，阴阳两种力量之一允许稍有优势。

方位法则与城市规划的关系，适用于对称的或近似对称的平面。从周代以后几乎所有的中国城市布局都呈矩形，通常是非常对称的矩形网格形式，由于对称的网格道路和为了感观上的平衡，产生了规则的建筑群（图7）。

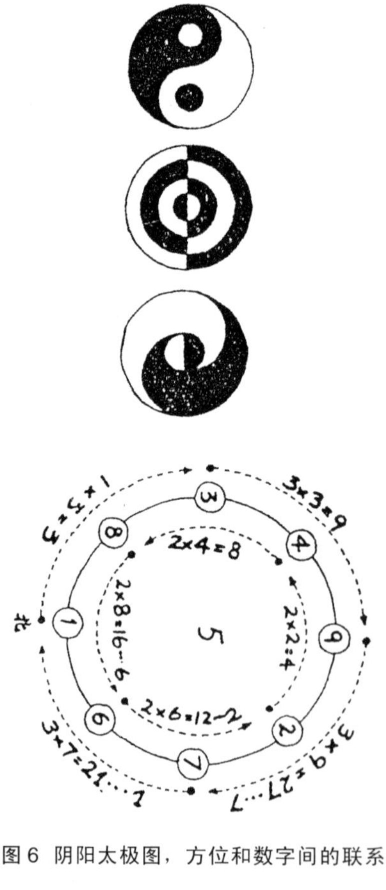

图6　阴阳太极图，方位和数字间的联系

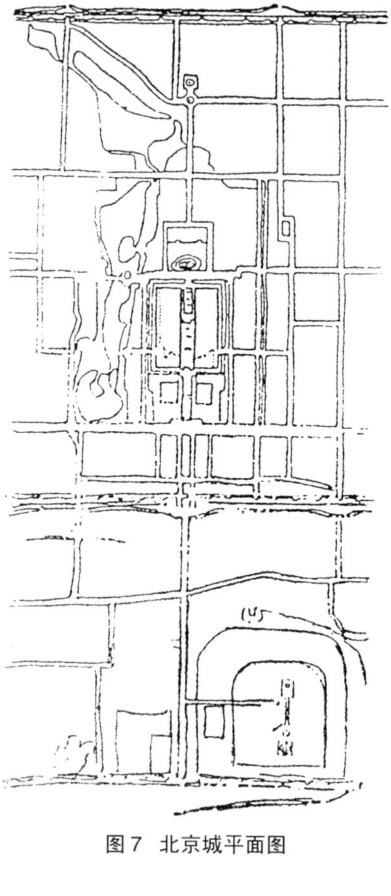

图7　北京城平面图

组成城市结构的基本网格系统是重要的，阴代表奇数，阳代表偶数，两者间的平衡是按一定关系形成的。城市不允许正方形平面，大多为矩形，以获得心理上不平衡感。如长安城平面的长宽比为9∶8；台北为5∶4。

中国城市都筑有城墙，并且注重城市与阴阳的联系。据《易经》所载，阴与人的皮肤有关，而阳与人的血液有关，因此，墙象征阴，道路系统象征阳，在城市与人体之间建立了明确的对应关系，进而将这种关系用于住宅，以寝室过道表示阴，以起居室来表示阳。

城墙作为阴的要素，限定着作为阳的要素的内部空间。阴阳方位轴的差别，导致了方位观念的产生。以台北为例，道路系统集中在南北主干道周围，北端是府衙，南端为学宫。街道的轴线根据北极星来确定，它象征着宇宙万物运动的永恒中心，相当于人间的帝王。这种城市布局结构，是人们对宇宙的领悟——街道应与象征阳的天有紧密的联系。

阴是大地的要素，因而城墙应进一步与周围的自然环境特征相呼应。传统观念认为，鬼魅的危害来自城市的东北方，在此方向需要设立一个防卫性的制高点，东西城墙的透视灭点对着山顶，北城墙立面转向东北方，以保护城市不受那个方向灾祸的影响（图8）。

2　方位观念对日本的影响

方位法则在日本产生影响的第一个实例是平城京（奈良的前身）。这里先考察一下一个更著名的例子——平安京（即现在的京都市），以下对它的说明，一方面可以了解方位法则在日本的情形，另一方面也可以了解日中两国方位法则的差异。公元794年，由于战争，日本的国都从平城京迁到平安京（图9），后者是以中国唐朝的长安城为蓝本，并根据中国城市里坊制的组织原则设计建造的，最初该城占地面积为5.4 × 4.6 km^2，主要街道将全城一分为二。

图8　台北城的方位原理

平安京的选址，是根据中国的四神相应的哲学原理确定的。这种哲学，涉及天地以及两者平衡的方位原

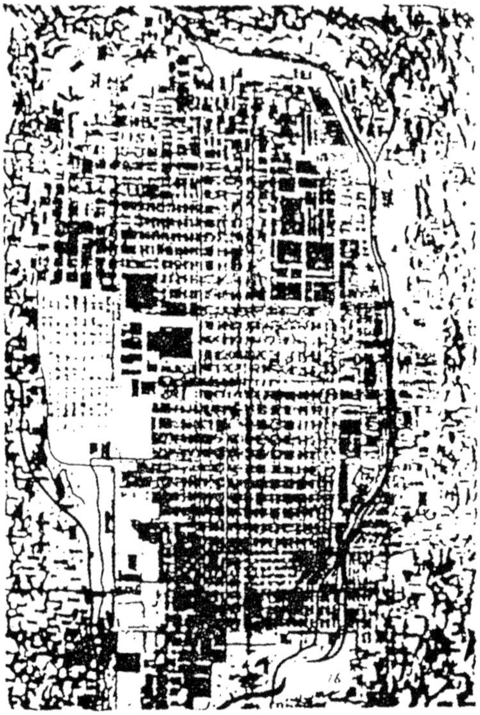

图9 平安京平面

则，使城市的方位与象征该方位的神联系起来。每一个神象征一个星座，并以该星座命名。

此外，一定的地理特征和人为因素，也与城市各个方向有关：北方——山脉和丘陵；南方——稻田或池塘；西方——大道；东方——溪流（图10）。

日本的里坊制和伽蓝殿堂的设计程序，也显示出这种思想（图11）。这些技巧不仅用于确定城市的方位，也用于城市所有构成要素的方位。方位法则的应用，导致了强烈的方位秩序，以一致的形式获得完整统一的城市形象，正如平安京那样，与地理景观环境形成密切的联系。

城市规划按一般九条八坊的网格进行设计，条按南向北划分，坊沿东向西划分。由于日本的城市不设城墙，因而实际的形象不同于中国。城内的建筑物和谐地安插在由道路形成的网格内。皇城设于朱雀大街的北端，寺庙设于城市的其他地段。天台宗的寺院建于城东北的比叡山上，作为城市的避邪屏障。这种秩序，进一步扩大到一般市民的住宅。

东京原名江户，1603年成为日本首都。与平安京不同的是，江

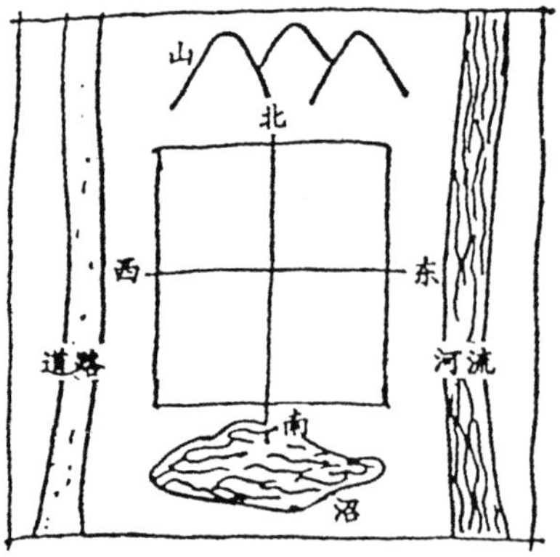

图10 方位与环境

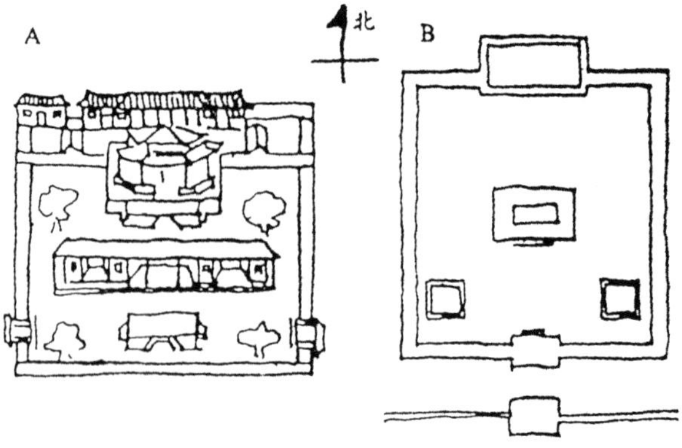

A：中国的例子　　B：日本的例子

图11 平安时期的庙宇

户城的皇宫位于全城中心。原有的大部分方位法则被沿用，东北方是筑波山，离它不远是几座寺庙，城内的寺院群同样是为了城市凶吉观念而设立的，街道也根据筑波山、富士山和高尾山的方向来规划。如桥本街正对西南100 km外的富士山，银座与桥本街之间的道路正对东北方的筑波山（图12）。

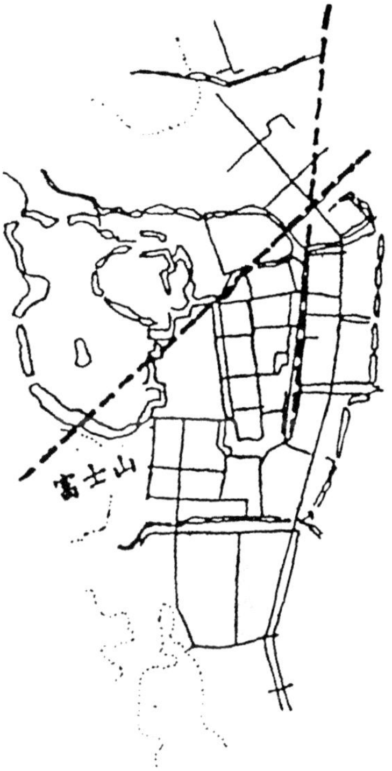

图12 江户城平面与方位

我们可以看出，由中国传入的城市规划的基本法则，在这里被或多或少地省略了，而地形的方位观念，却在园艺设计手法中保留下来，在平地的私人住宅中，古代方位法则的要点被沿袭至今。

三、方位角与相宅

方位角源于中国哲学，阿姆斯·拉普普《住屋？形式与文化》一书中指出：“方位角系统导致了日本住宅建筑不注重地形的特征。”这并不完全是事实。从气候和迷信的角度看，北向是不合适的方向，所以北向一般不设窗户，并且常有起到防护作用的树木或山脉。在这种情况下，气候和迷信，哪个是建筑设计的最初考虑因素，是很难确定的。

房间的配置，明显根据使用功能的主次而定，而更重要、更具有历史性的，或许是迷信的因素。在日本，住宅形式和方位的确定，大多参考《相家》一书。相宅不仅由罗盘，也要由五行和十二地支的系统来决定。此外，还要辅以看手相、相面以及生死等迷信观念。

相宅概念十分重要，它不能由单一的因素而定。各时期相宅的内容也不同。相宅概念开始于平安时期，但在《相家》一书未出现之前，它没什么发展。直到江户中期出版了若干这方面的书籍后才被普遍应用。较重要的书有1760年卡瑞科·卡美亚写的《家相鉴チ录》、松蒲与益蒲银鹤写的几本书。在《相家》一书之前有中国的《相宅》，前者可能是参考后者所作。

概要地了解一下《相家》一书中的各种图样是必要的，它们都有内在的联系，所以很难令人满意地分成各个独立部分。其中一些图样，对城市规划是十分重要的，有些因素也被用于住宅平面设计，必须通过插图或表格才能给予充分解释。二十四时分别与罗盘的刻度和阴阳有联系，每一组时间都与十二地支之一相对应。

木	火	土	金	水
甲	丙	戊	庚	壬
乙	丁	己	辛	癸
东	西	中	南	北

如上表所示，天干十历被分为五组，分别与五行及其五个方位对应，甲至壬表示优先；而乙至癸表示从属。东西南北称为四圣，四个角被称为四隅，因此，全部方位的罗经点能概括为八个：

四圣 30° × 4 = 120°，四隅 60° × 4 = 240°

八个方位对应八个门，属于四圣的有：北为休门，东为疾门，南为景门，西为惊门；属于四隅的有：东北为鬼门，东南为风门，西南为病门，西北为天门。每个方向的门，根据所属方位和方位的循环，确定它的象征意义（图 13）。

阴象征女性、阴性、深处、私密和黑夜；阳象征男性、阳性、运动、高大和白天。由于阳是光和白昼的象征，它的影响在清晨是至关重要的，正午太阳升到最高处，阳性达到最盛。阴是月光和夜晚的象征，夕阳西下，阴和不吉祥的因素开始影响人的身体。

基于这种哲学观念，午夜前后是厄运发生的高峰，因此，北方是最不吉利的方向；实际情况并非如此，这与厄运被确定在东北方向的原则相悖，或许由于中国最初受到的入侵威胁是源自这一方向的缘故。我们可以用一个图表，以阴阳作为基本要素，说明各个方向有关的控制力（图 13），图中，方位的划分与带有吉凶意义的地形区划相呼应，对于基地的影响一般来自外部而不是内部。在实际的住宅布局中，在房间的位置及其使用功能确定之前，必须仔细地考虑，地形的形状也是一个重要的影响因素。

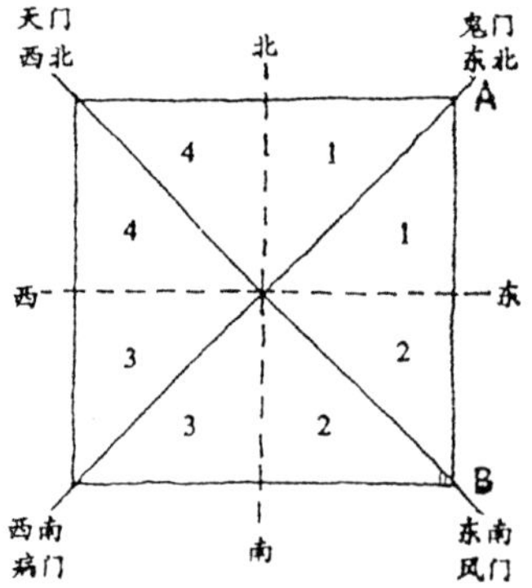

图 13　阴阳区划示意图

A：凶线　B：吉线 1.这一区域象征始和终　2.最吉祥的区域　3.既吉祥又不吉祥的区域，由阳转入阴　4.中性区域

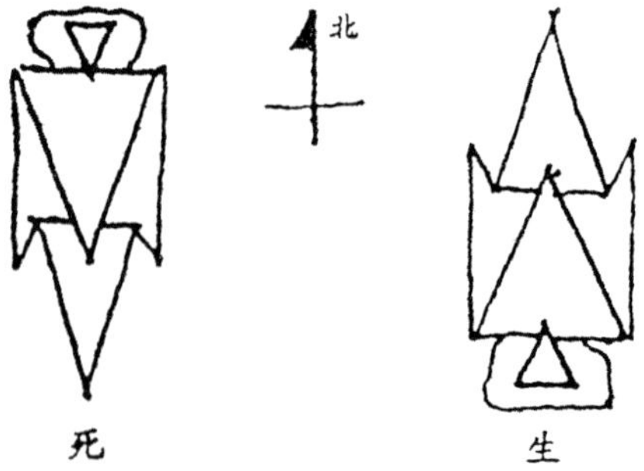

图 14　睡卧方位与凶吉

此外，若干迷信的因素也与方向有关，虽然它们在实际布局中并不十分重要，但更多地涉及住宅中人的行为活动。一个特殊的例子涉及睡觉习惯，即不能头朝北睡觉，因为死神在这个方向；孕妇应头朝南睡觉，以确保胎儿的健康（图 14）。

四、住宅的平面布局

方位对住宅的影响，可以分为两个部分，首先讨论住宅的形状和平面布局，其中包括房间位置的确定。其次，讨论整幢住宅的位置，以及方位观念对住宅整体布局的影响。

第一部分最好参考布鲁诺·陶特的《日本的住宅和生活》，其中完整地反映了我们所要讨论的内容（图 15）。

图 15　建筑中基本方位角的意义

1. 宜建仓房　2. 不宜设门　3. 不宜打井　4. 不宜设禽舍、井和厕　5. 不宜设神龛或门，宜筑假山　6. 宜建仓房、神龛，不宜建炉灶　7. 宜打井　8. 不宜建仓房、门　9. 宜打井、设神龛　10. 宜设门　11. 不宜设神龛　12. 宜修井、花园或厕　13. 宜设门　14. 宜开敞、不宜打井　15. 宜建仓房　16. 不宜建亭与仓房，不宜凹　17. 不宜建园林、厕及池塘　18. 不宜设仓房、井和门　19. 宜建仓房　20. 不宜设门，宜打井　21. 宜建灶　22. 宜建仓房，房屋应凸　23. 宜建静修室、门及井　24. 宜建灶、井、厕

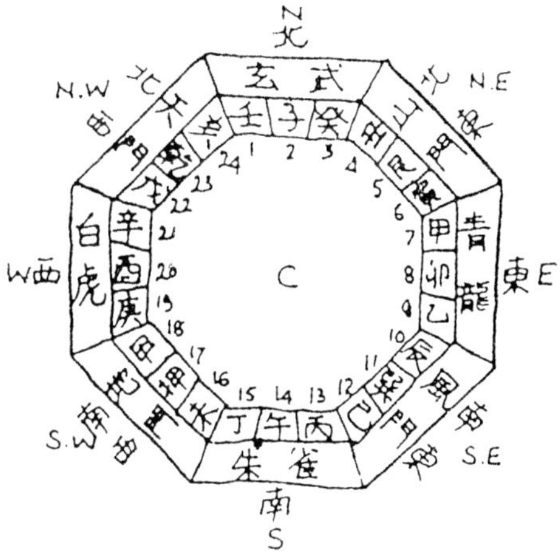

下面，列表简要说明人们喜爱和不喜爱的房屋单元位置和景观特征：

	北	东北	东	东南	南	西南	西	西北
祖龛	大吉	凶	大吉	吉	凶	凶	吉	大吉
佛坛	吉	凶	大吉	吉	凶	凶	吉	大吉
井	凶	凶	凶	凶	凶	凶	凶	凶
厨房	凶	凶	凶	吉	凶	凶	凶	凶
厕所	凶	凶	凶	凶	凶	凶	凶	凶
浴室	凶	凶	凶	吉	凶	凶	凶	凶
窗户	吉／凶	凶	吉	凶	大吉	凶	吉	大吉
入口	大凶	凶	吉／凶	大吉	吉	凶	凶	凶
仓房	?	凶	吉	大吉	吉	凶	吉	大吉
客房	凶	大凶	凶	凶	大吉	凶	吉	吉
假山	凶	吉	凶	凶	凶	凶	大吉	大吉
池塘	凶	凶	凶	凶	凶	凶	吉	大吉
大门	凶	凶	吉	吉	吉	凶	凶	吉

辅助的方位如下表：

	东北北	东北东	东南东	东南南	西南南	西南西	西北西	西北北
祖龛	凶	凶	吉	凶	凶	凶	大吉	大吉
佛坛	凶	凶	吉	吉	凶	凶	吉	吉
井	凶	凶	吉／凶	吉	凶	凶	吉	吉
厨房	凶	凶	吉	吉	凶	凶	凶	凶
厕所	凶	凶	吉	吉	凶	凶	凶	凶
浴室	凶	吉	吉	吉	凶	凶	吉	吉
窗户	凶	吉	吉	吉	凶	凶	吉	吉
入口	凶	凶	吉	大吉	吉／凶	凶	吉	吉
仓房	凶	凶	大吉	大吉	凶	凶	大吉	大吉
客房	凶	凶	凶	凶	吉／凶	吉／凶	吉	吉
假山	吉／凶	?	凶	凶	凶	凶	大吉	大吉
池塘	凶	凶	凶	凶	凶	凶	大吉	大吉
大门	凶	凶	吉	吉	凶	凶	吉	吉

天干也是其中的一部分，它们基本上属于地理方向的影响，因此，也列表如下：

	壬	癸	甲	乙	丙	丁	庚	辛
祖龛	大吉	大吉	凶	凶	凶	凶	吉	吉
佛坛	吉	吉	凶	凶	凶	凶	吉	吉
井	吉	吉	吉	吉	凶	凶	吉	吉
厨房	吉／凶	吉／凶	吉	吉	?	?	吉	吉
厕所	?	?	吉	吉	吉	吉	吉	吉
浴室	吉	吉	吉	吉	吉	吉	吉	吉
窗户	吉	凶	吉	吉	吉	吉	吉	吉
入口	凶	吉	吉	吉	大吉	大吉	吉	吉
仓房	?	?	吉／凶	吉	吉	吉	吉	吉
客房	凶	凶	吉	吉	凶	凶	吉	吉
假山	凶	吉	凶	凶	凶	吉／凶	大吉	吉
池塘	凶	凶	凶	凶	凶	凶	吉	吉
大门	凶	凶	吉	吉	吉	凶	吉	吉

中央土元素抵消了其他各元素间的内在矛盾，因此，住宅中心象征着平静和安宁，但当一种元素的影响特别强烈时，也会出现危机。

五、住宅中心的位置

在《相家》一书所列举的例子中（图 16、图 17），包括了罗盘的所有方位刻度，近几年的住宅实例中，一般仅包含四圣和四隅八个方位。

从一个位于住宅中心的点，把地形的几何形状分成若干部分，并且产生与特殊方位相关的区域，这个中心点，也象征五行中的“土”，是地形的中立区域（图18、图19）。

在住宅的营造过程中，首先要确定某一地形（包含地貌特征）是营造该建筑物的最好地形，然后，在《相家》一书中寻找可用的各种不同住宅类型。根据所决定的平面、形状的复杂性，以及若干

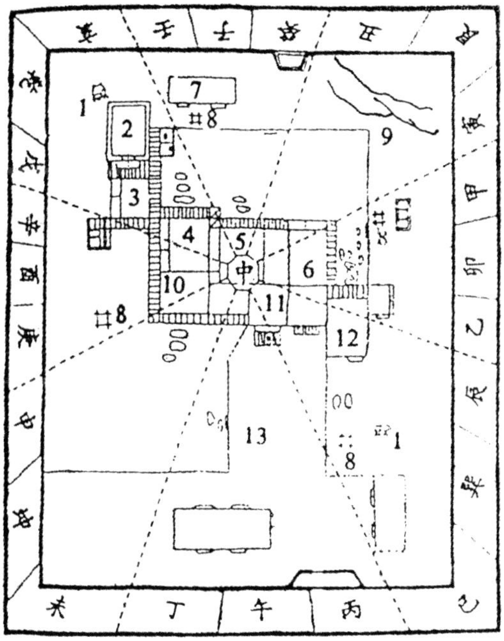

图16 江户时期的住宅，根据方位法则安排

1.神社 2.仓、连廊 3.花房、浴室 4.书屋、过厅 5.园、主要居室 6.客厅、游廊、花园 7.仓房 8.井、店、假山 9.入口 10.次要居室、门厅 11.铺位、空地花园 12.厨、仓房 13.院

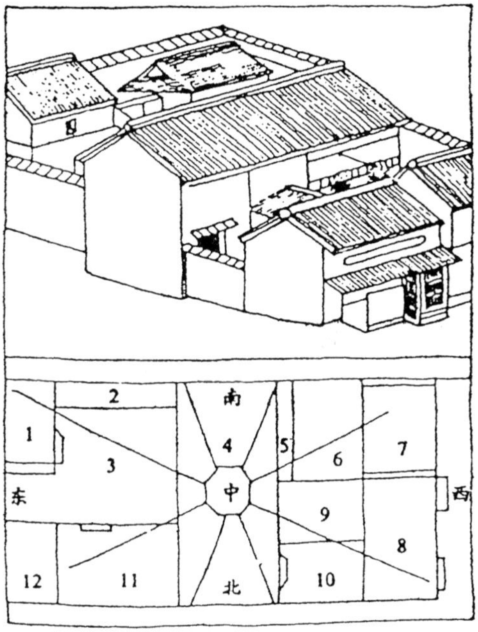

图17 江户时期的住宅

1.客房 2.连廊 3.花园 4.过厅 5.游廊 6.花园 7.仓房 8.店 9.入口 10.庭院 11.空地 12.仓房

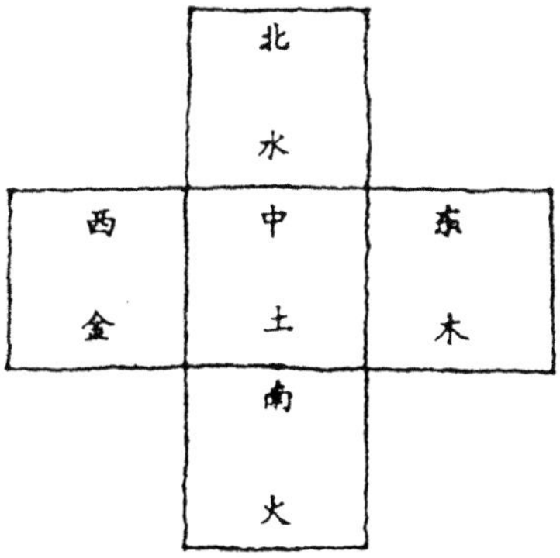

图18 方位与五行的配置

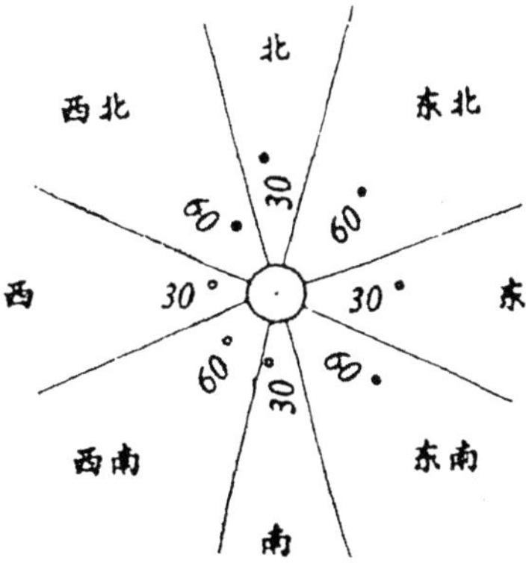

图19 方位角的划分

不同标准，确定住宅的中心位置：

1.农村常用的田字形住宅平面，最简单的方法，是以大黑柱的位置决定的；

2.根据住宅主要房间的位置而定；

3.根据住宅的平衡中心而定；

4.根据住宅的几何中心而定（图20、图21）。

地形的实际形状是十分重要的，中意的地形最初仅由形状而定，进而也要参考居住者的生辰八字。下表是关于地形形状与凶吉的简化图示，体现了地貌与居住者的联系：

生辰所属五行	1	2	3	4	5	6
木	贫困	繁荣	破灭	幸福	和平	厄运
火	福裕	贫困	疾病	死亡	幸福	厄运
土	疾病	福裕	繁荣	疾病	贫困	厄运
金	灾难	?	贫困	繁荣	幸福	厄运
水	大吉	疾病	福裕	贫困	疾病	厄运

注，数字所代表地形：1.东低西高；2.南低北高；3.东高西低；4.南高北低；5.中央低四周高；6.中高周低

六、周期的再生

方位法则最主要的观念之一，是周期的再生，这方面，阴阳和四季的循环十分重要。五行说在方位上包含了相生的哲学观念。正方向运行称为相生，它们通过以下方式起作用：

1.生火需要木材；2.燃木成灰而为土；3.挖土得金属；4.树木吸收水分而生长。

以此完成一个周期。反方向的称为相克：

1.水灭火；2.火熔金属；3.树木没有土不能生长；4.土可以控制水的流动。

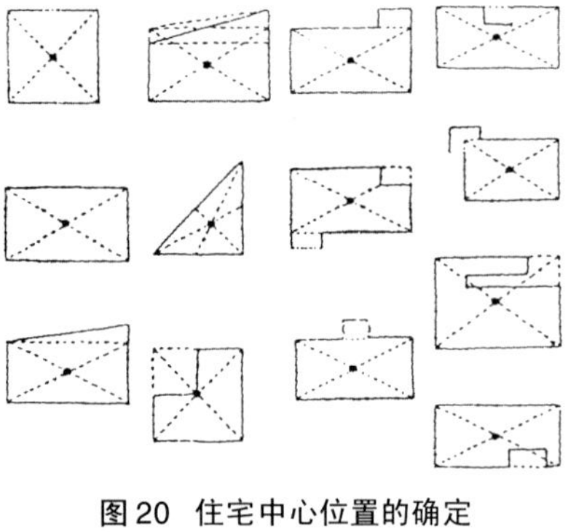

图20 住宅中心位置的确定

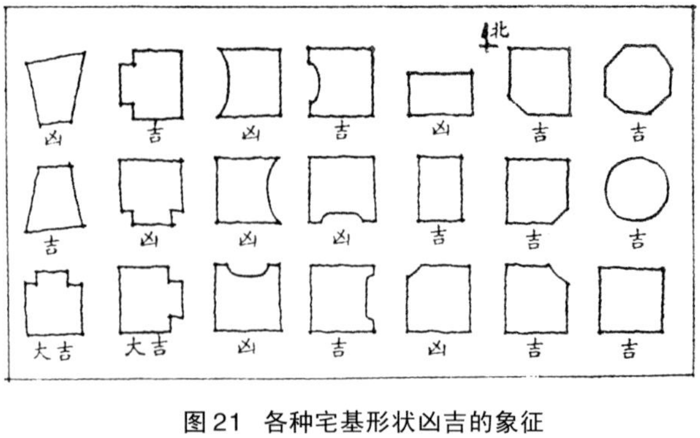

图21 各种宅基形状凶吉的象征
(引为江户时期的图版)

五行的五种元素象征着与季节有关的方向变化：

木——与东方对应，春天植物和动物都开始生长、活动，表示运动，为阳元素。

火——表示变化。火焰是热的，与南方对应，与万物的孕育和孵化有关，也是阳元素。

土——方位的中心，各种植物从土中生长，同时也是毁灭与死亡的归宿。

金——表示秋天，它与西方和收获有关，为阴元素。

水——表示北方，是地平线和“终结”的象征。也是阴元素。

四圣和四隅的方位角，可以根据一个数字形式的周期来表示。四圣为阳性，以奇数计算；四隅为阴性，以偶数计算。

北＝1，

3×1＝3为东；3×3＝9为南；3×9＝27为西（省略10位数的2，为7，属西）；

3×7＝21返为北（省略10位数的2，为1，属北）。

西南＝2，

2×2＝4为东南，4×2＝8为东北；8×2＝16为西北（省略10位数的1，为6，属西北）；6×12＝12又回到西南（省略10位数的1，为2，属西南）。

各方位的数字、颜色、性别及其意义之间的关系，可以用以下周期变化的图表来说明：

1　一白	友情	中年男性
2　二黑	?	母
3　三碧	发展	青年
4　四绿	成功	客人
5　?	?	?
6　六白	现实	主人
7　七朱	隐退	少女
8　八白	变化	少年
9　九紫	分离、恋依	成年女性、中年男性

这些数字形成了一个基本的方位法则，它们在中国古代《洛书》中就已确定，也是最初图表的基础，但与今天的方位计算几乎没有关系。

荣　斌　译自[日]《建筑杂志》第25期，插图有删减

风水与城市形象

［日］三浦国雄　毛纲毅旷

毛纲：太田道灌是创建江户市的武将，他曾去参拜江之岛神社。在回来的路上，有一条九品鱼跳进了他的船内。他非常高兴，把九品解释为九座城池。于是，先是千代田城，而后是越城，等等，在关东一带建造了九座城，从而形成了广阔的关东圈的潜在构造。江户市的地形是在七块组合在一起的台形地域上有八个洲，所以叫八重洲。这七块台地中心的武藏野台地的基底，便是风水中说的所谓太极晕，好像是形成了漩涡状的龙穴。古书中记载说，那片地形本身就是风水中说的交插明堂图形。

“交插”这个词的意思是指物体相互交错，也就是说台地和洲像两只交插相握的手的手指一样，相互交织在一起。

三浦：就是所谓的“犬牙相错”。

毛纲：龙是由九种动物综合而成的一种幻想的兽类。江户是一个漩涡状的城市，这在世界上都没有类似的例子。我觉得，太田道灌的这种都市构想的关键点，就是这九座城池。我把它称做太田道灌的龙神都市构想。

实际上，在建造建筑物的时候，不是有一边直觉地捕捉大地的构造，一边把其力量的流动转换到建筑物上的形式吗？比如像现代的拓扑几何学。

所以，今天想就为什么您最近对风水感兴趣这个问题，请教一下专家三浦先生。

三浦：原因之一是“气”。对中国思想中的“气”，我很早就怀有兴趣。所谓“气”，可以说是一种生物能吧。与秩序的“理”相反，“气”也许可以说是混沌的。在研究“气”的过程中，就会遇到风水。再有，就是对“场”的思维方法有所关心。

说说刚才提到的龙吧。在风水学里，把地下的气的流动描绘成了龙的形象，具体的便是山。就是把现实中静止的连绵山脉，想像为龙的形象。刚才听您讲述的所谓太田道灌的构想，我认为那正是风水学。

毛纲：是不是“气”已成思想史方面问题中的一部分。

三浦：有许多是这样的。也就是说，去掉了“气”，就无从谈起中国的文化和思想。

毛纲：您能否在这里浅显地解说一下风水呢?

三浦：“卜居”、“卜宅”从古时候就有，所谓风水，总的来说就是辨别良好的居住地的方法。居住地并不仅仅指城市、住宅，也包括死后的归宿——坟墓。而所谓良好的土地，其基本点，就是有“生气”在流动的地方。这个辨别方法有其独特的规律，过去曾有被称做风水先生或地官的专家。

毛纲：这也可以说是自然与人工的最理想的协调方法吧!

三浦：在中国，有天人相应的想法，这是考虑到自然与人的相互感通。说到风水，从大的方面讲是天人相应。再进一步限定地说，则可说是地人相应，它含有大地中流动的气与人之间的感应交融的意义 。

毛纲：不仅是中国，在外国也有龙道之说（图 1、图 2、图 3），如古代的圣地，巨大的岩石、石碑、山脉等等，在那里流动着特有的能量。因此才会有在德洛伊教[1]的遗迹上，形成了基督教的圣地，进而成为伊斯兰教的圣地这样的情况。

三浦：风水吸收了阴阳五行说及方位学等等。因为它在当时是“科学”，所以并不依靠神灵，风水中“地灵”一词的含意，是说大地是灵妙的，这又是因为那里的气是灵妙的，就是说，气灵之地产生大人物，把这叫做“地灵人杰”。也就是刚才所说的地人相应的想法。

在风水中，把大地看做有生命的物体，就像人体内有血液在流动那样，视大地为龙，而“气”在大地中运行。

毛纲：那么，也有这样的设想：设置城市，就像是在经络的穴位上扎针而使人全身产生活力那样，因此可使自然和城市两方面由静而为动。

三浦：正是这样。所以，那些“穴位”就称做龙穴。在那里建造城市、寺院、住宅以及坟墓。

毛纲：假设有这种与人体的经络相匹敌的体系，则中国的地形本身就有这种脉络、龙穴。

三浦：是啊，在中国的西北方，想像中的昆仑山即成为生气之源，气脉从那里向全世界扩展，其中的三支从北方开始以北干、中干、南干的形式在中国的大地上流动。这三大干龙与黄河、扬子江等大水系有关联。从那里分出许许多多的支流。整个国土就这样被气如同网络似的东西覆盖着（图 4）。

“气”是沿着中国的地势，从西方流向东方的。有文献记载说：昆仑山是“产生元气之所”。在中国，人们长期认为黄河发源于昆仑山，认为那里是物之本源，还用昆仑之竹做定音笛等等。就是说连声音也是从那里开始的。人们认为昆仑山是一切存在的源始，并把它与混沌联系起来，认为“昆仑”与“混沌”在语音学上是相通的（图5）。

毛纲：回到这里，就成为混沌了。

三浦：因为是混沌世界，所以成为不死的仙境。如果进行特殊

图1　大地的龙脉被原样挖掘塑造出来，这是俄亥俄州的美国印第安人的产物，约在公元前1000年

图2　飘浮于阿拉伯海拉弥亚姆架空岛上的架空建筑，据说这座塔中置有两条龙悬空盘绕的雕塑

图3　守护邪恶之城巴比伦的龙神

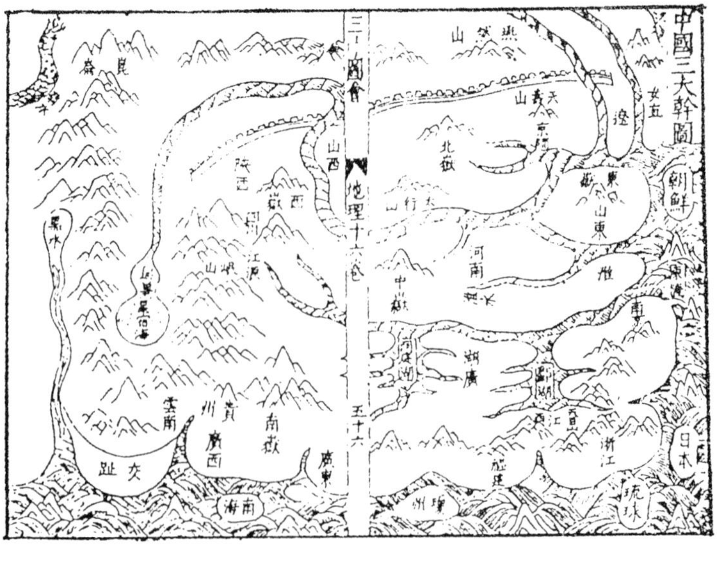

图4　中国三大干图（明王圻《三才图会》）

的修行，就能够升仙，而普通人只能在死后才可以抵达那里，因为死就是回归到混沌的世界。

毛纲：三大干脉中的南干，有人认为指的就是南京、香港、上海等地方。

三浦：是的，大致是长江以南一带。

毛纲：那么，所谓中干就是洛阳、西安等等这样的大都市吧！

三浦：北干，则经过沙漠，通过旧满洲，延伸到朝鲜的白头山方向。朝鲜的地势可以说是始于白头山。我考虑：其山势到智异山便大致尽其脉络，但是也有一种说法认为，在此之后，山势隐于海中，连接上了日本诸岛。

“脉”这种东西的流动是很厉害的。与水相似，虽说不是水本身，但因为人们考虑在有水的地方气才流动，也就是风水中说的“得水”。用人体来讲，这恰恰是经络。所谓经络，主要是人体中气的流动途径。有时，把在身体中流动的东西叫气血，就是气和血，所以不只是血。

毛纲：有借助于风和水的媒介，而使人们知道的方面吧！

三浦：是的，就是所谓的“藏风得水”。

毛纲：我总感觉，大地本身具有多种的记忆功能，与风水有着某种密切的关系。

三浦：大地的记忆，具体的是指什么呢？

毛纲：有各种各样的有关城市形成的传说。比如，有某种形式的地形，怎么也建不起城墙来。某个时候，有乌龟爬出来，围着那儿转一圈，按着那个位置就建起来了[2]。所以，形成城市的模式，在大地里潜在地记忆着。

图5 昆仑山图。长沙马王堆一号墓中描绘的图像，有龙神在守护着

在风水中，有金鸡抱卵形（图6），飞龙饮水形（图7），将军大座形（图8），八字交插形等等形式。在同一风水的穴眼及同一整体布局中，也有各种各样的形式。正是它，决定了城市、建筑的潜在构造。最近，在拓扑几何学上很感兴趣的问题是：脱离自然而兴建的曼哈顿城，当把这个近代的人工环境综合观看时，其都市形态的轮廓是无限地趋近并沿袭自然的模式。如果自然和城市无限度地形成

套匣般的形象，那么风水术和拓扑几何学共同具有大地的记忆，这样说也不过分。

三浦：风水，包含有非常直感的景观论这个方面。其后，好像又分成两派，一派重视这种直感，也就是重视风景；另一派则重视工具，即罗经，并以此为媒介，统计性地测划基地。使用罗经这一派，据说是受到朱子学说的影响。刚才您说的风景的模式，是说的风景派。我认为所谓的“峦头”[3]，就是属于那一派的。

周围群山环抱，只在南方敞开，使其成为基本的地基，在它的上面，有非常像金鸡的吉利的形象，成为一种把风景模式化的状态。最基本的，是借助于比喻为青龙、白虎、朱雀和玄武等四神的山川，守护着四方，这样的地方就成为吉利的风水宝地。

毛纲：还有金土眠牛形（图9），金鸡抱卵形（图6）等等有趣的形象（图10、图11）。

图6　风水・金鸡抱卵形

图7　风水・飞龙饮水形

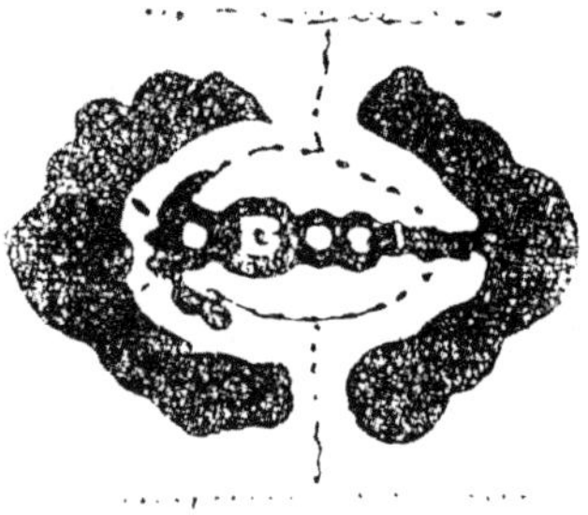

图8　风水・将军大座形

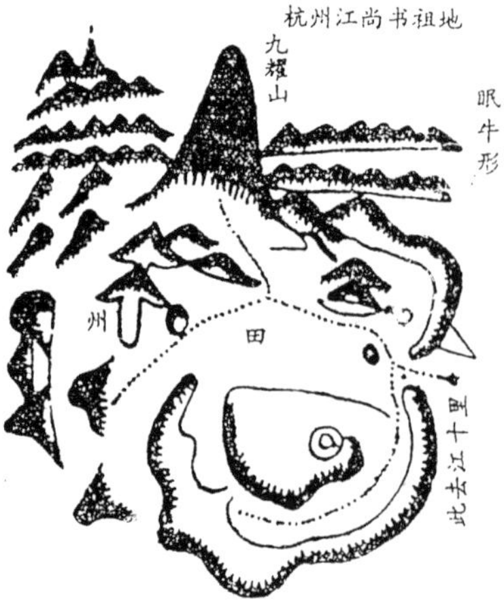

图9　风水・金土眠牛形

图10　风水・莲花出水形

图11　风水・飞凤归巢形

三浦：所谓眠牛形，比如北宋的都城汴京，它在风水上就叫做眠牛形。小牛指的是黄河，黄河虽说经常泛滥，但不管怎样，因为老牛是汴京，它绝对不能违背老牛，这样河水就不泛滥了。像这样的传说也是有的。还有，在天女散花状的土地上，会淫风不止；在有笔形山岭的地方，文学家则会辈出；等等。

毛纲：还有一种，称做“围绕风水城市”的布局，这种地形有陶渊明的桃源乡……

三浦：就是溯流而上，水尽处有山岭，开有洞窟，钻过山洞便豁然开朗。

毛纲：这和风水的模式也很相像呢！

三浦：是的。两岸夹山的狭窄的河流入口，在风水中叫做“水口”，也就是围聚生气之地。这是在风水中鉴定景观的要点之一。在城市规划中，也反映了桃花源式的封闭的理想之乡这样的形象。

毛纲：还有个故事说，在叫做悬壶城的一个城镇的大门旁，有一位卖药老人。有一天，他带着几个小孩一下就钻进药酒葫芦里，里面别有一番天地。

三浦：这个故事和洞天是相通的，而且与桃源乡也是相通的，进入葫芦之中，里面别有一番世界，即是所谓壶中天啊！

毛纲：葫芦在日本古代，也是具有再生意义的非常重要的形象，它也是宇宙的象征。

三浦：最近，有本叫做《盆景的宇宙志》的书中，记有法国的东方学家斯坦因在40年前讲到的话：“前方后圆的坟墓，实际上是葫芦的形象。”还进一步写到：葫芦就是仙境，人们怀着死后升入仙境的愿望，而使坟墓成为那样的形状。现在，这种葫芦说好像已引起了一定的重视。

毛纲：龙穴中有阴、阳之分，拿住宅来讲，则叫做阴宅与阳宅。也有成为墓地、神殿、宫殿的地方。秦始皇建造了阿房宫，他死后，其地下宫殿还“以水银为百川、江河、大海”，并且用机械使之循环。

三浦：他相信死后的世界。兵马俑之类的出土就是非常真实的写照。那些兵士们的靴子像是要动起来似的，很像想象中的地下战争。那并不仅仅是明器土俑，不是死而不能动的土胎，而是可以动起来的。

据说，秦始皇在营造位于现在的西安西北方的都城咸阳时，曾仿效天上的紫微宫兴建宫殿，并将渭水引入都城，仿效天上的银河。紫微宫是北极星周围的一个星座（图12），天子居住的城堡叫做紫宸殿或紫禁城，便是由此而来的。

在城市里将宇宙围封起来，我认为这种形式已成为中国城市规划的原型。刚才讲了地人相关，中国的城市也是天上的写照。

毛纲：据说，阿房宫里有些殿阁是用复道相连的。

三浦：很有意思的是，苏州这个水乡城市，据传说是战国吴王夫差的先辈们营造的。当时，伍子胥受王命制定方案。他首先察看了土质，品尝了自然的水（即“相土尝水”），调查这块土地上是否适于建城。而后，依天地之规建造城市。营造的方法在《吴越春秋》上有记载。据称，天有八风，就是随季节不同而风向有所差异，仿效这八风，开了八道陆门，八道水门。据说当时模仿西方天界的门兴建了阊门，从这里引入八风之一的阊阖风，这样就通向了天上。

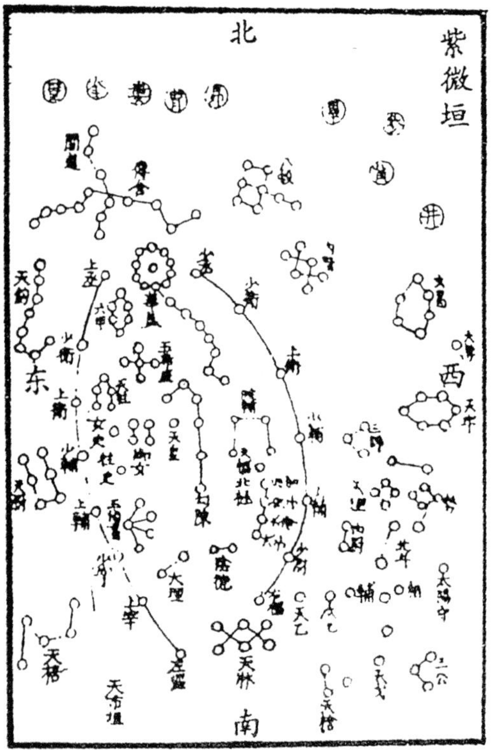

图12　紫微宫星座图（明代王圻《三才图会》）

接着，在东南方建造了蛇门。据说这是与天门相对，模仿地户的，这是一种宇宙论，但又不仅如此，实际上，还反映了政治上的需要。总之，西面的阊门是朝向楚国的，所以，有不被楚国攻击的近乎咒术的考虑。同时，蛇门朝向作为敌国的越国方向。所以，在体现宇宙论的同时，还具有政治意义，同时考虑、斟酌这两方面，而进行城市建设。

毛纲：这是作为实际防卫需要和理想形象的宇宙论。

在考虑到中国城市的时候，会想起《周礼》中的都城图，它是九条道路的中间一条走车、两侧走人的形式。《周礼》中有这样的都城图，每三条路建一门，共设十二座门。这种模式图像是不容易让人忘记的（图13）。

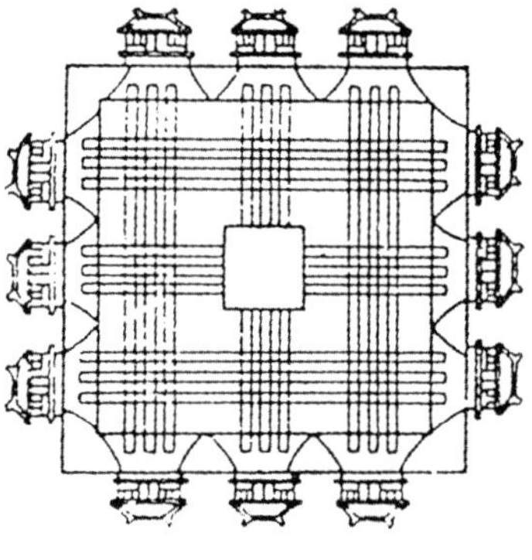

图13　中国的理想都城图（《三礼图》）

三浦：这是建造中国城市最基本的设想，已经成为信念，但是，实际上还有多种条件限制，不能完全如此。但历代的城市规划者，都是先考虑到《周礼》的城市模式之后，才建造城市。

毛纲：北京城最忠实于这个模式。

传说在蓬莱国，有一棵大树，它的九条枝干下面有九个洲，它们是天界的九个支架。比如风水中的四神，是星座的写照，刚才提到的阿房宫，各城市里的太极殿，都是对北极星的描绘。

三浦：刚才讲的秦咸阳宫也是如此。再如汉长安城，其南侧的城墙模仿南斗星，北侧的模仿北斗星（图14）；隋唐时的洛阳城，城中流淌着一条河，也是仿效天河（图15）。

毛纲：都市本身就是一个国家，字的本身也有“围绕”的意思。

三浦：是啊，从文字学上讲，“國”字本来就是城市的意思。“國”中的“或”就是把一定的地域从上下分隔开，明确境界，再加上“戈”，就是派军队守卫，在它的外面用城墙包围，就形成了“國”。

毛纲：那么，也有围绕着两层、三层的意思吧！

三浦：这个典型就是北京。北京首先有紫禁城，紫禁城外是皇城，再外是内城，而内城又被外城所包围，但是，外城中途停止了修建（图16）。

毛纲：除此之外，还覆盖着《周礼》中提到的纵横的“网格”。

三浦：是的。《周礼》中还写道：宫殿前左侧修祖庙，右侧建社稷坛——祭祀土地和谷物神仙的坛庙。北京是与之完全相符的。

毛纲：就是所谓的“左祖右社”吧。

三浦：是的。此外还有“面朝后市”，就是市场要建在宫殿后面。

毛纲：还有城市的神灵问题，比如天坛、地坛……

三浦：那是从周代开始的，有严格规

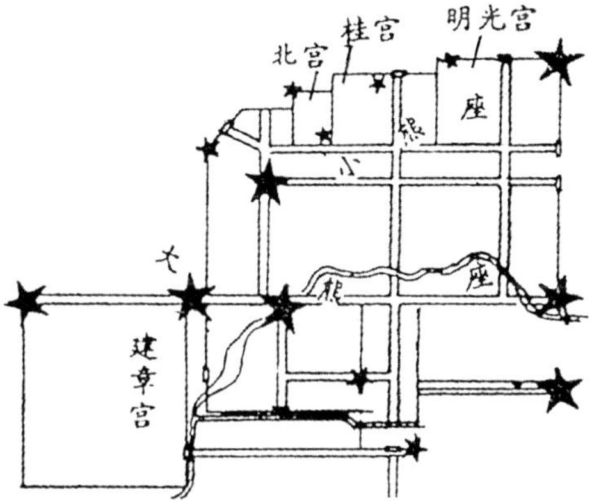

图14　汉长安城——星座投影概念图
（仿效大熊星座和小熊星座）

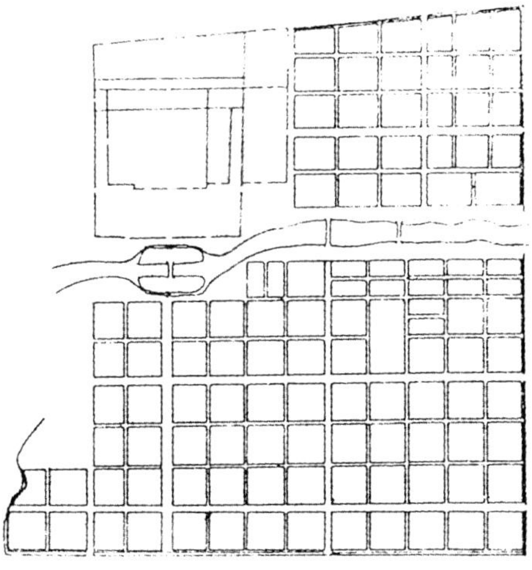

图15　东都洛阳里坊复原示意图

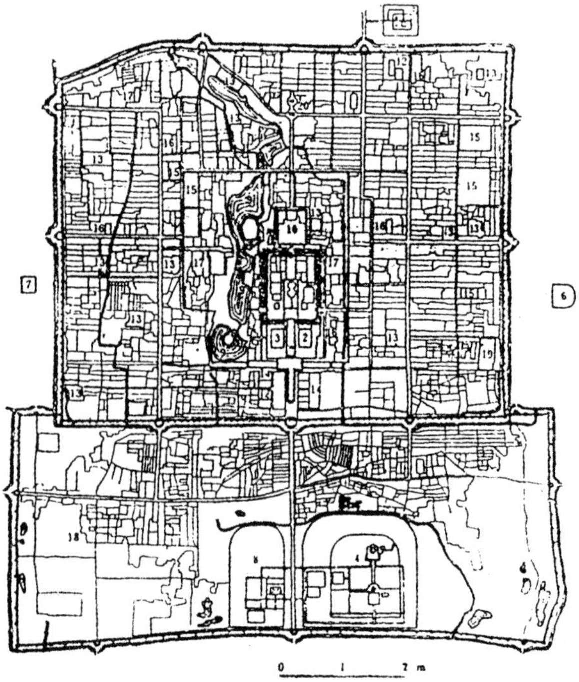

图 16　清代北京平面图

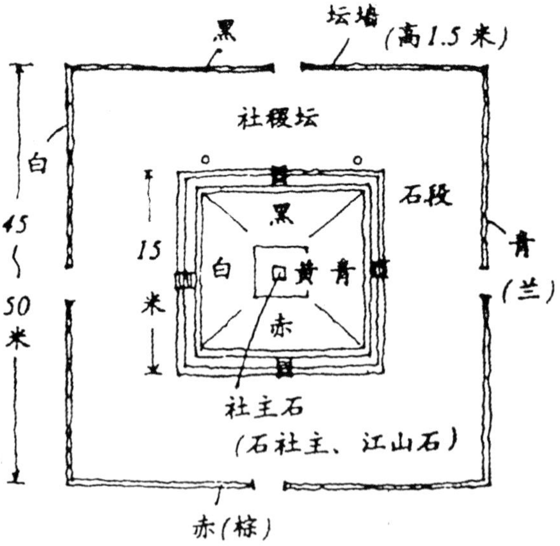

图 17　北京社稷坛平面图

定，祭天的坛或祀地的“社”，必须建在城郊。北京东南面有非常壮丽的天坛，这是明清时代留存下来的建筑。此外，在北面有地坛，它没有设置在内城里面，是用来祭祀大地的。还有，北京社稷坛以黄色为中心，分别铺设着五色的土壤，这是根据五行思想，把中国的整个国土凝缩在了这里（图 17）。在东方，也是在内城之外，有日坛，是祭祀太阳的坛庙。在西方，有月坛。就这样用祭坛守护着四方。

中国的各个城镇都曾有过城隍神，祭祀这个神仙的庙就是城隍庙，它被作为城市的守护神。天坛用来祭祀称做“昊天上帝”的被神化的天，地坛祭祀大地，所以，它们与城市之神的性格不同，祭祀天地是皇帝独有的特权 。

毛纲：城隍神大致都是在城市的中央祭祀吗?

三浦：不是中央，好像大致都是放置在城市的西南角。北京著名的都城隍庙，是从元代以来始建的，仍是在内城的西南角。据说，选择那个位置是因为与东北的鬼门相对，西南角为后鬼门的缘故。城隍神是那片土地的冥界统治者，据说在旧时代的中国，一个地方的长官前来赴任时，首先要去参拜当地的城隍庙，这就是阳界与阴界的首脑会面 吧 。

再谈谈北京。这座城的地形

是凸字形的，外城是由于人口膨胀后兴建的，而又中途停止了修建，结果就形成了凹凸的凸字形。对此有多种解释，有说外城牢牢地接住了内城，实际上，是内城稍稍地陷入了外城中。

毛纲：这是阴阳和合，男女合体的形式啊。

三浦：是的。对于前方后圆的坟墓，也有一种说法，说那是表现了方形的阴与圆形的阳的对接。

毛纲：北京城整个是个凸字，成为T字形，用风水来讲，叫做三合，是采用了生旺墓的正三角形。在发展形象上，是一个比较好的构想。

三浦：中国的城市大都在北方没有设门，据说“杀气”会从北方径直侵入都市。所以，北京也是这样，在北方没有设门[4]。日本过去也曾有过石敢当，就是四方形的石塔，它可以阻止这种杀气。

在中国，有“西北方向是一个特殊方位”的说法。北京内城的西北角有所缺欠，也许与此有关吧！关于城市的西北方，比较有趣的是西晋、北魏时代的洛阳城。在城的西北角，有一个突出的地方，叫做金墉城，被废黜的王爷幽禁在那里。所以有人说这是“是此世又非此世”的地方。

毛纲：这像是与江户城相对的皇居啊。

三浦：刚才说到苏州城，城西有阊门，它的外面有吴王夫差的坟墓，也就是虎丘[5]，它位于西北方向，我想是不是与昆仑山一脉相承的呢?

毛纲：元朝的时候，把北京城作为冬都，使之与作为夏都的上都相对应。就像设置与长安相对应的洛阳那样的陪都，也就是所说的一对都城吧。

据说隋代著名的建筑师宇文恺把长安和洛阳修整为一对都城。他所做的和《周礼》上的都城图形不同，长安城的中心部分，即太极殿，向北移动了，是一个翻天覆地的大变革。此外，他还在其他方面有所建树。例如，提出把月份的12个月中加入闰月，以及四季的体系，仿效北斗的运行等。总之是建造了天界的体系。长安城的都市思想中，不仅是北极星，同时也溶入了对南极星的写照。

三浦：是的，汉长安城是仿效了南斗星与北斗星。现在，所说的太极殿的位置向北偏移了，这是为了把在北方展开的广大的苑囿收入视野。

毛纲：请您讲一讲北靠邙山，并被洛水挟持的洛阳城的风水。

三浦：说到洛阳城，严格来讲，有周、汉魏、隋唐三个时代的城。这块土地在过去被视为天下的中心，是被颂为九朝古都的地方。据《地理人子须知》这本风水书中记载：它前当龙门山，后靠邙山、左为瀍水，右为涧水，城中心有洛水穿流而过。这就是天上的紫微宫的形式。这是隋唐时代的洛阳城（图15）。

毛纲：又叫做九六城，其轴向不是南北向，而是东西轴较强烈。

三浦：南北九里，东西六里的九六城，是指汉魏时代的洛阳城，强调东西轴向，是隋唐时代的洛阳城。中国的都城，从《周礼》时就以南北轴为中枢，但是从曹操的鄴城开始，把东西轴作为中心轴线，这好像成了以后城市规划的模式。

图18 北方玄武作为风水中阴阳的象征，阴表现为龟，阳表现为蛇

邙山也叫北邙山，是在洛阳的北方展开的黄土台地。这里是贵族们的墓地。这座山的名字后来成了墓地的代名词。在中国，南方为生的方向，宫殿等等都是南向的。与此相对，北方大都是死的方向。

毛纲：洛阳城大致形成了四神相应的形式吧。

三浦：据我所知，“四神相应地”的出典，被认为是安部清明所著的《簠簋内传》。书中写道：东南有流水称青龙，南面有湖泽称朱雀，西面有大道称白虎，北面有高山称玄武（图18）。所以位于盆地之中的洛阳城，严格地说，是与四神相应不同的另外的模式。

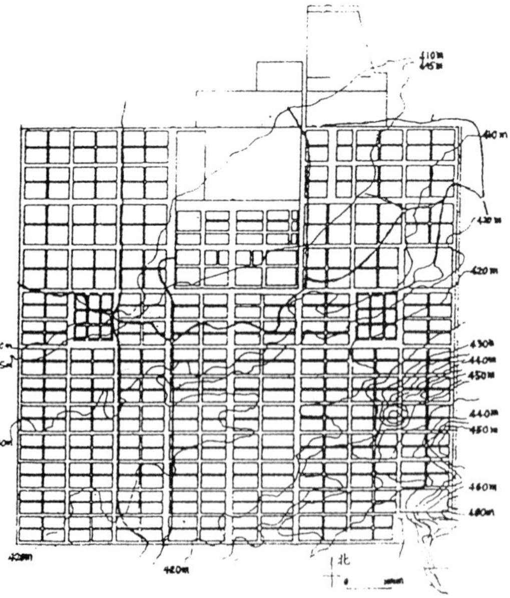

图19 唐长安城

毛纲：所谓的九六城，是从地形上得来的吧！洛阳城是长方形的，《周礼》中讲的是正方形的九经九纬，似乎因为这里由九条道路变成了六条，所以称之为九六城。

长安有六个土丘（图19），它们好像是排列在东西轴上的。宇文恺仿照《易》卦，把它们的序列编为：九二丘为宫殿、九三丘为皇城，九五丘为道观和佛寺。而且他们似乎还建了天坛，而后又毁掉。因此称做七座土丘，与罗马、江户也很相似，有七座土丘。人的头盖骨也是由七块构成的，这么说来，是否在无意识中做了这些呢？

三浦：说到长安的六座土丘，稍微补充一下您方才讲的。那土丘，是龙首原在长安城内形成的六段土丘，宇文恺把这六段土丘比做《易经》中的乾卦，我认为是非常独特的想法。乾卦整体上是由龙的形象统一起来的，开始的九一，是潜伏隐藏的龙，最后的九六，是飞升起来的龙。宇文恺是在实际的地形之地上，加上这种《易经》的形象而进行设计的；例如九二丘，《易经》中是地上出现的龙，所以在这里建造天子的宫殿，九五是飞龙在天，是超越了凡人世界的尊贵地位，所以把这里作为寺院用地。

毛纲：现在，提到了住宅和庭院的问题。都市中的建筑或庭院，也仍然有着风水的含义吧。比如，据《玄龙经》上写："都市中的阳宅，是把建筑物当做山，水当做河，把墙壁当做砂"云云。

三浦：说到住宅和风水的关系，像台湾的农村住宅之类，房前一定挖一个池子，把它叫做风水池。看一看松浦东鸡的《家相大全》等等，先是从"风水大意，地势之疏鉴"开始的。像提到的四神相应，在家宅上也有提及，如果没有与四神相当的东西，必须用种植柳树来替代，用这种人工的东西补充自然的风水。说到庭园，有《作庭记》，那里也用了"四神相应地"一词，可以作为日本的风水论来读。其中"遣水"就是基于这样一种有趣的想法，即把青龙之水落向白虎之路上，来洗刷、冲走恶气。还有，人们也曾很虔诚地相信，若是石块的放置方法错了，石头就会变成灵石而作祟，等等[6]。

毛纲：在作为城市细胞的建筑组群内，往往有种种含有理想寓意的人造景观，同时其内部结构往往仿效天体的各种运行，而其外部则为风水上的桃源乡式的地形。

三浦：我认为，从大范围来讲，仍然是《周礼》式的儒教理念。这个理念上交织着风水及民俗性的东西等等。当然也有防卫方面和纯地势方面的条件，这方面伯依特曾明确地叙述过：城市及住宅遵从儒教理念，即直线、对称性、顺从依身份地位而定的等级性；而庭园及人工景观，则遵从于道教的概念，即曲线、波纹、不规则性，等等。但是在现实中，这两方面是相互贯穿、同时并存的。这可是中国的有趣之处。比如：住宅中有以曲线为基本构成的庭院，院内放置着奇形怪状的太湖石。

毛纲：是不是用来在上面焚香，或做其他用途呢？在这样的基台上焚燃香炉，升起烟柱……

三浦：苏东坡也很喜欢奇石，有时得到了那样的石头，就把香炉放在其中。毛纲先生的书中也写过米芾的研山啊，就是在小型的山峰中，开有若干个孔洞的那种山石。在其他的地方还留存着焚烧香炉的，叫做博山炉的石头，那也是模仿仙境。

毛纲：在巍巍的剑山上挖个洞穴，从那里飘忽地升起紫烟，是很有趣的。

三浦：是啊，焚起香来，仿佛云雾在缭绕，文人们把那样的石头放在身边，就把日常生活仙境化了。

毛纲：再有，罗经是怎么回事？

三浦：罗经的起源是栻盘，栻盘从汉代坟墓中出土过。它由固定的叫做地盘的四方形下层部分，和叫做天盘的圆形可回转的上层部分构成。这好像是近代罗盘的雏型啊（图20）。

毛纲：所谓风水，是一个看不到的系统，单单从直感来讲，复杂的罗经，有些像电子计算机那样的结构所具有的集成电路。比如：在中国的传说中，蚩尤和黄帝作战，出现了钢铁造的机器人，还有火箭，那是相当机械化的战争啊。还传说，夏禹曾集中国内的金属，铸造了九只鼎，在运输时，有一只鼎生出翅膀飞走了，消失在河里。也许有这类与我们的层次截然不同的科学。

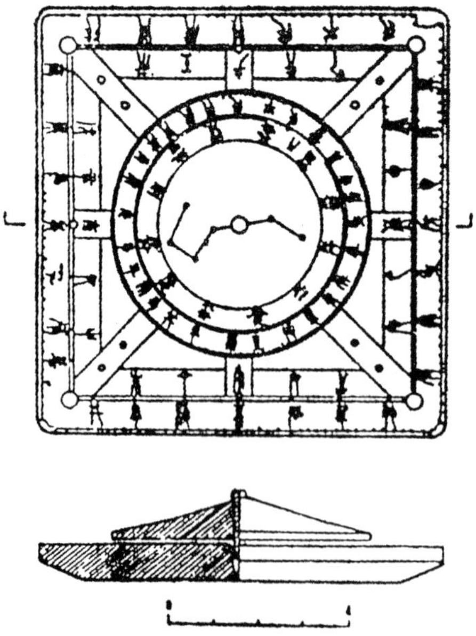

图20　木胎六壬式盘（甘肃出土）

三浦：像是要捕捉用我们的眼睛所不能捕捉到的、看不见的东西。气，原本就是这样的。

毛纲：就像是电磁波、激光之类的东西。

去故宫博物院，可以见到殷代或春秋战国时期的青铜器，看到这些东西，真是有一种庞大的感觉。在青铜器上描画着卷涡、雷文等等各种图形，像是与阿依奴文化或玛雅文化相通的，而我们所未知的又一种科学。

三浦：现在，在中国流行叫做气功的健身操，通过气功而使气的运行通畅。除自己做气功外，还可通过气功师发气，治疗疾病。上海原子核研究所曾使用特殊的传感器，成功地捕捉到了气功师发出的气。所以说，“气”不是一种臆想的东西，而是作为物质，实际地存在着。

毛纲：房子的风水也是这样的。相对于各种方位的地轴，就会有各种波长的电磁波式的东西在流动。这样，如果把21世纪的新的自然环境与人工的调和作为一个问题的话，也许风水会成为其中的一个课题呢。旧时的建筑，与近代建筑完全不同，比如，在房屋的风水等等之中，建筑物本身具有东西南北全部的宇宙论。住宅中有土质地面的房间和铺设地板的房间，那也是经常变换着混沌与秩序。庭院中则有另一种理想模式。所以，城市中一部分的小型建筑物，也是小型的宇宙、小型的城市。但是，所谓近代建筑，则只是一个部分，而决不是整体。

三浦：这恰恰像西洋医学只治疗生病的部位，而与此相对，中医则是治疗全身。对于风水，一本正经的学者是不会做这些工作的，但是，年轻人中却渐渐有一些研究风水的人了。

毛纲：我想，今后这个问题会成为人们谈论的一个话题的。

译 注

[1] 德洛伊教为Druidism的中文音译，也译作德鲁伊教或督伊德教（日文为ドルイド教），原是古代欧洲高卢、不列颠和爱尔兰等地，凯尔特人中信奉的宗教。

[2] 毛纲毅旷所说的龟城，可能指中国历史名城成都，据古籍记载，该城为公元前311年张仪、张若所筑：“初，张仪、张若城成都，屡坏，不能立。忽有大龟出于江，周行旋走，巫言：依龟行处筑之，城乃得立。”成都因此有“龟城”之称。

[3] 峦头，风水主要流派之一，如清代马清翾《地理辨惑·序》云：“堪舆之学，其说有二，曰峦头，曰理气。峦头论龙穴砂水之察生气，体也；理气言元运方位以著应验，用也。”

[4] 北京内城的北方实际上开有两座城门，但这两座门均不在城市的中轴线上，并且也不称为北门，而是叫做德胜门和安定门。

[5] 按古籍记载，虎丘为吴王阖庐（阖闾，公元前514～496年在位）墓，而非夫差（公元前495～473年在位）墓。如《越绝书·吴地传》：“阖庐冢，在阊门外，名虎丘。下池广六十步，水深丈五尺。铜槨三重，坟池六尺。玉凫之流、扁诸之剑三千，方圆之口三千；时耗、鱼藏之剑在焉。千万人筑治之，取土临湖口。筑三日而白虎居上，故号为虎丘。”

[6] 《作庭记》为日本藤原时代（894～1185年）后期成书的一本造园学名著，是日本，同时也是东方造园史上现知最早的珍贵文献，备受日本学界推崇。我国已故学者童寯先生也曾指出其学术价值及其中表露的中国文化的影响。如像本文所谓《作庭记》“可以作为日本的风水论来读”等，是指该书中述录了很多专涉造园的风水事象，就反映了中国古代风水的影响。该《作庭记》已由张十庆博士译注，并由天津大学出版社出版。

曾　力 节译自日本《建筑文化》1986年5月号